本书系2022年度东华理工大学学术专著资助出版项目

“读书种子”方孝孺与圣贤之学

张健旺◎著

中国社会科学出版社

图书在版编目（CIP）数据

“读书种子”方孝孺与圣贤之学 / 张健旺著．
北京：中国社会科学出版社，2024．11．-- ISBN 978-7-5227-4440-7

Ⅰ．K825．4

中国国家版本馆 CIP 数据核字第 2024YQ9486 号

出 版 人　赵剑英
责任编辑　石志杭
责任校对　韩天炜
责任印制　李寡寡

出　　版　中国社会科学出版社
社　　址　北京鼓楼西大街甲 158 号
邮　　编　100720
网　　址　http://www.csspw.cn
发 行 部　010-84083685
门 市 部　010-84029450
经　　销　新华书店及其他书店

印　　刷　北京明恒达印务有限公司
装　　订　廊坊市广阳区广增装订厂
版　　次　2024 年 11 月第 1 版
印　　次　2024 年 11 月第 1 次印刷

开　　本　710×1000　1/16
印　　张　25．5
字　　数　400 千字
定　　价　139．00 元

讀書種子是士之典範志於道據於德依於仁立於禮要在行己有恥立身見道通經致用是眞男子大丈夫是沒有文王也興的豪傑之士

右錄劉夢溪先生語

建旺吾兄囑 甲辰秋溥立敬書

方孝孺的是了得的人物氣秉肺肝節持學品固少有其匹也

劉夢溪先生語

傅振羽敬書

前　言

人是文化的存在者，有什么样的文化，就会培植出什么样的人；反之，有什么样的人，则会创造什么样的文化。而文化是一个相当松散的说法，广说则无穷无尽。例如，艺术、哲学、历史、法律、典籍、建筑、节日、风俗、信仰等，皆是文化，真是太浩瀚了，说也说不尽。不过，说不完数不尽的只是文化事项，而文化事项背后的价值系统，则相对有限和稳定，不那么形形色色，亦不令人眼花缭乱。所以传统文化和文化传统不一样，前者指传统社会里的文化事项而已，而后者指其背后的价值系统及其精神链接。文化价值系统及其精神的核心是成人观，也就是说自己究竟想成为什么样的人。

试问，在我国传统社会里什么样的成人观占据主导地位，其典型特征是什么？在笔者知识视野内，金岳霖（1895—1984）是回答这个问题的合适的人选。金岳霖是 20 世纪的逻辑学巨子，以搭建完美精致的形而上学理论体系著名。笔者多次钻研金先生的著作，主要是想训练一下自己的逻辑思维。不过，在阅读时，笔者真切地体会到了金先生形而上学理论体系里沁人心脾的美感。原来金先生是以绘画雕刻的艺术眼光及其精神来搭建他的形而上学论理体系的。而且，金先生的心身里流淌着一股我国圣贤血液的清泉，反复阅读，竟然那么纯美，令人宇内皆春，心旷神怡。

那么，这位具有极优质抽象思维的大逻辑学家，究竟是如何从整体上深识和把握我国固有文化的实质性传统的？金先生把古今中外人的人生观划分为三种基本类型："朴素人生观""英雄人生观"和"圣人人生观"，并有优美的推释。

金先生所谓“朴素人生观”的主要特征是：一个具有朴素人生观的人，可以说具有孩子气的单纯性，自我与他人的分化被降低至最低的限度，因而摆脱了以自我为中心的困境。这种单纯性并不是蠢人或笨伯的单纯性。它表现为谦和，虽有欲望却不为欲望所控制，有明显的自我意识却没有自我中心论，他就是他自己，因而生活安之若素，没有过多的占有欲。这样的人生观引导他达到心灵的平和境界。此即说明人天然的近圣，也可以说是天资近道。

金先生所谓“英雄人生观”的主要特征：一个具有英雄人生观的人，则是把自我与他人分化到了最大的程度，最典型的特征是以自我为中心，内心燃烧着强烈的征服欲，极度渴望外在的所谓成功，具有成功所需要的基本素质，即有锐敏的感觉、有成熟的计划、有抓住机遇的能力、有强大的意志力，有执行计划的冷酷无情，所以这样的人容易成为英雄，然却不包含深刻的人生意义，因为他们依然没有真正解决内在的种种问题。

金先生所谓“圣人人生观”的主要特征：一个具有圣人人生观的人，具有朴素人生观的朴素性，所不同之处在于圣人人生观的朴素性，是得自于高级的沉思和冥想，而不仅仅是天性优美。所以，具有圣人人生观的人的行为看起来像具有朴素人生观的人一样朴素，但是在这种朴素性背后的训练则是以超越人类作用的沉思为其基础的，这就使得个人不仅仅能够摆脱自我中心主义的困扰，而且能够摆脱人类中心主义的羁绊，不再被现实欲望所奴役，从而脱离了各种精神困境，认识到自己的命运，既不自我满足，也不自我蔑视，能够和平地生活，实现自己和谐诗意的存在，即达到与天地人的和乐美境。此即中土核心文化的圣境。

金先生认为，西方世界似乎一直是英雄观占着主导地位，即把欲望与追求幸福统一的态度，这可以造就征服的英雄，即开辟出丰富的物质的世界，从而影响整个世界。这就是西方文明的优势。但这种征服的欲望是否就是幸福？如果幸福既是内部生活的和谐，也是与外在世界融洽相处的能力，那么具有强烈征服欲的英雄观显然不能创造出这样的幸福。因为英雄的思想和行动，正是不断地制造激流与旋涡。而传统社会里圣人观似乎一直处于支配地位。人皆可以为尧舜，即每一个人都可以成为圣人那样的人，当然，并不是每一个人都能实际上成为圣人。重要的问题是在我国传统社会里，人人想成为圣人，即把圣人当作一种理想去追求。有了这样的理想在心中，人就不会误用权力、知识、财富和个人智慧，从而引导人过一种导致社会和谐、个人心灵平和的生活。

有鉴于此，金先生认为西方人所需要的是更多的圣人的价值视域。他这样精彩绝伦地说：

> 民主的信念，人类价值的观念，朝着生活条件平等的现实的奋斗应该与实现如下的目标相一致，即人不应该使自己脱离纯粹的自然并主宰它，因为当他这样做的时候他仅仅是在帮助自己求得对自身中的纯粹自然的满足。为了拯救自己，他是必须超越这些欲望的满足的。①
>
> 我们今天所面临的最为基本的问题，可能是社会的改造和经济结构的重新调整的问题，以达到改善人们的生活条件的目的，但是明天的问题就肯定是个人自救的问题，以便改进生活的质量。所需要的并不是一些圣人，而是一部分人们起着不同的作用，努力获得圣人观。社会方面和个人方面的麻烦不在于我们生活所在的星球上，而在于我们自己，而且为了防止社会机体被即将影响整个世界的英雄观所控制，很有必要以圣人观来救治英雄观。②

金先生所说的，我们时代“所需要的并不是一些圣人，而是一部分人们起着不同的作用，努力获得圣人观”。这就是本书的价值视域，即从其他种种学科视域转向圣人视域，以此眺望负荷此传统的华夏人物。

笔者想在金先生的指引下，用我国固有的圣贤的价值视域及其理念来体究方孝孺这样的中土圣贤豪杰，因为圣贤之学及其价值理念深刻地影响了方孝孺的在世生活和命运。所以本书提出的问题是：我国圣人及其价值理念对我国文明的延续有没有作用？如果有，究竟有什么样的作

① 金岳霖学术基金会编：《金岳霖全集》（第六卷），人民出版社 2013 版，第 173 页。

② 金岳霖学术基金会编：《金岳霖全集》（第六卷），人民出版社 2013 版，第 167—168 页。

用？这都是极大的问题，的确很难说明。不过，英国哲学家怀特海真诚思考过一个文明盛衰起落的决定性因素，或许这有助于我们探究同类性问题，故本书把他的特识作为参照系。怀特海认为对文明盛衰起落决定性的有四大因素：

> 首先是这样一个无情的法则：倘无超验的精神目标，文明化生活或则会沉溺于声色犬马的享乐，或则会因循沿袭，逐渐褪去热情。第二，人对衣、食、住的自然需求。这便是自然对人的铁的强制。要满足这些自然需求，人唯有提高理解力以调整自然与人的关系，以缓解严峻的自然法则对人类生活生存的限制。第三，人对人的强制性统治。这种统治有正反双重意义。其正面意义在于，它保障了社会福利所必须的协调行为。然而这种统治一旦超出这个范围，便会有致命的害处。进步的社会便是那些完全信奉第四种因素的社会。这第四种因素便是说服的方式。在人类的所有活动中，有三种活动促进了人类生活中的这第四种因素。一是夫妻之爱及亲子之爱；二是导致人们乐于进行观念交流的求知欲；特大规模的社会出现后，便有了第三种活动，即商业活动。在这些特殊活动之外，出现了一种更广泛的同感。这种同感便是逐渐滋生的对那种力量的尊崇，由于该力量，自然便怀抱了理想目标，并造就了能有意识区分这些理想目标的人。对这种力量的尊崇之情便是将人当做人来尊敬的基础。它因此保障了这个世界上的生命勇猛前行所需要的那种思想及行动的自由。①

借此域外思想家的特识，笔者有这样几个问题：圣贤之学有没有超验的目标？如果有，那么它是什么？像方孝孺这类书生，其向慕的圣朝、圣治、圣人算不算超验目标？我国圣人发现的那些义理具不具备超验价值？圣贤之学算不算说服的典范方式？圣贤之学能不能提供这个世

① ［英］阿尔弗雷德·诺思·怀特海：《观念的冒险》（修订版），周邦宪译，译林出版社2012版，第95页。

界上的生命勇猛前行所需要的那种思想及其行动的自由？这就是本书的精神志趣，即戴上圣贤之学的价值范畴的眼镜，体察方孝孺这个文化豪杰，看他究竟是用什么保障了他这个生命勇猛前行所需要的那种思想及其行动的自由？

本书的雅愿是什么？是成圣成贤？笔者不敢有这样的心志。而《韩诗外传》则曰："南假子过程本子，本子为之烹鲕鱼。南假子曰：'吾闻君子不食鲕鱼。'本子曰：'此乃君子不食也，我何与焉？'假子曰：'夫高比所以广德也，下比所以狭行也。比于善者，自进之阶。比于恶者，自退之原也。且《诗》不云乎：'高山仰止，景行行止。'吾岂自比君子哉！志慕之而已矣。"[①] 此即笔者的心志，"志慕之而已矣"。

---

① （汉）韩婴撰，许维遹校释：《韩诗外传集释》，中华书局2020年版，第255页。

目　　录

第一章 推阐“读书种子”名相

方孝孺（1357—1402），字希直，一字希古，自号逊志，学者遂称其为逊志先生，浙江宁海人。他的家乡旧属缑城里，故又称缑城先生。洪武二十五年（1392），因为举荐，他被任命为汉中府教授。蜀献王朱椿（1371—1423），雅尚儒素，因而雅重方孝孺，赐名其读书的地方为正学，故世人又敬称其为方正学或正学先生。

洪武三十一年（1398）明太祖朱元璋（1328—1398）在南京去世，皇太孙朱允炆即位，是为明惠帝，年号建文。依据太祖的遗诏，惠帝召还素有学行的方孝孺辅佐自己。惠帝即位后，厉行削藩，从而势激燕王朱棣谋反。朱棣（1360—1424）就是朱元璋的四儿子，也就是惠帝的叔叔。朱棣在建文元年（1399）以“靖难”为名，发动了历史上所谓“靖难之役”。“靖难”其实是朱棣叛乱的借口而已。建文四年（1402），朱棣攻破南京，令大学士方孝孺写诏书，方孝孺不写，因而遭遇惨绝人寰的奇祸。《明史》是这样记载当时情形的：

> 成祖发北平，姚广孝以孝孺为托，曰：“城下之日，彼必不降，幸勿杀之。杀孝孺，天下读书种子绝矣。”成祖颔之。至是欲使草诏。召至，悲恸声彻殿陛。成祖降榻劳曰：“先生毋自苦，予欲法周公辅成王耳。”孝孺曰：“成王安在？”成祖曰：“彼自焚死。”孝孺曰：“何不立成王之子？”成祖曰：“国赖长君。”孝孺曰：“何不立成王之弟？”成祖曰：“此朕家事。”顾左右授笔札，曰：“诏天下，非先生草不可。”孝孺投笔于地，且哭且骂曰：“死即死耳，诏不可草。”成祖怒，命磔诸市。孝孺慨然就死，作绝命词曰：

“天降乱离兮孰知其由，奸臣得计兮谋国用犹。忠臣发愤兮血泪交流，以此殉君兮抑又何求。呜呼哀哉兮庶不我尤。”时年四十有六。①

成书比《明史》早的《明史纪事本末》叙述颇为翔实，读之，尤其令人痛伤于怀，肝肠寸断。《明史纪事本末》如是描写：

文皇发北平，僧道衍送之郊，跪而密启曰：“臣有所托。”上曰：“何为？”衍曰：“南有方孝孺者，素有学行，武成之日，必不降附，请勿杀之，杀之则天下读书种子绝矣。”文皇首肯之。及师次金川门，大内火，建文帝逊去，即召用孝孺，不肯屈，逼之。孝孺衰绖号恸阙下，为镇抚伍云等执以献。成祖待以不死，不屈，系之狱，使其徒廖镛、廖铭说之。叱曰：“小子从予几年所矣，犹不知义之是非！”成祖欲草即位诏，皆举孝孺，乃召出狱，斩衰入见，悲恸彻殿陛。文皇谕曰：“我法周公辅成王耳！”孝孺曰：“成王安在？”文皇曰：“伊自焚死。”孝孺曰：“何不立成王之子？”文皇曰：“国赖长君。”孝孺曰：“何不立成王之弟？”文皇降榻劳曰：“此朕家事耳！先生毋过劳苦。”左右授笔札，又曰：“诏天下，非先生不可。”孝孺大批数字，掷笔于地，且哭且骂曰：“死即死耳，诏不可草。”文皇大声曰：“汝安能遽死。即死，独不顾九族乎？”孝孺曰：“便十族奈我何！”声愈厉。文皇大怒，令以刀抉其口两旁至两耳，复锢之狱，大收其朋友门生。每收一人，辄示孝孺，孝孺不一顾，乃尽杀之，然后出孝孺，磔之聚宝门外。孝孺慷慨就戮，为绝命词曰：“天降乱离兮孰知其由，奸臣得计兮谋国用犹。忠臣发愤兮血泪交流，以此殉君兮抑又何求。呜呼哀哉，庶不我尤！”时年四十六。复诏收其妻郑氏，妻与诸子皆先经死。悉燔削方氏墓。初，籍十族，每逮至，辄以示孝孺，孝孺执不从，乃及母族林彦清等、妻族郑原吉等。九族既戮，亦皆不从，乃及朋友门生

① 《明史》卷一四《方孝孺传》，中华书局1974年版，第4019页。

> 廖镛、林嘉猷等为一族，并坐，然后诏磔于市，坐死者八百七十三人。①

细读，令人黯然神伤。晚明思想家方以智（1611—1671）曰：“尽大地是一滴血，无回避处，呜乎痛哉！”② 南北朝诗人谢晦《悲人道》曰：“悲人道兮，悲人道之实难，哀人道之多险，伤人道之寡安。”③ 明人谢铎（1425—1510）《过缑城里有感》曰：“夕阳满地伤心泪，付与江流自吐吞。”④ 呜呼！世路陡峭，自古皆血，寒烟满林。

《明史纪事本末》所谓僧道衍即《明史》所谓姚广孝。姚广孝（1335—1418），幼名天僖，法名道衍，别号独庵老人，又自谓逃虚子，谥号恭靖，长洲（今江苏苏州）人。永乐二年（1404），朱棣让其复姓为姚，赐名广孝。道衍与朱棣是同心人，因而是其主要谋士，深得其欢心和器重。道衍断言：“杀孝孺，天下读书种子绝矣。”以下简称此为“道衍判断”。惨烈的方孝孺事件，震荡有明一代的乾坤，使人猛然意识到“道衍判断”，即“读书种子绝矣”，因而“读书种子”的说法开始引人注目，赤县神州，妇孺皆知。

---

① （清）谷应泰：《明史纪事本末》（第一册），中华书局 2018 年版，第 289—290 页。《明史纪事本末》曰：“小子从予几年所矣，犹不知义之是非！”钱士升《方孝孺》曰：“廖镛，巢人。祖永忠，封德庆侯。父权，嗣封。镛以适子任散骑舍人，历官都督。建文中与议兵事，时宿卫殿廷。靖难后上以镛与第铭尝受学方孝孺，令召之。孝孺怒曰：‘汝读几年书，还不识个是字！’”（张常明编注《逊志斋外集》，上海古籍出版社 2009 年版，第 114 页）《方孝孺年谱》载：“汝读几年书？还不识个‘是’字，我头可断，笔不可执也。”《明史纪事本末》曰：“孝孺大批数字”，究竟是何字？钱士升《方孝孺》曰：“孝孺大书篡字，云千载之下免不得此字。”（《逊志斋外集》，上海古籍出版社 2009 年版，第 113 页）《方孝孺年谱》曰：“建文五年，永乐篡位”。《御批历代通鉴辑览》载：“燕贼篡位。”（文渊阁《四库全书》本）据此可知，《年谱》所谓“永乐篡位”即“燕贼篡位”。《明史纪事本末》：“然后诏磔于市。”《年谱》曰：“刑后，命有市先生肉者，赐以金。”宋端仪的《立斋闲录》则多两句：“天降乱离兮孰知其由？三纲易位兮四维不修。骨肉相残兮至亲为仇，奸臣得计兮谋国用犹。忠臣发愤兮血泪交流，以此殉君兮抑又何求？呜呼哀哉兮庶不我尤！”（参见《缑城正气集》，上海古籍出版社 2003 年版，第 3 页）

② （明）方以智撰，黄德宽等主编：《方以智全书》（第十册），黄山书社 2019 年版，第 343 页。

③ 《宋书》卷四四《谢晦传》，中华书局 1974 年版，第 1359 页。

④ （明）方孝孺等著，张常明编注：《缑城正气集》，上海古籍出版社 2003 年版，第 10 页。

例如，李贽曰："一杀孝孺，则后来读书者遂无种也。无种则忠义人材岂复更生乎？"① 钱士升曰："书种虽绝，侯城独尊。"② 谢三宾曰："今其事已越百年，生气犹存千祀，卒之天不绝先生，以读书种子贤孙鹊起，则当时寄命松江，幸而有立者也"；"凡四海读书种子，其应知所以佩德矣"③。王夫之曰："呜呼！方正学死，而读书之种绝于天下。"④ 程煜曰："余自少时景仰正学先生为当代人文第一，尝读逊志遗编，见其以浩然之气发仁义之言，为一时仗节义，为万古扶纲常，未尝不喟然叹曰：'读书种子至今不绝也。'"⑤ 应是曰："吾恐正学既没，读书种子不断，而忠臣义士绝迹于后世矣。"⑥ 汪有典曰："呜呼！惟先生不避十族之诛，读书种子乃所以不绝也。"⑦ 如此的材料，俯拾皆是。

方孝孺的同乡后学查继佐（1601—1676）在《罪惟录》中说道："'种子'二字，姚秃一口道破，即奈何？"⑧ "姚秃"即姚广孝。笔者常这样不由自主地想，如果道衍不在朱棣面前说那句话，结果会是什么样子？朱棣肉眼凡胎，未必认得"读书种子"，而道衍一口道破，奈何！真是天下难居是盛名。不过，"读书种子"的美称，却不是道衍首先发明的，那么谁是第一个发明此雅称的人呢？

第一节　黄庭坚发明"读书种子"

黄庭坚（1045—1105），字鲁直，洪州分宁（今江西修水）人，北

---

① 张常明编注：《逊志斋外集》，上海古籍出版社2009年版，第105页。

② 张常明编注：《逊志斋外集》，上海古籍出版社2009年版，第116页。

③ 张常明编注：《逊志斋外集》，上海古籍出版社2009年版，第29页。

④ （明）王夫之著，舒士彦点校：《读通鉴论》，中华书局2013年版，第22页。注："呜呼！方正学死，而读书之种绝于天下，则汉之犹有贾、董、臧、绾以存古道于百一者，非曹参有以养之乎？"

⑤ 张常明编注：《逊志斋外集》，上海古籍出版社2009年版，第39页。注：程煜：江西人。乾隆三十五年（1770）任金门通判。

⑥ 张常明编注：《逊志斋外集》，上海古籍出版社2009年版，第188页。注：应是，字敬非，号敬斋，江西宜黄人。康熙八年（1669）举人。

⑦ 张常明编注：《逊志斋外集》，上海古籍出版社2009年版，第154页。

⑧ （清）查继佐：《罪惟录》，浙江古籍出版社1986年版，第1467页。

宋文学家。乳名绳权，号清风阁、山谷道人、山谷老人、涪翁、涪皤、摩围老人、黔安居士、八桂老人，谥号文节，世称黄山谷、黄太史、黄文节、豫章先生。

黄庭坚出生于读书世家，其父黄庶（1019—1058），有《伐檀集》传世。可以说，读书是他们家的世业。黄庭坚《戒读书》曰："四民皆当世业，士大夫子弟能知忠信孝友斯可矣，然不可令读书种子断绝。有才气者出，便当名世矣。"① 这是目前所见关于"读书种子"的最早材料。后人也多认为黄庭坚是发明"读书种子"美称的人。

黄震（1213—1280），字东发，学者称于越先生，庆元慈溪（今属浙江）人，南宋理学家，著有《日钞》一百卷。钱穆（1895—1990）说："后儒治朱学，能深得朱子奥旨者，殆莫逾于黄氏（震）。"② 此即说明黄震是理学种子。其《黄氏日钞·读文集》曰："《戒读书》：士大夫家，不可令读书种子绝。"③ 虽然这里直接摘录了黄庭坚的说法，但他借此表达的则是自己的精神心志，即不可令"读书种子"断绝。

马廷鸾（1222—1289），字翔仲，因家有碧梧精舍，号碧梧，晚年又自号玩芳病叟，饶州乐平人（今江西乐平人），宋末元初人。韩愈《唐故殿中少监马君墓志》曰："退见少傅，翠竹碧梧，鸾鹄停峙，能守其业者也。"④ 马君即马继祖。马廷鸾是马继祖之十九世孙。此即《碧梧玩芳集》的取名意蕴。其《碧梧玩芳集·书课历序后》曰：

> 苏黄门云："人生逐日，胸次须出一好议论，若饱食暖衣，惟利欲是念，何以自别于禽兽？"余归蜀当杜门著书，不令废日。黄山谷云："诸儿渐长，不可不加意教训。人生家计厚薄，自系时命，但不可令断读书种子耳！"然则，读书课子，愈老愈勤可也。余之自课，欲取六经从头紬绎，编纂一番，自义疏以及诸家

---

① （宋）黄庭坚著，刘琳等点校：《黄庭坚全集》（第五册），中华书局 2021 年版，第 1540 页。

② 钱穆：《中国学术思想史论丛》（卷六），安徽教育出版社 2004 年版，第 18 页。

③ 王水照编：《历代文话》（第一册），复旦大学出版社 2007 年版，第 785 页。

④ （唐）韩愈著，刘真伦、岳珍校注：《韩愈文集汇校笺注》（第六册），中华书局 2017 年版，第 2564 页。

> 之说。今读《易》始尽六十四卦。自《书》以往，皆当次第读之。尝取温公《通鉴》、张氏《指掌》，编纂《读史讨》，以至前朝，未成书，将嗣抄之。读诸家文集，纂其英华，为《秘密藏》。凡经史百氏，嘉言善行，有会于余心者，拟肖东莱公《读书记》，为会心自览。凡诸史已点校者，欲再读；凡诗章自陶、杜而下，以尽本朝诸名人之作，皆欲细读，以助晚年吟咏。倘天假之年，其所读当不止此。今条其目于此编，岁计而月校之。九子者，人付一编。长而能自读者，取其心之所好者自读之；幼而未能读者，吾授以所当读，禀于明师而读之。亦条其目于此编，岁计而月校之。如先公遗训，且并著所为时文之业焉。既授此编之后，暇日，当有以语我来。①

马廷鸾是有德有言的“读书种子”，肺腑内热，善于培植自家“读书种子”，尤其他的儿子马端临（1254—1340），是大历史学家，经明行修，能世其家业，其名著《文献通考》，享誉学林，真可谓“读书种子”不绝也。

元末孔克齐，字肃夫，号静斋，山东曲阜人，据说他是孔子第五十五代孙，后来随父迁居溧阳。他在笔记《至正直记》中说道：

> 黄山谷曰：“四民当世其业，读书种子尤不可断绝，有才气者出，便可名世矣。”此石刻在荆溪岳氏，后为显亲寺僧有大方厓所得。石背刻一诗云：“渔家无乡县，满船载稚乳。鞭捶公私急，醉眠听秋雨。”皆山谷诗也。至正丙申以后，寺毁兵火，此石不知存亡。②

此书另有两则关于“读书种子”的资料，附载于此，以资谈助，悦心性。又《至正直记》曰：“人家有三不幸：读书种子断绝，一不幸

① 孙文明：《〈碧梧玩芳集〉校注》，硕士学位论文，广西大学，2014年。

② 上海古籍出版社编：《宋元笔记小说大观》（第六册），上海古籍出版社2018年版，第6644页。

也；使妇坐中堂，二不幸也；年老多蓄婢妾，三不幸也。"[①] 后两个"不幸"已无意义可言，因而忽略不谈，单就第一"不幸"而言，则与"道衍判断"有其表面的相似性，或许道衍就受此启发。又《至正直记》曰："先公尝言以十六字作座右铭，凡铸镜背及几杖铭匣上，皆书之云：'宁人负我，毋我负人。宁存书种，无苟富贵。'"[②] 孔克齐的父亲好藏书。又《至正直记》曰："吾家自先人寓溧阳，分沈氏居之半，以为别业，多蓄书卷，平昔爱护尤谨，虽子孙未尝轻易检阅，必有用然后告于先人，得所请乃可置于外馆。"[③] 孔克齐父子皆是"读书种子"也。

祁承㸁（1562—1628）字尔光，号夷度，又号旷翁，晚号密园老人。浙江山阴（今绍兴）人，明代藏书家。《〈澹生堂藏书约〉序》曰：

> 夫余之嗜书，乃在于不解文义之时，至今求之，不得其故，岂真性者乎？昔人饥以当食，寒以当衣，寂寥以当好友，余岂能过之！第所谓'胸中久不用古今浇灌，便尘俗生其间，照镜则面目可憎，对人则语言无味'，殆为是耳！然而聚散自是恒理，即余三十年来聚而散，散而复聚，亦已再见轮回矣。今能期尔辈之有聚无散哉？要以尔辈目击尔翁一生精力，耽耽简编，肘敝目昏，虑衡心困，艰险不避，讥诃不辞，节缩饔餐，变易寒暑，时复典衣销带，犹所不顾，则尔辈又安忍不竭力以守哉？至竭力以守而有非尔辈之所能守者，夫固有数存乎间矣。今与尔辈约：及吾之身，则月益之；及尔辈之身，则岁益之。子孙能读者，则以一人尽居之；不能读者，则以众人递守之。入架者不复出，蠹啮者必速补。子孙取读者，就堂检阅；阅竟即入架，不得入私室。亲友借观者，有副本则

---

① 上海古籍出版社编：《宋元笔记小说大观》（第六册），上海古籍出版社 2018 年版，第 6583 页。

② 上海古籍出版社编：《宋元笔记小说大观》（第六册），上海古籍出版社 2018 年版，第 6612 页。

③ 上海古籍出版社编：《宋元笔记小说大观》（第六册），上海古籍出版社 2018 年版，第 6586 页。

> 以应，无副本则以辞，正本不得出密园外。书目视所益多寡，大较近以五年，远以十年一编次。勿分析，勿覆瓿，勿归商贾手。如此而已。虽然，元美有言：世有勤于聚而俭于读者，即所聚穷天下书，犹亡聚也；世有侈于读而俭于辞者，即所读穷天下书，犹亡读也。吾岂能必尔辈之善读，读而且饶于辞哉？盖有味于黄鲁直之言也：四民皆当世业，士大夫家子弟能知忠信孝友，斯可矣，然不可令读书种子断绝。有才气者出，便名世矣。斯余藏书之意乎？①

祁承㸁出生于藏书世家，真是相续自家学脉的好“读书种子”。他天性好学，加之家有藏书，从小摩挲典籍，进而沉酣书海，成为真书痴，“一生精力，耽耽简编，肘敝目昏，虑衡心困，艰险不避，讥诃不辞，节缩饔餐，变易寒暑，时复典衣销带，犹所不顾”。购书、抄书和藏书，皆是祁承㸁的真性活动。其《澹生堂藏书约》活现了他作为“读书种子”的精神及情志，即“有味于黄鲁直之言也”，也就是“不可令读书种子断绝”。

张金吾（1787—1829），字慎旃，别字月霄，江苏昭文（今常熟）人。清代藏书家。其《〈爱日精庐藏书志〉序》曰：

> 人有愚智贤不肖之异者，无他，学不学之所致也。然欲致力于学者，必先读书；欲读书者，必先藏书。藏书者，诵读之资而学问之本也。
>
> 宋黄庭坚有言曰：“士大夫家子弟，不可令读书种子断绝，有才气者出，便名世矣。”丁顗有言曰：“吾聚书多矣，必有好学者为吾子孙。”是则金吾藏书之意也夫。②

张金吾又是一个好“读书种子”。其所谓“读书种子”即“好学之子孙”而已。《大戴礼记·曾子立事》曰：“君子爱日以学，及时以行，

① （明）祁承㸁等：《藏书记》（图文本），广陵书社2010年版，第4—5页。

② （清）张金吾著，冯惠民整理：《爱日精庐藏书志》，中华书局2012年版，第17—18页。

难者弗辟，易者弗从，唯义所在。日旦就业，夕而自省思，以殁其身，亦可谓守业矣。”① 张金吾取此圣典中的典故，名其藏书楼曰“爱日精庐”。

依据以上材料，是否可以说黄庭坚就是发明“读书种子”美称的人？此有待继续考订。如果是，那么黄庭坚是如何发明“读书种子”美称的？

周密（1232—1308），字公谨，号草窗，晚号弁阳老人，先世济南人，流寓吴兴（今浙江湖州）人，宋末元初文学家。其《齐东野语叙》曰：“余世为齐人，居历山下，或居华不注之阳。五世祖同州府君而上，种学绩文，代有闻人”；“我先君博极群书”②。周密是读书世家的好学子弟，可谓守家业的好“读书种子”。其《齐东野语·书种文种》曰：

> 裴度常训其子云：“凡吾辈但可令文种无绝。然其间有成功，能致身万乘之相，则天也。”山谷云：“四民皆坐世业，士大夫子弟能知忠信孝友，斯可矣，然不可令读书种子断绝。有才气者出，便当名世矣。”似祖裴语，特易“文种”为“书种”耳。练兼善尝对书太息曰：“吾老矣，非求闻者，姑下后世种子耳。”余家有“书种堂”，盖兼取二公之说云。③

裴度（765—839），字中立，唐朝名臣。此处所谓“山谷”即黄庭坚。周密认为黄庭坚把裴度的“文种”变换为“书种”，就有了“读书种子”的说法，而且说他们家的“书种堂”雅名，正是源于二公之说。谢肇淛（1567—1624），字在杭，号武林，出生地为钱塘（今浙江杭州）。《五杂组》曰：

① （清）王聘珍撰，王文锦点校：《大戴礼记解诂》，中华书局1983年版，第69页。

② 上海古籍出版社编：《宋元笔记小说大观》（第五册），上海古籍出版社2018年版，第5432页。

③ 上海古籍出版社编：《宋元笔记小说大观》（第五册），上海古籍出版社2018年版，第5688页。

> 裴晋公有言：“吾辈但可令文种无绝，然其间有成功，能致身卿相则天也。”叶若林云：“后人但令不断书种，为乡党善人足矣，若夫成否则天也。”此二语政同。黄山谷云：“四民皆有世业，士大夫子弟能知忠信孝友斯可矣，但不可令读书种子断绝。”噫，今之人但知教子弟取富贵耳，非真能教之读书也。①

裴度的“吾辈但可令文种无绝，然其间有成功，能致身卿相则天也”的说法，出自哪儿？旧题柳宗元撰《龙城录》曰：“裴令公常训其子：‘凡吾辈但可文种无绝。然其间有成功能致身为万乘之相，则天也。’”② 暂可悬置《龙城录》是否为柳宗元撰述的疑案。不过，宋仁宗庆历元年（1041）编成的《崇文总目》确有著录。黄庭坚自然有机会看到《龙城录》，所以周密说得不错。再说，黄庭坚确实喜用“书种”的美称。例如，其《赠益阳成之主簿》诗其一曰：“两祖门中种阴德，名塞四海世有人。诸儿莫断诗书种，解有无双耸搢绅”；其二曰：“人间卿相何足道，胸次诗书要不忘。男儿邂逅起屠钓，何如林下日月长”③。“益阳成之”即黄成之，与黄庭坚同族。又《答世因第》曰：“吾辈人家，但勿令书种断绝，其成功则天也。”④ 又例如，其《题王右军书迹后》说：“巴峡士大夫旧无书种，多不善书。南宾太守王圣涂有此墨迹，摹刻州学中。它日后进有能书者，当推此书为种。”⑤ 所以在黄庭坚的语境中“书种”可谓一词两意，并行不悖，即相续诗书世家家业的子弟及其诗书能相续生的势用是为“书种”。黄庭坚“读书种子”理念非同寻常的地方，就是把学问作为士大夫家的素业，从而肯定了其独立于特定社会、政治的绝对性价值。

---

① 《明代笔记小说大观》（二），上海古籍出版社 2005 年版，第 1769 页。

② 《唐五代笔记小说大观》（上），上海古籍出版社 2000 年版，第 148—149 页。

③ （宋）黄庭坚著，刘琳等点校：《黄庭坚全集》（第五册），中华书局 2021 年版，第 1340 页。

④ （宋）黄庭坚著，刘琳等点校：《黄庭坚全集》（第六册），中华书局 2021 年版，第 1859—1860 页。

⑤ （宋）黄庭坚著，刘琳等点校：《黄庭坚全集》（第四册），中华书局 2021 年版，第 1285 页。

黄庭坚“读书种子”的说法，或许源自释家种子名相的借机转移而已，不过，后世儒家子多不提及罢了。例如，其《慧林斋僧疏》曰：“九年面壁，难为作者当仁；十会谈经，且下菩提种子。”① 又《请纯公开堂疏》曰：“若有识痛痒阿师，乃是学菩提种子。”② 又《答清长老》曰：“朱时发往时与同榻十数夜，百种穿凿，终无入处，盖宿无般若种子，然其存心甚美，常令人念之。”③ 又《吉州隆禅院转轮藏记》曰：禅师利俨曰“吾师云：五十六亿万岁，当有大丈夫来自善足天，于龙花菩提木下三转法轮，度诸有缘人，称所有施法佛及僧，是将来听法种子。”④ 又《嗣功十八弟推官举哀疏》曰：“然以宿植善根，以成道种。”⑤ 又《请郭山长老应霖疏》曰：“去圣悠远，邪法峥嵘；当人伏藏，正宗淡薄。钵囊挂壁，衲被蒙头。可谓痴种子归依，必遭明眼人识破。”⑥

依据以上资料，可理解黄庭坚所谓“菩提种子”，或为“般若种子”，或为“听法种子”，或为“痴种子”，或为“道种”，即指释家子或道心而已。黄庭坚认为朱时发“宿无般若种子”，终无入处，所以做不了“真佛子”。又《福州西禅暹老语录序》曰：

> 佛以无文之印，密付摩诃迦叶，二十八传而至中夏。初无文字言说可传可说，真佛子者即付即受，必有符证，印空同文。于其契会，虽达摩面壁九年，实为二祖铸印。若其根器不尔，虽亲见德

① （宋）黄庭坚著，刘琳等点校：《黄庭坚全集》（第五册），中华书局 2021 年版，第 1570 页。

② （宋）黄庭坚著，刘琳等点校：《黄庭坚全集》（第四册），中华书局 2021 年版，第 1311 页。

③ （宋）黄庭坚著，刘琳等点校：《黄庭坚全集》（第六册），中华书局 2021 年版，第 1861 页。

④ （宋）黄庭坚著，刘琳等点校：《黄庭坚全集》（第二册），中华书局 2021 年版，第 399 页。

⑤ （宋）黄庭坚著，刘琳等点校：《黄庭坚全集》（第四册），中华书局 2021 年版，第 1314 页。

⑥ （宋）黄庭坚著，刘琳等点校：《黄庭坚全集》（第四册），中华书局 2021 年版，第 1313 页。

> 山，棒如雨点；付与临济，天下雷行，此印陆沉，终不传也。今其徒所传文字典要，号为一四天下品，尽世间竹帛不能载也。盖亦如虫蚀木，宾主相当，偶成文尔。若以为不然者，今有具世间智、得文字通者，自可闭户无师，读书十年，刻菩提印而自佩之矣。故曰："神而明之，存乎其人，苟非其人，道不虚行"。①

同理，黄庭坚所谓真"读书种子"者，必与诗书有素契，即付即受，天予不美甚，宿无"读书种子"，虽亲见圣人，也无济于事。故曰："神而明之，存乎其人，苟非其人，道不虚行"。可见，天性不美者，也做不了"读书种子"。

黄庭坚"勿令书种断绝"的价值信念是什么？其《与弟觉民帖》曰："要偷闲不忘学耳，惟此一事，身当润泽，又为子孙之基，不可不勉也。"② 此说法中潜藏着一个重要的价值信念，即文化高于境遇性的政治。此价值信念可以说是传统社会诗书世家出现的种子因。又《叔父和叔墓碣》曰："其平居田间，亦未尝废书，虽不光显，能世家矣。"③那么，何为"世家"，或"读书世家"？

宋濂（1310—1381）《送永康孔教谕士安往曲阜谒庙序》曰："古所谓世家者，非必世积宝贵之谓也，能世其德焉耳。"④ 陈寅恪（1890—1969）在《唐代政治史述论稿》中说道："士族之特点既在其门风之优美，不同于凡庶，而优美之门风实基于学业之因袭。"⑤ 杨士奇（1365—1444）《禾溪乐氏族谱序》曰："世儒业"，"传续不乏，而积善累仁，源厚而流远，子孙至今不废诗书之习，盖乡之故家也。夫所号故家者，必其仁义之行，诗书之业，有肇于前，有成于后，愈远而愈

① （宋）黄庭坚著，刘琳等点校：《黄庭坚全集》（第二册），中华书局2021年版，第365页。

② （宋）黄庭坚著，刘琳等点校：《黄庭坚全集》（第七册），中华书局2021年版，第2078页。

③ （宋）黄庭坚著，刘琳等点校：《黄庭坚全集》（第三册），中华书局2021年版，第792页。

④ （明）宋濂著，黄灵庚编辑点校：《宋濂全集》（第二册），人民文学出版社2014年版，第784页。

⑤ 陈寅恪：《唐代政治史述论稿》，商务印书馆2016年版，第260页。

不替。苟非是二者，而徒恃其贵富，贵富不足恃，如子孙不能自修以善继，又或有忝焉者，此得号故家乎？"[①] 合观并读这三则材料可知，传统社会里，判断世家的重要指标是相续的"德行"和因袭的"学业"，而仅非爵禄与资产。

依据以上举证分析可知，黄庭坚所谓"读书种子"正是相续自家"德行"和因袭自家"学业"的世家子弟。虽然黄庭坚说自己"读书万卷不值钱，逐贫不去与忘年"[②]，但是他"勿令书种断绝"的价值信念则岿然不动，其根源就在于此。他托于"读书万卷不值钱"之牢骚语，以为千载不朽之计。如果用他自己的词句形容他的这种言行，就是"一种风流气味，如甘露，不染凡尘"[③]。此即"读书种子"的真精神和真格调。

黄庭坚"忧患无种"[④]，那么如何做才能不断绝"读书种子"？也就是说如何培植自家的"嘉种"？黄庭坚的方法是什么？其《跋牛头心铭》曰："只是朝夕薰之，自成道种。"[⑤] 此处所谓"道种"即"般若种子"，或可说"菩提熏种"[⑥]；同理，诗书"朝夕薰之，自成书种"，或可戏仿为"诗书薰种"。或用黄庭坚的话说，就是"种德不倦"[⑦]。黄庭坚"种德""薰种"的方法是什么？也就是如何使"书种"兴起而畅茂？

第一，读书"要以经术为主"。其《答苏大通》曰："凡读书法，要以经术为主。经术深邃，则观史易知人之贤不肖，遇事得失易以明

① （明）杨士奇：《东里文集》，中华书局1998年版，第113页。

② （宋）黄庭坚著，刘琳等点校：《黄庭坚全集》（第三册），中华书局2021年版，第940页。

③ （宋）黄庭坚著，刘琳等点校：《黄庭坚全集》（第二册），中华书局2021年版，第284页。

④ （宋）黄庭坚著，刘琳等点校：《黄庭坚全集》（第六册），中华书局2021年版，第1725页。

⑤ （宋）黄庭坚著，刘琳等点校：《黄庭坚全集》（第五册），中华书局2021年版，第1471页。

⑥ （宋）黄庭坚著，刘琳等点校：《黄庭坚全集》（第七册），中华书局2021年版，第2156页。

⑦ （宋）黄庭坚著，刘琳等点校：《黄庭坚全集》（第三册），中华书局2021年版，第715页。

矣。又读书先务精而不务博，有余力乃能纵横尔。”[①] 又《与潘子真书》曰：“钩深而索隐，稳固而知新，此治经之术也。经术者，所以使人知所向也。博学而详说之，极支离以趋简易，此观书之术也。博学者，所以使人知道理之曲折也。夫然后载司南以适四方而不迷，怀道鉴以对万物而不惑。”[②] 这是黄庭坚读书治学的纲领，即读书以经书为主，以寻味义理为本。否则，“从文章之士，学妄语绮语，增长无明种子”[③]。所谓“增长无明种子”即不“知人之贤不肖”，“遇事而失明”，不知“知道理之曲折”，做人不“知所向”，而“迷惑”不已。黄宗羲曰：“各人自用得着的，方是学问。寻行数墨，以附会一先生之言，则圣经贤传皆是糊心之具。朱子所谓譬之烛笼，添得一条骨子，则障了一路光明也。”[④] 此可作为黄庭坚“增长无明种子”的胜解。黄宗羲所谓“各人自用得着的，方是学问”，也就是黄庭坚所谓“学问之本，以自见其性为难”[⑤] 的意思。黄庭坚曰：“盖无明，习气使之耳”[⑥]，也就是说读书“皆以养心治性”为根本，刊落“习气”为功夫。

第二，读书要“精纯”，不可“务博”。黄庭坚《书赠韩琼秀才》曰：“读书欲精不欲博，用心欲纯不欲杂。读书务博，常不尽意；用心不纯，讫无全功。治经之法，不独玩其文章，谈说义理而已。一言一句，皆以养心治性。事亲处兄弟之间，接物在朋友之际，得失忧乐，一考之于书，然后尝古人之糟粕而知味矣。读史之法，考当世之盛衰与君臣之离合。在朝之士，观其见危之大节；在野之士，观其奉身之大义，

① （宋）黄庭坚著，刘琳等点校：《黄庭坚全集》（第六册），中华书局 2021 年版，第 1678 页。

② （宋）黄庭坚著，刘琳等点校：《黄庭坚全集》（第二册），中华书局 2021 年版，第 431 页。

③ （宋）黄庭坚著，刘琳等点校：《黄庭坚全集》（第二册），中华书局 2021 年版，第 427 页。

④ （清）黄宗羲著，吴光主编：《黄宗羲全集》（第十二册），浙江古籍出版社 2012 年版，第 48 页。

⑤ （宋）黄庭坚著，刘琳等点校：《黄庭坚全集》（第二册），中华书局 2021 年版，第 433 页。

⑥ （宋）黄庭坚著，刘琳等点校：《黄庭坚全集》（第二册），中华书局 2021 年版，第 419 页。

以其日力之余玩其华藻，以此心术作为文章，无不如意，何况翰墨与世俗之事哉!”[①] 此即传统社会大儒的读书法。

第三，读书切忌“速成”，谢去“外慕”。黄庭坚《与弟觉民帖》曰：“读书要不杂，每一书自初至终，日读得一板，岁计之亦功多。杂读虽多，终无功也。汉儒多白首专一经，皆成大儒，盖书在精不在多”[②]；又《与徐甥师川》曰：“然学有要道，读书须一言一句，自求己事，方见古人用心处，如此则不虚用功。又欲进道，须谢去外慕，乃得全功”[③]。此即说明读书要有“心志”和“恒德”。

第四，诵其书，深求其“义味”。黄庭坚《与敦礼秘校帖》曰：“诵其书，深求其义味，则悠然仁义之气生于胸中，虚淡而其乐长，岂与频频之党喧哄作无义语之乐可同日哉!”[④] 此即说明读书主要是成就这个人。

第五，尽心于一两书。黄庭坚《与敦礼秘校帖》曰：“班固《汉书》最好读，然须依卷先后，字字读过，久之，使一代事参错在胸中，便为不负班固耳。”[⑤] 又《与王子予书》曰：“尽心于一两书，其余如破竹节，皆迎刃而解也。”[⑥] 又《与洪甥驹父书》曰：“须精治一经，知古人关捩子，然后所见书传，知其旨趣，观世故（皆）在吾术内。古人所谓‘胆欲大而心欲小’，不以世之毁誉爱憎动（其心），此胆欲大也；非法不言，非道不行，此心欲小也。文章乃其粉泽，要须探其根本，（根）本固则世故之风雨不能漂摇。古人（此“人”字应是“之”，依

① （宋）黄庭坚著，刘琳等点校：《黄庭坚全集》（第二册），中华书局 2021 年版，第 591 页。

② （宋）黄庭坚著，刘琳等点校：《黄庭坚全集》（第七册），中华书局 2021 年版，第 2078 页。

③ （宋）黄庭坚著，刘琳等点校：《黄庭坚全集》（第二册），中华书局 2021 年版，第 435 页。

④ （宋）黄庭坚著，刘琳等点校：《黄庭坚全集》（第六册），中华书局 2021 年版，第 1680 页。

⑤ （宋）黄庭坚著，刘琳等点校：《黄庭坚全集》（第六册），中华书局 2021 年版，第 1679 页。

⑥ （宋）黄庭坚著，刘琳等点校：《黄庭坚全集》（第二册），中华书局 2021 年版，第 1680、418 页。

据何良俊《四友斋丛书》所征引的内容可知）特立独行者，盖用此道耳。”① 此即简易读书法的精髓。

第六，读书要戒十种常病。黄庭坚《与洪氏四甥书》曰：“喜论人之病；不自讼其过；嫉人之贤己；见贤不思齐；有过不改而必文；不称事而增语；与人计较曲直；喜窥人之私；乐与不肖者游；好友其所教。试反己而思之，若一日去其一，则十日亦尽去矣。”② 也就是说，读书主要是内自受用。

黄庭坚所示读书法，乃真读书法也。读经要深明义理，读史要融会事理，切记速成，贵在进学不倦，涓涓不废，也就是一个“勤”字、一个“熟”、一个“精”字和一个“专”字。同时要自重其道而不自损。黄庭坚真可谓善学“读书种子”也，也真善培植“读书种子”。黄庭坚还有一个关于读书的类比，非常传神。其《答王子飞书》曰：“读书如禹治水，知天下之脉络，有开有塞，而至于九川涤源，四海会同者也。”③ 大禹治水，正是一个“熟”字、一“勤”字、一个“贯”字和一个“专”字，而“四海会同”矣。此也是读书的境界。黄庭坚可谓善喻。勤读书而精博，贯穿义理而融畅，成就行己有耻的这个人，则四海之学会同矣。

笔者深喜黄庭坚的“以我观书，则随处得益；以书观我，则释卷而已茫然”④ 的读书观。人世间的种种计较、欲利、厌苦、逐乐、怒毁、嘲讽、打压、杀戮等皆是“读书种子”断绝的原因。所以，读书最关键的问题是什么？恐怕还是要有读书的“心志”，即志于学而岿然不动，否则再好的读书方法，也无济于事，也就是朱熹所说：“若如顽石，

---

① （宋）黄庭坚著，刘琳等点校：《黄庭坚全集》（第二册），中华书局 2021 年版，第 1680、436 页。注：括号中的文字是笔者依据何良俊《四友斋丛书》所引材料补的。（《明代笔记小说大观》，上海古籍出版社 2005 年版，第 886 页）

② （宋）黄庭坚著，刘琳等点校：《黄庭坚全集》（第六册），中华书局 2021 年版，第 1715 页。

③ （宋）黄庭坚著，刘琳等点校：《黄庭坚全集》（第二册），中华书局 2021 年版，第 417 页。

④ 《明代笔记小说大观》（二），上海古籍出版社 2005 年版，第 886 页。

更下种不得。”[①] 此即说明读书心志的重要性。黄庭坚《与周甥惟书》曰：“当少年心志，治君子之事业耳”，“正是强学时，光阴可惜”，“不必专作举子事业”[②]，不汩于流俗，此即人间卿相何足道，胸次诗书要不忘之心志，不以世间之毁誉爱增动摇其心，此可谓真有读书“心志”也。“心志”即“治君子之事业耳”，用今日的话说，就是要有爱真理之勇气和胆量。黄庭坚如此苦口婆心地提醒子弟，使之好学承家，真可谓情深志远。真是前圣后圣，惠我光华。如果用黄庭坚的诗来形容他的用心，就是“窗风文字翻叶叶，犹似劝人勤读书”[③]；或“北窗风来举书叶，犹自劝人勤读书”[④]。

黄庭坚培植“读书种子”的法宝，是以他自己的真实体验为基础的，因而异常鲜活。试问，黄庭坚自己究竟是什么样的“读书种子”？其《种决明》诗曰：“老眼愿力余，读书真成癖”[⑤]；又《子瞻以子夏丘明见戏聊复戏答》诗曰：“请天还我读书眼，愿载轩辕讫鼎湖”[⑥]；又《次韵元实病目》诗曰：“道人常恨未灰心，儒士苦爱读书眼”[⑦]；又《寄上高李令怀道》诗曰：“谓予有书癖，摹篆写科斗”[⑧]；又《寄忠玉提刑》诗曰：“读书头愈白，见士眼终青”[⑨]。此描述的正是黄庭坚自己作为“读书种子”好读书的天性。黄庭坚也可谓生来就有“书癖”的

---

① （宋）黎靖德编，王星贤点校：《朱子语类》（一），中华书局 2015 年版，第 115 页。

② （宋）黄庭坚著，刘琳等点校：《黄庭坚全集》（第六册），中华书局 2021 年版，第 1763—1764 页。

③ （宋）黄庭坚著，刘琳等点校：《黄庭坚全集》（第七册），中华书局 2021 年版，第 1956 页。

④ （宋）黄庭坚著，刘琳等点校：《黄庭坚全集》（第四册），中华书局 2021 年版，第 1047 页。

⑤ （宋）黄庭坚著，刘琳等点校：《黄庭坚全集》（第三册），中华书局 2021 年版，第 817 页。

⑥ （宋）黄庭坚著，刘琳等点校：《黄庭坚全集》（第一册），中华书局 2021 年版，第 81 页。

⑦ （宋）黄庭坚著，刘琳等点校：《黄庭坚全集》（第一册），中华书局 2021 年版，第 108 页。

⑧ （宋）黄庭坚著，刘琳等点校：《黄庭坚全集》（第三册），中华书局 2021 年版，第 888 页。

⑨ （宋）黄庭坚著，刘琳等点校：《黄庭坚全集》（第三册），中华书局 2021 年版，第 892 页。

天资高明的“嘉种”，或套用他自己的话说，他也是诗书的“痴种子”。

黄庭坚的性体又是什么？其《漫尉》诗曰：“豫章黄鲁直，既拙又狂痴”；“人骂狂痴拙，鲁直更喜之”①。又《戏答公益春思二首》诗曰：“能狂直须狂，会意自不恶”；“径欲共公狂，知命知其乐”；“清狂力能否，人生天地客”；“清狂稍稍出，应节自不错”②。由此可知，黄庭坚是名副其实的圣门狂狷者。用他自己的话说，正是“清狂稍稍出”的读书人。其《写真自赞》曰：“如鲁直者，欲寡过而未能，以敖世则不敢。”③ 此即“清狂稍稍出”之解。黄庭坚虽然“敖世则不敢”，有所顾忌，但是他在诗歌创作的田地里则“能狂直须狂”，潇洒风流，傲然自足。用他自己的说法，正是名副其实的“诗狂”④ 经典。可以说，黄庭坚是宋代读书人中性情气概风味最近于有明一代读书人的人，因而他能心赏狂者，且散发着儒生“自圣颠”的意味，岂特仿佛耶？真是寂寞此中人。用黄庭坚自己的诗描述他自己，那就是“胸中峥嵘书万卷，簸弄日月江湖间”⑤ 的狂者，恰切至极矣。

黄庭坚有一篇很有意味的文章，颇能显其精神、情态和心志，即《书幽芳亭》。这里录其全文，以助雅兴：

> 士之才德盖一国，则曰国士；女之色盖一国，则曰国色；兰之香盖一国，则曰国香。自古人知贵兰，不待楚之逐臣而后贵之也。兰盖甚似乎君子，生于深山丛薄之中，不为无人而不芳；雪霜凌厉而见杀，来岁不改其性也。是所谓遁世无闷，不见是而无闷者也。兰虽含香体洁，平居萧艾不殊，清风过之，其香霭然，在室满室，

---

① （宋）黄庭坚著，刘琳等点校：《黄庭坚全集》（第四册），中华书局 2021 年版，第 1096 页。

② （宋）黄庭坚著，刘琳等点校：《黄庭坚全集》（第四册），中华书局 2021 年版，第 1101—1102 页。

③ （宋）黄庭坚著，刘琳等点校：《黄庭坚全集》（第二册），中华书局 2021 年版，第 506 页。

④ （宋）黄庭坚著，刘琳等点校：《黄庭坚全集》（第一册），中华书局 2021 年版，第 204 页。

⑤ （宋）黄庭坚著，刘琳等点校：《黄庭坚全集》（第三册），中华书局 2021 年版，第 933—934 页。

在堂满堂，是所谓含章以时发者也。然兰蕙之才德不同，世罕能别之。予放浪江湖之日久，乃尽知其族性，盖兰似君子，蕙似士，大概山林中十蕙而一兰也。《楚辞》曰：“予既滋兰之九畹，又树蕙之百亩。”以是知不独今，楚人贱蕙而贵兰久矣。兰蕙丛生，初不殊也。至其发华，一干一华而香有余者兰，一干五七华而香不足者蕙，蕙虽不若兰，其视椒榝则远矣。世论以为国香矣，乃曰当门不得不锄，山林之士，所以往而不返者耶！①

黄庭坚这是在描述“读书种子”耶？《左传·成公十六年》曰：“国士在，且厚，不可当也。”②《公羊传·僖公十年》曰：“骊姬者，国色也。”③ 《左传·宣公三年》曰：“以兰有国香，人服媚之如是。”④ 这里再补充三则材料，以资谈兴。《左传·哀公十二年》曰：“国狗之瘈，无不噬也。”⑤ 瘈即狂也。《庄子·徐无鬼》曰：“尝语君吾相狗也：下之质，执饱而止，是狸德也；中之质，若视日；上之质，若亡其一。吾相狗又不若吾相马也。吾相马：直者中绳，曲者中钩，方者中矩，圆者中规。是国马也，而未若天下马也。天下马有成材，若恤若失，若丧其一。若是者，超轶绝尘，不知其所。”⑥ 又《庄子·秋水》曰：“未得国能，又失其故行也。”钱锺书先生释义：“‘国能’谓其国之绝技。”⑦ 可见，“国士”“国色”“国香”“国狗”“国马”“国能”皆是美称。黄庭坚的确是“平生脊骨硬如铁”⑧ 的“书种”，具有兰不改其性的特质即“国香”也。其《谢送碾赐壑源

---

① （宋）黄庭坚著，刘琳等点校：《黄庭坚全集》（第二册），中华书局2021年版，第636—637页。

② 杨伯峻编著：《春秋左传注》（第三册），中华书局2018年重印版，第968页。

③ （清）阮元校刻：《十三经注疏》（第五册），中华书局2019年重印版，第4892页。

④ 杨伯峻编著：《春秋左传注》（第三册），中华书局2018年重印版，第735页。

⑤ 杨伯峻编著：《春秋左传注》（第三册），中华书局2018年重印版，第1866页。

⑥ （明）方以智著，张永义、邢益海校点：《药地炮庄》（修订版），华夏出版社2011年版，第383页。

⑦ 钱锺书：《管锥编》，生活·读书·新知三联书店2015年版，第411页。

⑧ （宋）黄庭坚著，刘琳等点校：《黄庭坚全集》（第一册），中华书局2021年版，第207页。

拣芽》诗曰：“搜搅十年镫火读，令我胸中书传香。”① 此即“读书种子”的传神写照。“读书种子”以道自重，含香体洁，一种风流气味，如甘露，不染凡尘。黄庭坚《与宋子茂》曰：“人胸中久不用古今浇灌之，则尘俗生其间，照镜觉面目可憎，对人亦语言无味也。”②反之，则“读书种子”也。

综上分析，黄庭坚真是“平生脊骨硬如铁”和“胸中诗书传香”的德才兼备的“读书种子”，所以他要培植的传承自家好学家业的“读书种子”，理应也是如此，不然他就不会说，“有才气者出，便当名世矣”。一个国家或一个时代，如果没有“胸中诗书传香”的书生，那么铺排再多的花草树木，这个国家或时代也不会繁盛。惆怅江南草，青青又一年。

第二节　南宋学人所谓“读书种子”

黄庭坚发明的“读书种子”雅称，在后人那里渐渐有所风行。此处主要摘录南宋学人关于“书种”的相关材料，以助谈资，博其趣。

罗大经（约1196—1252后），字景纶，号儒林，又号鹤林，南宋学人，庐陵（今江西吉水）人。罗大经《自序》曰：“余闲居无营，日与客清谈鹤林之下，或欣然会心，或慨然兴怀，辄令童子笔之。久而成编，因曰《鹤林玉露》。盖‘清谈玉露繁’，杜少陵之句云尔。”③ 杜少陵即杜甫。“清谈玉露繁”即杜甫《赠虞十五司马》中的诗句，其原诗句是：“爽气金天豁，清谈玉露繁。”罗大经过的是隐士高人般的生活。其《鹤林玉露》曰：

① （宋）黄庭坚著，刘琳等点校：《黄庭坚全集》（第一册），中华书局2021年版，第85页。

② （宋）黄庭坚著，刘琳等点校：《黄庭坚全集》（第四册），中华书局2021年版，第1251页。

③ 上海古籍出版社编：《宋元笔记小说大观》（第五册），上海古籍出版社2018年版，第5157页。

“周益公云：‘汉二献皆好书，而其传国皆最远。士大夫家，岂可使读书种子衰息乎？’”①

周益公即周必大（1126—1204）。周必大，字子充，自号平园老叟，吉州庐陵（今江西）人，南宋文学家。周必大所谓“读书种子”显然是移用黄庭坚的说法，并没有赋予新的意味。不过，周必大非普通文士，其居宰相之位。所以他的说法更容易引人注目，因而能加速“读书种子”说法的风行。此即《鹤林玉露》转载周必大的说法而没有提及黄庭坚说法的原因。

陆游（1125—1210）字务观，号放翁，越州山阴（今浙江绍兴）人，南宋诗人。其《杂题》诗其三曰：“传家只要存书种，学道当知养圣胎。”② 又《东斋杂书》诗曰：“学者学圣人，斯须不容苟。百年乐箪瓢，千载仰山斗。家庭盛弦诵，父子相师友。但令书种存，勿愧耕垄亩。”③ 又《闲游》诗曰：“五世业儒书有种，一生任运仕无媒。”④ 又《次金溪宗人伯政见寄韵》诗曰：“六经日月未尝蚀，千载源流终自明。汝水家家书有种，吾宗世世士知名。”⑤ 陆游所谓“书种”与黄庭坚所谓“书种”貌同神同，实质一样。

杨万里（1127—1206），字廷秀，号诚斋，自号诚斋野客，吉州吉水（今江西吉水）人，学者称诚斋先生，南宋诗人。其《送李制干季允擢第归蜀》诗曰：

玉立长身太史公，诸郎个个有家风。高文大册传书种，怨句愁吟恼化工。鸿雁双衔月宫桂，鹓雏独恋蜀山桐。何如天网笼云表，三凤都归上苑中。⑥

① （宋）罗大经撰，王瑞来点校：《鹤林玉露》，中华书局1983年版，第130页。
② （宋）陆游：《陆游集》（第四册），中华书局1976年版，第1576页。
③ （宋）陆游：《陆游集》（第四册），中华书局1976年版，第1586页。
④ （宋）陆游：《陆游集》（第四册），中华书局1976年版，第1626页。
⑤ （宋）陆游：《陆游集》（第三册），中华书局1976年版，第1032页。
⑥ （宋）杨万里撰，辛更儒笺校：《杨万里集笺校》（第三册），中华书局2007年版，第1549页。

这诗句中"玉立长身太史公"指李焘。李焘（1115—1184），字仁甫，一字子真，号巽岩，眉州丹棱（今四川省丹棱县）人。李焘逝世，赐谥文简，累赠太师、温国公。《宋史》曰：

(焘) 独博极载籍，搜罗百氏，慨然以史自任，本朝典故尤悉力研核。仿司马光《资治通鉴》例，断自建隆，迄于靖康，为编年一书，名曰《长编》。

七年，《长编》全书成，上之，诏藏秘阁。焘自谓此书宁失之繁，无失之略，故一祖八宗之事凡九百七十八卷，卷第总目五卷。依熙宁修《三经》例，损益修换四千四百余事，上谓其书无愧司马迁。

焘性刚大，特立独行。早著书，桧尚当路，桧死始闻于朝。暨在从列，每正色以订国论。张栻尝曰："李仁甫如霜松雪柏。无嗜好，无姬侍，不殖产。平生生死文字间。"《长编》一书用力四十年，叶适以为《春秋》以后才有此书。有《易学》五卷，《春秋学》十卷，《五经传授》《尚书百篇图》《大传杂说》《七十二子名籍》各一卷，《文集》五十卷，《奏议》三十卷，《四朝史稿》五十卷，《通论》十卷，《南北攻守录》三十卷，《七十二候图》《陶潜新传》并《诗谱》各三卷，《历代宰相年表》《唐宰相谱》《江左方镇年表》《晋司马氏本支》《齐梁本支》《王谢世表》《五代将帅年表》合为四十一卷。①

读此可知，李焘完全配得上太史公的美誉。其人"如霜松雪柏"，"性刚大，特立独行"，"无嗜好，无姬侍，不殖产"，而"平生生死文字间"，真是个"读书种子"。虽然李焘有七个儿子，而杨万里所谓"诸郎个个有家风"中的"诸郎"，指李垕、李壁、李埴，因为其他此前已卒。李垕是李焘次子，字仲信，也是兼国史院编修官。李壁字季章，号石林，又号雁湖居士，谥文懿。《宋史》曰：

① 《宋史》卷三八八《李焘传》，中华书局 1977 年版，第 11914—11920 页。

> 壁少英悟，日诵万余言，属辞精博，周必大见其文，异之曰：“此谪仙（指李白）才也。”孝宗尝问焘：“卿诸子孰可用?”焘以壁对。以父任入官，后登进士第。
>
> 壁嗜学如饥渴，群经百氏搜抉靡遗，于典章制度尤综练。为文俊逸，所著有《雁湖集》一百卷、《涓尘录》三卷、《中兴战功录》三卷、《中兴奏议》若干卷、《内外制》二十卷、《援毫录》八十卷、《临汝闲书》百五十卷。壁父子与弟埴皆以文学知名，蜀人比之三苏云。①

读以上史料可知，李氏真是诗书世家，真个“诸郎个个有家风”。杨万里诗题里所谓李季允就是李埴。李埴字季允，一作季永，号悦斋，也为国史院编修官。父子皆是名实相符的“读书种子”，的确是“高文大册传书种”。杨万里《送罗必高赴省》诗曰：

> 印山先生罗天文，一卷周雅遗子孙。一门三世六七人，月中桂枝斫到根。近来书种将绝却，两度秋天虚一鹗。今年有孙康鼎来，问天还我北斗魁。印山草木也欢喜，印山风云有生气。君不见普州衣钵付仇香，仇香衣钵付此郎。年未三十笔力强，百斛龙鼎一笔扛。殿前春风更努力，莫放别人居第一。②

依据杨万里《送罗必高赴省》诗可知，罗必高是杨万里妻子那边的人。所以他这里所谓“近来书种将绝却”之“书种”，即仅仅是“嘉种”而已。杨万里《与范侍郎》曰：“大儿长儒，有妻兄澧州推官吴承直璪，建炎尚书表臣之孙，隆兴监丞松年之子也。文词炳蔚，才识敏明，廉己仁民，足周世用，近尝进越荐之门下，收之允足为桃李之嘉

① 《宋史》卷三九八《李壁传》，中华书局1977年版，第12106—12109页。

② （宋）杨万里撰，辛更儒笺校：《杨万里集笺校》（第四册），中华书局2007年版，第1988页。

种。"[①]"嘉种"即"书种"而已。

杨万里除了说"书种"和"嘉种"以外，还说"诗种"。其《答提点纲马驿程刘修武翰》其一曰："公干当年子建亲，景文今代大苏宾。绝知将种乃诗种，不放骚人与外人。"[②] 刘修武翰即刘翰，字武子，长沙（今属湖南）人，有《小山集》。宋徽宗政和年间定武臣官阶五十三阶，第四十四阶为修武郎。刘桢，字公干，东平宁阳（今山东宁阳县泗店镇古城村）人，建安七子之一。曹植（192—232），字子建，沛国谯县（今安徽省亳州市）人。既知此，可理解杨万里所谓"绝知将种乃诗种"的意义。反之，则为《戏作司花谣呈詹进卿大监郎中》曰："姚黄魏紫世无种，且据眼前桃李休。"[③]

朱熹（1130—1200）曰："试自看一个物坚硬如顽石，成甚物事！此便是不仁"；"试自看温和柔软时如何，此所以'孝悌为仁之本'。若如顽石，更下种不得。俗说'硬心肠'，如何可以与他说话！"[④] 朱熹所谓"顽石"指什么？就是"不仁"之心。又曰：

> 吕舍人记伊川说"人有三不幸"，以为有高才能文章，亦谓之不幸。便是这事乖，少间尽被这些子能解耽搁了一生，便无暇子细理会义理。只从外面见得些皮肤，便说我已会得，笔下便写得去，自然无暇去讲究那精微。被人扛得来大，又被人以先生长者目我，更不去下问。少间传得满乡满保，都是这般种子。横渠有一段说："人多为人以前辈见处，每事不肯下问，坏了一生。我宁终是不知"。此段最好看。[⑤]

① （宋）杨万里撰，辛更儒笺校：《杨万里集笺校》（第八册），中华书局 2007 年版，第 4125 页。

② （宋）杨万里撰，辛更儒笺校：《杨万里集笺校》（第三册），中华书局 2007 年版，第 963 页。

③ （宋）杨万里撰，辛更儒笺校：《杨万里集笺校》（第三册），中华书局 2007 年版，第 965 页。

④ （宋）黎靖德编，王星贤点校：《朱子语类》（一），中华书局 2015 年版，第 115 页。

⑤ （宋）黎靖德编，王星贤点校：《朱子语类》（七），中华书局 2015 年版，第 2493 页。

朱熹所谓“这般种子”即“高才能文章”而“无暇子细理会义理”的读书人。反推，晦翁所欣赏的是“子细理会义理”，即重道的“读书种子”。

王柏（1197—1274），字会之，号长啸，婺州金华（今浙江金华）人。《宋史》曰：王柏大父“从杨时受《易》《论语》，既又从朱熹、张栻、吕祖谦游。父瀚，朝奉郎、主管建昌军仙都观，兄弟皆及熹、祖谦之门。柏少慕诸葛亮为人，自号长啸。年逾三十，始知家学之原，捐去俗学，勇于求道。与其友汪开之著《论语通旨》，至‘居处恭，执事敬’，惕然叹曰：‘长啸非圣门持敬之道。’亟更以鲁斋。从熹门人游，或语以何基尝从黄幹得熹之传，即往从之，授以立志居敬之旨，且作《鲁斋箴》勉之”①。王柏《重改石笋清风录序》曰：

> 夫先世之流风余韵，子孙所当观感服习，继继承承，要不失其气象，而忍遗响之不嗣乎？余生最晚，不克肖似，十有五年而孤，诸父亦相继沦谢，而于先大父之清规素范，不得而详也。犹及咨访故老，探讨遗书，至于孙曾，则已瞢然不得而闻之矣。夙夜祇惧，追求亡逸，余二十年，存者无几。其幸而得者，为之裒汇考订，表识序，题亦既成编，系之曰《石笋清风录》。石笋者，先大父邱垄之名，清风之所自出也。予今已年几六十矣，旧学荒芜，不足以显扬先德，家事凋落，不足以增衍遗绪。痛文献之颠连，尤凛凛乎残毁散逸之至再，则清风为之扫地。若我辈从子孙书种不绝，清风徐回。凡今日之所以辛勤整比，反覆叮咛，或可以为后日作成之助。况是录也，非有声色珍宝之可悦，非有钟鼎爵禄之可慕，玩之者，有能思贤人君子交道之所以绸缪。②

又《跋〈鲁斋清风录〉》中告诫其子曰：

---

① 《宋史》卷四三八《儒林列传·王柏》，中华书局1977年版，第12980页。

② （宋）王柏：《鲁斋集》，商务印书馆1936年版，第71—72页。

> 所以致安危者无它，义利两端而已，惟汝小子择焉。苟一意于利，则读书种子断绝，流为俗人。利固不足恃，而身日危矣。苟一意于义，则志向进乎高明，则可为君子，虽贫亦足恃，而未尝一日不安也。小子其识之。①

王柏出生于道学世家，所以他所谓“读书种子”即相续自家学业和德行的子孙。也可以说是有志于相续道学学脉的子弟。王柏其做人读书得力处就在“立志居敬”四字。这是道学真血脉，也是圣学正脉。

刘黻（1217—1276），字声伯，号质翁，又号蒙川，学者称蒙川先生，浙江乐清（今浙江乐清市）人。早有令闻，读书雁荡山中僧寺。蒙川先生《和建小学韵呈赵求仁使君》诗云：“衿佩欢迎师帅来，读书种子赖栽培。他年济济云霄路，谁信清朝叹乏才。”② 刘黻所谓“读书种子”即学童而已。

牟巘（1227—1311），字献甫，一字献之，学者称陵阳先生，宋末元初井研（今属四川）人。其《陵阳集·耕隐说》曰：

> 自昔以来，士率以隐遁为高，事或不同，其致一也。有隐于耕者，长沮、桀溺耦而耕是也……吾友俞好问之田邻蔡道明，字子诚，自号“耕隐”，其慕耕耦隐者欤？“但存方寸地，留与子孙耕”，为此言者可谓知本矣，要使其后人长留得读书种子耳。吾老农也，曾无寸土可以施其锄镬，于耕隐盖不胜健羡，因书而归之。③

依据以上材料可知，周必大、陆游、杨万里、刘黻、牟巘所谓“读书种子”或“书种”，与黄庭坚所谓“读书种子”或“书种”没有什么不同，皆是指诗书相续生的“种子”及相续此学脉的世家子弟。袁

---

① 曾枣庄主编：《宋代序跋全编》，齐鲁书社 2015 年版，第 188 页。

② 艾军：《〈蒙川先生遗稿〉校注及研究》，硕士学位论文，广西大学，2007 年。

③ 四川大学古籍所编：《宋集珍本丛刊》（第八十七册），线装书局 2004 年版，第 571 页。

栋（1697—1761），其斋名为书隐楼。其《书隐丛说·读书种子》曰：

> 但做时文者，虽斟经酌史，未必原原本本，大都剿袭而成，故名为读书种子，实则仅存种子而已。若究心古学，有得于诗古文者，即不能为圣为贤的是读书种子，以他日见用，致君泽民缺不得此种学问也，不然徒守此虚意，而设施并无实据，何以致君泽民乎，切莫谓古学之仅供文辞也，切莫谓学诗古文者之仅为文士也，诗古文是读书之端也。①

借助此材料，或可知黄庭坚、罗大经、陆游、杨万里、朱熹、刘黻、牟巘所谓“读书种子”，“实则仅存种子而已”。不过，尤其值得注意的是王柏所谓“苟一意于利，则读书种子断绝，流为俗人”的说法。显然，王柏所谓“读书种子”不是“诗文种子”，而是“道学种子”，即“能为圣为贤的是读书种子”。这就给予“读书种子”传道的新使命。也就是说，王柏所谓“读书种子”，不仅是肩负圣学学脉的“读书种子”，而且是负荷圣学血脉的“道学种子”，而且认为后者更为重要。显然，道衍的“天下读书种子绝矣”与王柏的“读书种子断绝”何其神似！

第三节　姚道衍所谓“读书种子”

清人邹志路《方正学先生祠》曰：“姚广孝，髡奴耳。彼安识读书真种子，乃敢乞赫先生死？先生死岂由读书？当死则死死何俟！麻衣苴杖呼周公，殿前惨惨吹阴风。诏颁天下一个字，此笔便与春秋同。广孝求先生，先生若不闻。文皇杀先生，遂成先生名。君不见故里巍峨标阀阅，读书种子仍不绝。”②

---

① （清）袁栋：《书隐丛说》，齐鲁书社1995年版，第451页。

② （明）方孝孺等著，张常明编注：《缑城正气集》，上海古籍出版社2003年版，第59—60页。

试问，“诏颁天下一个字”，是什么字？就是一个“篡”。燕王朱棣让方孝孺草诏，自以为做皇帝是“朕家事”，而方孝孺则当着他的面写下“燕贼篡位”。无可争辩地说明，这根本不是“朱家事”，而是“天下事”。试问，真有“草诏”这一事件吗？明儒刘宗周（1578—1645）说道：

> 然则草诏之命，信有之乎？曰：文皇既正大位，一时文学侍从之臣郊迎马首者，必已料理及此，出之袖中，乃介介一亡国之累臣乎？若谓必假先生以为重，以饰其掩耳盗铃之计，则堂堂靖难之义，固不出此。当斯时，意先生抗节不屈，文皇谓先生固文学有声者，谬以草诏胁之，借以贷一死窥先生之微，而不意愈逢其怒，奋笔立起，天地变色。即文皇之威，骤不能伸于先生，不觉胆落魂催。兵兴以来，无此挫辱，斯悔向之欲曲全之者，乃所以自困，而先生之祸于此乎酷矣。①

刘宗周此论甚好，特别是推释当时情景，合乎情理。不过，燕王朱棣也是一世英雄，不至于“胆落魂催”。清人诸玉衡（1769—1841）《谒方正学祠》曰：“当年草诏胆嶙峋，压倒燕王气不伸。”② 清人潘镇《方正学祠》曰：“哭著麻衣到庙堂，早将正气摄燕王。”③ 此两说细致入微。“然则草诏之命，信有之乎”？已然不能确定。刘宗周的“文皇谓先生固文学有声者，谬以草诏胁之，借以贷一死窥先生之微”，可作为一说。本书提供别样的一说。刘基（1311—1375），字伯温，青田（今浙江文成）人。太祖朱元璋的诸葛孔明。他的儿子刘璟（1350—1402），字仲璟，也是一个人物。《明史》如是记载：

---

① （明）刘宗周著，吴光主编：《刘宗周全集》（第五册），浙江古籍出版社 2012 年版，第 504 页。

② （明）方孝孺等著，张常明编注：《缑城正气集》，上海古籍出版社 2003 年版，第 155 页。

③ （明）方孝孺等著，张常明编注：《缑城正气集》，上海古籍出版社 2003 年版，第 162 页。

尝与成祖弈，成祖曰：“卿不少让耶？”璟正色曰：“可让处则让，不可让者不敢让也。”成祖默然。

成祖即位，召璟，称疾不至。逮入京，犹称殿下。且云：“殿下百世后，逃不得一‘篡’字。”下狱，自经死。①

以上材料中的“卿不少让耶”这句话可以洞见燕王某些不容易测识的真性情，即燕王绝不能为建文臣，那么，那个时代的明眼人就知道，篡位岂偶然哉？依此可推测，燕王让方孝孺草诏，恐怕是确有其事的。燕王让方孝孺草诏也是出此心态，不是“以饰其掩耳盗铃之计”，而是认为天下的读书人也应该默认他当皇帝。出乎意料的是，竟然遭遇方孝孺的峻拒。燕王是不可一世的英雄，而方孝孺更是不可一世的豪杰。燕王的血性之威猛，猝然相遇浩然正气之大勇，即篡位遭遇浩然正气的抵抗，真“压倒燕王气不伸”，“早将正气摄燕王”。燕王确实情理俱亏，真是“兵兴以来，无此挫辱”。遭遇此情景，燕王不得不用流俗所谓“朕家事”来搪塞，模糊天下是非，而让天下读书人也说这样的糊心话。此岂有素养哉？

临大事遇大变而不惑，非素养者不能。方孝孺是圣门真种子，知道《春秋》大法，有毫不含糊的是非原则，篡位从根本上来说是非正义的行为，所以燕王的气即虚气而已。方孝孺不是叩头虫，而是有素志和素行的豪杰。燕王面对胆敢嶙峋的铁汉，虚气被压和夺，因而窘态毕露，无有量素，竟然想用龌龊卑劣之胁迫法，震慑方孝孺。用朱元璋的话说，“彼乃敢与我抗邪？吾今乃与尔抗”②。真是草野匹夫，天性阴毒，迷信酷虐，他哪里知道方孝孺是没有软肋的豪杰、铁汉。燕王与方孝孺相比，其实是一个外刚内懦，外宽而内多忌害之“小人”。方孝孺在《毁誉》中说道：

人之毁人也有端，其誉人也有由。有忌而毁者五：有忌其才而

① 《明史》卷一二八（刘璟传），中华书局 1974 年版，第 3784 页。

② （明）方孝孺著，徐光大点校：《方孝孺集》（下），浙江古籍出版社 2013 年版，第 797 页。

> 然者，有忌其名轧己而然者，有忌其位高不及而然者，有忌其赀多不分而然者，有忌其为世所重而然者。[①]

燕王让方孝孺草诏，正是源于“忌其为世所重”而已。如果燕王真是内宽的纯刚英雄，就根本用不着方孝孺草诏，用刘宗周的话说，那般文学侍从之臣早就料理好了。燕王之所以让方孝孺草诏，恐怕与他阴暗、不宽和，即虐傲的心性有关。方孝孺对“小人”有一个异常别致的判断：“自小其天者，为小人。”[②]“自小其天”的“小人”多“忌而毁”。

燕王不是凡人，也知道《春秋》大法，更知道天下不只是他们家的，如果他和他的父亲以自家事的价值理念及心态，在元末争夺天下，哪有他们朱家的天下？燕王虐杀了方孝孺，就不在南京做皇帝了，而知趣地去了北京，其中一个重要的原因，恐怕他自己也知道待不下去。可见，燕王知道像方孝孺这样的儒英，不仅仅是臣子，而是名副其实的圣贤豪杰，关系世道和人心。

道衍劝燕王为天下留个“读书种子”，因为道衍知道，方孝孺不是普通人，不然不会断言“杀孝孺，读书种子”就绝了。方孝孺的确不是普通的读书人，而是不可控制的龙鳞，亦是天上降下的奇观，更是用世大儒，与世道人心有深刻的关联。方孝孺事件，震荡了有明一代的乾坤，神秘莫测地影响了有明一代的世道和人心，所以“道衍判断”是拔时流的大判断，不能等闲视之。

试问，道衍眼中的方孝孺究竟是什么样的读书人？也就是说，究竟什么样的读书人才配得上他所谓“读书种子”的美称？笔者遍检道衍的存世著作，如《逃虚子诗集》《逃虚类稿》《独庵外集续稿》《道余录》《净土简要录》等，皆未见“读书种子”的其他相关记载。燕王残暴杀害了“读书种子”，以道衍为人精明通透的在世风格而言，自然不再提及“读书种子”的任何相关消息，这确实合情合理。不过，笔者

① （明）方孝孺著，徐光大点校：《方孝孺集》（上），浙江古籍出版社 2013 年版，第 204 页。

② （明）方孝孺著，徐光大点校：《方孝孺集》（上），浙江古籍出版社 2013 年版，第 340 页。

在道衍的存世著作里，发现了两则与“种子”有关联的材料，也有其意味。这说明道衍其实非常喜欢说“种子”的。他就是那样的人，耐不住寂寞，心里喧闹不已。道衍《舟中赠琴士徐和仲》诗曰：

> 南湖佳处乐幽情，鸦举亲藩蔼俊声。妙学家传琴有种，高年玩世酒为生。还乡自幸乘舟便，归路争看衣锦荣。愧我迂踈林下士，秋风瓶锡喜同行。①

此即“琴种”。又《读书室》曰：

> 山人嗜古忘荣宠，竹素随身事周孔。结屋临流任打头，松桂林高翠阴拥。竹床乌几两幽幽，缥帙牙签纷揔揔。闭门不出手披卷，朝诵夕吟神鬼竦。窗破风鸣韵杂弦，空阶瞑过光流汞。悠然乐此竟忘倦，学虑无成心每恐。推求奥理似寻源，剖析严词如决壅。不驰虚远务诚是，要择精华去繁冗。遇恶思惩等驱病，见善欲为尝贾勇。有时掩卷出池上，齿嗽寒泉毛发动。幽栖既已得真趣，石渠天禄名徒重。囊萤聚雪今无人，知君欲继前贤种。②

道衍其诗的确可作为“欲继前贤”的“读书种子”写真，特别是“山人嗜古忘荣宠，竹素随身事周孔”；“闭门不出手披卷，朝诵夕吟神鬼竦”；“推求奥理似寻源，剖析严词如决壅”；“不驰虚远务诚是，要择精华去繁冗”，可以说将“书痴”的形象描写得活灵活现。不过，方孝孺不是“山人”，而是通经致用的“国士”，其心志不在石渠天禄。所以，道衍此处所谓“知君欲继前贤种”与他所谓“天下读书种子绝矣”的重要判断不能等量齐观。不过，可断章取义，借用“知君欲继

① （明）姚广孝著，乐贵明编：《姚广孝集》（第一册），商务印书馆 2016 年版，第 92 页。

② （明）姚广孝著，乐贵明编：《姚广孝集》（第一册），商务印书馆 2016 年版，第 38 页。注：《三国志 · 陆凯传》曰：“明王圣主取士以贤，不拘卑贱，故其功德洋溢，名流竹素。”柳宗元《读书》诗曰：“竟夕谁与言？但与竹素俱。”竹素即书籍。

前贤种”，说明“读书种子”也非常形象。即使如此，“知君欲继前贤种”，也是诗意的表达，算不上“读书种子”的定义。而需要澄清的是道衍所谓“读书种子”判断的基本意涵。

英国哲学家维特根斯坦（1889—1951）说：“清晰的表达这个概念对我们有极其重要的意义。它标志着我们的描述形式，我们观察事物的方式。”① 此即必须澄清道衍“读书种子”基本意涵的原因。而《辞源》释义“读书种子”即“喻累代读书之人，如种子相传，衍生不息”。《现代汉语大辞典》的释义则是“读书人，能读书做学问的人”。此是普通的词语释义，因而没有范畴的价值和意义。这样的读书人车载斗量，绵绵不绝，何言绝也？所以《辞源》和《现代汉语大辞典》所谓“读书种子”非道衍所谓“读书种子”。有鉴于此，本书不得不依据道衍遗留下来的有关材料来推证他所谓“读书种子”的名义。

世人似乎多知道道衍关于“天下读书种子绝矣”的判断，而没有注意到他的另外一个关于“习气种子”的说法。道衍《逃虚子道余录》曰：

> 僧家有一等弄虚头禅者，东边趄一言半句，西边趄一言半句，以资谈柄，便是会禅，他那里曾梦见禅在。有一等天资高者，一闻便领悟，却不曾实下工夫，所悟却浅，习气种子却深，故被习气所使，造诸恶业，与俗人无异者有之。假如有一等秀才，读圣人之书，开口便谈仁义道德，观其所行，不孝不义，非为妄作，至乎犯形宪而贻辱父母者，往往有之，此乃教门中人之不才，非释迦、仲尼之罪也。②

依据道衍的看法，佛门中有“习气种子”，圣门中也有。佛门中的“习气种子”就是“被习气所使，造诸恶业，与俗人无异者”；而圣门

① ［奥］路德维希·维特根斯坦著，涂纪亮主编：《维特根斯坦全集》（第八册），河北教育出版社 2002 年版，第 70 页。

② （明）姚广孝著，乐贵明编：《姚广孝集》（第一册），商务印书馆 2016 年版，第 398—399 页。

中的“习气种子”是“读圣人之书，开口便谈仁义道德，观其所行，不孝不义”，“至乎犯形宪而贻辱父母者”。如此“习气种子”的恶行，非释迦、仲尼之罪也。呜呼！道衍真是相人的能人，绝对够得上“国能”的美称。单他把“习气种子”和“读书种子”相提并论，就精彩绝矣。李颙（1627—1705）《四书反身录》曰：

> 诵经读书，见闻渊博，而暗于政事，短于辞令，此章句腐儒之常，犹无足贵；惟是借经书以行私，假圣言以文奸，政事明敏，辞令泉涌，适足以助恶而遂非，其为害有甚于腐儒，乃经学之贼、世道之蠹也，若此可胜①；读圣人之书，而不能实体诸躬，见诸行，徒讲说论撰，假途干荣，皆侮圣言也。②

李颙所谓“经学之贼”和“世道之蠹”可作为道衍所谓圣门“习气种子”的胜解。依据道衍的判断，读书人极不容易成为“读书种子”，而极容易成为“习气种子”。很多读书人所谓“读书种子”，恐怕恰好是道衍所谓“习气种子”而已。用《鹤林玉露》中的话说，圣门中的“习气种子”是“今儒者大半是吾夫子之罪人”；而佛门中的“习气种子”，是“今之释子大半是释迦佛之罪人”③。道衍在识人方面，恐怕同时代的人无出其右者。

金岳霖（1895—1984）《论道》曰：“范畴有两方面：一是正的方面的接受，一是负的方面的排除。一概念之所接受，即其他概念之所排除，一概念之所排除，即另一概念之所接受。”④ 金先生这种创建范畴的方法特别契合本书。所以笔者从正的方面推证并确立“读书种子”名义，同时从负的方面进行澄清和排除。道衍以前所用“读书种子”，严格说来，不具有范畴的价值和意义，只是一个美称而已。而道衍所谓

---

① （清）李颙撰，陈俊明点校：《二曲集》，中华书局1996年版，第489页。

② （清）李颙撰，陈俊明点校：《二曲集》，中华书局1996年版，第500页。

③ 上海古籍出版社编：《宋元笔记小说大观》（第六册），上海古籍出版社2018年版，第6644页。

④ 金岳霖学术基金会编：《金岳霖全集》（第二卷），人民出版社2013年版，第11页。

"读书种子"显然具有范畴的价值和意义，因为他所谓"杀孝孺，天下读书种子绝矣"，是真正的大判断。不过，由于种种原因，道衍再没有解释说明，所以笔者不得不依据相关材料来推证他所谓"读书种子"名义，也就是自己定出一个范围，最终是否符合道衍所谓"读书种子"，亦不能断定。所以亦不强人必信，他人以为未当，亦不妨各自为说，与笔者所推证者亦无碍，不以笔者之见蔽人。

道衍所谓"习气种子"与"读书种子"正是一个范畴的正反方面。读书人不入于此，则入于彼，其间更无中立之地。明人吕坤（1536—1618）《呻吟语》直言："脱尽'习气'二字，便是英雄。"① 也可以这样说，脱尽"习气"二字的读书人，便是道衍所谓"读书种子"。此即负的方面的排除，同时也需要正的方面的接受。方孝孺是儒者，或许从道衍如何看大儒能推定他所谓"读书种子"的一些基础性特征，虽不中，亦不远也。

道衍的《逃虚子道余录》是其深思熟虑的著述，他在其序中如是说明："余曩为僧时，值元季兵乱，年近三十，从愚庵及和尚于径山习禅学，暇则披阅内外典籍，以资才识。因观河南二程（程颢、程颐）先生《遗书》，及新安晦庵朱先生（朱熹）《语录》。三先生皆生赵宋，传圣人千载不传之学，可谓间世之英杰，为世之真儒也"；"三先生既为斯文宗主，后学之师范"。又《逃虚子道余录》曰："因其资性高明，便领得圣人之说，其次者不能也"；"大凡从圣人之学者，不谈性命、道德，谈声色、势利，可乎？声色、势利，有害于人，非士君子之所谈也，性命道德是本分事，不可一日无者，何害于事"；"学佛者虽悟道了，必从明眼宗师勘辩印证，始得受用，诚有此说。譬如金之真伪，非锻师则不能别，若真金愈锻愈明，若药汞银，一锻即流去。如圣门弟子颜回，终日不违如愚。孔子曰：'回也不愚。'曾点之浴沂舞雩，孔子曰：'吾与点也。'圣人之许与，岂非印证也欤"；"士君子之学于圣人，而曰'道也者，不可须臾离也'"；"光

① （明）吕坤撰，王国轩、王秀梅整理：《吕坤全集》（中），中华书局2008年版，第709页。

明俊伟，不由人不敬伏”；“晦庵继圣绝学，有道君子也”①。道衍的《逃虚子道余录》主要是剖析程颐、程颢、朱熹攘斥释家的相关言论。道衍有正的方面的接受，也有负的方面的排除。从正的方面看这三位先生：是“资性高明”而“从圣人之学者”；是“领得圣人之说”的“间世之英杰，为世之真儒也”；是“继圣绝学”的道不离身的有道君子；其文化人格“光明俊伟”，是愈锻愈明的“真金”，令人“敬服”；是“斯文宗主，后学之师范”。

由此可推知，方孝孺在道衍眼里，也是如此的圣门真种子。还可以从另外一个方面来旁知。例如，道衍在《仰山竹房记》中说竹子“有贞劲之节”，“似乎古君子”②。又说竹子“凌霜劲节不同群”③。说兵也云“劲卒”，说书法也云“端劲”，说人也云“峭劲”。他激赏“忠肝义胆”的“人杰”，“胸怀磊落”的“俊秀”，“胸中经史既淹贯”的“真儒”，“古之乐道”的“君子”，“圣贤豪杰”，“非常之士”，“绝代之伟人”，“气象崇高”的“学人”，“怀才抱德”的“奇士”、具冰志的“人中豪杰”。这些描写与方孝孺，确实也若合符节。

合观并思以上举证说明，可体会道衍所谓圣门“读书种子”究竟是什么样的读书人。陈垣（1880—1971）在《历史科学工作者必须着重进行思想改造》中有一段非常形象的说法，借用来说明道衍所谓“读书种子”，真个精彩绝矣。陈先生如是说：

> 儒家的孟子对于当时的君主就常常端着架子，以表示自己的身价高。有一天他本来将要去朝见齐王，恰好这时齐王着人来请他，他反而装病不去了。孟子这种摆架子的作风，一直影响很深，封建社会各朝各代的知识分子每每摆起架子，但是那时国家性质和现在不同，国家由一姓一家统治，知识分子也就自然会觉得国家是君主

① （明）姚广孝著，乐贵明编：《姚广孝集》（第一册），商务印书馆2016年版，第382—405页。

② （明）姚广孝著，乐贵明编：《姚广孝集》（第一册），商务印书馆2016年版，第176页。

③ （明）姚广孝著，乐贵明编：《姚广孝集》（第一册），商务印书馆2016年版，第121页。

的，是人家的，他自己是作客的，是客卿，但是今天在新社会，人民自己当家作主，有的知识分子仍然端着臭架子，人民自己的天下，自己不插手，仍觉得是客卿。[①]

陈垣先生这段议论，很有审美意趣，的确令人浮想联翩。新时代的读书人，要不要端封建时代读书人的“臭架子”，暂且不论，毕竟新时代的读书人与古人不同了。道衍所谓“读书种子”正是端着“架子”，而且能端住“架子”，自己绝不倒自己“架子”的书生。方孝孺的确是有“架子”者。朱棣让他写诏书，他就是不写。有“架子”容易，端得住“架子”则难。没有几分特立独行的风骨，不要说临大难遭大祸，端不住“架子”，就是平常的境遇，也不见得能端得住。吴敬梓《儒林外史》曰：“凡事立起体统来，不可自己倒了架子。”[②] 小说家言，竟然如此亲切有味，也有利于世道人心。道衍断言有“架子”的“读书种子”真会绝矣。呜呼！举世何人识是非，“读书种子”早衰微。读书空坠英雄泪，借此时浇磊块情。

综上所述，圣学种子，要在性中带来，性中无此，则做不成。道衍所谓“读书种子”是笃道君子，是传圣人千载不传之学的世之英杰，是胸中经史既淹贯的凌霜劲节不同群的挺特雄伟的有“架子”的世之真儒、圣贤豪杰、非常之士、绝代之伟人。可见，道衍所谓“读书种子”已具有真正范畴的价值和意义。所以道衍的判断具有文化哲学的意味。道衍是赋予“读书种子”实质性意涵的关键人物。所以他的判断不同凡响，高瞻远瞩，惊心动魄。如果用今天的最高的价值范畴来说，道衍所谓“读书种子”正是负荷华夏文化真善美血脉的读书人。如果用黄庭坚的话说，“读书种子”就是“平生脊骨硬如铁”的读书人；如果用道衍的话说，“读书种子”“斯是天之美材，为希世之纯嘏也”[③]。如果用陈寅恪先生的话说，那“读书种子”就是中国文化的“托命人”。道衍识见

---

① 陈垣著，陈智超主编：《陈垣全集》（第二十二册），安徽大学出版社 2009 年版，第 685 页。

② （清）吴敬梓：《儒林外史》，上海古籍出版社 1991 年版，第 254 页。

③ （明）姚广孝著，乐贵明编：《姚广孝集》（第一册），商务印书馆 2016 年版，第 176 页。

议论，高出时流远矣。可见，道衍还是能真识“读书真种子”的，尽管他自己不是。读书真种子，千古谁知己！刘梦溪给出的定义是：“读书种子，是士之典范，志于道，据于仁，依于德，立于礼。要在行己有耻、立身见道、通经致用，是真男子，大丈夫，是没有文王也兴的豪杰之士。”此即道衍所谓“读书种子”也。方孝孺正是这样质美的真男子、大丈夫、圣贤豪杰、绝代之伟人、海内之奇士。刘梦溪的“读书种子”定义，令人胸襟超旷，心志深稳，一天云月，亘古如斯。或用晚明大儒方以智的话说，“读书种子”即“尽被贤圣薰成者”① 也。

第四节　“读书种子”之学

方孝孺曰：“年十余岁，渐省事，见当今之为仕宦者不足道，以为圣贤之学可以自立，外至者不足为吾轻重也。”② 天性竟然如此高明！又曰：“余受气甚浊，窃有志于圣贤之学。”③ 此即说明“读书种子”之学即圣贤之学。

马一浮曾对其弟子说：“时方危难，中土圣贤之学晦而不明久矣。吾以炳烛余年，获与诸君一日共学，虽其言未足以为益，其属望诸君负荷斯道之心实无有尽。”④ 方孝孺曰：“圣贤之学，皆以用世。”⑤ 又曰：“学圣人之学，治先王之道。”⑥ 此即方孝孺的精神及旨趣。马先生曰：

① （明）方以智著，张永义、邢益海校点：《药地炮庄》（修订版），华夏出版社 2011 年版，第 306 页。

② （明）方孝孺著，徐光大点校：《方孝孺集》（中），浙江古籍出版社 2013 年版，第 416 页。

③ （明）方孝孺著，徐光大点校：《方孝孺集》（中），浙江古籍出版社 2013 年版，第 622 页。

④ 马一浮著，吴光主编：《马一浮全集》（第一册下），浙江古籍出版社 2012 年版，第 559 页。

⑤ （明）方孝孺著，徐光大点校：《方孝孺集》（上），浙江古籍出版社 2013 年版，第 30 页。

⑥ （明）方孝孺著，徐光大点校：《方孝孺集》（上），浙江古籍出版社 2013 年版，第 75 页。

"世人侈言保存中国固有文化，不知中国文化是建树在心性上，心性不会亡，中国文化自然也不会亡。即使现代的文化全被毁坏，心性却不能毁坏，则中国文化终有复兴之日也。"① 又曰："儒者穷理尽性之学，须是于斯道认得端的，粹然循乎天性之自然，非有迫而为之也。孟子曰'尽其心者知其性'者也。圣人，人伦之至，不过能尽其性，不曾于性上加得毫末。所谓性者，亦非有浑然一物可以把捉，但随时体认，不令此心走作外向，则得之矣。"② 又曰："今当人心晦盲否塞，人欲横流之时，必须研究义理，乃可以自拔于流俗，不致戕贼其天性。学者当知，圣学者即是义理之学。切勿以心性为空谈，而自安于卑陋也。"③ 圣贤之学即"穷理尽性之学"，即"义理之学"。马先生曰："濂、洛、关、闽诸儒，深明义理之学，真是直接孔孟，远过汉唐。"④ "濂"即周敦颐（1017—1073），"洛"即程颢（1032—1085）和程颐（1033—1107），"关"即张载（1020—1077），"闽"即朱熹（1130—1200），依据马先生的体认，这五位大儒的学问即"义理之学"的集美成者。

方孝孺曰："儒者之学，其至，圣人也；其用，王道也。"⑤ 程颐曰："古之学者一，今之学者三，异端不与焉。一曰文章之学，二曰训诂之学，三曰儒者之学。欲趋道，舍儒者之学不可。"⑥ 圣贤之学即"儒者之学"、"通经致用"之学、"作圣之学"，也即"趋道之学"。朱熹曰："今人不去讲义理，只去学诗文，已落第二意。"⑦ 张载曰："义理之学，亦须深沉方有造，非浅易轻浮之可得也。"⑧ "儒者之学"即

---

① 马一浮著，吴光主编：《马一浮全集》（第一册下），浙江古籍出版社 2012 年版，第 745 页。

② 马一浮著，吴光主编：《马一浮全集》（第二册上），浙江古籍出版社 2012 年版，第 368 页。

③ 马一浮著，吴光主编：《马一浮全集》（第一册上），浙江古籍出版社 2012 年版，第 6 页。

④ 马一浮著，吴光主编：《马一浮全集》（第一册上），浙江古籍出版社 2012 年版，第 6 页。

⑤ （明）方孝孺著，徐光大点校：《方孝孺集》（上），浙江古籍出版社 2013 年版，第 26 页。

⑥ （宋）程颢、程颐撰，潘富思导读：《二程遗书》，中华书局 2020 年版，第 187 页。

⑦ （宋）黎靖德编，王星贤点校：《朱子语类》（八），中华书局 2015 年版，第 3334 页。

⑧ 章锡琛点校：《张载集》，中华书局 1978 年版，第 272 页。

“义理之学”。戴震（1724—1777）曰：“古今学问之途，其大致有三，或事于理义，或事于制数，或事于文章。事于文章者也，等而末者也。”[①] 戴震晚年把“理义”置于“制数”和“文章”之前，就特别强调了其重要性。而他的弟子段玉裁（1735—1815））在《戴东原集序》中说道：“其（戴震）言曰：‘有义理之学，有文章之学，有考核之学。义理者，文章考核之源也，熟乎义理，而能考核，能文章。’”[②] 段玉裁把“义理之学”排在“文章之学”和“考核之学”的前面，能深得其师的心志。由此亦可知，段玉裁并没有完全沉醉于训诂之学，不过，其人的心志不容易测识罢了。姚鼐（1731—1815）曰：“余尝论学问之事，有三端焉，曰：义理也，考证也，文章也。是三者，苟善用之，则皆足以相济；苟不善用，则或至于相害。”[③] 此即说明“义理之学”“文章之学”“考核之学”，实不“相害”而“相济”，问题的关键在于“善用”。曾国藩（1811—1872）《欧阳生文集序》曰：

> 当乾隆中叶，海内魁儒畸士，崇尚鸿博，繁称旁证，考核一字，累数千言不能休。别立帜志，名曰“汉学”。深摈有宋诸子义理之说，以为不足复存，其为文尤芜杂寡要。姚先生独排众议，以为义理、考据、词章，三者不可偏废。必义理为质，而后文有所附，考据有所归。一编之内，惟此尤兢兢。当时孤立无助，传之五六十年。近世学子，稍稍诵其文，承用其说。道之废兴，亦各有时，其命也欤哉！[④]

曾国藩将三者的关系轻重说得清楚，即“义理、考据、词章，三者不可偏废。必义理为质，而后文有所附，考据有所归”。此解释深得姚鼐的真意。方孝孺曰：“学至于近世，离而为四：言性命者得其本，其

① （清）戴震：《戴震集》，上海古籍出版社2009年版，第189页。

② （清）戴震：《戴震集》，上海古籍出版社2009年版，第451—452页。

③ 叶朗总主编：《中国历代美学文库》（清代卷下），高等教育出版社2003年版，第81页。

④ 叶朗总主编：《中国历代美学文库》（近代卷上），高等教育出版社2003年版，第234页。

失也过高；道政事者得其用，其失也过杂；文辞之习，华而鲜实；制度之辨，劳而少功。”[①] 所以，学圣贤之学既要“得其本”即“穷理尽性”，又要“得其用”即“修身治人”。也就是所谓“通经致用”。而其“致用”的核心就在于体悟其义理，以成就这个人为终极目标，因为有斯人，自然能发生斯用。否则就是本末倒置地学圣贤之学，意义甚小，甚者戕害其天性。

何谓“义理”？圣籍《周易·说卦》曰：“昔者圣人之作《易》也，幽赞于神明而生蓍，参天两地而倚数。观变于阴阳而立卦，发挥于刚柔而生爻，和顺于道德而理于义，穷理尽性以至于命。”[②] 此即“义理”一词的来源。孟子曰：“口之于味也，有同耆焉；耳之于声也，有同听焉；目之于色也，有同美焉。至于心，独无所同然乎？心之所同然者何也？谓理也，义也。圣人先得我心之所同然耳。故理义之悦我心，犹刍豢之悦我口。”[③] 孟子这里用的“理义”一词，就来源于《周易·说卦》。陆九渊《杂说》曰：“千万世之前，有圣人出焉，同此心同此理也；千万世之后，有圣人出焉，同此心同此理也；东、南、西、北海有圣人出焉，同此心同此理也。”[④] 钱锺书（1910—1998）《管锥编·系辞》曰：“心同理同，正缘物同理同”；“思辨之当然，出于事物之必然，物格知至，斯所以百虑一致、殊途同归耳”；“心之同然，本乎理之当然，而理之当然，本乎物之必然，亦即合乎物之本然也”[⑤]。马一浮曰：“若使西方有圣人出，行出来的也是这个六艺之道，但是名言不同而已。”[⑥]

读者可合观并思以上几则材料，从中可以自由体取中土圣贤之学所谓“义理”之内涵。圣贤之学所谓“义理”名相与今人所谓“真理”之范畴相对等，包括“物理”即物质世界的“真理”和“心

---

① （明）方孝孺著，徐光大点校：《方孝孺集》（上），浙江古籍出版社 2013 年版，第 91 页。

② （明）来知德撰，姚国华、柯誉整理：《周易集注》，九州出版社 2012 年版，第 485 页。

③ （宋）朱熹：《四书章句集注》，中华书局 2011 年版，第 336 页。

④ （宋）陆九渊著，钟哲点校：《陆九渊集》，中华书局 2020 年版，第 273 页。

⑤ 钱锺书：《管锥编》，生活·读书·新知三联书店 2015 年版，第 85 页。

⑥ 马一浮著，吴光主编：《马一浮全集》（第一册上），浙江古籍出版社 2012 年版，第 19 页。

理"，即道德世界的"真理"。不过，圣学之学所谓"义理"名相是内涵极为丰富的说法，而且活色生香，如果将其硬性置换成今日任何语汇，不但会造成"义理"的流失，而且会失去其摄人心魄的韵味，所以依据圣贤之学的具体语境，切己自由体取义理，最好不过了。这也是学习圣贤之学的基本路径。

依据以上举证，可知群圣所谓"心性之学"即"义理之学""穷理尽性之学""儒者之学"，也即"中土圣贤之学"，名相不同，但其实质没有什么不同。马先生曰："平日好谈心性。"① 所谓"好谈"即切己"穷理尽性"，就是切实"进德修业"，与那些空谈"心性"者貌同而神异。所以，马先生曰："穷理即是尽性之事，尽性即是践形之事。"又曰："何以不曰'践性'而曰'践形'？全体起用，摄用归体，在体上只能说'尽'，在用上始能说'践'。惟尽其理而无亏，始能全其用而无歉也"；"违性亏体而其用不全"，"顺性合体而其用始备"②。"穷理"即"尽性"，非有二事。依据群圣的学问及其价值视域，人之"性德具足"，在圣人不增，在凡人不减。不过圣人能"尽其性"，而凡人不能"自拔于流俗"，以至于"戕贼其天性"。何谓"天性"？马先生曰："就其普遍言之曰天，就其恒常言之曰性。又不假人为天，本来自具曰性。"③ 又曰："故有终身读书，只为见闻所囿，滞在知识边，不知更有向上事，汩没自性，空过一生。"④ 又曰："故学者立志，必当确信圣人可学而至，吾人所秉之性与圣人元无两般。"⑤ 马先生说"性德"，真个精彩绝伦矣。他说：

---

① 马一浮著，吴光主编：《马一浮全集》（第二册上），浙江古籍出版社 2012 年版，第 383 页。

② 马一浮著，吴光主编：《马一浮全集》（第一册上），浙江古籍出版社 2012 年版，第 59 页。

③ 马一浮著，吴光主编：《马一浮全集》（第一册上），浙江古籍出版社 2012 年版，第 59 页。

④ 马一浮著，吴光主编：《马一浮全集》（第一册上），浙江古籍出版社 2012 年版，第 5 页。

⑤ 马一浮著，吴光主编：《马一浮全集》（第一册上），浙江古籍出版社 2012 年版，第 8 页。

> 从来说性德者，举一全该则曰仁，开而为二则为仁知、为仁义，开而为三则为知、仁、勇，开而为四则为仁、义、礼、知，开而为五则加信而为五常，开而为六则并知、圣、义、中、和而为六德。就其真是无妄言之，则曰：'至诚'；就其理之至极言之，则曰：'至善'。故一德可备万行，万行不离一德。知是仁中之有分别者，勇是仁中之有果决者，义是仁中之有断制者，礼是仁中之有节文者，信即实在之谓，圣则通达之称，中则不偏之体，和则顺应之用，皆是吾人自心本具的。①

马先生真是罕见的"明眼人"，对斯道即中土"穷理尽性之学"认得端的，从来说"性德"者，未有精于此者。因而读此可领会"中土圣贤之学"的全体大用。马先生曰："仁是性德，道是行仁，学是知仁。仁是尽性，道是率性，学是知性"②；"今人日常生活，只是汩没在习气中，不知自己性分内本自具一切义理"③。"理之本体，即性"④，故"性外无道"，或"性外无理"。说"道"即言乎"性"之长存。马先生曰："圣人之教，使人自易其恶，自至其中，便是变化气质，复其本然之善。此本然之善，名为天命之性，纯乎理者也。此理自然流出诸德，故亦名为天德。"⑤"性德"即"天德"。颜渊问仁。孔子曰："克己复礼为仁。一日克己复礼，天下归仁焉。为仁由己，而由人乎哉？"（《论语. 颜渊》）朱熹注曰："仁者，本心之全德。"⑥"本心"即"性德"。而"仁"即"性德"全。圣人全其"天性"，而凡人则戕害"天

① 马一浮著，吴光主编：《马一浮全集》（第一册上），浙江古籍出版社 2012 年版，第 15 页。

② 马一浮著，吴光主编：《马一浮全集》（第一册上），浙江古籍出版社 2012 年版，第 136 页。

③ 马一浮著，吴光主编：《马一浮全集》（第一册上），浙江古籍出版社 2012 年版，第 14 页。

④ 马一浮著，吴光主编：《马一浮全集》（第一册上），浙江古籍出版社 2012 年版，第 31 页。

⑤ 马一浮著，吴光主编：《马一浮全集》（第一册上），浙江古籍出版社 2012 年版，第 16 页。

⑥ （宋）朱熹：《四书章句集注》，中华书局 2011 年版，第 133 页。

德"。孔颜之乐，鸢飞鱼跃，莫非天德之流行，真是活泼泼地。方孝孺《萝月山房记》曰："圣贤之学所以贵乎穷理尽性，使此心浩乎与天地同体，故处富贵而不盈，遇贫约而不歉，临大故断大事而不慑，若是则利禄不能使之污，山林不能为之清，出处隐显将无所不宜。"[①] 此把圣贤之学的本末大用，说得意兴盎然，令人悠然神往。而谢肇淛《五杂俎》曰："余尝见人勤读有彻夜至呕血者，余尝笑之。古人之读书明理也，中古之读书资学问也，今人之读书不过以取科第也，而以身殉之，不亦惑哉？"[②] 又曰："今之号为好学者，取科第为第一义矣，立言以传后者百无一焉，至于修身行己则绝不为意矣，可谓倒置之甚。"[③] 此岂"读书种子"哉？此即道衍眼里的"习气种子"而已！方孝孺诗曰："著书倘可寓王制，未死尚期明圣学。"[④] 又曰："使圣贤之学衣被海内，固有志者之所乐闻也。"[⑤] 这就是"读书种子"方孝孺读书做人的精神及其志业。

本书为何在圣贤之学前加上"中土"二字？就是用典而已。近典来源于马先生之说，远典自然来自中国文化传统。从地理视域说，有"中土""西土"之言，而从圣学之教说，则无有东西之说。中有定名而无定位，如东家之西乃西家之东。如佛学可以中土化，圣学亦可西土化。这就要看人如何支配自己的意志了。古今圣贤反复说，有礼义则中国，无礼义则夷狄。唐人聂夷中《行路难》诗曰："莫言行路难，夷狄如中国。"反之亦然。马一浮先生在 1939 年 7 月 15 日致赵熙信里深叹曰："三十年来，学绝道丧，世之所以为教者，拾异邦殊俗之土苴以为宝，后生小子几不知圣贤为何人、经籍为何物。"[⑥] 故马先生说他居中

---

① （明）方孝孺著，徐光大点校：《方孝孺集》（中），浙江古籍出版社 2013 年版，第 647 页。

② 《明代笔记小说大观》（二），上海古籍出版社 2005 年版，第 1770 页。

③ 《明代笔记小说大观》（二），上海古籍出版社 2005 年版，第 1769 页。

④ （明）方孝孺著，徐光大点校：《方孝孺集》（下），浙江古籍出版社 2013 年版，第 931 页。

⑤ （明）方孝孺著，徐光大点校：《方孝孺集》（中），浙江古籍出版社 2013 年版，第 395 页。

⑥ 马一浮著，吴光主编：《马一浮全集》（第二册下），浙江古籍出版社 2012 年版，第 616 页。

土，则有居夷狄之感。

本书为何不用"儒者之学"而用"圣贤之学"？陆九渊曰："后世言学者须要立个门户。此理所在安有门户可立？学者又要各护门户，此尤鄙陋。"① 没有儒学之前，就有圣贤；同理，以后没有儒学，也会有圣贤。圣贤和名相没有必然的关系，儒释道不过是名相而已，与名相相比，我们更看重名相背后的这个人。而与学问相比，我们更看重做学问的人，即真正的自我实现的活生生的圣贤豪杰。中国传统的固有学问有时候可以机械地划分为儒释道，而圣贤则不分儒释道，也不分古今中外。方孝孺曰："唯群圣之道，咸萃在兹。不能精思力学，则书为虚器。不能希贤由圣，则学非真知。小子极愚，敢不敬慎，日以孜孜。"② 方孝孺之心志诚在于此。陆九渊曰："正言正论，要使长明于天下。"③ 马一浮先生诗曰："土苴治世心传少，海国求名缪种多。"④

---

① （宋）陆九渊著，钟哲点校：《陆九渊集》，中华书局 2020 年版，第 400 页。

② （明）方孝孺著，徐光大点校：《方孝孺集》（上），浙江古籍出版社 2013 年版，第 8 页。

③ （宋）陆九渊著，钟哲点校：《陆九渊集》，中华书局 2020 年版，第 452 页。

④ 马一浮著，吴光主编：《马一浮全集》（第三册），浙江古籍出版社 2012 年版，第 41 页。

第二章 方孝孺与圣贤尚志传统

清儒李光地（1642—1718）在《课诸生》中说道：“凡经书圣贤所言，皆以辨志、立志、志道、志学，此处若无根种源头，保其荣华之陨，不终朝而汪洋之涸可立待也。”① 以此说明“志学”“立志”“志道”“辨志”是圣贤之学“尚志”的实质性传统，也非常好。又《答王仲退问目》曰：

> 知之者不如好之者，好之者不如乐之者。说者以气候浅深言之，固是。然人之资质，合下便有此三种根器。有人于事理，极理会得容易，然晓得便了，无喜好之意，则索然无复余味。又有人亦知喜好，而不根于心，无耽着，不舍一段精诚，则或他好有以夺之。便不能久于其道，复而不厌，亦不能温故知新，日进无疆。惟上等根器，才只学便有乐意，乐则生矣。生则恶可已也？如嗜麹蘖者，虽肴饭可废；如有山水花石之癖者，虽至于倾家财以供游玩，不悔也。此方是真种子。②

李光地是“读书种子”吗？笔者不能判断，所以不论。不过，借他的这段议论来说明方孝孺是圣学“真种子”，确实绝好！方孝孺的确是天赋地产的“奇质嘉种”，而不是“质劣凡种”，所以“才只学便有

① （清）李光地撰，陈祖武点校：《榕村全集》（第八册），福建人民出版社 2013 年版，第538 页。

② （清）李光地撰，陈祖武点校：《榕村全集》（第八册），福建人民出版社 2013 年版，第 539—540 页。

乐意”，又肯“舍一段精诚”的“真种子”，因而平生此意飞动，春风满路生。

第一节　早发愿学之美志

方孝孺曰：“某六七岁时，初入学读书，见书册中载圣贤名字，或圣贤良相将形貌，即有愿学之心，每窃寸纸，署其名，与同辈诸学子顾视而指麾之。父兄虽加呵禁，不止也。既而年十岁余，渐省事，见当今之为仕宦者不足道，以为圣贤之学可以自立，外至者不足为吾轻重也。”① 又曰：“自少惟嗜读书，年十余岁，辄日坐一室，不出门户。当理趣会心，神融意畅，虽户外钟鼓鸣而风雨作，不复觉也。”② 方孝孺愿学圣贤的美志，是从自性中自然流出的，不是外在的刻意安排和诱导。方孝孺真是有灵异资质的天之美材，非凡材。的确是圣贤之学的不二嘉种。

物有非常之质，人有非常之材。方孝孺的心性偏于沉思和静默，与圣学一拍即合，无有异己之感，是圣贤的天然同心人。他所谓“理趣会心”，就是与圣学心感而遂通，无有丝毫隔阂。他所谓“神融意畅”，就是与圣学神理相接、欢然内怿、无不受用。他的诗句：“鸿儒硕士世不乏，神灵秀异天所钟。”③ 亦可以用来描述他自己，十分恰切。如果读书人学圣贤之学的志愿不是从自性自然流出，而是异己者安排出来的，那么就很难与之“理趣会心”，亦不太可能与之“神融意畅”。如果没有“理趣会心”“神融意畅”的精神契合和欢然内怿，那么必然不能受用，亦不能笃信，更不能笃行，自然愿学的热情就会枯竭，亦会熄灭，良药亦会变为毒药，甚至会反圣贤之学。

---

① （明）方孝孺著，徐光大点校：《方孝孺集》（中），浙江古籍出版社 2013 年版，第 416 页。

② （明）方孝孺著，徐光大点校：《方孝孺集》（中），浙江古籍出版社 2013 年版，第 420 页。

③ （明）方孝孺著，徐光大点校：《方孝孺集》（中），浙江古籍出版社 2013 年版，第 926 页。

古今读书人，车载斗量，而笃信、笃行圣贤之学者，确实不多，能与之死生契阔的就愈少了。圣贤之学是淡泊的学问，与其义理相应，的确不容易，所以真正的圣贤之学的“读书种子”，古今其实也不多见。古今学习圣贤之学者多如牛毛，成者却如麟角，也是实情。程颐《明道先生行状》曰：

先生为学，自十五六时，闻汝南周茂叔论道，遂厌科举之业，慨然有求道之志。未知其要，泛滥于诸家，出入于老释者，几十年。返求诸六经而后得之。明于庶物，察于人伦。知尽性至命，必本于孝悌。穷神知化，由通于礼乐。辨异端似是之非，开百代未明之惑。秦汉而下，未有臻斯理也。①

程颐所谓“先生”即程颢，是理学的楷模。从程颐所说来看，程颢对圣学从“未知其要，泛滥于诸家，出入于老释者，几十年”，到然后“返求诸六经，而后得之”，确实有一个中介过程。《宋史·张载传》曰：

张载字子厚，长安人。少喜谈兵，至欲结客取洮西之地。年二十一，以书谒范仲淹，一见知其远器，乃警之曰：“儒者自有名教可乐，何事于兵。”因劝读《中庸》。载读其书，犹以为未足，又访诸释、老，累年究极其说，知无所得，反而求之《六经》。②

张载亦有“访诸释、老，累年究极其说，知无所得，反而求之《六经》”的一段经历。理学的集美成者朱熹曰：

某年十五六时，亦尝留心于此。一日在病翁所会一僧，与之语。其僧只相应和了说，也不说是不是，却与刘说，某也理会得个

① （宋）程颢、程颐著，王孝鱼点校：《二程集》（上），中华书局1981年版，第638页。
② 章锡琛点校：《张载集》，中华书局1978年版，第385—386页。

> 昭昭灵灵底禅。刘后说与某，某遂疑此僧更有要妙处在，遂去扣问他，见他说得也煞好。及去赴试时，便用他意思去胡说。是时文字不似而今细密，由人粗说，试官为某说动了，遂得举。后赴同安任，时年二十四五矣。始见李先生，与他说。李先生只说（禅）不是。某却倒疑李先生理会此未得，再三质问。李先生为人简重，却不甚会说。只教看圣贤言语。某遂将那禅来权倚阁起。意中道，禅亦自在，且将圣人书来读。读来读去，一日复一日，觉得圣贤言语渐渐有味。却回头看释氏之说，渐渐破绽，罅漏百出……又曰："理会得时，今老而死矣，能受用得几年！然十数年前理会不得，死又却可惜！"①

朱熹亦是“且将圣人书来读。读来读去，一日复一日，觉得圣贤言语，渐渐有味”，因而一生受用。程颢、张载、朱熹的资质禀赋都是一等一的，然缘会圣学，亦不容易，与之理趣会心，神融意畅，死生契阔，亦有一段醒悟的过程，而方孝孺少年时期就能心融圣道，且志已素定，真可谓是世稀的天资近道者。

道衍曰：“木生乎豫章，非凡材；鸟生乎丹山，非凡羽。故物之良者，不能自良也。必由乎地之灵而致然尔，况其人乎？”② 优美的地域自然环境，适合树木嘉种的生发滋长，自然能成为令人赏心悦目的美材。不优美的地域自然环境，即使有树木嘉种，亦长得拳曲臃肿，终不足观。朱熹曰：“若如顽石，更下种不得。”③ 地域文化环境对“读书种子”的“发荣滋长”亦具有实质性的重要性。道衍说风俗忠厚的地域必多“英伟非常之士”④。方孝孺是经典的“英伟非常之士”。这恐怕与他生活的地域和家庭的文化生态环境息息相关。王应麟（1223—1296）

---

① （宋）黎靖德编，王星贤点校：《朱子语类》（七），中华书局 2015 年版，第 2620、2622 页。

② （明）姚广孝著，乐贵明编：《姚广孝集》（第一册），商务印书馆 2016 年版，第 236 页。

③ （宋）黎靖德编，王星贤点校：《朱子语类》（一），中华书局 2015 年版，第 115 页。

④ （明）姚广孝著，乐贵明编：《姚广孝集》（第一册），商务印书馆 2016 年版，第 237 页。

《赤城书堂记》曰：

> 台之宁海，其先贤曰赤城先生罗公，德业为元祐名臣，道义为一乡师表。教思无穷，逾二百年，清风肃然，闻者兴起。旧祠于学，犹未特祀，邑之宿儒前进士胡君元叔倡率乡人，仿古闾塾之制，即公游息之地创为书堂，合乡之俊秀子弟而淑艾之。诹诸乡评，延笃学多闻之彦。前进士舒君岳祥为之长，前进士孙君钧、赵君孟礼、胡君三省、前太学陈君应嵩、刘君庄孙为之录。训之以孝悌敬逊，其规约如蓝田、丽泽；而稽经订史，种学绩文，以为有用之实。衿佩济济，弦诵洋洋，邹鲁之风蔼如也。某闻而叹曰：美哉，教学之意乎！古者立教始于乡。仕焉而已者归教闾里，谓之乡先生。上老、庶老朝夕坐于塾，是为左右师。入而事亲从兄，出而诵诗读书，小而洒扫应对，大而明德新民。上帝之衷，蒸民之彝，师徒所教之伦，冢宰所降之德，少而习焉，不见异物而迁焉。是以礼义兴，风俗淳，成人小子皆士君子之行也①。
>
> 今宁海耆德鸿生，咸克宪慕前哲，启迪后进。俾之尊德性、求放心，以进于诚明，养其原而即理以应事，孝悌忠信培其根，而余力以学。师道立，善人多，庶几见睢阳之盛。诗云："有匪君子，终不可谖兮。"罗公有焉。"高山仰止，景行行止"学子其懋哉！②

王应麟所谓赤城先生罗公即罗适（1029—1101），字正之，号赤城。胡元叔即胡三省的父亲。胡三省（1230—1302），字身之，又字景参，号梅涧。刘庄孙（1234—1302），字正仲，号樗园。舒岳祥（1236—不详），字舜侯，一字景薛。此皆宁海可圈可点的前贤，也是

① （宋）王应麟著，张骁飞点校：《四明文献集：外二种》，中华书局 2010 年版，第 265—266 页。

② （宋）王应麟著，张骁飞点校：《四明文献集：外二种》，中华书局 2010 年版，第 266 页。

其乡圣贤之学的下种者。方孝孺《刘槱圆先生文集序》曰：

> 宁海在宋特为诗书文物之邑，去南渡国都为近，故士之显闻于世者甚众。宋之衰也，兵刑不振，而教化犹存。取士之法稍弊，而风俗不坏。故其文章虽不能不降于盛时，而学术之醇，终不能甚愧于古。槱园刘先生少游钱塘，学于宋太学，与名士大夫交。斯时违乾道、淳熙诸大儒犹未远，文献之传，盛有可征。是以先生之学，渊博崇高，得圣贤之大要。其为文章，朴茂质实，不为异常绝俗之谈，而纡余衍肆，必达其意而后止。索之而愈深，味之而愈长，其视葩藻无实可喜之辞，敻乎其不侔也。先生所尊善者，惟同邑阆风舒公景薛、南山陈先生寿，所友而敬者，则剡源戴公帅初、鄞袁公伯长。袁公后仕元为显官，名称海内，戴公文亦传于时。阆风、南山与先生皆自谓宋遗人，不屑仕。故文行虽高，而不大彰著于世，传而知之者，惟邑人而已。[①]

方孝孺所列举的宁海前贤主要有：刘庄孙、舒岳祥、陈应嵩，可以与王应麟《赤城书堂记》并观。为何方孝孺没有列举有劲节的同里前辈胡三省？陈垣有这样的解释：“身之乱后深自韬晦，故知之者鲜耳。”[②] 一个人遭遇大变故，竟然如此深隐，其心志亦不可量也。

方孝孺曰：“吾乡士君子，尚礼仪而重名节。凡仕于天下者，虽学术有浅深，才器有巨细，政术有疏密，而其所守，未尝不有以过乎人，盖习俗然也。”[③] 又曰：“士习之盛衰，岂不系乎世哉？世之生士，犹地之生木，柯叶硕茂，而花实盛美者，必非瘠土之所能有也。余观于宋，考其政教文章之懿，而求士于其时。其大者既皆博览多识，宏伟而端亮；其隐约而不显者，亦多忠信敦悫，方介严重，望其威仪，听其论

---

① （明）方孝孺著，徐光大点校：《方孝孺集》（中），浙江古籍出版社2013年版，第455页。

② 陈垣著，陈智超主编：《陈垣全集》（第二十一册），安徽大学出版社2009年版，第70页。

③ （明）方孝孺著，徐光大点校：《方孝孺集》（下），浙江古籍出版社2013年版，第727页。

议，莫不伟然有以异于人。此岂士之素贤哉？师友之际，礼义之习，有以成之也。”① 以方孝孺的这两段议论，来说明他自己早发异彩之因缘，也很契合。他从小就生活在尚礼仪而重名节的地域，秉气怀灵，且闻其风而被其化，成为英伟非常之士，岂偶然哉？真可谓地灵人杰两相宜。

方孝孺在《谨行》中自叙曰：“吾家自始迁祖至于余身，十五世矣。以言乎赀产，则不逾于中家。以言乎爵禄，则未有位乎朝者。然而不愧于人，见推于世者，以先人世有积德蓄学，操行异乎恒人焉耳。”② 可知，方孝孺是典型的世家子弟，生活在积德蓄学的门风优美的世家，操行自然异乎常人，自是情理之中的事。陈寅恪《天师道与滨海地域之关系》曰：“盖有环境之薰习，家世之遗传，决非一朝一夕偶然遭际所致。”③ 此即实情。圣贤之学的学习，特别看重熏润渐泽，德品成就，而不是硬性灌输，或刻意鞭策，或利禄诱引。

家世和家学对子弟的心性和德品潜移默化的影响可谓深且巨矣。方孝孺曰：“人之生于德善之家，犹木之生沃土，蚤发而易长，花茂而后凋。硗田瘠垄虽有萌蘖之滋，拳曲臃肿，终不足观，则所借使之然耳。”④ 又曰：“世之生才，如木生地。蕴积深厚，其发必异。”⑤ 此两则材料，可视为方孝孺的自我说明。方孝孺生于门风优美的世家，成长于尚礼仪而重名节的台州，如树木生于肥沃的土壤，早早“发荣滋长”而绽放异彩，或许因缘就在这里。如道衍曰：“盖其天赋地产，间兴殊致，而非偶然者矣。”⑥

宋濂曰：“晚得天台方生希直，其为人也凝重，而不迁于物，颖锐

---

① （明）方孝孺著，徐光大点校：《方孝孺集》（下），浙江古籍出版社 2013 年版，第 721 页。

② （明）方孝孺著，徐光大点校：《方孝孺集》（上），浙江古籍出版社 2013 年版，第 61 页。

③ 陈寅恪：《金明馆丛稿初编》，生活·读书·新知三联书店 2001 年版，第 7 页。

④ （明）方孝孺著，徐光大点校：《方孝孺集》（上），浙江古籍出版社 2013 年版，第 63 页。

⑤ （明）方孝孺著，徐光大点校：《方孝孺集》（下），浙江古籍出版社 2013 年版，第 846 页。

⑥ （明）姚广孝著，詹绪左校点：《姚广孝全集》（二），安徽师范大学出版社 2019 年版，第 261 页。

有以烛诸理。间发为文，如水涌而山出。喧啾百鸟中，见此孤凤凰，云胡不喜?”① 陈纪（1434—1506）曰：“洪武辛亥，随父知济宁，谒曹国李文忠公，公礼貌之，期为国士。”② 少年时期竟被誉为“孤凤凰”、期为“国士”，真是罕见。最令人奇怪的是，一个少年竟然有如此自性庄严的气象，即“凝重”之相。

刘梦溪说：“家世和家学，则决定学者的个性风貌及学术品格。”③ 可用此解释方孝孺其人其学。方孝孺《先府君行状》云：“世敦儒术，为邑礼仪家。”④ 方氏家学是儒学，可谓礼仪世家。方孝孺的父亲方克勤是典型的礼士，动容周旋，必合礼法。方孝孺小时候就自定了日常言行的礼则。例如，坐要背直而貌端庄；立要外直而敬；步履要重而容止舒畅；寝不妄思而心定；揖要张供而前，严肃舒敬；拜要以礼而不谄不阿；食无待富贵贫贱而甘之若饴；饮要慎防酒患；言要慎；动不徇人；笑不启齿亦不辱戏；喜要乐道不乐欲；怒要以道为度而不切齿攘袂；忧要日忧道不行德不修而非日忧名位不光；好德而贱物非好物而贱德；恶要恶己所恶而德乃日新；取要依据义而得，非义不取；与当其可与而与之即义所不宜而不与；诵其言，思其意等。总之，饮食言动，喜怒好恶，皆有典则。

方孝孺自立的日常言行礼则，兼备了圣学的礼则和义理。而他就严格而稳定地依据自立的礼则，心无旁骛、纯粹而坚定地自我训练即自修，约其体形，养其心志，以敬蓄德，自修既久，因而变化了气质，所以在少年时期就呈现出自性庄严的品相。方孝孺的文章的风格亦是“凝重”，可谓他文化人格的镜像，端雅纯正，读其文也令人油然起庄敬之心，即升华灵魂，提升境界。礼岂可轻视哉！

纵观历史人物，唤醒其学圣贤之学真不容易，方孝孺就不用唤醒，

---

① （明）方孝孺著，徐光大点校：《方孝孺集》（下），浙江古籍出版社 2013 年版，第 975 页。

② （明）方孝孺著，徐光大点校：《方孝孺集》（下），浙江古籍出版社 2013 年版，第 995 页。

③ 刘梦溪：《学术与传统》（上卷），北京时代华文书局 2017 年版，第 108 页。

④ （明）方孝孺著，徐光大点校：《方孝孺集》（下），浙江古籍出版社 2013 年版，第 768 页。

而是天醒者。其《答俞敬德书二首》曰："仆幼有志于道，视颜闵辈所至，以为可以勉而至。于圣人之言，未尝不思之于心，而试之以身。"① 方孝孺少年时就能自拔于流俗，而有志于圣贤之道，且能够"思之于心"而"试之以身"，真是相续圣道的不可多得的嘉种。方孝孺与他的老师相比，在这个年龄阶段，宋濂在跟随文章之士在钻研造文之道；与道衍相比，道衍在这个年龄阶段则在跟道士学阴阳术数之学。真是有什么样的老师，就有什么样的学生。马一浮说："从上圣贤，唯有指归自己一路是真血脉。"② 方孝孺所谓"思之于心"即真参实悟；他所谓"试之以身"即真实践行。这的确是学圣贤之学的根本途径。朱熹曰："事事都用你自去理会，自去体察，自去涵养。"③ 方孝孺发心学圣贤之学，就能自觉地指归自己，切己理会，切己体察，切己涵养，身体力行。真乃天醒者。

方孝孺在其父亲任济宁知府期间，得以"历邹鲁之故墟，览周公孔子庙宅，求七十子之遗迹，问陋巷舞雩所在，潜心静虑，验其所得，慨叹以为彼七十子者，纵颜闵未可几及，其余若樊迟冉求辈，使学之同时，岂皆让之乎!"④ 方孝孺所谓"潜心静虑""验其所得"，也就是"真参实悟""切己体究"。这时方孝孺才十五六岁，却能自理会、自体察、自涵养，而不待勉强，皆能指归自己，且能与之俱化，直下受用。方孝孺诗曰："方子颇好道，少以礼自修。观其居家庭，未尝暂嬉游。旦食不暇饱，夕梦孔与周。"⑤ 方孝孺是天性高明的人，不用唤醒，就早早敢于运用自己的意志成就这个人。司马光《资治通鉴》曰："教化，国家之急务也，而俗吏慢之；风俗，天下之大事也，而庸君忽之。夫惟明知君子，深识长虑，然后知其为益之大而收功之远也。"读之，

① （明）方孝孺著，徐光大点校：《方孝孺集》（中），浙江古籍出版社 2013 年版，第 420 页。

② 马一浮著，吴光主编：《马一浮全集》（第一册下），浙江古籍出版社 2012 年版，第 424 页。

③ （宋）黎靖德编，王星贤点校：《朱子语类》（一），中华书局 2015 年版，第 223 页。

④ （明）方孝孺著，徐光大点校：《方孝孺集》（中），浙江古籍出版社 2013 年版，第 416 页。

⑤ （明）方孝孺著，徐光大点校：《方孝孺集》（下），浙江古籍出版社 2013 年版，第 898 页。

恍如隔世。

第二节　敬学的崇高意志

德国哲学家雅思贝尔斯（1883—1969）在《论历史的起源与目标》中说：

> 这一世界史的轴心似乎是在公元前500年左右，是在公元前800年到公元前200年产生的精神过程。那里是历史最为深刻的转折点。那是出现了我们今天依然与之生活的人们。这一时代，我们可以简称其为"轴心时代"。①
>
> 哲学家首次出现了。人们敢于作为个体依靠其自身。中国的隐者和云游思想家，印度的苦行僧，希腊的哲学家，以色列的先知们，他们尽管在信仰、思想内容、内在状况上截然不同，但全都属于哲学家之列。人们有能力将自身与整个世界进行内在的对比。他们在自身之中发现了根源，并由此超越了其自身以及世界。②

如果把人类所谓"轴心时代"的圣哲，即中国的圣人、印度的苦行者、希腊的哲学家、西方的先知等，将这些圣人并置在一起观照，那么孔子最惹人注目的文化性格则是"好学"。

> 子曰："吾十有五而志于学，三十而立，四十而不惑，五十而知天命，六十而耳顺，七十而从心所欲，不逾矩。"（《论语·为政》）子曰："默而识之，学而不厌，诲人不倦，何有于我哉？"（《论语·述而》）子曰："我非生而知之者，好古，敏以求之者

① ［德］卡尔·雅思贝尔斯：《论历史的起源与目标》，李雪涛译，华东师范大学出版社2016年版，第8页。

② ［德］卡尔·雅思贝尔斯：《论历史的起源与目标》，第10页。

也。”（《论语·述而》）子曰：“加我数年，五十以学《易》，可以无大过矣。”（《论语·述而》）子曰：“笃信好学，守死善道。”（《论语·泰伯》）子曰：“十室之邑，必有忠信如丘者焉，不如丘之好学也。”（《论语·公冶长》）鲁哀公问：“‘弟子孰为好学？’孔子对曰：‘有颜回者好学，不迁怒，不贰过。不幸短命死矣，今也则亡，未闻好学者也。’”（《论语·雍也》）子曰：“好仁不好学，其蔽也愚；好知不好学，其蔽也荡；好信不好学，其蔽也贼；好直不好学，其蔽也绞；好勇不好学，其蔽也乱；好刚不好学，其蔽也狂。”（《论语·阳货》）

依据以上整理和排列的圣言，就可感知孔子基础性的文化形象特征是“学而不厌，诲人不倦”。可以说，“好学”是孔子坚定不移的基础性信念。如果“好仁”“好知”“好信”“好直”“好勇”“好刚”离开“好学”，那么总会有这样那样的流弊，可见“好学”在孔子思想信念中具有奠基性的价值意义。可以说，“好学”是孔子公开表达出来的强烈的理性认识。亦可以说，孔子对“好学”的倾向性强调是他的真正创新之一。刘宗周《论语学案》曰：“圣人一身无他嗜好，只有好学一事。如饥食渴饮，依以为命，自少至老，孜孜不息，拾级而前进一步，又有一步，驯至于上达天德，而其心未敢以为足，没身乃已。此一副精神，真是前无千古，后无万古。”① 李颙《四书反身录》曰：“《论语》一书，夫子之语录也。开卷第一义首标‘学’字，以为天下万世昌。”② 方以智曰：圣人“必以好学为首。”③ 可见，“好学”在圣统中具有绝对的重要性。

孔子是我国文化传统中的早期文化楷模，他的言行注定会具有绝对的重要性。“好学”是孔子馈赠给后世的优秀传统。此传统在中国传统社会里被灌输、信仰、推崇和护惜，成为最重要的文化传统之一，发挥

① （明）刘宗周著，吴光主编：《刘宗周全集》（第一册），浙江古籍出版社 2012 年版，第 319 页。

② （清）李颙撰，陈俊民点校：《二曲集》，中华书局 1996 年版，第 426 页。

③ （清）方以智著，庞朴注释：《东西均注释》，中华书局 2001 年版，第 455 页。

了圣者的深远影响。可以说孔子把“好学”的种子深深地种在国人的心里，几千年来，我国不断出现聪明“好学”的人，毕生献身于学术研究的人，其源皆出于此乎？知此，有助于领会“好学”圣统及“读书种子”方孝孺。

综上所述，圣贤之学，必以“好学”为先。而方孝孺就是圣学“好学”实质性传统的种子。其曰：“人孰为重？身为重。身孰为大？学为大。”又曰：“贤者由学以明，不贤者废学以昏。”[①] 又曰：“无学之人，谓学为可后。苟为不学，流为禽兽。吾之所受，上帝之衷。学以明之，与天地通。尧舜之仁，颜孟之智，圣贤盛德，学焉则至。夫学可以为圣贤，侔天地，而不学不免与禽兽同归。”[②] 又曰：“人或可以不食也，而不可以不学也。不食则死，死则已；不学而生，则入于禽兽而不知也。与其禽兽也，宁死。”[③] 又曰：“学者，君子之先务。不知为人之道，不可为人。不知为下之道，不可以事上。不知居上之道，不可以为政。欲达是三者，舍学而何以哉！故学，将以学为人也，将以学事人也，将以矫偏邪而复于正也。”[④] 又曰：“夫学非为哗宠、名誉、爵禄也，复其性，尽人道焉耳。”[⑤] 方孝孺务学而不废学，所以他相续的正是我国圣统“好学”学脉的真精神。离开圣学“好学”的传统，就根本无法理解“读书种子”的精神人格，亦不能很好地理解“读书种子”延绵不绝的根源。保留“读书种子”亦是圣统中的一个有价值的传统，值得后人好好护惜和相续。钱穆（1895—1990）《八十忆双亲》曰：“先父之卒，诸亲族群来为先兄介绍苏锡两地商店任职，先母皆不允。曰：‘先夫教读两儿，用心甚至。今长

---

① （明）方孝孺著，徐光大点校：《方孝孺集》（中），浙江古籍出版社 2013 年版，第 643 页。

② （明）方孝孺著，徐光大点校：《方孝孺集》（上），浙江古籍出版社 2013 年版，第 39 页。

③ （明）方孝孺著，徐光大点校：《方孝孺集》（上），浙江古籍出版社 2013 年版，第 26 页。

④ （明）方孝孺著，徐光大点校：《方孝孺集》（上），浙江古籍出版社 2013 年版，第 58 页。

⑤ （明）方孝孺著，徐光大点校：《方孝孺集》（上），浙江古籍出版社 2013 年版，第 59 页。

儿学业未成，我当遵先夫遗志，为钱氏家族保留几颗读书种子，不忍令其遽尔弃学。’”① 此即佳例。

方孝孺所谓“好学”，其实相当于今日所谓“教化”。其曰：“不能希贤由圣，则学非真知。”② 方孝孺所谓流为“禽兽”即流为没有礼义廉耻的人。德国哲学家伽达默尔（1900—2002）《真理与方法》说：“教化作为向普遍性的提升，乃是人类的一项使命。”③ 伽达默尔“教化”与圣学“好学”可以互相发明。圣学所谓“好学”其实就是指人的自我教化和自我完善，也就是通过自治成为尽人道的君子。德国哲学家黑格尔（1770—1831）《小逻辑》云：“在自然的本能和情感里，人诚然也有超出自己的个别性的善意的、社会的倾向，同情心，爱情等等。但只要这些倾向仍然是出于朴素的本能，则这些本来具有普遍内容的情欲，仍不能摆脱其主观性，因而总仍不免受自私自利和偶然任性的支配。”④ 借此可深究圣学“好学”传统的价值和意义。务学使人成为具有普遍人性的人，即成圣成贤。圣贤是具有普遍人性者的楷模，其独特性和人性相应相融，不受自私自利和偶然任性的彻底支配。知此，可深究方孝孺敬学信念的真意。方孝孺把“敬学”作为修身治人的首要环节，所以重学，不废学，甚至将其作为人的基本使命，或所谓的天职，认为人不学，就流为禽兽。这样看来，方孝孺所谓“学”，就是人的自我完善，或成人的必不可少的历程，所以他“敬学”不已。“好学”让人在这个世界中获得人之为人的意志自由，从而圆满实现人的自在存在。方孝孺负荷的正是圣贤之学的这种学脉，所以他说：“人之为学，所以自异于物也。”⑤

---

① 钱穆：《八十忆双亲、师友杂忆合刊》，九州出版社 2017 年版，第 21 页。

② （明）方孝孺著，徐光大点校：《方孝孺集》（上），浙江古籍出版社 2013 年版，第 8 页。

③ ［德］伽达默尔：《真理与方法：哲学诠释学的基本特征》（上卷），洪汉鼎译，上海译文出版社 2004 年版，第 217 页。

④ ［德］黑格尔：《小逻辑》，贺麟译，商务印书馆 2009 年版，第 92—93 页。

⑤ （明）方孝孺著，徐光大点校：《方孝孺集》（上），浙江古籍出版社 2013 年版，第 59 页。

第三节　笃志于圣贤之学

孔子曰：“三军可夺帅也，匹夫不可夺志也。”（《论语·子罕》）这是孔子对人的本质力量的真实洞察，即“志”是人主宰自己精神的最本己的力量，外境不能剥夺，亦不能给予。《论语》中“志”共出现四十二次。可见，“尚志”是圣学主要的精神价值传统。孟子曰：“夫志，气之帅也。”（《孟子·公孙丑上》）“志”即人的精神，“气”即人的生命，而主宰人精神和生命的是“志气”。孔孟所论，相续相承，因而可并观体究。“立志”也是圣统实质性的传统。以大儒朱熹为例，他就对圣统的“立志”的价值理念体会极深。朱熹愈到晚年，愈看重“立志”在成人中的极端重要性。

朱熹曰：“学者大要立志。”又曰：“学者立志，须教勇猛，自当有进。志不足以有为，此学者之大病。”[①] 又曰：“今之朋友，固有乐闻圣贤之学，而终不能去世俗之陋者，无他，只是志不立尔。学者大要立志，才学，便要做圣人是也。”又曰：“学者须是立志，今人所以悠悠者，只是把学问不曾做一件事情看，遇事则且胡乱恁地打过了，此只是志不立。”又曰：“为学在立志，不干气秉强弱事。”又曰：“只是竖立着志，顺义理做去，他无跷欹也。”又曰：“英雄之主所以有天下，只是立得志定，见得大利害。如今学者只是立得志定，讲究得义理分明。”又曰：“立志要如饥渴之于饮食。才有悠悠，便是志不立。”[②] 又曰：“看今世学者病痛，皆在志不立。”[③] 又曰：“从前朋友来此，某将谓不远千里而来，须知个趣向了，只是随分为他说个为学大概去，看来都不得力，此某之罪。今日思之：学者须以立志为本。”又曰：“若不立志，终不得力。”又曰：“‘立志以定其本，居敬以持其志’，此是五峰议论

① （宋）黎靖德编，王星贤点校：《朱子语类》（一），中华书局2015年版，第133页。
② （宋）黎靖德编，王星贤点校：《朱子语类》（一），中华书局2015年版，第134页。
③ （宋）黎靖德编，王星贤点校：《朱子语类》（七），中华书局2015年版，第2837页。

好处。”①

朱熹反复申说“立志”，苦口婆心，不厌其烦，其劝深矣，令人动容。因为朱熹体会到了人的精神力量的根本，即“志是心之深处”。有鉴于此，朱熹认为唤醒学生立大志是为学的关键和核心，而讲授知识尚是其次。

朱熹曰：“人之本心不明，一如睡人都昏了，不知有此身。须是唤醒，方知。恰如瞌睡，强自唤醒，唤之不已，终会醒。某看来，大要工夫只在唤醒上。”又曰：“人有此心，便知有此身。人昏昧不知有此心，便如人困睡不知有此身。人虽困睡，得人唤觉，则此身自在。心亦如此，方其昏蔽，得人警觉，则此心便在这里。”又曰：“学者工夫只在唤醒上。或问：‘人放纵时，自去收敛，便是唤醒否？’曰：‘放纵只为昏昧之故。能唤醒，则自不昏昧；不昏昧，则自不放纵矣。’”又曰：“心只是一个心，非是以一个心治一个心。所谓存，所谓收，只是唤醒。”② 又曰：“人惟有一心是主，要常常唤醒。”又曰：“须是猛省。”③ 此即人的重生。

呜呼！“唤醒”人何其难也。没有内在成人的意志和精神，研究圣学又有何意义？也就是要“唤醒”学者对圣学的笃信即彻底的信仰，对做人的笃信即彻底做人的信念。如果用马克思·舍勒的话说，那就是“唤醒精神的个人力量”④。没有笃信的喷薄而出的心灵力量，就不会有义无反顾的笃行精神和风骨。人类中出类拔萃的先知先觉者多重视“唤醒精神的个人力量”，然人是不容易“唤醒”的，“习气种子”就更不容易“唤醒”了。明代东林领袖顾宪成（1550—1612）曰：“凭持聪明，轻辱先圣，注脚六经，无复忌惮，不亦误乎？”⑤ 如此“习气种子”，岂能“唤醒”？顾宪成亦是具有“读书种子”风骨的君子。美国

① （宋）黎靖德编，王星贤点校：《朱子语类》（七），中华书局2015年版，第2845页。

② （宋）黎靖德编，王星贤点校：《朱子语类》（一），中华书局2015年版，第200页。

③ （宋）黎靖德编，王星贤点校：《朱子语类》（一），中华书局2015年版，第201页。

④ ［德］马克思·舍勒：《哲学人类学》，魏育青等译，北京师范大学出版社2014年版，第225页。

⑤ （清）黄宗羲著，沈芝盈点校：《明儒学案》（下），中华书局1985年版，第1395页。

心理学家罗洛·梅（1909—1994）《人的自我寻求》说：“导致我们这个时代出现混乱的另一个根源是我们丧失了人的价值感和尊严感。”[①] 读书人能做到不“自贱”，不“自弃”，不“自损”，不“自辱”，是不容易的事情。“自贱”“自弃”“自损”“自辱”的读书人永远不会绝矣。人的自由意志集中体现在人有选择做人的自由。朱熹曰：“圣人千言万语，只是教人做人而已。”[②] 此即圣学宗旨，也即做人的力量与信念。

而方孝孺就不用劝其立志而“志已素定”，真是非常之人！其《尚志斋记》曰：“今人多不如古人，而莫士为甚，以其无志也。”又曰：“呜呼，甚矣今之士无志也”。又曰：“其中之所存者重，故视乎外者轻，志已素定也，岂若鄙夫之为哉！”[③]“志已素定”，“确信圣人可学而至”。这种简约而崇高的信念成为方孝孺强大的精神力量。因为这种来自内部已素定的仁以为己任的大志，深深植根在其心性里，萌发而滋长在其内在自由意志的土壤里。成圣的志愿是如此天然，不必待唤醒；如此笃信，不会动摇；如此笃行，不会废止，会直做到圣贤地位。其《笃行》曰：“未至圣贤，终身不止。”[④] 此即方孝孺也。所持既定，以此而始，以此而终，外境奈何不了。方孝孺真是天定的“意志人”，是圣贤之学经典的自立其志的楷模，其志向具有精神本体的深度，故是不能剥夺，所以方孝孺可以作为圣统立志的形象概念，通过他可以体究圣统立志的实质性价值及意义。

传统社会的读书人以为人最核心的失败就是没有“立志”，或“志的丧失”。陈淳（1483—1544）《北溪字义》曰：“人若不立志，只泛泛地同流合污，便做成甚人？须是立志，以圣贤自期，便能卓然挺出于流俗之中，不至随波逐浪，为碌碌庸庸之辈。若甘心于自暴自弃，便是不

① ［美］罗洛·梅：《人的自我寻求》，郭本禹、方红译，中国人民大学出版社 2013 年版，第 36 页。

② （宋）黎靖德编，王星贤点校：《朱子语类》（一），中华书局 2015 年版，第 243 页。

③ （明）方孝孺著，徐光大点校：《方孝孺集》（中），浙江古籍出版社 2013 年版，第 635 页。

④ （明）方孝孺著，徐光大点校：《方孝孺集》（上），浙江古籍出版社 2013 年版，第 39 页。

能立志。”[①] 不立志，就谈不上立人。方孝孺是经典的圣学立志的质美豪杰，没有苟且为人的习气，绝不会随波逐流，更不会同流合污。其《题万间堂》诗曰：“吾为孔子徒，忍汩流俗同沉沦！”[②]

第四节　“勇志如奔泉”

方孝孺诗曰：“周公贵为相，仰思夜不眠。仲尼大圣人，易书三绝编。孰谓我有耳，不闻古所传。一闻敢自坠，勇志如奔泉。”[③] 好个“勇志如奔泉”！孔子曰：“为仁由己，而由人乎哉？”（《论语·颜渊》）马克思·舍勒《哲学人类学》说：“我们接受法国人格雷特里的话：‘不仅个体的人，而且全人类都可能终结于圣人或罪犯，这就看它如何支配其意志了。’人是一种其本质为开放性质所决定的动物。他是什么或者想是什么呢？”[④] 马克思·舍勒的价值视域是圣人的，真是圣心圣意非徒族类之殊。

圣人就是黑暗王国即心灵失明时的灯塔，引导人类通向圣域，所以圣人集中所有的心力，唤醒人成为人的内在的自由意志，并把这种自由意志引导到成人上来。孔子曰：“苟志于仁矣，无恶也。”（《论语·里仁》）孔子曰：“士志于道，而耻恶衣恶食者，未足与议也。”（《论语·里仁》）“志于仁”和“志于道”是圣学的实质性传统。方孝孺《君子斋记》曰：“古之君子，德业赫赫，著于天下，流于后世者，岂特天质之美哉？盖其操志也，不画于卑近，其为学，不安于浅陋。”[⑤]

---

① （宋）陈淳著，熊国祯、高流水点校：《北溪字义》，中华书局 1983 年版，第 16 页。

② （明）方孝孺著，徐光大点校：《方孝孺集》（下），浙江古籍出版社 2013 年版，第 923 页。

③ （明）方孝孺著，徐光大点校：《方孝孺集》（下），浙江古籍出版社 2013 年版，第 909 页。

④ ［德］马克思·舍勒：《哲学人类学》，魏育青等译，北京师范大学出版社 2014 年版，第 238 页。

⑤ （明）方孝孺著，徐光大点校：《方孝孺集》（中），浙江古籍出版社 2013 年版，第 633 页。

此即"读书种子"的风格。

何谓"操志"？章学诚（1738—1801）《文史通义·史德》曰："德者何？谓著述者之心术也。"[①] 钱锺书解释并推阐章学诚所谓"文德"，酣畅淋漓，精彩绝伦，钱先生说：

> "学诚主文士操觚时之居心"；"学诚宗尚宋明性理，习闻提撕省察、存诚居敬，故于《易》'修辞立诚'之教，能切己入里如此"；"暗室不欺、守贞不字之文，则学诚所谓'德'也"；"学诚之'文德'又仅指一事，犹言'文之德'，如今语'文学良心'、'艺术贞操'"；"学诚虽标'文德'，以术业专攻，遂偏重'史德'。胡应麟《少室山房笔丛》卷一三：'才、学、识三长，足尽史乎？未也！有公心焉、直笔焉'；学诚之'德'盖以一字括'公心、直笔'。然'文德'宁独作史有之哉？求道为学，都须有'德'。《荀子·正名》：'以仁心说，以学心听，以公心辨；不动乎众人之非誉，不治观者之耳目，不赂贵人之权势，不利传僻者之辞'；即哲人著书立说之德操也。竟陵王子良、梁武帝笃信轮回，而范缜无鬼，不改神灭之论；昭明太子、简文帝特赏陶潜，而刘勰、钟嵘谈艺，未尝异目相视；皆'不赂贵人之权势'可谓'文德'。一切义理、考据，发为'文'章，莫不判有'德'、无'德'。寡闻匿陋而架空为高，成见恐破而诡辩护前，阿世哗众而曲学违心，均'文'之不'德'、败'德'；巧偷豪夺、粗作大卖、弄虚造伪之类，更郐下无讥尔。黑格尔教生徒屡曰：'治学必先有真理之勇气'；每叹兹言，堪笺'文德'。穷理尽事，引绳披根，逢怒不恤，改过勿惮，庶可语于真理之勇、文章之德已。苟达心而懦，则不违心而罔者几希。十七世纪英国一哲人尝谓：'深思劬学，亦必心神端洁。吾欲视道德为最谨严之名辩'；正如才、学、识，

① （清）章学诚撰，叶瑛校注：《文史通义校注》（上），中华书局 2014 年版，第 219 页。

尚须有‘德’也。”①

钱先生的美论，堪笺方孝孺“操志”。方孝孺所谓“勇志如奔泉”正是黑格尔所谓“治学必先有真理之勇气”；所谓“操志”正是“深思劬学，亦必心神端洁”。方孝孺《尚志斋记》直言曰：

天之生身也，岂特养夫区区之口体至死而已哉？亦将以辅天地所不及，而助之养斯民耳，然有命焉，或不得其位以施其泽于当时，则著诸书而传之乎后世，惟伸其道而已，穷达不足以累之也。惟其不累乎穷达，故处之廊庙而无喜色，困之畎亩而不动其中。其中之所存者重，故视乎外者轻，志已素定也，岂若鄙夫之为哉！所志在乎富贵权术，得之在为荣，失之则挫而欲死。自君子观之，与犬鼠何异？而或自以为适者，所志者卑故也。故志乎富贵权术，而不志乎道者，自贱其身者也；谓其身不足以行道者，诬其身者也；谓周孔颜孟为不可及者，弃其天性者也。是三者，皆君子之贼也。②

方孝孺这里畅论的就是“读书种子”的在世风骨，即“志节之贞”③。所谓“自贱其身者”“诬其身者”“弃其天性者”皆是没有立志的读书人，因而没有勇气，没有力量，没有恒心，没有意志，也没有成人的使命感和责任感，而“读书种子”则是“志已素定”的读书人。所以，朱熹曰：“志是心之深处”。

① 钱锺书：《管锥编》（第四册），生活·读书·新知三联书店 2015 年版，第 2342—2344 页。

② （明）方孝孺著，徐光大点校：《方孝孺集》（中），浙江古籍出版社 2013 年版，第 635 页。

③ （明）方孝孺著，徐光大点校：《方孝孺集》（上），浙江古籍出版社 2013 年版，第 42 页。

第五节 “志乎圣贤之志”

方孝孺认为，君子之学圣贤，“以其志乎圣贤之志”[①]。试问，“圣贤之志”是什么“志”？其品格是什么？潘平格（1610—1677）曰：

> 今人却亦自谓有志，不知道这个不是志，惟志于学、志于道，方谓之有志。盖心之向往谓之志，向往于学道则得其本心，向往于文章声誉诸项已是失其本心，未有失其本心而可谓之志者。[②]

潘平格这里给出了明确的定义，即“心之向往谓之志”，且说明“惟志于学、志于道，方谓之有志”。又曰：“既是豪杰，即须志于学、志于道，如孔孟之志。然立志不可少有所倚。有所倚，只是意兴，意兴一过便衰；只是意气，意气一过即消。”[③] 圣贤所谓“志”，不同于“意兴”。“意兴”亦是一种“志”，不过是“有所倚”的“志”，与“圣贤之志”不同。例如，志于举业、富贵、名誉，志于文章等，皆不是圣学所谓“志”，因为如此之“志”，皆“有所倚”。“有所倚”，即“志”不在己，而在外，在外就可以被剥夺，而可剥夺的“志”，其实就不是“志”，只是境遇性的“意兴”而已，只是暂时性的“意气”罢了，可谓“虚志”，或“假志”。潘平格所谓“意兴”，还有另外的意思，指“气帅志”的情形，也就是气统帅和左右“志”，而使之不自由，也不独立。这与孟子所谓“夫志，气之帅也”的真意实相反。马克思·舍勒在《伦理学中的形式主义与质料的价值伦理学》中说道：

> 康德完全合理地强调，“志向”有别于单纯的“意图”（Ab-

① （明）方孝孺著，徐光大点校：《方孝孺集》（上），浙江古籍出版社2013年版，第264页。

② （清）潘平格撰，钟哲点校：《潘子求仁录辑要》，中华书局2009年版，第226页。

③ （清）潘平格撰，钟哲点校：《潘子求仁录辑要》，中华书局2009年版，第226页。

> sicht)，更有别于一切“打算”(Vorsatz)。一个现象的事实组成在于：我们在相同的志向中能够在同一个事实面前保持固存（Verharren)，而我们的意图则可能在同一个事实面前屈从于变换(Wechsel)，正如另一方面在意图同一的情况下诸打算可能是非常不同的一样。因而志向肯定比意图要更深一个阶段。康德正确地看到，意图在其构成中就已经依赖于个体的偶然生活经验并因此而依赖于行动的成效。①

将舍勒之说与潘平格之论合观，可深究圣学所谓立志的真意。圣学“志向”不同于“意图”，亦不同于“打算”。“意图”或“打算”其实就是做特定事情的意愿而已，也就是有依赖性和暂时性，因而特别看重行动的成效，不具有“独立性”和“恒在性”，所以依据具体的境遇而变化是“意图”或“打算”的显著特征。如果反向理解潘平格的话，那么圣学所谓“志”，即“无所倚”，说破了就是强调“圣志”的“独立性”和“自由性”品格，即不“依赖于行动的成效”。马克思·舍勒又说：

> 我们并不是像那种秉性理论所认为的那样，从我们于各个生活瞬间中针对某人行为举止类比经验里推断出我们针对他的志向；而是随着志向本身，我们也意识到它的不断持续和它在变幻不定的生活经验方面的独立性。②

借马克思·舍勒的论说，可领会“独立性”是“圣志”的基础性品格。只有“无所倚”即“独立性”的“志”，才是圣学所谓“志”。陈淳《北溪字义》曰：

---

①［德］马克思·舍勒：《伦理学中的形式主义与质料的价值伦理学》，倪梁康译，商务印书馆2011年版，第182页。

②［德］马克思·舍勒：《伦理学中的形式主义与质料的价值伦理学》，倪梁康译，商务印书馆2011年版，第183页。

> 志者，心之所之。之犹向也，谓心之正面全向那里去。如志于道，是心全向于道；志于学，是心全向于学。一直去求讨要，必得这个物事，便是志。若中间有作辍或退转底意，便不得谓之志。志有趋向、期必之意。心趋向那里去，期料要恁地，决然必欲得之，便是志。人若不立志，只泛泛地同流合污，便做成甚人？须是立志，以圣贤自期，便能卓然挺出于流俗之中，不至随波逐浪，为碌碌庸庸之辈。若甘心于自暴自弃，便是不能立志①

陈淳说明“志”即“心之所之”，而其关键是守志不作辍，不退转，即恒而不易和恒而不已，任何境遇皆撼动不了，即守道不回。熊十力（1885—1968）《读经示要》曰：“志有二义：曰存主，曰向往。二者实也相资，必能反诸内所固有天理之心。存持不懈，涵养充实，即中有存主，大本已立”；“向往之极乎高明而远于污下者，由中有存主故也。若无所存主，而徒言向往，则天君失位，私欲潜滋”；“夫中有存主，其向高明，自不容已。譬如参天之古木，其根甚深，故挺然植立，以向穹苍，而成参天之势矣。人之所志，盖如是。其存主愈纯固者，其向往必高明”；“志字，具有存主向往二义，而存主义，实为主要”②。

熊十力此论，充满了辩证智慧，推阐真“志”的两意同时并用，即“存主”和“向往”的本末贯通的全体大用，可谓绝美，有助于深入领会圣学之“志”的体用意蕴。潘子所谓“真志”正蕴此两意。其所谓“无所倚”的“志”正是心有所存主的“志”。“心有所存主”，自然就不会失其“本心”。潘子曰：“志是通身透体精神，非浅浅之谓也。”③ 说明“志”即“精神”，即“存主”。可谓深得“圣志”的真髓。这正是孔子所谓“匹夫不可夺志”的真意。

潘平格、熊十力、舍勒的理论可互相发明，有助于体究圣学“真志”的全体大用。马克思·舍勒说：“毫无疑问，志向的伦常价值对于

---

① （宋）陈淳著，熊国祯、高流水点校：《北溪字义》，中华书局1983年版，第15—16页。

② 熊十力：《读经示要》，上海古籍出版社2019年版，第119页。

③ （清）潘平格撰，钟哲点校：《潘子求仁录辑要》，中华书局2009年版，第239页。

行动的伦常价值来说具有奠基性的。没有好的志向就没有好的行动。”① 借此可领会“立志”的大用。潘子曰：“立志如树之植根，植根深固，自然抽枝、长叶、开花、结果，参天蟠地，历世久远。若不过一时意念警省，意气激发，则如无根之木，不久自仆，岂能当震风霜雪而不变哉！”② 潘平格此譬喻将“真志”的体用相待说得活色生香，花枝招展，令人欢欣不已。

由以上分析可知，“独立性”和“自由性”是圣志的最高形态。只“有无所倚”即“独立性”和“自由性”的“志”，才是圣学所谓“志”，简称圣志。唯有这样的“志”，才会持存即恒而不已，而无依赖性即恒而不易。圣志在“意图”或“打算”中保持其自身的“独立性”和“自由性”品格，并不随二者而变异，所以单从一个人的“意图”或“打算”中，并不一定能洞察到其“真志”，根源就在这里。

只有明白圣志的真实意涵和品格，才有可能领会方孝孺的心志意蕴。方孝孺《田畴赞有序》曰：“善观人者观其志不观其事。”③ 又《乐毅》曰：“当求其用心之邪正。”④ 又《诸葛孔明》曰：“事功之成败，不可以论人也久矣。”“夫善观人者，不以所至为优劣。”⑤ 又《学士亭记》曰：“圣贤之处世，乌可以迹论哉”；“苟徇迹而论之，岂足以知圣哲之用心哉！”⑥ 又《企高轩记》曰：“以迹观人，不如以心观人之为得也。”⑦ 王夫之曰：“知言者，因古人之言，见古人之心。”⑧ 马一

---

① ［德］马克思·舍勒：《伦理学中的形式主义与质料的价值伦理学》，倪梁康译，商务印书馆 2011 年版，第 185 页。

② 熊十力：《读经示要》，上海古籍出版社 2019 年版，第 119 页。

③ （明）方孝孺著，徐光大点校：《方孝孺集》（下），浙江古籍出版社 2013 年版，第 717 页。

④ （明）方孝孺著，徐光大点校：《方孝孺集》（上），浙江古籍出版社 2013 年版，第 154 页。

⑤ （明）方孝孺著，徐光大点校：《方孝孺集》（上），浙江古籍出版社 2013 年版，第 173—174 页。

⑥ （明）方孝孺著，徐光大点校：《方孝孺集》（中），浙江古籍出版社 2013 年版，第 560 页。

⑦ （明）方孝孺著，徐光大点校：《方孝孺集》（中），浙江古籍出版社 2013 年版，第 570 页。

⑧ （明）王夫之：《船山全书》（第十一册），岳麓书社 2011 年版，第 160 页。

浮曰：“君子之所以为成德者，乃在心术。”① 此皆说明“心志”的价值高于事实的价值，所以要认识一个人，就必须体究其“心志”。

而善观人者尤其观其“初志”。陈淳曰：“为学紧要处，最是立志之初，所当谨审决定。此正是分头路处。才志于义，便入君子路；才志于利，便入小人路。”② 借此可体悟圣学特别看重“立志”的根本原因。人纯粹的生命体还不能等于真正意义的人，所以要成人。圣学用君子表成人，用小人表不成人。成人的关键在于依靠自己，这就是为仁由己的意思。而“心志”对成为人具有奠基性的意义。没有“立志”，有可能陷入意志缺乏症，根本成不了人，或没有好的志向，碌碌无为，一事无成。小人即立志立错了的人，庸人即没有立志或丧失了其志的人。方孝孺立志之初，便入君子路，因而志正。

马一浮是20世纪的儒圣，亦是立志的典范人物。马先生曰：“儒者先务立志，释氏亦言发心，此须抉择是当，不容一毫间杂。圣狂由此分途，惑智莫能并立。”③ 此论有助于深入体会方孝孺的志向。方孝孺近圣而远狂，与通常的狂者不能等量齐观。方孝孺与圣学，有宿契，其发心即路正。如果开始就误入歧途，心性遭受严重污染，或损伤，本性因而失明，意志因而沉睡或隐藏，或患了意志缺失症，或意志薄弱，要唤醒就不容易了。除非遭遇大的患难，突然猛醒，然后陡然立志，一扫畏首畏尾，胆小怕事的平庸生活观念，势不可挡地运用自由意志，直面境遇，无所顾忌，卓有成效的果敢行动。孔子曰：“朝闻道，夕死可矣。”（《论语・里仁》）说明志向的变更可以重塑一个人的精神世界和体现他的在世价值，难怪方孝孺说“善观人者观其志不观其事”。

既知此，可领会方孝孺“志已素定”的本末大用。如此的素志植根于其心体深处，“独立性”和“自由性”是其品格，自然不会被遭遇的祸患所夺，即恒在，亦不会因时俗而转移，即稳定，更不会随时流而

---

① 马一浮著，吴光主编：《马一浮全集》（第一册上），浙江古籍出版社2012年版，第28页。

② （宋）陈淳著，熊国祯、高流水点校：《北溪字义》，中华书局1983年版，第16页。

③ 马一浮著，吴光主编：《马一浮全集》（第一册上），浙江古籍出版社2012年版，第85页。

消逝，即持存。所以，圣学“真志”就是“定志”，或可以说“志刚”。唯有如此的“定志”，才具有自由意志的独立品格。

由以上分析可知，方孝孺是经典的自立其志的人，其志向具有精神本体的深度，故是不能被剥夺的。道衍对朱棣说：“城下之日”，方孝孺“必不降”，说的就是这个意思。方孝孺的志向清楚地流露于他的日常生活世界的言行中，没有丝毫的隐藏和半点的遮挡，因而辨认他的志向不是太难。道衍亦是聪明绝顶的智士，自然也能发现与他同时代的方孝孺是什么样的读书人。

圣学把有真志者，称为志士。孔子曰：“志士仁人，无求生以害人，有杀身以成仁。”（《论语·卫灵公》）孔子把志士与仁人相提并论，说明志士近仁。那么，志士究竟是什么样的人？孟子曰：“居天下之广居，立天下之正位，行天下之大道。得志与民由之，不得志独行其道。富贵不能淫，贫贱不能移，威武不能屈。此之谓大丈夫。”（《孟子·滕文公章句下》）此即圣学“志士”的基本特征。志士就是决不以境遇害志，亦不以境遇夺志，否则就不配为志士。黑格尔《小逻辑》说：“把自己所遭遇的一切，去抱怨别人，归咎环境的不利，或向别的方面推卸责任。这就是不自由的观点。”① 此译文亦有助于理解圣人所谓志士。志士不抱怨别人，也不归咎于环境的不利，不向别的方面推卸责任，此即无文王也要兴的意思。这就是志士的精神品质。李光地《答王仲退问目》曰：“惟在有精进之力，无退悔之心，有广大之愿，无休歇之期。”② 借此亦可以领会志士的精神格调，不中亦不远。马克思·舍勒《世界观与政治领袖》云：“英雄是意志人。”③ 又《哲学与现象学》云：“冷静的行为人，例如从事大事业的人的特别姿态，英雄特征的最高形式。”④ 马克思·舍勒所谓“意志人”的典型特征正是意志确定、意志集中、

① ［德］黑格尔：《小逻辑》，贺麟译，商务印书馆2009年版，第310页。

② （清）李光地撰，陈祖武点校：《榕村全集》（第八册），福建人民出版社2013年版，第540页。

③ ［德］马克思·舍勒：《世界观与政治领袖》，曹卫东等译，北京师范大学出版社2017年版，第151页。

④ ［德］马克思·舍勒：《哲学与现象学》，倪梁康、罗悌伦译，北京师范大学出版社2017年版，第21页。

意志恒久、行动有力，绝少受境遇的影响而转移其心志。"意志人"几乎是不可战胜的。圣学所谓"志士"与马克思·舍勒所谓"意志人"，在精神气质层面神似，因而可以合观领会。人最大的问题就是无意志或意志孱弱。方孝孺是典型的"志士"，亦可以说是名副其实的"意志人"。

"志学""立志""辨志""志道"，这是分开来说的，其实"立志"可以尽之。圣学所谓立志的本质是一种精神信仰之确信，这是不能被给予的，所以立志中沸腾着精神信仰确信的巨大威力，也可以说精神的力量来源于信仰确信。如果立志中缺乏精神信仰确信的成分，那么它就是脆弱而短暂的，也是没有生命力的。没有价值信仰的人是怯懦的人。精神信仰之确信能够诞生神圣的使命感或责任感，而这种神圣的使命感或责任感又使精神信仰之确信者，也就是立志者笃行不已。笃行又能使笃信者的精神具有不可动摇性和不可摧毁性。如果精神的力量来自深层的信仰确信，也就是笃信，那么它就具有恒久的笃行力量，绝不会枯竭，自然势不可挡。所以圣学尚志传统看重的亦是立志中信仰确信的威力。圣学虽不是宗教，然亦有同宗教相同的精神气质，即亦有彻底地为"道"献身的精神，即"无求生以害人，有杀身以成仁"。笃信、笃行圣学义理的大儒与宗教圣者的精神实际具有同等的纯度与高度。精神信仰之确信与使命感或责任感的高度统一，亦是大儒最基本的精神特质。儒哲方孝孺与狮子尊者可等量齐观，皆有为"道"舍生的大勇。用如是的视域看，不得不说圣学的确具有宗教那样的意义。

圣贤之学所谓"志士"即忠于"道"者，守"道"不迁是其风骨。这谈何容易！就连孔子，不也哀叹曰："躬行君子，则吾未之有得。"（《论语·述而》）陈寅恪《清华大学王观堂先生纪念碑铭》云："士之读书治学，盖将以脱心志于俗谛之桎梏，真理因得以发扬。思想而不自由，毋宁死耳；斯古今仁圣所同殉之精义，夫岂庸鄙之敢望。"[①] 用陈先生此论释义"读书种子"，亦是胜解。真正的志士其实真不多，而方孝孺是圣学千载难逢的志士。难怪明代的杨元斋如此说："笃信好学，

① 陈寅恪：《金明馆丛稿二编》，生活·读书·新知三联书店2001年版，第246页。

死守善道，宇宙之见，仅见此老。”① 志士真可谓造化的杰作。潘平格说道：“茫茫宇宙，惟我一身担当千古学脉，推诿不得，退避不得，欲望子等一肩承领，庶几死日得以瞑目。”② 倘能如此，真是负荷圣学的真“读书种子”。

① （明）方孝孺著，徐光大点校：《方孝孺集》（下），浙江古籍出版社2013年版，第1016页。

② （清）潘平格撰，钟哲点校：《潘子求仁录辑要》，中华书局2009年版，第247页。

第三章　方孝孺与圣学宏经要典

方孝孺《读书斋》诗曰：

> 翼翼高斋，秩秩群经。推辞绎义，必敬必诚。持心惟虚，是受是承。立志惟笃，是毅是弘。恢廓其量，可吞沧溟。奋作其勇，若捍都城。求之勿易，思之勿更。取之欲博，约之欲精。圣言何疑，不疑不明。圣道何正，不正不平。融会其殊，操植其恒。朝斯夕斯，期乎有成。外怯不足，小德微能。内有若无，盎溢缶盈。惟仁之居，惟义之贞。霁月之明，止水之澄。天君明泰，我纵我横。道无不得，理无不形。富贵敝屣，子女酷刑。难玷污辱，宁过洁清。大之天下，小之家庭。是经是纬，是章是程。圣读庸行，马牛冠缨。博览孔殷，书匮是铭。允矣君子，夜寐夙兴。惟诚惟勇，有权有衡。圣训赫临，于几于楹。圣经是读，圣德是行。①

读此诗可知，方孝孺是“圣经是读，圣德是行”的典型的“醉经”的“读书种子”也，而这首诗就是他作为“读书种子”的自我写照，特别是“推辞绎义，必敬必诚。持心惟虚，是受是承。立志惟笃，是毅是弘。恢廓其量，可吞沧溟。奋作其勇，若捍都城。求之勿易，思之勿更。取之欲博，约之欲精”，将“读书种子”的读书精

---

① （明）方孝孺著，徐光大点校：《方孝孺集》（下），浙江古籍出版社 2013 年版，第 870 页。

神，形容殆尽矣。令人真不可思议的是，方孝孺认为“弃圣典而不信者，其为非礼也矣”①。如果不深于礼，那么要理解圣贤之学种子的这种价值视域和价值理念，就真的不容易了。圣典在方孝孺那里不是拒斥、批评、解剖、分析的“僵尸”，而是成就自己的圣智圣慧，充满着意义。

第一节　善学之君子

方孝孺作为“读书种子”的典范，他的为学之道是什么？他与我们读书的方法究竟有何不同？其《溪喻》曰：

> 夫人之患莫过于自高，莫甚于自狭，而莫难乎不得其源。源乎周公孔子之道，则固终身资之而无穷，用之生民而有余矣。苟他求焉，吾未见其不涸也。广其中惟众之容，充其内不拒乎细，于学庶乎有得矣。自贵而贱人，自盈而拒物，吾未见其善学也。歉然而若虚，凝焉而若愚，戚戚焉如恐不及，而失其途，学而有得焉，庶乎可守矣。嗜名而务耀，炫智而自材，吾未见其能至也。②

这就是“读书种子”方孝孺的读书态度。概括来说主要有三个原则：“知学之不可无源也”“知学之不可自狭也”“知学之不可自高也”。他说：“虽孔子之道，亦若是而已矣。”③ 方孝孺“夫人之患莫过于自高，莫甚于自狭，而莫难乎不得其源”的说法，深得读书之大道。方孝孺《上范先生书》曰：“然闻古人之取善也博，而自期也大。取善博，

① （明）方孝孺著，徐光大点校：《方孝孺集》（上），浙江古籍出版社2013年版，第57页。

② （明）方孝孺著，徐光大点校：《方孝孺集》（上），浙江古籍出版社2013年版，第217页。

③ （明）方孝孺著，徐光大点校：《方孝孺集》（上），浙江古籍出版社2013年版，第217页。

故于人无所不师；自期大，故于道不以为至。"[①]"取善也博"即不"自狭"；不"自高"，"故于道不以为至"，故要虚心典学。此是方孝孺重要的治学信念，其与理学楷模的读书理念不完全相同。

程颐、程颢曰："凡看《语》《孟》，且须熟玩味，将圣人之言语切己，不可作一场话说。人只看得此二书切己，终身尽多也"；"学者当以《论语》《孟子》为本。《论语》《孟子》既治，则六经可不治而明"[②]；"明道先生以记诵博识为玩物丧志"。[③]朱熹曰："学问以《大学》为先，次《论语》、次《孟子》、此《中庸》工夫密，规模阔大"；"读书，且从易晓易解处去读。如《大学》《中庸》《语》《孟》四书，道理粲然。人只是不去看。若理会得此四书，何书不可读！何理不可究！何事不可处"；"某要人先读《大学》，以定其规模；次读《论语》，以立其根本；次读《孟子》，以观其发越；次读《中庸》，《孟子》有感激兴发人心处"；"先看《大学》，次《语》，《孟》，次《中庸》。果然下功夫，句句字字，涵泳切己，看得透彻，一生受用不尽。只怕人不下工，虽多读古人书，无益。书只是明得道理，却要人做出书中所说圣贤工夫来。若果看得此数书，他书可一见而决矣"[④]。

理学楷模看重从"四书"体究圣学义理，因为担忧读书人心散于博文，所以皆苦口婆心地劝读书人将"四书"义理切己循环玩味，以便成就理性自足的生活者。理学楷模虽然标举"四书五经"，但是实际上形成了重"四书"而非重"五经"的学术兴趣。可以说，理学大师无意中种下了重"四书"的种子，也埋下了废学的因子。理学种子胡居仁就断言："今更有圣贤出，其说不过于《大学》《论》《孟》《中庸》，此后书莫过于《小学》《近思录》。学者能于此处真知实践，他书不读无憾焉。"[⑤]胡居仁是理学的经典种子。而从方孝孺读书的旨趣纲

---

① （明）方孝孺著，徐光大点校：《方孝孺集》（上），浙江古籍出版社 2013 年版，第 324 页。

② （南宋）叶采集解，程水龙校注：《近思录集解》，中华书局 2017 年版，第 112 页。

③ （宋）朱熹著，（宋）吕祖谦撰，严佐之导读：《朱子近思录》，上海古籍出版社 2000 年版，第 41 页。

④ （宋）黎靖德编，王星贤点校：《朱子语类》（一），中华书局 2015 年版，第 243 页。

⑤ （明）胡居仁撰，冯会明点校：《胡居仁文集》，江西人民出版社 2013 年版，第 26 页。

要可知，他笃信的是“六经”，而不仅仅是“四书”和理学。所以方孝孺是“六艺”的“读书种子”，不是纯粹的“四书”的“读书种子”。方孝孺不是道学的“读书种子”，而是圣学的“读书种子”。圣学不等于道学。儒学也不能等同于圣学。方孝孺相续的不是纯粹的理学学脉，而是圣学学脉。不过，方孝孺绝对不轻视“四书”和理学家，而坚定主张为学的多元性。

方孝孺《与赵伯钦书三首》曰：“仆尝谓求学术于三代之后，宋为上，汉次之，唐为下，近代有愧焉。”① 此判断冷静而准确。宋人的学问，在传统学术中的确属于高层，可谓第一流的学问。又《习庵说》曰：“朱子之学，圣贤之学也。自朱子没二百年，天下之士未有舍朱子之学而为学者。”② 宋学是圣贤之学，也就是说宋学与古圣贤的学问一脉相承。又《上范先生书》曰：“自孔子殁，百余年而得孟子，又千四百年而得周子程子，二子之后又复百年而得朱子。此数圣贤于天之所属任者，可谓无所负矣。”③ 宋学接续的是古圣贤学的正学脉。方孝孺是站在理学家的肩膀上学习圣学的“读书种子”，故他与纯粹的理学家的种子在思想志趣上并不完全相同。

读书人直接玩味“四书”义理，而悦心者又有几人？读书人生活在所谓沉浊的人世间，心性往往晦暗而不明，意志常常纠缠于世俗的计较之中，恐怕与“四书”义理不能立刻相应，更不能马上与之死生契阔。而要让心性晦暗而不明的读书人相信真理，仅仅说出真理是不够的，即“然不可骤而进也，盖有渐焉”。理学楷模苦心唤醒学者立志为圣，然而心性晦暗而不明的读书人是不容易直接唤醒的。《庄子·天下》直言：“以天下为沉浊，不可以庄语。”④ 人遭遇物镜的沉浊，心性

① （明）方孝孺著，徐光大点校：《方孝孺集》（中），浙江古籍出版社 2013 年版，第 393 页。

② （明）方孝孺著，徐光大点校：《方孝孺集》（中），浙江古籍出版社 2013 年版，第 264 页。

③ （明）方孝孺著，徐光大点校：《方孝孺集》（上），浙江古籍出版社 2013 年版，第 323 页。

④ （明）方以智著，张永义、邢益海校点：《药地炮庄》（修订版），华夏出版社 2011 年版，第 464 页。

晦暗而不明，即使相遇圣经，撩起便行者，能有几人？黑格尔《小逻辑》说：“当柏拉图哲学说到理念的回忆时，意思是说理念是潜伏在人心中，而不是如智者派所主张的那样，认为理念是从外面灌输到人心中的。但认知识为一种回忆，却并不排斥把人心中潜在的东西加以发展，而发展不是别的，即是一种中介过程”；“所谓中介性，是指发展、教育和教养的过程而言”；“既然承认了教养的必要性，而又不知道中介性的重要，这也未免太缺乏思考了”①。借此可体究圣学的“忠信礼让根于性，化于习”的复性圣统。圣学义理即人的本然性德，非虚妄不实的外在观念。所谓“复性的过程”也是涵养和进学的过程即发展、教育和教养的过程，故圣学特别看重笃学、修身的必要性和重要性。这也是圣学的重要传统。饱食安坐，束书不观，忽视中介性的重要性，而空谈性命的读书人，与圣学好学学统相背离。

方孝孺是相续圣学好学学统的人，因而不虚美，不空论，而脚踏实地。其《学辨》曰：

> 夫所谓善学者，学诸《易》以通阴阳之故，性命之理；学之《诗》以求事物之情，伦理之懿；学之《礼》以识中和之极，节文之变；学之《书》以达治乱之由，政事之序。学之《春秋》以参天人之际，君臣华夷之分，而学之大统得矣。然不可骤而进也，盖有渐焉。先之《大学》以正其本，次之孟轲之书以振其气，则之《论语》以观其中，约之《中庸》以逢其原。然后六经有所措矣。博之诸子以睹其辨，索之《史记》以质其效，归之伊洛关闽之说，以定其是非。既不谬矣，参天下之理以明之，察生民之利害以凝之。践之于身，欲其实也；措之于家，欲其当也。内烛之于性，欲其无不知也；外困辱而劳挫之，欲其著而不懈，畜而愈坚也。夫如是，学之要庶几乎得矣。发之乎文词以察其浅深，核之乎事为以考其可否，验之乎乡邦以勉其未至。日量而岁较，昼省而夜思之，功既加矣，德既修矣，出而任国家之重位，则泽被乎四表，声施乎百

① ［德］黑格尔：《小逻辑》，贺麟译，商务印书馆 2009 年版，第 161—162 页。

世矣。处则折衷圣贤之道，稽缵古今之法，传之于人，著之于书，以淑来者，岂不巍巍然善学之君子哉！①

何谓“善学之君子”？“善学”也是理学大师重要的治经读书的理念。例如，二程曰：“善学者，取诸身而已”；“为学三年，而不至于善，是不善学也”；“善学者，要不为文字所梏”；“善学者，得圣人之意而不取其迹也”；“至显者莫如事，至微者莫如理，而事理一致，微显一源。古之君子所谓善学者，以其能通于此而已”；“每见人静坐，便叹其善学”；“义有至精，理有至奥，能自得之，可谓善学矣”；“善学者，当求其所以然之故，不当诵其文，过目而已也”②。这些论说可与方孝孺之说相发明。方孝孺曰：“善学者必务知道。”③ 又曰：“善学圣人者，古之善吾学之，今之善吾亦学之。今之不善吾恶之，古之不善吾亦恶之。古之事合乎道，固将取以为法也，如使不若后世之美，则舍古而取后世可也。后世之不近乎道者，固所弃也，如古之不合乎道者，安得以其古而取之乎？”④ 又曰：“明乎经之大用，以诚其身，以及乎人，则为善学而不辱其先矣。”⑤ 又曰：“善学者积澄滤之功，以变其浑浊，而反乎至清，则众人可为圣贤人，亦理然也。”⑥

综上所述，方孝孺特别重视结合历史实践、生活实践和诸子百家的学说系统来体究圣学义理，不把读书人封闭在“四书五经”的圈子里一味地笃学修身。此正是方孝孺与纯粹的理学家不同的思想志趣。方孝孺“六经”和诸子的书无不读，礼乐政教的旨意无不究，而其根本则

---

① （明）方孝孺著，徐光大点校：《方孝孺集》（上），浙江古籍出版社 2013 年版，第 214 页。

② 《二程集》，中华书局 1981 年版，第 323、326、378、383、411、432、1189、1194 页。

③ （明）方孝孺著，徐光大点校：《方孝孺集》（上），浙江古籍出版社 2013 年版，第 135 页。

④ （明）方孝孺著，徐光大点校：《方孝孺集》（中），浙江古籍出版社 2013 年版，第 605 页。

⑤ （明）方孝孺著，徐光大点校：《方孝孺集》（中），浙江古籍出版社 2013 年版，第 593 页。

⑥ （明）方孝孺著，徐光大点校：《方孝孺集》（中），浙江古籍出版社 2013 年版，第 622 页。

是成就这个活生生的人。

马一浮是儒之圣者，是完满实现了主体风格的人，有自由意志，因而他的心是太极，心同草树乐春天，所以他的学问态度和进学途径，有助于我们领会圣统所谓善学学脉的精神实质。福柯《主体解释学》曰：“文化虚饰可能是最真实存在的东西，但是没有改变主体的存在方式。”[①] 可见，不是读读书，就是“善学种子”。刘梦溪《马一浮与国学》说：“一是把读书和穷理尽性联系起来，二是把读书和蓄德进德联系起来，三是把读书和体验证悟联系起来，四是把读书和涵养工夫联系起来，五是把读书和变化气质联系起来。”[②] 此即刘先生对马先生的学问态度和进学途径的具体说明，也可以此来说明方孝孺所谓“善学君子”的善学特征。《南齐书》史臣曰：“君子之居世，所谓美矣！”[③]

第二节　胸中六经粲星斗

唐人王通（584—617）《中说》曰：“心若醉六经，目若营四海。”[④] 此即书生醉经的经典在世风格。明人唐伯元（1540—1597）有《醉经楼集》，其人亦是醉经人。唐伯元有《醉经楼四首》诗，其三曰：“楼前湖水平，楼外四山青。楼中经一卷，堪醉不堪醒。”[⑤] 唐伯元清苦淡薄，有学行，年年岁岁乐于斯。周予同（1898—1981）在《僵尸的出祟》一文中这样说道：

> 我正式的宣示我的意见罢。经是可以研究的，但是绝对不可以

---

① ［法］米歇尔·福柯：《主体解释学》，佘碧平译，上海人民出版社 2018 年版，第 279 页。

② 刘梦溪：《马一浮与国学》（增订版），生活·读书·新知三联书店 2018 年版，第 88 页。

③ 《南齐书》卷四三《顾景之传》，中华书局 1972 年版，第 767 页。

④ 张沛：《中说校注》，中华书局 2017 年版，第 76 页。

⑤ （明）唐伯元著，朱鸿林点校：《醉经楼集》，中华书局 2014 年版，第 1 页。

迷恋的；经是可以让国内最少数的学者去研究，好像医学者检查粪便，化学者化验尿素一样；但是绝对不可以让国内大多数的民众，更其是青年的学生去崇拜，好像教徒对于莫名其妙的《圣经》一样。如果要懂得修齐治平之道，这是对的；但是，下之有公民学，中之有政治学，伦理学，上之有哲学，用不着读经！如果你们顽强的盲目的来提倡读经，我敢作一个预言家，大声的说：经不是神灵，不是拯救苦难的神灵！只是一个僵尸，穿戴着古衣冠的僵尸！它将伸出可怖的手爪，给你们或你们的子弟以不测的祸患！①

这是周予同发出的郑重警示。周先生是典型的现代知识人，因而他用知识人的眼光和信念来判断经学的性质和价值，其立言虽亦是出于心志之真诚，然与古今仁人志士对六经的态度与精神毕竟不同，甚至南辕北辙。方孝孺曰："矫当时之失，不求古今之变，而轻于持论，非知道者也。"② 学问有知"道"的学问，亦有不知"道"的学问。现代知识人的学术，不一定是皆是知"道"的学问。我们把知识人眼里的"六经"和"读书种子"心里的"六经"并观参照，方能知其不可同日而语。方孝孺是"胸中'六经'粲星斗"的"读书种子"。若不是笃信、笃行圣学的真"读书种子"，断然没有"胸中'六经'粲星斗"的亲切体验。"六经"本自粲然，心性失明，"六经"亦黯然。若无笃信的心灵光源，"六经"恐怕真是黑暗中的"僵尸"，无论如何解剖研究，亦不会有多大的价值，恐怕亦不过是弄精神而已，甚至成为古人所谓"六经的奴婢"。周先生的亲身遭遇亦无可辩驳地说明，不读经的青年也将伸出可怖的手爪，给人以不测的祸患。

方孝孺《答俞子严书二首》曰："盖圣人之大，上莫过于尧舜禹汤文武，下莫加于周公孔子。而此八圣人之言行文章，具在六经，故后之

---

① 周予同原著，朱维铮编校：《经学和经学史》，上海人民出版社 2012 年版，第 52—53 页。

② （明）方孝孺著，徐光大点校：《方孝孺集》（上），浙江古籍出版社 2013 年版，第 169 页。

学圣人者舍六经无以为也。”① 圣经与圣道不离。方孝孺不废经，不糟粕“六经”。又《答胡怀秀才》曰：“仆鄙陋，自度不足班古人，而年长来，闭口不复及天下事，于政教举措得失，漫不复解。而笃信六经，有所为也，以之为权衡；有所疑也，以之为蓍龟。”② 此即说明方孝孺笃信的正是“六经”，可以说他是“六经”的“读书种子”。中国传统社会所谓大儒正是身通“六艺”的读书人，不通经致用就与道衍所谓的“读书种子”无缘。

“六经”究竟是什么样的书？孔子曰：“德之不修，学之不讲，闻义不能徙，不善不能改，是吾忧也。”（《论语·述而》）此是孔子之所甚忧。马一浮说：“是以经亡不必忧，可忧者惟在德之不修，学之不讲耳。此处学者须信得过，然后始可不为众说所惑。”③ 此是现代圣哲之所忧。古今仁圣，所忧相同。经学史上那些迷恋解剖“僵尸”的知识人，究竟所忧的是什么？不关心成就这个活生生的自己而外在地治经，就是自由意志的丧失，也可以说是陷入非智慧状态的存在者。

---

① （明）方孝孺著，徐光大点校：《方孝孺集》（中），浙江古籍出版社 2013 年版，第 421 页。注：孟子曰：“由尧舜至于汤五百有余岁，若禹、皋陶则见而知之，若汤则闻而知之。由汤至于文王五百有余岁，若伊尹、莱朱则见而知之，若文王则闻而知之。由文王至于孔子五百有余岁，若大公望散宜生则见而知之，若孔子则闻而知之。孔子而来，至于今百有余岁，去圣人之世若此其未远也，近圣人之居若此其甚也，然而无有乎尔，则亦无有乎尔。”（《雕菰楼经学九种》（下），凤凰出版社 2015 年版，第 2017—2021 页）此所谓孟子“道统”观念。此观念有七圣人：尧、舜、禹、汤、文王、文王、孔子。韩愈增加了周公。故为八圣人。《四书章句集注》的结尾云：“故于篇终，历序群圣之统，而终之以此，所以明其传之有在，而又以俟后圣于无穷也，其指深哉！”朱熹引程颐为程颢写的《明道先生墓表序》云：“周公殁，圣人之道不行；孟轲死，圣人之学不传。道不行，百世无善治；学不传，千载无真儒。无善治，士犹得以明夫善治之道，以淑诸人，以传诸后；无真儒，则天下贸贸焉莫知所之，人欲肆而天理灭矣。先生生乎千四百年之后，得不传之学于遗经，以兴起斯文为己任。辨异端，辟邪说，使圣人之道涣然复明于世。盖自孟子之后，一人而已。然学者于道不知所向，则孰知斯人之为功？不知所至，则孰知斯名之称情也哉？”（《四书章句集注》，中华书局 2016 年版，第 385 页）据此可确知，朱熹亦是接续“群圣之统”的“读书种子”。方孝孺亦此传统的“读书种子”。理学在方孝孺眼里只是圣学的重要环节而已，非大全之学，而圣学乃是大全之学，岂能直接等同哉？故直接把方孝孺视为理学的“读书种子”则非方孝孺的知音。

② （明）方孝孺著，徐光大点校：《方孝孺集》（中），浙江古籍出版社 2013 年版，第 409 页。

③ 马一浮著，吴光主编：《马一浮全集》（第一册下），浙江古籍出版社 2012 年版，第 752 页。

方孝孺在《送牟元亮赵士贤归省序》中这样说明："今之人不然，深谋则以为刺讥，正言则以为击排，志乎道则訾以为迂，慕乎圣贤则谤以为诞。"① 使人皆自安于流俗之卑陋，而不志乎行道，亦不慕乎圣贤，岂不惑世祸世哉？又《乡原》曰："乡原之不善于君子，则思所以挤排摈斥之，于是视君子如仇雠，善人之类销矣。其贼德也，孰大于是！"② 让人自安于卑陋，不笃学亦不修身，正是贼德的"乡原"所为。"乡原"哪有"胸中'六经'粲星斗"的圣境？方孝孺曰："予所深悲者，世愈下而俗愈变，士大夫厌厌无气，有言责者不敢叱一辞。"③ 怯懦已成为时势，勇气已成为稀缺的东西，哪能不"厌厌无气"？古今那些糟粕"六经"的读书人所深悲者究竟是何事？

读书人糟粕"六经"皆不难，阉人般地解剖"六经"亦不难，而要"胸中六经粲星斗"不是一般的难，而是太难了，不然道衍就不会断言"杀孝孺，读书种子绝矣"。本性失明的读书人，恐怕至死亦不能领悟到"胸中'六经'粲星斗"的圣境。张君劢（1887—1969）在《新儒家思想史》有一个很有趣味的说法："耶稣曾经说过，如果人失去灵魂，即使赢得了世界，又有什么好处呢？"④ 此言值得深思。读书人不是读读圣学就能成为圣学的种子，亦不是读读所谓的现代政治学、现代伦理学等就能成为有德品的生活者。人的学品和德品取决于人内在的价值信仰。人要获得真实不虚的价值信仰，亦不是容易的事情，怯懦成风，意志孱弱，也会丧失信仰任何价值的能力。"六艺"的价值信仰是有丰富精神内容的传统，绝不能与现代的道德教科书混为一谈，或把它降低为任何意义层面的道德说教。

试问，"读书种子"笃信的"六经"究竟是什么性质的书？方孝

① （明）方孝孺著，徐光大点校：《方孝孺集》（中），浙江古籍出版社 2013 年版，第 533 页。

② （明）方孝孺著，徐光大点校：《方孝孺集》（上），浙江古籍出版社 2013 年版，第 205 页。

③ （明）方孝孺著，徐光大点校：《方孝孺集》（上），浙江古籍出版社 2013 年版，第 144—145 页。

④ 张君劢：《新儒家思想史》，中国人民大学出版社 2006 年版，第 191 页。

孺在《答俞子严书二首》中这样说明：“世之学者莫不学六经，然不知所以为学。夫医士之读《素问》《难经》，将取以治病也。苟不达其意，虽曰诵之何益。六经者，亦学者之《素问》《难经》，所以修身治人之书也。”① 此即说明“六经”是修身治人的书。又《读夏小正》曰：“圣人之经，传之万世而无惑者，以其明道也。”② 此即说明“六经”是圣人明道的书。又《学辨》曰：“人莫不为学，孰知所以为学也。所以食者，为饥也；所以衣者，为寒也。至于学而不知所以，其可乎哉？夫人之有生也，则有是心，有心则有仁义礼智之性。是性也，惟圣人不假乎学，能生而尽之。非圣人之资也，苟不学安能尽其理而无过哉？故凡学者所以为学，尽其性而已，不能尽其性，而人之论紊矣，此人之所以不可无学也。而学必有要焉，何谓要？五经者天地之心也；三才之纪也，道德之本也。人谁不诵说五经也，而知之者寡矣。苟不足以知其意，虽日诵诸口而不忘，谓之学则可矣，而乌足为善学哉？”③“六经”是圣人“穷理尽性的书，是天地之心、道德之本”。又《越车》曰：“圣人之道离之为礼乐、政教、法度、文章，合之为性命之原，仁义之统。其事业在诗书，其功用在天下。粹而全，大而正，确乎其无不具也。”④“六经”是大全学。又《传经斋记》曰：“经者，治天下之具也，岂直文辞云尔哉。”“谓诸经为不足法者，不知为学者也。”⑤ “六经”是治天下之具。

---

① （明）方孝孺著，徐光大点校：《方孝孺集》（上），浙江古籍出版社 2013 年版，第 421 页。注：方孝孺《医原》云：“医治为术，于生民之用最切，其说之至粹而出于古者，莫过《素问》、《难经》。述阴阳气运之理，辨形体荣卫之原，以明养生治疾之道，非古之神睿聪達者，何足以与此。然其精微之要，得诸心而见于效者，固有不可以言传者矣。书岂足以尽其意乎？后之学者，不能求其为书之意，而泥其说，是以言论非不可喜，而不良于用。甚者，弃书不省。”（第 230 页）

② （明）方孝孺著，徐光大点校：《方孝孺集》（上），浙江古籍出版社 2013 年版，第 128 页。

③ （明）方孝孺著，徐光大点校：《方孝孺集》（上），浙江古籍出版社 2013 年版，第 213—214 页。

④ （明）方孝孺著，徐光大点校：《方孝孺集》（上），浙江古籍出版社 2013 年版，第 218 页。

⑤ （明）方孝孺著，徐光大点校：《方孝孺集》（中），浙江古籍出版社 2013 年版，第 580、581 页。

由以上连环举证可确知，方孝孺笃信的“六经”就是修身治人的圣典，亦是明道的圣籍。学者学此，教者教此。“六经”是道德之本、性命之原、仁义之统、学术思想的源头、治天下之具。这就是“读书种子”笃信的“六经”的性质和价值。“六艺”即德教和性道本一的大全学，其独特性正是让知识人蜕变为智慧人，以此安身立命。可见，方孝孺是善学“六经”的读书人，是“六经”的主人而不是“六经”的奴仆。其《务学》如是论说：

> 人之为学，所以自异于物也。匪特异于物，欲异于众人也。匪特异于众人，上将合乎天地，拔乎庶类之上，而为后世之则也。其说存于《易》《诗》《书》《春秋》《三礼》，其理具乎心，其事始乎穷理，终乎知天。其业始于修己，终于治人。其功用至于均节运化，涵育万物。大得之而圣，深造之而贤，勉修之而为君子。圣贤君子非天坠而地出，人为之也。①

此即说明“六艺之学”成就“六艺之人”。道衍所谓“读书种子”正是活现“六艺”真血脉的读书人，即“六艺之人”。方孝孺笃信、笃行的是圣学的义理价值。因为圣学在方孝孺那里具有信仰确信的深度与威力，所以方孝孺是自性显发六经活精神的“读书种子”，也就是“六艺之人”的典范。其《杂诫》第三章曰：

> 学术之微，四蠹害之也。文奸言，摭近事，窥伺时势，趋便投隙，以贵富为志，此谓利禄之蠹。耳剽口炫，诡色淫辞，非圣贤而自立，果敢大言以高人，而不顾理之是非，是谓务名之蠹。钩摭成说，务合上古，毁訾先儒，以为莫我及也，更为异义以惑学者，是谓训诂之蠹。不知道德之旨，雕饰缀缉以为新奇，钳齿刺舌以为简古，于世无所加益，是谓文辞之蠹。四者交作，而圣人之学亡矣！

① （明）方孝孺著，徐光大点校：《方孝孺集》（上），浙江古籍出版社 2013 年版，第 59 页。

必也本诸身，见诸政教，可以成物者，其惟圣人之学乎？去圣道而不循，而惟蠹之归，甚哉其惑也。[①]

所谓“利禄之蠹”者、“务名之蠹”者、“训诂之蠹”者、“文辞之蠹”者，正是道衍所谓“习气种子”的四种典型。又《武王戒书序》曰：“世不善用，则六经千载为空言。”[②] 所谓“读书种子”正是巍巍然善学六经之君子。黑格尔（1770—1831）在《小逻辑》中说道：“我们近代的人，通过我们整个文化教养，已经被许多具有丰富深邃的内容的观念所熏陶，要想超出其笼罩，是极其困难的。”[③] 纷乱庞杂的观念亦是心性的牢笼。学习“六艺”的困难并不是理智上的困难，而是观念变化的困难，处处皆是观念意志的抵触。所以只有禀赋相当高的人，或相当高教养的人才能直接深味“六艺”的庄语，而不需要拐弯抹角的诱导。方孝孺在《医原》中不得不深慨：“有能求周公孔子之意于法度之表者乎？苟难乎其人。”[④] 感叹何时平！可见，要成为“胸中六经粲星斗”的读书人，真不那么容易。维特根斯坦（1889—1951）说：

人们一定是从错误开始，然后由此转向真理的……这就是说，人们必须揭露错误的根源，否则听到了真理也毫无用处。当其他东西占据了真理的位置，真理就不会出现了……要让某人相信真理，仅仅说出真理是不够的，人们还必须找到从错误到真理的道路……我必须一次次地投身于怀疑之水。[⑤]

此可启迪我们思考理学家的读书理念。理学大师把读书人直接封闭

---

① （明）方孝孺著，徐光大点校：《方孝孺集》（上），浙江古籍出版社 2013 年版，第 18 页。

② （明）方孝孺著，徐光大点校：《方孝孺集》（中），浙江古籍出版社 2013 年版，第 441 页。

③ ［德］黑格尔：《小逻辑》，贺麟译，商务印书馆 2009 年版，第 100 页。

④ （明）方孝孺著，徐光大点校：《方孝孺集》（上），浙江古籍出版社 2013 年版，第 231 页。

⑤ ［奥］路德维希·维特根斯坦著，涂纪亮主编：《维特根斯坦全集》（第十二册），河北教育出版社 2002 年版，第 11 页。

在“四书”的圈子里，让其不断深味其义理的做法，恐怕亦陶铸不出具有“六艺”生活风格的人。“六艺”义理毕竟是觉醒了的有教养的心灵的圣智圣慧，不是可以任性采摘的花园里的果实。有明一代阳明学的种子的最大流弊，正是把“六艺”智慧降为俗智俗慧，随便读读“四书”就成圣成贤了。虽然学识广博算不上真正的学问，而舍弃学识广博而徒自依据“四书”参究义理恐怕亦有不少的流弊。人世间的事情相成亦相反。让人直接踏上真理的路，而苦心斩断通向错误的路，正确的路亦会成为悬崖峭壁，而极容易使人滑入深渊而粉身碎骨。仅仅让人走正确的道路是不够的，人还必须走从错误到真理的道路，一次次地走。知此，可深味方孝孺读书的思想信念与理学大师治学的信念有所同亦有所不同的价值和意义。

方孝孺《答胡怀秀才》直言：“探索不精，闻见不博，攻习不久，而能得圣贤之意者无有也。”[①]“读书种子”即好学深思，通识古今的君子。马一浮曰：“若不读群经，亦不能通《论语》《孝经》也；不读十一子之书，亦不能通群经大义也。”[②] 马先生之论与方孝孺之说可互相说明。李光地在《课王生仲退》中指出：“读书以穷经为本，以明理为至。穷经所以明理也。然六经之规模宏阔，而辞义简奥，故必以《学》《庸》《语》《孟》为之阶梯。四子之心传不继，而纯粹云亡，故必以濂、洛、关、闵为之门户。”[③] “四书”是“六艺”的阶梯，理学是“六艺”的门户。读书绝不能“自狭”。

马一浮甚至说：“读儒书，须是从义学翻过身来，庶不至笼统颟顸”[④]；“儒者说经，往往不及义学家之精密，以其于教相或欠分明。如郑氏《六艺论》《孝经序》则俨然其判教规模。故谓儒者治经，亦须兼

---

① （明）方孝孺著，徐光大点校：《方孝孺集》（上），浙江古籍出版社 2013 年版，第 409 页。

② 马一浮著，吴光主编：《马一浮全集》（第一册），浙江古籍出版社 2012 年版，第 121 页。

③ （清）李光地撰，陈祖武点校：《榕村全集》（第八册），福建人民出版社 2013 年版，第536 页。

④ 马一浮著，吴光主编：《马一浮全集》（第一册下），浙江古籍出版社 2012 年版，第 665 页。

明义学，较易通悟也"[①]。这说明，如果没有其他知识作为参照系而直接治经，那么极容易陷入执此议彼的执碍和滞碍。理学大师的确是从义学翻过身来者，这是事实。毫不夸张地说，义学是他们照亮"四书五经"的"探照灯"，亦是他们发现圣学重要性问题的参照系。或者可以说，义学更换了他们的价值视域，让他们在旧的东西中看到新的景观。而新的景观让他们太沉醉了，以至于他们迫不及待地要让他们的学生直接享受他们的新发现，因而他们激情地制定了通向新发现的最近的路线，苦口婆心地呼唤读书人踏上新途，甚至有时候缺乏等待学子自觉走上成就独特自己的耐心，过于果断而匆忙地剪断他们走过的旧路：攻习既久，学识渊博，南辕北辙，一旦反身而诚，道凝德立，乐莫大焉。

美国学者费约翰曾经引述毛主席的话，"有许多时候，群众在客观上虽然有了某种改革的需要，但在他们的主观上还没有这种觉悟，群众还没有决心，还不愿实行改革，我们就要耐心地等待；直到经过我们的工作，群众的多数有了觉悟，有了决心，自愿实行改革，才去实行这种改革"[②]，以此来说明毛主席出类拔萃的革命智慧。"待时"是"六艺"的大智慧。方孝孺《读博物志》曰："君子之学贵乎博而能约。博而不得其要，则涣漫而无归。徒约而不尽乎博，则局滞而无术。"[③] 清人刘熙载曰："真博必约，真约必博。"言简意赅，可供参照。人一定是从错误开始，然后由此转向真理的。故由博转约，亦需要耐心地等待时机。钱锺书在《管锥编》中曾热情洋溢地赞美圣籍的"待时"智慧，其言曰："'待'之时义大矣哉。"[④]"六艺"的学习，然不可骤而进也，盖有渐焉。

---

① 马一浮著，吴光主编：《马一浮全集》（第一册上），浙江古籍出版社 2012 年版，第 188 页。注：马一浮说："教有顿渐，说有先后，不可执碍。""道德义相，在经籍中诠表之辞最多，义个有当，不可执此议彼。""人到无一毫恶慢之心时，满腔都是恻隐，都是和乐，都无偏倚，都无滞碍。"

② 转引自［美］费约翰《唤醒中国：国民革命中的政治、文化和阶级》，李霞等译，生活·读书·新知三联书店 2004 年版，第 498—499 页。

③ （明）方孝孺著，徐光大点校：《方孝孺集》（上），浙江古籍出版社 2013 年版，第 142—143 页。

④ 钱锺书：《管锥编》（第一册），生活·读书·新知三联书店 2015 年版，第 277 页。

“六经”是圣人明道、修身治人的圣籍，亦是道德价值的根源和学术思想的源头，也就是说“六经”是元级性的圣典，其义理思想具有持久性、普遍性和普及性。方孝孺是笃信“六经”的“读书种子”，他所谓“善学君子”，必是尊尚“六经”的读书人。也就是说，“善学君子”必须直接面对“六经”，且与之发生实质性的精神关系。方孝孺在《赠金溪吴仲实序》中说道：

圣人之道载于经，可知也，未尝使人求道于博文约礼之外；后世邪说者则曰，文不必博也，礼不必约也，道之妙不可以言传也。呜呼，是果道邪？以圣人之智睿，七十子之伟杰，其过于人亦远矣，然而必学于《诗》《书》《礼》《乐》六艺之文，至于终身而不厌。彼邪说者则曰，六经不必学也，必求于吾心，俟其顿明忽悟而后可。呜呼，是果何道耶？且经之作何为也？圣人思己之身不能常存，以淑来世，故载其所言所行者，使人取法焉耳。今人必谓无所用乎经，而可以为圣贤。则邪说者果胜于圣人也耶？①

方孝孺推崇“六经”可谓不遗余力。马一浮亦说：“六经不能废，废经者譬如把火烧天，徒自疲。”② 此可与方孝孺之言并读而体究。方孝孺《勉学》诗曰：“六经岂虚文，中有无尽意”；“皎皎如日星，悠悠在天地。”③ 方孝孺诗所流露的心融“六经”的深情，如杏花春雨，令人动容。其又在《越车》中议论道：

圣人之道，离之为礼乐、政教、法度、文章，合之而为性命之原，仁义之统。其事业在诗书，其功用在天下。粹而全，大而正，

① （明）方孝孺著，徐光大点校：《方孝孺集》（中），浙江古籍出版社 2013 年版，第 530 页。

② 马一浮著，吴光主编：《马一浮全集》（第一册下），浙江古籍出版社 2012 年版，第 753 页。

③ （明）方孝孺著，徐光大点校：《方孝孺集》（下），浙江古籍出版社 2013 年版，第 910 页。

> 确乎其无不具也。不幸而败于私欲，折于异端，昧于众人之不知，窒于学者之多歧。于是世各以资之所近为道：愿者以小慈为仁，刚者以严刻为义，能言者溺于言，而不求于所不言；嗜名者以诡僻立事，而未尝要之于至理。人人莫不自谓得圣人之全，而圣人之大全卒为天下裂。故人不知学，足以害其身，而不能祸天下。学不知道而多才能，其为害也大矣。是以学以知道为贵，知道以识其大全为贵。存之于心，体之于身，见之于事而著于言，一以圣贤为师。少有未至，自视凛然，若耳目手足之不完也。恒以为己忧，则为善学矣。①

“六艺之学”是粹而全，大而正的明道学问。所谓善学君子务学要以知道为贵，知道以识其大全为贵。“六艺之学”的学习以切己深究义理为主，以诚其身，方是正道，方是善学。又《周官二首》曰：“治经不可致疑，疑经太过则圣人之言不行，亦不可无疑也。不能有疑则圣人之意不明，始于有疑而终于无所疑者，善学者也。苟于信而不知择，于经何所明哉？《周礼》余之所最好，而疑之为甚。盖好其出于古，爱其为先王之制，而惜其或失先王之意也。故求之也详，味之也深，于其有可疑者，不得不为之辨也。”② 又《辨疑》曰：“不善学之人不能有疑，谓古皆是，曲为之辞。过乎智者，疑端百出，抵呵前古，摭其遗失。学非疑不明，而疑恶乎凿。疑而能辨，斯为善学。勿以古皆然，或有非是。勿负汝能言，人或胜汝。忘彼忘我，忘古与今，道充天地，将在汝心。”③ 合观这两则材料可知，“读书种子”治“六艺之学”的信念，即信其所宜信，而疑辨不可信者，此笃于信者也，徒信而不知其非，安在其能信乎？不为苟信，乃所以善信也，疑而不信其所信，则是大患，辨而不知其行亦是祸世误民。又《读公孙

① （明）方孝孺著，徐光大点校：《方孝孺集》（上），浙江古籍出版社 2013 年版，第 218 页。

② （明）方孝孺著，徐光大点校：《方孝孺集》（上），浙江古籍出版社 2013 年版，第 120 页。

③ （明）方孝孺著，徐光大点校：《方孝孺集》（上），浙江古籍出版社 2013 年版，第 29—30 页。

龙子》说："故善学者必务知道。"① 可谓善学"六艺"的真言。方孝孺说："君子有四贵：学贵要，虑贵远，信贵笃，行贵果。"② 此即善学圣学君子的基础性特征。所谓"知要"就是要笃信、笃行圣学基础性义理，也就是说读书根本，贵在反诸身心。否则就是不知要，不知本的治经和疑经。而不知要，亦不知本的读经人，岂是善学的"读书种子"哉？

善学君子就是以"六艺"义理为行动原理的自由意志者。黑格尔《小逻辑》说："无疑地，意志诚然具有这种自决的力量，而且最要紧的是要知道惟有具有这种自决力量，并把它发挥在行为上，人才可以算是自由的。"③ 此说甚好。方孝孺就是善学"六艺之学"的自由人。确信笃守，澹然不为物镜所移，不为习俗所变，此正是善学君子的基础性风骨。二程曰："会得时，活泼泼地；不会得时，只是弄精神。"④ 体会亲切！虞溥曰："圣人之道淡而有味，故始学者不好也。及至期月，所观弥博，所习弥多，日闻所不闻，见所不见，然后心开意朗，敬业乐群，忽然不觉大化之陶己，至道之入神也。"⑤ 此可谓"六艺"真种子的真言。程颐曰："今日治经者亦众矣，然而买椟还珠之蔽，人人皆是。"⑥ 此即圣学知识种子的画像。正如方孝孺诗曰："利欲颓波挽不回，几人沉溺坏灵台，要明圣道无穷意，须杖贤王不世才。"⑦

---

① （明）方孝孺著，徐光大点校：《方孝孺集》（上），浙江古籍出版社 2013 年版，第 135 页。

② （明）方孝孺著，徐光大点校：《方孝孺集》（上），浙江古籍出版社 2013 年版，第 25 页。

③ ［德］黑格尔：《小逻辑》，贺麟译，商务印书馆 2009 年版，第 143—144 页。

④ （宋）程颢、程颐撰，潘富思导读：《二程遗书》（上），中华书局 2020 年版，第 59 页。

⑤ （清）朱彝尊撰，林庆彰等主编：《经义考新校》（三），上海古籍出版社 2023 年版，第 5337 页。

⑥ （宋）朱熹著，（宋）吕祖谦撰，严佐之导读：《朱子近思录》，上海古籍出版社 2000 年版，第 40 页。

⑦ （明）方孝孺著，徐光大点校：《方孝孺集》（下），浙江古籍出版社 2013 年版，第 960 页。

第三节　最雅好《周礼》

试问，圣学“读书种子”方孝孺最雅好圣典中的哪一部？方孝孺《周官二首》曰：

> 《周礼》余之所最好，而疑之为甚。盖好其出于古，爱其为先王之制，而惜其或失先王之意也。故求之也详，味之也深，于其有可疑者，不得不为之辨也。①

读此可知，方孝孺最好《周礼》，且“味之也深”。他为何最好此经？他这里给出的理由是：“盖好其出于古，爱其为先王之制。”此即表明原因而已。孔子曰：“甚矣吾衰也！久矣吾不复梦见周公！”（《论语·述而》）周公是孔子思慕的圣者楷模。方孝孺《周礼考次目录序》直言曰：“余喜读《周礼》，忧周公之心不明于后世。”② 此即方孝孺深好《周礼》的根本原因，即心志深慕周公。方孝孺雅好的《周礼》究竟是什么样的书？

> 方孝孺《周官二首》曰：“余始读诗《大雅》《豳风》，见其积累之盛，而知周之所由兴。然犹异之曰：何其久也？及读《周礼》至于大司徒、乡大夫、州长、党正之法，然后慨然叹其虑民之详，曰：‘尽在是矣！’治天下易也，莫难于一天下之民心。民心可一也，莫难于使民心咸出于正道，无加于尧舜。求其治之法，以为必有异常绝特之事。而其书之所载，止于正德、利用、厚生。斯三者何足为异？然而越数千载，卒未有弃三事而行之者，则圣人之

① （明）方孝孺著，徐光大点校：《方孝孺集》（上），浙江古籍出版社 2013 年版，第 120 页。

② （明）方孝孺著，徐光大点校：《方孝孺集》（中），浙江古籍出版社 2013 年版，第 439 页。

治天下固不以求异也，尽其道而已。”① 又《周礼辨疑四首》曰：“《周礼》者，周史所记周之治事书也”；“昔欧阳氏、苏轼氏尝疑《周礼》，然皆其制度之失耳，于道无害也。《周礼》之善多矣，制度之不尽合，岂足为周公累哉！若其有戾于道者，则学周公者所宜知也”；“昔之疑《周礼》者诋斥过甚，固不足知圣人之意。”②

原来在方孝孺眼里，《周礼》是圣人“虑民之详”即经世淑民的遗典大法。陈寅恪亦是一代通儒硕学，其《隋唐制度渊源略论稿》正是研究“遗典大法”即礼乐政刑典章制度文物的杰作，故可征引以深识方孝孺所雅好的《周礼》。陈先生说：

> 《周礼》一书，其真伪及著作年代问题古今说者多矣，大致为儒家依据旧资料加以系统理想化之伟作，盖托古改制而未尝实行者，则无疑义也。自西汉以来，模仿《周礼》建设制度，则新莽、周文帝、宋神宗，而略传会其名号者则武则天，四代而已。四者之中三为后人所讥笑。独宇文之制甚为前代史家所称道，至今论史者尚复如此。③

陈先生判断：“《周礼》一书，大致为儒家依据旧资料加以系统理想化之伟作。”不过，陈先生把历史上那些彻底现实化《周礼》古制者称之为“周礼遗意之幻觉者”和“理惑”④ 者。英国政治哲学家以赛亚·伯林则把这种现象称为“理性蒙昧主义”⑤。“理性蒙昧主义”与

---

① （明）方孝孺著，徐光大点校：《方孝孺集》（上），浙江古籍出版社 2013 年版，第 114 页。

② （明）方孝孺著，徐光大点校：《方孝孺集》（上），浙江古籍出版社 2013 年版，第 117—120 页。

③ 陈寅恪：《隋唐制度渊源略论稿》，生活·读书·新知三联书店 2015 年版，第 100 页。

④ 陈寅恪：《隋唐制度渊源略论稿》，生活·读书·新知三联书店 2015 年版，第 110 页。

⑤ ［英］以赛亚·伯林：《观念的力量》，胡自信、魏钊凌译，译林出版社 2019 年版，第 209 页。伯林说：“把适用于某一领域的思维模式搬到另一个领域（该领域要求用一种截然不同的方式），终究是一种不合理的做法—有人称之为理性蒙昧主义。”

“理惑”可以互相释义。李贽（1527—1602）曰：“呜呼！以全盛之天下，金汤之世界，付与讲究《周礼》，精熟《大学衍义》之大学士，不四年而遂败，可畏哉书也！”① 李贽此价值视野是“观其事不其志”的经典。顾宪成曰：“李卓吾大抵是人之非，非人之是。又以成败为是非而已。”② 方孝孺是《周礼》的迷恋者。而《周礼》相传是周公所制。周公是方孝孺思慕的礼乐政教的楷模，所以他尊崇周公就是尊崇圣学的礼乐政教传统。其《与舒君书》曰：“窃以为古人之言，有是有非。是其是，而非其非，乃为得之。若以为古人为皆然，则不可也。”③ 又《毕命》曰：“余读《周书》至于康王之命毕公，然后知周公之忠厚也。”④ 如果从方孝孺“善观人者观其志不观其事”的价值视野看其为何深好《周礼》，然后知方孝孺之品性忠厚也。大哉！忠厚之为美。

重视礼乐政教传统是方氏之家学。方孝孺《务学》曰：“方氏之学，以行为本，以穷理成身为要，以礼乐政教为用。”⑤“礼乐政教”亦是圣学的重要传统。方孝孺的《正统论》《后正统论》《深虑论》等皆是有明一代申明礼乐政教的正论大文。其《送危泰生序》曰：“诵圣贤之言，以求性命之微旨，遍览古今之变，以观其得失成败之原。推之于躬行，以从事于古人道德之学，其志之得者，不亦侈乎，而可以琐琐之失为戚耶？儒者之于患，苟非自致之，则安乎命而已。”⑥ 方孝孺承续的正是圣学礼乐政教的正传统。

方孝孺《种学斋记》曰：“五谷，谷之善者也”；“周公孔子之道，

---

① （明）李贽编著，学文点校：《续藏书》，商务印书馆2013年版，第129—128页。

② （明）顾宪成著，李可心点校：《泾皋藏稿》，中国社会科学出版社2021年版，第156页。

③ （明）方孝孺著，徐光大点校：《方孝孺集》（中），浙江古籍出版社2013年版，第436页。

④ （明）方孝孺著，徐光大点校：《方孝孺集》（上），浙江古籍出版社2013年版，第123页。

⑤ （明）方孝孺著，徐光大点校：《方孝孺集》（上），浙江古籍出版社2013年版，第59页。

⑥ （明）方孝孺著，徐光大点校：《方孝孺集》（中），浙江古籍出版社2013年版，第541页。

五谷之种也"[①]。此真是醉经的"读书种子"的醉言。现代人恐怕绝不相信，所以现代人要理解方孝孺这样表里浑然和易险一节的朴厚书生，其实并不容易。

① （明）方孝孺著，徐光大点校：《方孝孺集》（中），浙江古籍出版社 2013 年版，第 656 页。

第四章　方孝孺与圣贤之师

荀子《劝学篇》曰："学莫便乎近其人。学之经莫速乎好其人，隆礼次之。"① 此即说明亲近人师的重要性。敬师即敬贤，也是圣贤之学的一个优美传统。《论语》所记载的师生交流与沟通的那些话，时至今日，读来依然令人动容。美国当代儒士安乐哲在《儒家角色伦理学》中说道：

> 真正的友谊之所以延续，在于"充满活力的坦诚"，表现为二人于实实在在意义上的相互"欣赏"，即因为这种友谊，二人相得益彰，美美与共。重要的是，成就这种朝气勃勃的友谊，并不是以牺牲二人的特殊性与整体性为代价的，反而是因友谊而获滋养。这里所说"整体性"，既指朋友各自的禀赋特性，也意味着源自友谊的"合二为一"。②

借此译文可体究《论语》所呈现的具有深度和纯度的师生情谊及其文化价值和意义。安乐哲在《儒家角色伦理学》中对圣门友谊有非常美好的体验，他说："'真正的'智慧是在'真正的'友谊之中找到的。"③《论语》是孔子与其弟子坦诚交流与沟通的实录。圣学智慧其实

---

① （清）王先谦撰，沈啸寰、王星贤点校：《荀子集解》，中华书局1988年版，第14页。

② ［美］安乐哲：《儒家角色伦理学：一套特色伦理学词汇》，［美］孟巍隆译，山东人民出版社2017年版，第13页。

③ ［美］安乐哲：《儒家角色伦理学：一套特色伦理学词汇》，［美］孟巍隆译，山东人民出版社2017年版，第13页。

就是友谊的智慧。不过，伟大的师生友谊亦是不常有的机缘。李颙（1627—1705）在《四书反身录》中这样感叹："经师易遇，人师难逢。"① "人师"就是德品和学品都好的读书人，遇到这样的老师的机缘真不多。

方孝孺《明教》曰："天下非无才也。聚数万之人，养之十余年，而未见有一人可称者，养之无其渐，而教之无其法也。"② 读之，令人叹服。好读书之人遇到好老师，可谓福缘。王夫之《宋论》曰："夫士之怀知己也，非徒其名利也；言可以伸，志可以成，气以来而相孚，业以摩而相益。"③ 读此，可领悟好老师的本末大用。

人在读书的关键时期，遇到什么样的老师非常重要。颜之推（531年—约597年）《颜氏家训》曰："孔子云'少成若天性，习惯成自然'是也。"④ 因为青少年时期的书种兴趣松散，性格未定，完全敞开，处于最容易塑性的状态，所以极容易遭受种种成长境遇的影响。马克思·舍勒《哲学人类学》说："人是一种其本质为开放性质所决定的动物。他是什么或者想是什么呢？"⑤ 所以，古人特别慎于择师，与慎于仕宦、慎于婚姻，并列为人生的大事。宋濂究竟是什么样的人？他又是如何参与了他的学生方孝孺内心深层的自我建构的？

宋濂（1310—1381），字景濂，祖籍金华潜溪，故号潜溪，著有《潜溪集》四十卷。宋濂曾经隐居于小龙门山著书，故自署"龙门子"，有《龙门子》三卷。他常常骑一头白牛往来潜溪之上，故人戏称"白牛生"。其虽自称儒者，然旁涉梵夹道藏，故又自称"玄真遁叟""仙华生""元贞子""仙华道士""无念居士""金华居士""无相居士"等。宋濂精熟《史记》《汉书》，有史才，奉诏修《元史》，故被誉为

---

① （清）李颙撰，陈俊明点校：《二曲集》，中华书局2014年版，第459页。

② （明）方孝孺著，徐光大点校：《方孝孺集》（上），浙江古籍出版社2013年版，第103—104页。

③ （明）王夫之：《船山全书》（第十五册），岳麓书社2011年版，第921页。

④ （北齐）颜之推撰，王利器集解：《颜氏家训集解》（上），中华书局2013年版，第10页。

⑤ ［德］马克思·舍勒：《哲学人类学》，魏育青等译，北京师范大学出版社2014年版，第238页。

“太史公”。善相人者也需要观其师，那么，方孝孺的老师宋濂是什么样的读书人？

第一节 “文章真种子”

宋濂天分至高，年少英明强记，号为“神童”。少时读书，能日记二千余言；白天学习的内容，无不成诵；一月通背“四书”，不遗一字。宋濂是读书的天之美材。其《送东阳马生序》曰：“余幼时即嗜学，家贫，无从致书以观，每假借于藏书之家，手自笔录，计日以还。天大寒，砚冰坚，手指不可屈伸，弗之怠。录毕，走送之，不敢稍逾约。以是人多以书假余，余因得遍观群书。”① 宋濂天性“好学”。不“好学”的读书人，不是“读书种子”。

宋濂究竟想成为什么样的人？其《送东阳马生序》曰：“既加冠，益慕圣贤之道，又患无硕师名人与游，尝趋百里外，从乡之先达执经叩问。”② 宋濂能成为什么样的读书人？这就要看他在成长境遇中相遇什么样的硕师名人。

宋濂 19 岁时，相遇的名师是其家乡的闻人梦吉。其《凝熙先生私谥议》曰：“言其讲学，则以《四书》《五经》为准，而非圣之书不习也。”③ 宋濂学的是圣学。不过，圣学在宋濂读书的关键时期，亦是举业的课本。宋濂《亡友陈宅之墓铭》曰：“时颇有志应举，相与诘难经义，连日夕弗休。”④ 宋濂学圣学的热情基于举业，而不是源于心性。他没有觉出圣学义理的意味深长，因为不是天资就近“道”的“读书

① （明）宋濂著，黄灵庚编辑点校：《宋濂全集》（第二册），人民文学出版社 2014 年版，第 662 页。

② （明）宋濂著，黄灵庚编辑点校：《宋濂全集》（第二册），人民文学出版社 2014 年版，第 662 页。

③ （明）宋濂著，黄灵庚编辑点校：《宋濂全集》（第四册），人民文学出版社 2014 年版，第 1868 页。

④ （明）宋濂著，黄灵庚编辑点校：《宋濂全集》（第三册），人民文学出版社 2014 年版，第 1529 页。

种子”。宋濂的心性与圣贤之道不能相应，所以在读书的关键时期，他不是真“慕圣贤之道”的读书人。天性嗜学的“书种”不少，而要成为相续圣学真血脉的“读书种子”，则是极不容易的事情。圣学义理不能徒明。宋濂心身纠缠于举业而不能自拔，因而难以适道。闻人梦吉没有唤醒宋濂立志圣学，陷溺流俗深的读书人是极不容易唤醒的。唤醒学子也需要机缘。圣学义理长存，缘会则不一定有。

宋濂22岁时，师从名师吴莱，约有两年时间。他的同门郑涛在《宋潜溪先生小传》这样描写：“于是复从吴公游，益取经史及诸子百家之书而昼夜研穷之。凡三代以来古今文章之洪纤高下，音节之缓促，气焰之长短，脉络之流通，首尾之开合变化，吴公所受前人者，景濂莫不悉闻之，于是其学大进。”[①] 宋濂的心性在文章，吴莱的心性亦在文章，他们师生是名师与高徒，经典的文章知己，亦是奇缘。宋濂昼夜激情钻研的亦是为文之道，而不是切已体究圣学义理，成就自己这个人。其《赠梁建中序》曰：“余自十七八时，辄以古文辞为事。”[②] 此即说明宋濂是“古文辞”的“真种子”，而不是圣学的“读书种子”。宋濂沉醉“古文辞”不能自拔，圣学义理不在其兴趣的中心，而在其兴趣的边缘。可以说，宋濂照耀在“古文辞”上的兴趣之光太强烈，而投射在体究圣学义理上的光就显得特别微弱。宋濂师从吴莱，驰心于流俗辞章之学，陷溺愈深，与圣贤之学反而远了。

宋濂25岁时，师从名师柳贯，约有八年时间。从其《元故翰林待制承务郎兼国史院编修官柳先生行状》与《元故翰林待制柳先生私谥文肃议》[③] 可知，柳贯容貌端严，为人端直，危言卓行，学问淹贯，不阿世，不媚俗，有风骨，有德有言，为一代儒宗。柳贯是宋濂为文为人的直接楷模，因而宋濂受柳贯之教深矣。宋濂还师从名师黄溍。其《题盛孔昭文稿后》曰：“余弱龄时，即从黄文献公学文。”又《白云稿序》

---

① （明）宋濂著，黄灵庚编辑点校：《宋濂全集》（第五册），人民文学出版社2014年版，第2566页。

② （明）宋濂著，黄灵庚编辑点校：《宋濂全集》（第二册），人民文学出版社2014年版，第492页。

③ （明）宋濂著，黄灵庚编辑点校：《宋濂全集》（第四册），人民文学出版社2014年版，第1840页。

曰："及游黄文献公门，公诲之曰：'学文以六经为根本，迁、固二史为波澜，二史姑迟迟，盍先从事于经乎？'濂取而温绎之，不知有寒暑昼夜，今已四十春秋矣。"[①] 宋濂钻研的依然是文章而已。

依据以上分析可知，宋濂相遇的所谓"硕师名人"，是"文章种子"。虽然他们标举圣学，然意在修饰文辞，所以朝夕所启迪而究心者惟在辞章，并没有切己深究圣学义理。宋濂的人品源于直接楷模的薰习，而不是源于其内在意志的修身。宋濂在《书刘生铙歌后》[②] 中说，近代以文章名天下者，才高者过于肆，辞醇者过于窘，而气昌者又过于繁，唯有黄溍之文，和平渊洁，不大声色，而从容与法度，是以宗而师之。也就是说，黄溍是宋濂为文的楷模。宋濂又在《故翰林侍讲学士中奉大夫知制诰同修国史同知经筵事金华先生黄公行状》[③] 中说道：黄溍天资介直，清风高节，不媚权贵，不矫饰，贵而能贫，寡嗜欲，冲旷简远之情，令人鄙吝顿消，出处大节，无愧于古圣贤之道。可见，黄溍还是宋濂为人的楷模。宋濂从游黄溍"垂二十年"，故黄溍对他的影响深且远。

宋濂的热情在于"学文"和"造文"，而不在修身，所以宋濂所从事者非圣贤之学。恐怕没有人能唤醒沉溺造文的宋濂。德国宗教哲学家马丁·布伯（1878—1965）说："教育的目的非是告知后人存在什么或必会存在什么，而是晓谕他们如何让精神充盈人生，如何与你相遇。"[④] 马丁·布伯所谓"相遇"的精神实质是神理相接。如果用刘勰的话说，那就是"目既往还，心亦吐纳""情往似赠，兴来如答"[⑤]；如用宗炳的话说，那就是"目亦同应，心亦俱会。会应感神，神超理得"[⑥]。宋濂

---

① （明）宋濂著，黄灵庚编辑点校：《宋濂全集》（第二册），人民文学出版社 2014 年版，第 820、471 页。

② （明）宋濂著，黄灵庚编辑点校：《宋濂全集》（第四册），人民文学出版社 2014 年版，第 1921 页。

③ （明）宋濂著，黄灵庚编辑点校：《宋濂全集》（第四册），人民文学出版社 2014 年版，第 1850 页。

④ ［德］马丁·布伯：《我与你》，陈维纲译，商务印书馆 2013 年版，第 41 页。

⑤ （南朝梁）刘勰著，范文澜注：《文心雕龙注》（下册），人民文学出版社 1998 年版，第 695 页。

⑥ 陈传席：《中国绘画美学史》，人民美术出版社 2012 年版，第 43 页。

相遇的老师闻人梦吉、黄溍、吴莱、柳贯皆器重他，而宋濂也十分心仪其师，他们气类相投，心性契合。可谓传之者有其师，授道者有其人，相得益彰。此亦是不可多得的因缘。宋濂的同门郑涛在《宋潜溪先生小传》[①] 中说，吴莱见宋濂，辄加奖励。吴莱、柳贯对其深相器重，每有咨叩，终日言之，无少倦色。此两公，则皆视宋濂为朋友，未以其师自居。吴莱在《与宋景濂书》中称宋濂为“契友”；柳贯在《与宋景濂书》中亦称宋濂为“契友”。契友的特征是神理相接。宋濂与黄溍的关系，则完全是“你—我”的关系，是互为主体的关系，是堪为佳话的相遇。唯有神理相接的相遇，才会坦诚地相互欣赏、相互交流，才能让精神充盈人生。伟大的师生之谊，皆是欣慨会心的相遇。唯有在如此相遇中，才能生发深刻的精神转变，获得心灵的充实、秉性的增益、精神的光耀。

宋濂虽是读书的佳种，天性嗜学，勤学不已，然更重要的是，在读书的几个关键时期，有幸相遇伟大的老师，使其获益良多。伟大老师对学生的影响是非常深远的。人依据生活世界里的直接楷模，认识自己、理解自己和塑造自己，而不是普遍的抽象道德规定。宋濂所相遇的闻人梦吉、黄溍、吴莱、柳贯，皆是他所生活世界中有学品的名师。这些名师是宋濂为人为文的直接楷模，他们对宋濂的影响强而有力。宋濂在《送黄伴读东还故里》诗中描写了他和黄溍的师生情谊：“悬登青照夜，不翅父子情。”[②] 师生情谊，竟然如此深纯。

我们亦可以说，真正的智慧是在真正的使命感中找到的。真正的使命感必须植根于每个人内在的自由意志和真性活动，这样才会具有坚强的信念和强大的力量。可以说，没有伟大的使命感，也就没有直下承当、全身担荷的精神，而没有直下承当、全身担荷的精神，就没有特立独行的文化人格。程颐（1033—1107）曰：“重担子须是硬脊梁方担

① （明）宋濂著，黄灵庚编辑点校：《宋濂全集》（第五册），人民文学出版社 2014 年版，第 2566 页。

② （明）宋濂著，黄灵庚编辑点校：《宋濂全集》（第四册），人民文学出版社 2014 年版，第 2450 页。

得。”[①] 方孝孺被杀，在朱棣时代藏其书者是死罪。今天还能读到他的书，是因为有人不顾危险而保存其书。可以说，伟大的师生友谊，亦需要“硬脊梁方担得”动。伟大的使命感多源于伟大的友谊，而不是源于抽象的说教。

宋濂造文的使命感是由他相遇的老师所唤醒，并得到明晰的。他的老师柳贯在《与宋景濂书》中说道：“吾乡文献，浙水东号为极盛。自惭驽劣不足以负荷此事，后来继者，所望惟吾友尔。吾友以绝伦之识，济以精博之学，若更加工不已，驾风帆于大江之中，孰能御之哉？勉旃！勉旃！”[②] 他的老师黄溍亦曰：“吾乡得景濂，斯文不乏人矣。”[③] 他的老师如此器重他，如此坦诚地欣赏他，如此庄严地赋予他负荷“斯文”的使命，实际影响的是宋濂的整体，而不是部分。宋濂为此使命勤学不已。我们可以说伟大老师的主要影响方式正是唤醒学生的使命和信念。宋濂《灵隐大师复公文集叙》曰：“濂之学文五十余年，群书无不观，万理无不穷，硕师巨儒无不亲，自意可以造作者之域。”[④] 他自信“可以造作者之域”，可谓不辱其师的使命。刘基（1311—1375）《宋景濂学士文集序》曰：“儒林清议佥谓开国词臣当推为文章之首，诚无间言也。”[⑤] 宋濂即制造文章的楷模。黄宗羲《明文授读》曰：“入明之文，方是大成也。”[⑥] 宋濂是有明一代的文章巨擘，这与他相遇的老师息息相关。

我国传统社会里的读书嘉种，历来不少，然而要成为真正的“读书种子”，亦是不容易的事情。少年时期读书者多，青年时期就少了，中

---

① （宋）程颢、程颐撰，潘富恩导读：《二程遗书》，中华书局 2020 年版，第 61 页。

② （明）宋濂著，黄灵庚编辑点校：《宋濂全集》（第二册），人民文学出版社 2014 年版，第 2592 页。

③ （明）宋濂著，黄灵庚编辑点校：《宋濂全集》（第五册），人民文学出版社 2014 年版，第 2800 页。

④ （明）宋濂著，黄灵庚编辑点校：《宋濂全集》（第二册），人民文学出版社 2014 年版，第 639 页。

⑤ （明）刘基著，林家骊点校：《刘伯温集》（上册），浙江古籍出版社 2016 年版，第 124 页。

⑥ （明）宋濂著，黄灵庚编辑点校：《宋濂全集》（第五册），人民文学出版社 2014 年版，第 2829 页。

年时期就更少了，老年时期就太少了。读书人要生活，就不得不解决生计问题，而要解决生计问题，就不得不适应社会角色的转换。从一个角色进入另一个角色，往往会中断读书的活动，使之转向一个新的方向。人的社会角色的转换，会影响一个人的一生。读书人常有，然而要把书读好亦需要机缘。机缘不一定常有。宋濂 26 岁时，他的老师吴莱辞去浦江郑氏义门的授经职位，推荐了他。宋濂执教郑氏义门，既解决了生计问题，又有闲暇时间肆意为学。从学生变为老师，对宋濂来说，没有遭遇剧烈的角色转换，其嗜好不但没有中断，而且有了更好的发展空间。张潮（1650—约 1709）《幽梦影》曰："人莫乐于闲，非无所事事之谓也。闲则能读书，闲则能游名胜，闲则能交益友，闲则能著书。天下之乐，孰大于是?"① 闲暇是培育自由人性的基石。读书做学问，更需要闲暇的时间。

宋濂有闲暇游玩。他的同门朋友王祎说他："或携友生徜徉梅花下，轰笑竟日，或独卧长林下，看晴雪坠松顶，云出没岩扉间，悠然以自得。"② 他也有闲暇教养子孙。他同门好友郑涛说他："年三十即以家业授子侄，朝夕惟从事书册，间稍有余暇，或支颐看云，或被发行松间。遇得意时，辄击缶浩歌，声振林木，翛然如尘外人。"③ 这些描写能活现宋濂作为书生的真性情、真面目。人只有在闲暇中最接近存在之真。如果说人的本质是审美的，那么宋濂过的就是审美的生活。审美的人就是人和他的存在合二为一的人。宋濂还有闲暇读书。其《送璞原师还越中序》曰："予，儒家之流也。四库书册，粗尝校阅，三藏玄文，颇亦玩索。"④《夹注辅教编序》曰："四库书颇尝习读，逮至壮龄又极潜心

---

① 叶朗总主编：《中国历代美学文库》（清代卷中），高等教育出版社 2003 年版，第 201 页。

② （明）宋濂著，黄灵庚编辑点校：《宋濂全集》（第五册），人民文学出版社 2014 年版，第 2569 页。

③ （明）宋濂著，黄灵庚编辑点校：《宋濂全集》（第五册），人民文学出版社 2014 年版，第 2566 页。

④ （明）宋濂著，黄灵庚编辑点校：《宋濂全集》（第二册），人民文学出版社 2014 年版，第 518—517 页。

于内典。”[①] 于是，他有闲暇博通内外学，有闲暇著书。《唐思诚墓志铭》曰：“濂既归隐小龙门山，饮水著书，以乐先王之道，不复与世接。”[②] 宋濂在浦江，悠悠生活了二十多年，生活稳定，心绪平和，有闲暇发展自己，完善自己。马克思（1818—1883）说：“时间实际上是人的积极存在，它不仅是人的生命的尺度，而且是人的发展空间。”[③] 宋濂获得的自由不是抽象的自由，而是具体的闲暇的自由。他日复一日地用具体的闲暇自由，成功而自由地涵养了自己的性情，变化了自己的气质，使自己成为特立独行的读书人。

自由有内在的自由，亦有外在的自由。美国心理学家罗洛·梅（1909—1994）《人的自我寻求》说：“自由是人参与他自己的发展的能力。它是我们自己塑造自己的能力。”[④] 宋濂既有“外在的自由”，也有“内在的自由”。他很好地利用了他的自由，进而成为他想成为的人。陈寅恪《论再生缘》曰：“故无自由之思想，则无优美之文学，举此一例，可概其余。此易见之真理，世人竟不知之，可谓愚不可及矣。”[⑤] 这是直抉根源的深识。传统社会的读书人，要成为君子、圣人，没有守护内在意志自由的精神，恐怕涵养不出出类拔萃的文化人格。宋濂自信“可以造作者之域”。试想，没有内在的意志自由，没有坚韧不拔的信念，没有勤学不已的精神，恐怕亦达不到“作者之域”。钱谦益（1582—1664）在《书赵太史鲁游藁后》中断定：“文宪（宋濂）、忠文（王祎）以文学佐高皇帝，黼黻开天鸿业，开三百年斯文之脉。”[⑥] 宋濂是“文章真种子”。

宋濂的同门王祎在《宋太史传》中说道：“景濂于天下之书无不

---

① （明）宋濂著，黄灵庚编辑点校：《宋濂全集》（第二册），人民文学出版社 2014 年版，第 563—564 页。

② （明）宋濂著，黄灵庚编辑点校：《宋濂全集》（第三册），人民文学出版社 2014 年版，第 1475 页。

③ 《马克思恩格斯全集》（第四十七册），人民文学出版社 1979 年版，第 532 页。

④ ［美］罗洛·梅：《人的自我寻求》，郭本禹、方红译，中国人民大学出版社 2013 年版，第 121 页。

⑤ 陈寅恪：《论再生缘》，友谊出版社 1959 年版，第 73 页。

⑥ （清）钱谦益著，（清）钱曾笺注，钱仲联标校：《牧斋有学集》（下），上海古籍出版社 1996 年版，第 1593 页。

读，而析理精微，百氏之说，悉得其指要。至于佛、老氏之学，尤所研究，用其义趣，制为经论，绝类其语言，置诸其书中无辨也。青田刘君基谓其‘主圣经而奴百氏，驰骋之余，取老、佛语以资嬉剧，譬犹饫粱肉而茹苦荼、饮茗汁也’。”① 宋濂可谓名副其实的“文章真种子”。宋濂虽是“天生美质”的“书种”，然亦未免为俗学所困，所读圣学，只不过为造文而用。

试问，宋濂的得意弟子方孝孺是文人吗？如果用文人的价值观理解方孝孺，那么是其同心的知音吗？明代成化年间的读书人张弼就这样说：“于乎！以文章家目之，殆非先生之知己也。”② 这是体贴的同心之言和对读者的善意提醒。朱熹说：

> 吕舍人记伊川说“人有三不幸”，以为有高才能文章，亦谓之不幸。便是这事乖，少间尽被这些子能解耽搁了一生，便无暇子细理会义理。只从外面见得些皮肤，便说我已会得，笔下便写得去，自然无暇去讲究那精微。被人扛得来大，又被人以先生长者目我，更不去下问。少间传得满乡满保，都是这般种子。横渠有一段说：“人多为人以前辈见处，每事不肯下问，坏了一生。我宁终是不知”。此段最好看。③

读此就可知，传统社会里儒家学人对在世角色的倾向性价值视域。李颙《四书反身录》曰：“昔人谓大丈夫一号为文人，斯无足观，有味乎其言之也。”④ 此即传统社会里大多圣学信仰者的价值理念。陈寅恪在《书世说新语文学类钟会撰四本论始毕条后》中说：“东汉中晚之世，其统治阶级可分为两类人群。一为内廷之阉宦，一为外廷之士大

---

① （明）宋濂著，黄灵庚编辑点校：《宋濂全集》（第五册），人民文学出版社 2014 年版，第 2569 页。

② （明）方孝孺著，徐光大点校：《方孝孺集》（下），浙江古籍出版社 2013 年版，第 1016 页。

③ （宋）黎靖德编，王星贤点校：《朱子语类》（七），中华书局 2015 年版，第 2493 页。

④ （清）李颙撰，陈俊明点校：《二曲集》，中华书局 1996 年版，第 477 页。

夫";"其士大夫宗经义，而阉宦则尚文辞。士大夫贵仁孝，而阉宦则重智术。盖渊源已异，其衍变所致，自大不相同"①。其可作为深识的参照系。方孝孺自己是怎么认为的？他在《答钱罗二秀才》中是这样表达自己的立场的：

某于文虽尝学焉，然志不好也。少之时学作文，自度其不可。窃独慕乎圣贤之道，以为斯道非文则无以传，故又于文发之。既而复以道之不至者，不足以言文。故尝用心于三代秦汉之书，考其气运之高下，参其言语之醇疵，以观其世之盛衰得失，要其归于道与否，而准绳之以圣贤之规矩。盖将习之以冀其熟焉，行之以望其至焉。考之于身，以见其成，施之于世，以验其功，服之于身，而传之乎来世，上以不愧乎天，中以不怍于心，下以有益于人而后止。此某之志也。②

又《答胡怀秀才》曰：

文章于士子最为末事……是以吾少而好观人文，非止以其文，盖将因其文而察其所存，与之共进于斯道也，览足下之文，于道信有志矣，然屡称古之文人，则是所相慕犹有所偏也……笃信六经，有所为也，以之为权衡，有所疑也，以之为蓍龟。③

合观此二则材料可知，方孝孺的精神旨趣不在造文，而在于修身、明道、政教，即古人所谓的通经致用。传统社会里真正的大儒，心志之好皆不在文章。有鉴于此，笔者不打算从文人的价值视域和价值理念体究方孝孺其人其学。道衍曰："古之大有道之士，其自不以词章翰墨为贵重"；"今之后生晚学，务近于词翰而远于道，欲求人之贵重者，宁

① 陈寅恪：《金明馆丛稿初编》，生活·读书·新知三联书店2001年版，第48页。

② （明）方孝孺著，徐光大点校：《方孝孺集》（中），浙江古籍出版社2013年版，第413页。

③ （明）方孝孺著，徐光大点校：《方孝孺集》（中），浙江古籍出版社2013年版，第409页。

不有愧心乎？”[1] 据此也可知，道衍所谓“读书种子”，绝不是“文章种子”，即造文之士。在传统社会里，性体素刚的读书人，大多不会溺于文辞，即使没有人引导，一度迷恋于辞章，然而随着阅历的增多，终究会返之“六经”，因为人最终是要立人的。而要立人，就不得不探索立人的根本，而立人的根本在哪里？马一浮曰：

> 余初治考据，继专攻西学，用力既久，然后知其弊，又转治佛典，最后始归于六经[2]；六经之旨皆人心固有之义理，人心一日不亡，六经便一日存在。即使古代经典尽为灰烬，中文字全部消灭，而义自在人心，未来世若有圣人出，则必与尧舜孔孟无二般。[3]

圣学是素刚者素定的学问，古今不二。方孝孺是如此、马一浮亦是如此，笔者亦日益亲近“六经”，从而向慕方孝孺、马一浮其人其学，对他们的读书和立人的心志略有亲切的感应。而方孝孺的老师宋濂是经典的溺于文辞者，可谓名副其实的“文章种子”，方孝孺则是“耻以文章为世用，懒将辞色向人艳”；“所学在大伦，耻以文艺鸣”[4] 者。宋濂如何教心志之真好不在文章的这位学生？他们气类相似吗？他们能神理相应吗？这关系到方孝孺的在世命运，因而不是小问题。因为师生精神志趣的冲突往往会影响学生的读书和做人。方孝孺究竟是怎么看待自己老师的？他从他的老师那里究竟学到了什么？他的老师又是如何实质性地影响了其深层的自我建构的？

---

① （明）姚广孝著，乐贵明编：《姚广孝集》（第一册），商务印书馆 2016 年版，第 204 页。

② 马一浮著，吴光主编：《马一浮全集》（第一册），浙江古籍出版社 2012 年版，第 771 页。

③ 马一浮著，吴光主编：《马一浮全集》（第一册），浙江古籍出版社 2012 年版，第 753 页。

④ （明）方孝孺著，徐光大点校：《方孝孺集》（下），浙江古籍出版社 2013 年版，第 955、924 页。

第二节　真识贤师的异彩

笔者有强烈的好奇心，想看看方孝孺究竟是如何体认自己的老师的，这个声望显赫的老师对他而言究竟意味着什么？且以此作为窗口，来体会一下方孝孺读书立人的精神旨趣。方孝孺曰：

> 贤哲之处世，乌可以迹论哉？当草昧之时，世衰道郁，抱经纶之志而不得施，安能舒畅其心神、流泱其情志乎？故或放迹于江海，或养操于山林，求遗世忘累之士而与之游。其意非求其道也，盖寓迹于物耳。苟徇迹而论之，岂足以知贤哲之用心哉！当元至正中，有大儒先生太史公，出于金华，以道德性命济世之略为学。学成而四方兵起，天下大乱，公知莫如何，往来山水间，著书以自娱。①

方孝孺竟然断言他的老师是"大儒"，且认为老师"以道德性命济世之略为学"，令人颇感意外。全祖望（1705—1755）在《宋文宪公画像记》中说宋濂是"文章之士"，且"渐流于佞佛者之流"②。《明史·桂彦良传》记载："帝曰：'江南大儒，惟卿一人。'对曰：'臣不如宋濂、刘基。'帝曰：'濂，文人耳。基峻隘，不如卿也。'""帝曰：'彦良所陈，通达事体，有裨治道。世谓儒者泥古不通今，若彦良可谓通儒矣。'"③ 此即朱元璋与桂彦良的对话。朱元璋称桂彦良为"江南大儒""通儒"，而断言宋濂是"文人"。难道宋濂不是所谓无足观的"文人"？

全祖望是何等人物，其相人的能力登峰造极，不会看走眼。朱元璋

① （明）方孝孺著，徐光大点校：《方孝孺集》（中），浙江古籍出版社 2013 年版，第 560—561 页。

② （明）宋濂著，黄灵庚编辑点校：《宋濂全集》（第五册），人民文学出版社 2014 年版，第 2548 页。

③ 《明史》卷一三七《桂彦良传》，中华书局 1974 年版，第 3948—3949 页。

虽是匹夫起事，然做事往往深合圣贤之道，他断言宋濂不是“大儒”，而是“文人”，也是特识。朱元璋在相人层面，非寻常书生可比。那么，宋濂究竟是什么样的读书人？

宋濂入明前所写的《白牛生传》曰：“生好著文，或以文人称之，则又艴然怒曰：‘吾文人乎哉？天地之理欲穷之而未尽也，圣贤之道欲凝之而未成也。吾文人乎哉？’”[①] 宋濂自信“以造作者之域”，然“以文人称之”，“则又艴然怒”。宋濂《夹注辅教编序》曰：“四库书颇尝习读。逮至壮龄又极潜心于内典。往往见其说广博殊胜，方信柳宗元所谓‘与《易》《论语》合’者为不妄，故多著见于文辞间。不知我者，或戟手来诋訾。予噤不答，但一笑而已。”[②] 宋濂自称“居士”，然说他是“佞佛者之流”，却说是不知者的“诋訾”，不予理睬。人是最难理解的动物。难怪刘勰《文心雕龙·知音》长叹：“知音其难哉！音实难知，知实难逢，逢其知音，千载其一乎！”[③]

关于“知音”，刘勰有一个判断标准：“见异唯知音耳”[④]。所谓“异采”就是在熟悉中的陌生事物所展露的灵光。而“知音”就是能洞察这“异来”的人。宋濂沉溺造文不能自已，制造了许多文章；潜心内典，主张“释儒一贯”，与很多方外人有深交。这都在浅出、明处、中心，一望而知，没有什么难以理解的。说他是“文章之士”，不难；说他是“佞佛者之流”亦不难。难以理解的是，说他是“文人”，他“艴然而怒”；说他是“佞佛者之流”，他“一笑而已”。那么，他的角色究竟是什么？他究竟想成为什么样的人呢？

元顺帝至正十年（1350）宋濂 41 岁，他入仙华山为道士。《浦阳人物记》是宋濂入仙华山为道时的著作。此书开篇就是“忠义篇”，标

① （明）宋濂著，黄灵庚编辑点校：《宋濂全集》（第一册），人民文学出版社 2014 年版，第 294 页。

② （明）宋濂著，黄灵庚编辑点校：《宋濂全集》（第二册），人民文学出版社 2014 年版，第 563—564 页。

③ （南朝梁）刘勰著，范文澜注：《文心雕龙注》（下册），人民文学出版社 1998 年版，第 712 页。

④ （南朝梁）刘勰著，范文澜注：《文心雕龙注》（下册），人民文学出版社 1998 年版，第 715 页。

举“忠义”和“大节”。其《浦阳人物记·忠义篇序》曰：

> 自宣和至靖康七年之间，而梅氏一门杀身徇义者凡二人，岂非难哉！岂非难哉！较之季珣家，其忠烈未必少减之也。夫生者，人之所甚乐，而有家之私，又人之不能遽忘。彼岂甘于颈血溅地而自以为得计哉？第以君上决不可背，名教决不可负，纲常决不可亏。忠义一激，虽泰山之高不见其形，雷霆之鸣不闻其声，刀锯在前不觉其惨，鼎镬在后不知其酷，必欲得死然后为安也。今去之虽数百载，忠刚之气充塞乎天地之间，凛然如生，非烈丈夫能如是乎？使当时纵能屈膝受辱，以保其首领，受人唾骂，受人贱恶，虽生百年又何益也？贾谊有言曰：“守圉捍敌之臣，诚死城郭封疆。”梅溶以之；“法度之臣，诚死社稷”，执礼以之。濂生也后，慕其气节，欲为之执鞭而不可得，备书其事，可以劝不忠者。作忠义篇第一。①

宋濂充满激情地歌颂了梅溶、梅执礼的忠义精神，并坦诚地表达了自己深切的企慕之情。他是如此的人吗？其《白牛生传》曰：“生好著文，或以文人称之，则又怫然怒曰：‘吾文人乎哉？天地之理欲穷之而未尽也，圣贤之道欲凝之而未成也。吾文人乎哉？’”时年46岁。他坦言“圣贤之道欲凝之而未成也”。也就是说，他不是大儒。其《龙门子凝道记题辞》曰：“濂学道三十年，世不我知，不能见其一割之用，颠毛种种而老将至矣。于是入小龙门山著书。”② 他47岁，入小龙门山隐居著述。

宋濂隐居著述是自愿的行为，亦是无法控制的环境所逼成的。元季天下大乱，旧的秩序破碎，读书人的出处大节凸显为现实问题。当时的宋濂不是无名的书生，而是身负重名的文人。他所遭遇的是重大的历史

① （明）宋濂著，黄灵庚编辑点校：《宋濂全集》（第四册），人民文学出版社2014年版，第2242页。

② （明）宋濂著，黄灵庚编辑点校：《宋濂全集》（第四册），人民文学出版社2014年版，第2177页。

变故，故不得不面临新的大抉择。新境遇是绝大的机遇，亦是绝大的考验。其《太白丈人传》曰："甚哉，出处之难也"，"甚哉，出处之难也！"① 此是真实不虚的体验，非空叹。

读书人出处何难？宋濂的《题顾主薄上萧侍御书后》曰："呜呼！君子之制行，毫末不可不谨，一行有玷，则众善皆毁，虽其后痛自刻责，覆水不可反瓶矣。"② 宋濂是在乎名节的读书人，所以不得不考虑出处这一大问题。又《浦阳人物记·明处士黄逢原》曰："黄氏能不染于末习，卓然不变其恒度，岂非真豪杰者耶？"③ "卓然不变其恒度"可以和"精神的定在性"互释。"卓然不变其恒度"是有道君子的基础性处世风骨。出处不慎往往会有损读书人的"精神的定在性"。孔子曰："善人，吾不得而见之矣；得见有恒者，斯可以。"（《论语·述而》）"有恒者"就是具有"精神定在性"的人。遭遇重大变故，面临新的重大抉择，宋濂不得不重新认识自己的内在力量。他有"精神的定在性"吗？他"卓然不变其恒度"的力量源泉是什么？他不得不确信自己"精神定在性"的根源。

刘梦溪说："精神的定在性，是与信仰相连结的。没有信仰，谈不上精神的定在性。"④ 此前宋濂的生活世界相对平稳和宁静，沉醉于读书和造文，没有深究过"精神定在性"的问题。现在遭遇大变故，操守成为现实问题。读书人没有操守，就是无耻之士。读书人没有内在的精神力量，就没有定在性的操守。宋濂所遭遇的现实境遇迫使他不得不重新认识自己的精神力量。关于出处之难的感叹，说明他开始深究"卓然不变其恒度"的内部力量问题。隐居著述是宋濂对其读书历程的一次检讨，亦是切记深究圣贤之道的一次机缘。宋濂 48 岁时，书写好了，其书名为《凝道记》。宋濂退隐著述，其实是对自己内在精神力量的一

① （明）宋濂著，黄灵庚编辑点校：《宋濂全集》（第一册），人民文学出版社 2014 年版，第 293 页。

② （明）宋濂著，黄灵庚编辑点校：《宋濂全集》（第二册），人民文学出版社 2014 年版，第 839 页。

③ （明）宋濂著，黄灵庚编辑点校：《宋濂全集》（第四册），人民文学出版社 2014 年版，第 1939 页。

④ 刘梦溪：《刘梦溪学术访谈录》，三联书店（香港）有限公司 2016 年版，第 112 页。

次切己深究和确信，用他的话说，即“凝道”。

何谓“凝道”？宋濂的《凝熙先生私谥议》曰：“其守道之笃，独立弗迁，不亦凝乎。”[①] 所谓“凝道”绽放的正是大儒的真精神和真品格。所谓“独立弗迁”就是“守道”确乎不可拔，或“卓然不变其恒度”。孔子曰：“笃信好学，守死善道。”（《论语·泰伯》）此是大儒的基础性风骨。“守死善道”是圣学判断“有耻之士”和“无耻之士”的基础性标准。隐居没有使宋濂变为禽兽，而使他从造文之士蜕变为大儒。宋濂不再是以前的宋濂了。马一浮曰：“盖义理之学，所以不同于俗学者，正在不从人得，须是自家着实体究，方有入出。”[②]“凝道”的力量只有来自内部，而不是外部，才能确乎而不可拔，浩然自守。无论从闻见、读书所得到的知识有多少，如果缺乏与圣道相应的内在力量，终究与圣道有隔阂，必不能受用，亦不能笃守。“守道之笃”是一种内在的信念与力量。“独立弗迁”的信念与力量必须植根于自家对“道”的确执而坚信，而不是外境的胁迫。马一浮曰：“从自己心体上将义理显发出来，除去病痛，才可以为立生之根本。”[③] 因此，任何关于圣道的说教，如无亲证，无体究，无有真实见地，不从“自己心体上将义理显发出来”，都不能笃守，亦不顶事。笃守的力量必须来自内部，才能具有恒定的意志，有了恒定的意志，才能独立弗迁。退隐唤醒了宋濂内在的信念和力量，使他从内部产生了对道的信仰与皈依。他对道的确执而坚信，植根于其内在自由意志的深处，并从自己心体上将道显发出来，道成为他立身之根本。他遭遇的所谓硕师名人没有唤醒他对圣学的确信，而遭遇的元季大变故却唤醒了他对道的信仰，使他成为名副其实的大儒。

宋濂的《凝道记·悯世枢第五》说他梦见一位圣人，圣人告诉他

---

① （明）宋濂著，黄灵庚编辑点校：《宋濂全集》（第四册），人民文学出版社 2014 年版，第 1869 页。

② 马一浮著，吴光主编：《马一浮全集》（第一册下），浙江古籍出版社 2012 年版，第 560 页。

③ 马一浮著，吴光主编：《马一浮全集》（第一册上），浙江古籍出版社 2012 年版，第 47 页。

“尔心中有圣人焉”。他醒来告诉门人：“圣人在吾身耳，何劳外慕哉？”[①] 用力之久，一日豁然，成为道的直下承当者。圣道是说不到人的心里去的。圣道不是知识。圣道需要自家着实体究，不体究的圣道是空洞的符号。马一浮说：“体是反之自身之谓，究是穷尽其所以然之称。亦云体认，认即审谛之意。或言察识，或言体会，并同。”[②] 体究的真知是独特的拥有物。“圣人在吾身”，就是“道在吾身”，故身外无圣道。“道在吾身”就是心与道相应，神与道相接，心神与道为一。不劳外慕，就是傲然自足，无有欠缺或匮乏，内自受用，不假外求，欢然内怿。欢然内怿者，必内充实而外有光辉。这就是大儒的气象。宋濂自家着实体究，从自己心体上将道真实地显发出来了。道成为宋濂的立身之本，成为他出处的行动原理。“为仁由己”是圣学的真品格。为圣人由己，而由人乎哉？圣贤是由内在的质量所决定的。圣学不同于俗学，就在于它是心体的智慧。宋濂博闻强记，玩索内外典籍，向外求知，如果不遭遇元季大世变，只不过是文人耳。人遭遇大世变，面临重大危机、重大抉择时，可能会唤醒其内在的强大力量，并能确信其精神信仰，从而重塑其人的精神面貌。当然，也有相反的情况，人遭遇大世变，面临重大危机、重大抉择时，没有精神的信仰，可能形神会毁灭。顾炎武（1613—1682）用“改形换骨”[③] 来形容晚明读书人遭遇大世变而形神毁灭的惨状，可谓惊心动魄。英国哲学家怀特海（1861—1947）说：“长远地看来，人之品格、人如何驾驭生命，均取决于其内心的信仰。”[④] 宋濂所谓“凝道”就是确立起圣学的信仰，以便在遭遇的大变故中驾驭自己的言行。遭遇元季大变故，他不得不公开地表达他的出处有神圣的秉承，绝非自私自利的乘时而自肥的小人行为。

---

① （明）宋濂著，黄灵庚编辑点校：《宋濂全集》（第四册），人民文学出版社2014年版，第2192页。

② 马一浮著，吴光主编：《马一浮全集》（第一册上），浙江古籍出版社2012年版，第30页。

③ （清）顾炎武著，华忱之点校：《顾亭林诗文集》，中华书局2015年版，第24页。

④ ［英］阿尔弗雷德·诺思·怀特海：《宗教的形成·符号的意义及效果》（修订版），周邦宪译，译林出版社2012年版，第6页。

宋濂曰："吾闻君子守道，终身弗屈者有之矣，未闻枉道以徇人者也。"[1] 又曰："君子未尝诎道以徇物也。"[2] 这是大儒恪守的行动原理。宋濂在读书人出处成为现实问题的特殊历史时刻，公开表达恪守有道君子而绝不会"枉道以徇人"和"诎道以徇物"的基本处世原则，浩然而自立，不计较世情的毁誉，说明他诚然有为道牺牲的大勇。小人的特征就是言行没有原则而已，所以枉道以徇人和诎道以徇物可以说是小人的处世法则。枉道以徇人的读书人，必是曲学阿世者，必是随人转者、随人起到者，必是以位势变易是非者，可谓徇人丧心。诎道以徇物的读书人，必从物而流者，必是一味地网利者，必是随俗仰俯者，可谓徇物丧己。二者皆是巧诈用智之人，是闪倏狡狯之人，是随境遇仰俯屈伸之人。徇人者，徇物者，与道不能相应，也不能与道为一，自然不能乐道。不能乐道者，必是怯懦守道者，必是以情势行道者，必是阳奉阴违者。依据宋濂之意，诎道以徇物者必是贱丈夫，枉道以徇人者必是戕害其心者。贱丈夫、戕害其心者绝不以道自贵、自重、自尊。圣道不是他们的信念，亦不是他们的行动原理。一味地徇人者，一味地徇物者，自然不能自拔于流俗，也就无生活的风骨。宋濂曰："人徇利欲而美冠裳者，是芳绮覆粪丸者也：外虽馨香而内实臭。"[3] 因此，枉道以徇人和诎道以徇物的读书人皆不脱小人的意思。"芳绮覆粪丸"，总会散发出不好的味道。枉道以徇人和诎道以徇物的读书人即道衍所谓"习气种子"。

宋濂曰："周公、仲尼之道粲如也。"[4] 圣学之道在真正乐"道"者心里是始终"粲如"的。又曰："圣贤固不世出，其书还在乎否也？究

---

① （明）宋濂著，黄灵庚编辑点校：《宋濂全集》（第四册），人民文学出版社 2014 年版，第 2179 页。

② （明）宋濂著，黄灵庚编辑点校：《宋濂全集》（第四册），人民文学出版社 2014 年版，第 2188 页。

③ （明）宋濂著，黄灵庚编辑点校：《宋濂全集》（第四册），人民文学出版社 2014 年版，第 2219 页。

④ （明）宋濂著，黄灵庚编辑点校：《宋濂全集》（第四册），人民文学出版社 2014 年版，第 2214 页。

其书，明其道，虽百佛、老不能惑也。”[①] 此即真言。所谓“乐道者谓之君子”。乐道君子自然不“枉道以徇人”、不“诎道以徇物”。又曰：“是诚乐之也，乐之故志之。”[②] 乐道的君子，必是与道神理相接者。与道神理相接者，必以道自贵，而不自损；必以道自重而不自弃；必以道自尊而不自戕。因此乐道者则守道不易，行道不已。故乐道者，才是道学的真正的种子。

陈寅恪先生的《赠蒋秉南序》曰：“默念生平固未尝侮食自矜，曲学阿世，似可告慰友朋。”[③]“曲学阿世”与“枉道以徇人”可互释。陈寅恪先生的《杨树达积微居小学金石论丛续稿序》曰：“始终未尝一借时会毫末之助，自致于立言不朽之域。”[④]“时会”与“流俗”可互释。借时会者，必是枉道以徇人者，必是诎道以徇物者。陈寅恪先生所秉持的亦是圣学君子的基础性原则。因此，不枉道以徇人，不诎道以徇物是一个判断“读书种子”的基础性标准。宋濂在入明前的关键时期标举不枉道以徇人，不诎道以徇物的大儒标准，也就是给自己的出处订立规矩。入明以后，他能“确执”亦能“坚信”，“道诚在己”，站得住、不倾侧、不放倒、不为流俗所动摇、特立而不为境遇所移动。用他的话说就是“心定如山不可移”“坚如磐石”。宋濂绽放了大儒的风骨。这是宋濂在明初政治环境里绽放的异彩。

马一浮的《答张君》曰：“从上圣贤，唯有指归自己一路是真血脉。”[⑤] 此即说明成人得依靠自身的力量，而外在的力量是不顶事的。因此，唤醒人内在的成圣成贤的力量是近道的关键。宋濂在小龙门山隐居凝道，就是把圣学引归自己，唤醒自己内在的信念与力量，而不是向外格物求圣人。宋濂发现圣人是本性中原有的，不是别人安排进去的，

---

① （明）宋濂著，黄灵庚编辑点校：《宋濂全集》（第四册），人民文学出版社 2014 年版，第 2202 页。

② （明）宋濂著，黄灵庚编辑点校：《宋濂全集》（第四册），人民文学出版社 2014 年版，第 2214 页。

③ 陈寅恪：《寒柳堂集》，生活 · 读书 · 新知三联书店 2001 年版，第 182 页。

④ 陈寅恪：《寒柳堂集》，生活 · 读书 · 新知三联书店 2001 年版，第 260 页。

⑤ 马一浮著，吴光主编：《马一浮全集》（第一册下），浙江古籍出版社 2012 年版，第 421 页。

因此不用外慕。圣人虽然人人本性原有，而要把圣人从心性上显发出来，也不是容易的。宋濂认为心忽然东忽然西，不得其正。也就是心与道不能相应，亦不能相契。因此，心是不容易治亦不容易养的。凝道就是要治心，而治心就是要立心。《凝道记·天下枢第八》曰：“心一立，四海国家可以治；心不立，则不足以存一身。”① 心立是存身、治国的关键。那么，如何立心？圣人是立心的楷模，因此立心要以圣人为师。圣学是圣人为立心而作，因此圣学是治心、养心、立心的利器。如何用圣学立心？又《凝道记·天下枢第八》曰：“舍敬何以存之？”② “立心”离不开存敬。敬而无失。依据杨伯峻《论语词典》统计：“敬”出现了42次。③ 此即说明“敬”亦是圣学的关键词。不敬，则心不能立。心不立，自然会“枉道以徇人”，“诎道以徇物”，而无精神的定力。舍敬，就无法立心，亦无法存心。所以心立者必敬。不敬则心不能安。安己者，方能敬人。心不安，则心不立。心不立，则一切放倒了。所以程颐说：“懈意一生，便是自弃自暴。”④ 舍敬则无精神。心立即“居敬”“持敬”。“读书种子”即立心君子。

刘梦溪的《敬义论》曰：“在孔子那里，‘敬’已经有了可以超离对象的独立的精神本体价值。”⑤ 此即说明“敬”的信仰价值与宗教信仰价值有同等的深度和高度。信仰的高度和深度非宗教所独有。“读书种子”亦能达到此境界。宋濂凝道就是用敬立心。立心的君子就是真儒，而真儒必救世。真儒是以道为行动原理的人，故是处是出，有自己的基本原则，绝不轻于自售。宋濂斥责那些为荣为利而轻于自售的读书人是“贱丈夫”，也就是做人没有“精神定在性”而自肥自利的读书人。宋濂遭遇元季世变，退隐著述，不急于自售。其在《龙门凝道记》中把自己塑造为立心的大儒。又《凝道记·积书微第十》曰：“世虽乱

① （明）宋濂著，黄灵庚编辑点校：《宋濂全集》（第四册），人民文学出版社2014年版，第2198—2199页。

② （明）宋濂著，黄灵庚编辑点校：《宋濂全集》（第四册），人民文学出版社2014年版，第2198—2199页。

③ 杨伯峻译注：《论语译注》，中华书局2016年版，第390页。

④ （宋）程颢、程颐撰，潘富恩导读：《二程遗书》，中华书局2020年版，第84页。

⑤ 刘梦溪：《学术与传统》（下卷），北京时代华文书局2017年版，第1146页。

而心则治也，俗虽变而心则故也。”① 此即圣学的圣境。枉道以徇人的读书人，诎道以徇物的读书人，恐怕是体会不到的。马一浮诗云：“天下虽干戈，吾心仍礼乐。”② 大儒安于道。安于道者，自然能从容守道，亦能从容中道。道是性分内的事，没有什么奇特。唯有安于道者才能特立而不为境遇所移动，终身守之而不变。宋濂《龙门凝道记》激越地描写了立心大儒的形象。又《凝道记·君子微第二》曰：“古语有之，光明正大，疏畅洞达，如青天白日，如高山大川，如雷霆之为威，如雨露之为泽，如龙虎之为猛，如麟凤之为祥，磊磊落落，无纤芥可疑者，必君子也。”③ 此即朱熹描述的大儒的崇高气象。具有宗教圣者的深远意蕴。其所描述的核心是“君子制行如青天白日”，即光明磊落而已。如果用马一浮的诗说，那就是君子“立心要使天地贞”④。

圣学是对世界彻底的诚，也可以说诚是圣学的绝对律令。《凝道记·士有微第七》曰：“积诚著行，所以感物；内外无愧，所以事神。”⑤ 立心亦是立诚。《礼记·中庸》曰：“诚之者，人之道也。”“诚”亦是圣学的基础性义理价值。程颐说：“诚然后能敬。”⑥ 从天道人道的同根性说是诚，从立人来说立诚即立敬，诚敬本一。不诚，不能敬，反之亦然。刘宗周的《论语学案》云：“诚中之识见是大识见，诚中之担当是大担当，是为大学术、大经纶，故君子非有才之难而诚之难。”⑦ 立诚者具有崇高的大担当的精神。刘梦溪的《立诚》曰：

---

① （明）宋濂著，黄灵庚编辑点校：《宋濂全集》（第四册），人民文学出版社 2014 年版，第 2233 页。

② 马一浮著，吴光主编：《马一浮全集》（第三册），浙江古籍出版社 2012 年版，第 47 页。

③ （明）宋濂著，黄灵庚编辑点校：《宋濂全集》（第四册），人民文学出版社 2014 年版，第 2213 页。

④ 马一浮著，吴光主编：《马一浮全集》（第三册），浙江古籍出版社 2012 年版，第 16 页。

⑤ （明）宋濂著，黄灵庚编辑点校：《宋濂全集》（第四册），人民文学出版社 2014 年版，第 2225 页。

⑥ （宋）程颢、程颐撰，潘富思导读：《二程遗书》，中华书局 2020 年版，第 92 页。

⑦ （明）刘宗周著，吴光主编：《刘宗周全集》（第二册），浙江古籍出版社 2012 年版，第 364 页。

"'诚'而能立，精神的本我就自在自足了。"[①] 此即哲学的判断。立诚即立人。"精神自在自足"即立诚。立诚自然内外无愧。程颐说："无妄之为诚。"[②] 无妄即立诚。立诚则心无愧怍、表里一致。心无愧怍即表里洞彻是大儒的基础性特征。心无愧怍则与道相应，与道相应，必磊磊落落，必厚貌深情，必光明正大，亦必开诚布公，故所著之书，明者一览，如见其肺肝，不诚无物。故《龙门凝道记》是宋濂立心的自白书即见其肺肝的著作。如此的立心大儒，为人如青天白日，立言亦如青天白日。如此青天白日的君子，自然不会把上说成下，把白说成黑，把假说成真，不回互隐伏；如此"青天白日"的大儒，自然不会以势凌人，不会以利诱人，不会以知御人，不会以巧胜人；如此道明德懿的大儒，其言行皆足以气感神孚，使人革心而趋善。内外统一是大儒人格的基础性的特征。《周易大传》曰："君子黄中通理，正位居体，美在其中，而畅于四支，发于事业，美之至也。"[③] 宋濂在《龙门凝道记》中就把自己塑造成为"正位居体""内外无愧"、表里一致的大儒，具有青天白日的大儒气象。

宋濂曰："'我何人也？而敢学周公、仲尼'是自弃者也。"[④] 学圣人需要勇气。学道不易，明道也不易，行道就更不易，守道不变就太不易了。马一浮曰："勇于为道者，必不安于徇俗。"[⑤] 因此，始终行道者，必是豪杰之士；始终守道不变者，必是特立独行之士。罗洛·梅说勇气是人一种必不可少的东西，勇气就是一种基本的成熟的美德。勇气的反面并非懦弱，而是勇气的缺失，而勇气的对立面是自动顺从。[⑥] 所谓自弃者不是懦弱者，而是缺乏勇气者，是自动顺从者，是没有生活风

① 刘梦溪：《学术与传统》（下卷），北京时代华文书局2017年版，第1170页。

② （宋）程颢、程颐撰，潘富思导读：《二程遗书》，第92页。

③ 高亨：《周易大传今注》，清华大学出版社2010年版，第94页。

④ （明）宋濂著，黄灵庚编辑点校：《宋濂全集》（第四册），人民文学出版社2014年版，第2214页。

⑤ 马一浮著，吴光主编：《马一浮全集》（第一册下），浙江古籍出版社2012年版，第561页。

⑥ ［美］罗洛·梅：《人的自我寻求》，郭本禹、方红译，中国人民大学出版社2013年版，第172—173页。

骨的读书人。勇即天德。宋濂曰：

> 勇之于学者其犹舟之帆，马之策欤！舟非帆则不疾，马非策则不进，人非勇则不立。是则勇者，作圣之阶梯也。泰山虽高，勇欲登之，则必凌绝顶；万里虽远，勇欲行之，不至则弗止也。孔子所以圣，勇而已。曾子所以贤，亦勇而已。不然，曾子何以自曰“吾常闻大勇于夫子”云？然则欲学孔子、曾子者，其大勇矣乎！①

勇是作圣之阶梯也。宋濂是有大勇的凝道者，是特立独行之士。《龙门凝道记》里激情描述了大勇者的形象特征。《凝道记·河图枢第十一》曰：

> 古之君子城郭陷被执，虽刀锯在前，鼎镬在后，依然而弗慑者，欲杀身以成仁也。呜呼，人生斯世，终归一死，寿死，死忠，何不可哉？呜呼，今之君子胡为不能然也？今之君子见身不见仁，古之君子见仁而不见身，此所以有异也。死生固大矣，然亦有乎定命存乎其间。纵得生矣，淫疠之为灾，不能死人乎？嗜欲之不慎，弗能死人乎？何独于死忠靳之也？呜呼，今之君子何为不能然也？言至于斯，涕泗泫澜而已。②

此即所谓真豪杰也。宋濂为今之君子不如古之君子而痛哭流涕。读此言，宋濂岂文人哉？学道需要勇气，守道亦需要勇气，为道献身，为道牺牲，更需要彻底的大勇即义理之勇或君子之勇。罗洛·梅说：“勇气是一种肯定的选择，而不是一种因为‘我别无选择’而做出的选择；因为如果一个人别无选择，那还有什么勇气可言呢？”③ 此即自由意志

① （明）宋濂著，黄灵庚编辑点校：《宋濂全集》（第四册），人民文学出版社 2014 年版，第 2219 页。

② （明）宋濂著，黄灵庚编辑点校：《宋濂全集》（第四册），人民文学出版社 2014 年版，第 2207 页。

③ ［美］罗洛·梅：《人的自我寻求》，郭本禹、方红译，中国人民大学出版社 2013 年版，第 183 页。

之勇。宋濂所肯定的大勇，正是这种意义上的勇气，也是孟子“舍我其谁”的豪杰大勇。如果说守道弗迁是大儒的精神品格，安于道是大儒的精神境界，厚貌深情是大儒的德相，不枉道以徇人，不诎道以徇物是有道者的生活风骨。那么，宋濂“凝道”后完全配得上大儒的美称。

宋濂的《龙门道凝记》是对其学道三十年的严密勘验，检讨省察，是对圣贤之道的一次切己深究。他达到与道神理相接的大境界，从此以后，他对道确执而坚信，成为大儒。他赋予自己的新使命是：“以经纶天下为务，以继千载之绝学为志”，而不是造文。其自期也远，自处也高，其自视也尊。宋濂其文人哉？宋濂其佞佛者之流哉？可见，隐居没有使宋濂变为“禽兽”，而使他变为守道之笃，独立弗迁的大儒。他遭遇世变，他诚切地重塑了自己的新角色，从文人变为大儒，从“圣贤之道欲凝之而未成”者转变为“圣贤之道已凝之而成”者。可以说，圣学义理之光显发自他的心体，这就是宋濂绽放的新“异彩”。如果用他自己的话说，那就是“积力既久，道凝德立”①。“好学”“力行”是成圣之功。“积力既久，道凝德立”亦是学习圣学的大路。

圣学义理长存，缘会则不一定有。朱熹说：“夫道若大路然，岂难知哉！人病不由耳。”② 圣学不同于俗学，正在于存敬立诚的力量唯有来自内部，自会欣欣向荣，自会积力既久、道凝德立。否则说存敬、说立诚、说体究、说涵养、说扩充，皆不顶事。宋濂是热情造文的读书人，相遇的硕师名人，没有唤醒他心中的圣学种子。宋濂自我设定的志向是古文辞，而具有角色设定意向的读书人，更不容易唤醒。角色设定，是自明，亦是自蔽。

是什么机缘唤醒了宋濂，使他写了具有圣学真精神的《龙门凝道记》？《龙门凝道记》又是一本什么样的书？为何称宋濂是“文人”，宋濂“艴然而怒”？说宋濂是“佞佛者之流”，宋濂为何“一笑而已”？那么，宋濂的角色究竟是什么？宋濂究竟想成为什么样的人呢？宋濂为何如此诚切地凝道呢？宋濂为何又如此诚切地自白道凝德立？

---

① （明）宋濂著，黄灵庚编辑点校：《宋濂全集》（第二册），人民文学出版社 2014 年版，第 540 页。

② （宋）黎靖德编，王星贤点校：《朱子语类》（一），中华书局 2015 年版，第 129 页。

二程曰："天下之习，皆缘世变。"[①] 诚哉，是言！世变是历史的关键时期。世变是读书人变容的利器。宋濂遭遇元季世变，隐居著述，缘会圣学义理，确信其价值，并秉持以立身行事。宋濂在《龙门凝道记》中塑造的自我形象是道凝德立的大儒。宋濂遭遇元季世变，用他自己的话说，就是"凤凰"不来，而"虎豹"成群的时期。世变时期，往往带来外部生活世界的大自由。时代会产生扭转乾坤的英雄，也会产生有救世激情的读书人。世变时期，历史创造了巨大的机缘。无论是扭转乾坤的英雄，还是有救世激情的读书人都必须成为有信仰的人，无论他信仰什么。而且，世变时期，无论是旋转乾坤的英雄，还是有救世激情的读书人都必须开诚布公地表明他的立场，他的信仰。世变时期，没有立场、没有信仰的人是不自由的人，亦是软弱的人。

元季大世变，唤醒了宋濂救世的大志。他的救世之志非常诚切，所以他不是在隐退著述，而是在塑造全新的救世角色。《凝道记·令狐微第十二》曰：

> 处士君尝谓予曰："吾幸逢六合真元之会，而弗可仕。不仕无义，古之训也。尔濂尚体予之训，以行其志哉。志行，道亦行也。"予窃谨识之。于是尽弃解诂文辞之习，而学为大人之事。以周公、孔子为师，以颜渊、孟轲为友，以《易》《诗》《书》《春秋》为学，以经纶天下之务，以继千载之绝学为志，子贡、宰我而下，盖不论也。学之积年，而莫有用之者，其命也夫！其命也夫！今之入山著书，夫岂得已哉？[②]

宋濂要摆脱自身已在世人眼中定型的文人角色。文人是不会被敬重的，故宋濂要把自己塑造为大儒，大儒方能救世。宋濂在元顺帝至正十六年（1356）十月四日，入小龙门山著书。元顺帝至正十七年（1357）

① （宋）程颢、程颐撰，潘富恩导读：《二程遗书》，中华书局 2020 年版，第 85 页。

② （明）宋濂著，黄灵庚编辑点校：《宋濂全集》（第四册），人民文学出版社 2014 年版，第 2238 页。

正月一日，书成，4 月有余成编。堪称神速！书名赫然是《龙门凝道记》。宋濂以此明示自己已是道凝德立的大儒。《龙门凝道记》中展现的宋濂的自我形象，完全是粹然大儒。其基础性形象特征是：守道之笃，独立弗迁；卓然不变其恒度，具有精神定在性；不诎道以徇物，亦不枉道以徇人；心立而四海国家可以治；光明正大，磊磊落落；积诚著行，内外无愧；有大勇，刀锯在前而鼎镬在后，依然而弗慑者。此形象完全具有大儒的基础性特征。

宋濂曰：“辞不必费也，辞之费，其经之离乎。”① 他认为穿凿破碎之学多而天下无“六经”，讲说繁杂而“六经”日益不明，溺于文辞之士多而天下无真儒。宋濂是典型的“溺于文辞之士”，现在却痛斥“溺于文辞之士”而尊崇真儒。一种新的实用的圣学精神在宋濂心里蓬勃生长。《龙门凝道记》肯定的皆是真儒的基本价值，亦是圣学基础性的义理价值，且有切己体究的深度与品格。《龙门凝道记》是宋濂入道见志的大著述。宋濂在题词里说与古志士同深悲。又《龙门凝道记题辞》曰：“濂学道三十年，世不我知，不能见其一割之用，颠毛种种而老将至矣。”宋濂有诚切的救世期待。《龙门凝道记》是他诚切救世的自白书。《凝道记·令狐微》曰：“于是尽弃解诂文辞之习，而学为大人之事。以周公、孔子为师，以颜渊、孟轲为友，以《易》《诗》《书》《春秋》为学，以经纶天下为务，以继千载之绝学为志，子贡、宰我而下，盖不论也。”② 宋濂向世人自白他的使命不是造文，而是“经纶天下为务，以继千载之绝学为志”。《龙门子凝道记》的结尾誓言曰：“幸犬马之齿未衰，自时厥后，当求圣人之遗经，益精研而笺记之，以赎前者不知妄作之罪，或者其庶几云。”③ 宋濂自白要痛改前非，以此赎前者不知妄作之罪。宋濂立誓绝不做造文之士，而要成为圣人之徒，成为真儒。宋濂真的再不是以前的宋濂了。

---

① （明）宋濂著，黄灵庚编辑点校：《宋濂全集》（第四册），人民文学出版社 2014 年版，第 2197 页。

② （明）宋濂著，黄灵庚编辑点校：《宋濂全集》（第四册），人民文学出版社 2014 年版，第 2238 页。

③ （明）宋濂著，黄灵庚编辑点校：《宋濂全集》（第四册），人民文学出版社 2014 年版，第 2238 页。

罗洛·梅的《人的自我寻求》说："在实际生活中，真正的价值观是我们所体验到的与我们生活的现实密切相关的东西，而任何口头的讨论都是次要的。"① 宋濂遭遇元季世变，需要真正的与其生活密切相关的价值观，需要真正强而有力的信仰和思想，而不是独善其身的小智私慧。二程曰："天下之习，皆缘世变。秦以弃儒术而亡不旋踵，故汉兴，颇知尊显经术。"② 宋濂颇知尊显经术，皆缘于元季世变，皆缘于诚切救世的大志愿。宋濂出仕明朝，践行救世志愿，直下承当真儒角色，可谓人豪。宋濂的《元隐君子东阳陈公先生鹿皮子墓志铭》曰："呜呼！君子以超绝之资，旷视千古若一旦暮，期以孔子为师，而折中群言之是非，不徇偏曲，不尚诡随，必欲畅其己说而后已，可谓特立独行而无畏慑者也，非人豪其能之乎？"③ 宋濂激扬的是特立独行而无畏慑者的圣贤豪杰，践行的亦是圣贤豪杰之道。宋濂 59 岁时，在《赠梁建中序》中说道：

> 余自十七八时，辄以古文辞为事，自以为有得也。至三十时，顿觉用心之殊微，悔之。及逾四十，辄大悔之。然如猩猩之嗜屐，虽深自惩戒，时复一践之。五十以后，非惟悔之，辄大愧之；非惟愧之，辄大恨之。自以为七尺之躯，参于三才，而与周公、仲尼同一恒性，乃溺于文辞，流荡忘返，不知老之将至，其可乎哉。自此焚毁笔砚，而游心于沂、泗之滨矣。④

宋濂大悔亦大恨，是真诚的。宋濂是十分喜欢造文的，习惯成天性。他把自己造文的嗜好比喻为"猩猩之嗜屐"，就是说没有什么价值。他勉励其后学学习圣学，不要沉溺于造文。其《赠何生本道省亲还

---

① ［美］罗洛·梅：《人的自我寻求》，郭本禹、方红译，中国人民大学出版社 2013 年版，第 159 页。

② （宋）程颢、程颐撰，潘富恩导读：《二程遗书》，中华书局 2020 年版，第 85 页。

③ （明）宋濂著，黄灵庚编辑点校：《宋濂全集》（第三册），人民文学出版社 2014 年版，第 1330 页。

④ （明）宋濂著，黄灵庚编辑点校：《宋濂全集》（第二册），人民文学出版社 2014 年版，第 492 页。

乡序》曰：“文辞足以溺志也，非关名教，绝之而勿为也；异端小道或可观也，屏之斥之，唯恐蹈之。如此，则庶几乎近道矣。”[①] 他已经确认簸弄辞章，足以溺志，无益于人。这话是他入明前说不出来的。他以前秉持的是造文载道的遗训。马一浮的《答杨霞峰》曰：“义理之学，贵乎自得，初不以文辞为尚。”[②] 宋濂以文辞为尚者，以能文为美事，汲汲撰述而自名，虽亦标举义理，非真于义理有所会心，实于他的身心未有干涉。宋濂的《经畬堂记》曰：

> 世儒不之察，顾切切然剽攘摹拟其辞，为文章以取名誉于世。虽韩退之之贤，诲勉其子亦有经训菑畬之说，其意以为经训足以为文章之本而已，不亦陋于学经矣乎？学经而止为文章之美，亦何用于经乎？以文章视诸经，宜乎陷溺于彼者之众也。吾所谓学经者，上可以为圣，次可以为贤，以临大政则断，以处富贵则固，以行贫贱则乐，以居患难则安，穷足以为世法，达足以为生民准，岂特学其文章而已乎？[③]

宋濂以前的确学经而止为文章之美，而他晚年愈发亲切圣学的义理价值。他确信学经者的目的，就是成圣、成贤，而痛斥学圣学为文章用，痛斥以文章取名誉于世的读书人。他的眼界彻底变了，绽放出了大儒守道的精神气质。其《静学斋记》曰：“近代之所学，浮于言而劣于行。”[④] 现实让他更加确信圣学的真价值，真精神所在，而不愿做文人了。

69 岁时，宋濂在《送永康孔教谕士安往曲阜谒庙序》中说道：“余

① （明）宋濂著，黄灵庚编辑点校：《宋濂全集》（第二册），人民文学出版社 2014 年版，第 540 页。

② 马一浮著，吴光主编：《马一浮全集》（第一册下），浙江古籍出版社 2012 年版，第 402 页。

③ （明）宋濂著，黄灵庚编辑点校：《宋濂全集》（第一册），人民文学出版社 2014 年版，第 226 页。

④ （明）宋濂著，黄灵庚编辑点校：《宋濂全集》（第一册），人民文学出版社 2014 年版，第 232 页。

欲其进于道而无忝于圣人也。”[①] 宋濂坦言他没有成为圣人，而勉励他最器重的学生方孝孺生要“为君子儒”[②]。他71岁时，也是他去世这一年，在《送希直归宁海五十四韵》诗中说道：“真儒在用世，勿徒滞弥文”“孳孳务践行，勿负七尺身”“此意竟谁知，为尔言谆谆”[③]，这是肺腑之真言。人是不容易认识清楚自己的。圣学的价值亦是不容易认识的。读书人独处而不救世，往往不能很好地认识圣学的价值。以旁观者的角色批评社会，其实不是什么了不起的智慧。读书人要救世而不独处，需要的是实实在在的基础性价值信仰。没有圣学的基本精神是无法立足的。因为圣学的基础性价值是人与人交往的基石，是进德修业的根基。如舍弃忠信而做人，能救世哉？圣学实质是社会学而不是哲学。圣学所谓明道、救世皆是真实的社会活动。进德修业是实非空亦非无。圣学义理是人类社会性活动的基础，而不是空洞的玄思妙想理智游戏。宋濂是读书人，而读书人要救世，自然要凝道，不凝道，岂能救世哉？

宋濂的老师，给予宋濂的使命是负荷斯文而已，而宋濂给予他学生方孝孺的使命却是做用世真儒，不要沉醉造文。说宋濂是文人，宋濂怫然而怒，其知宋濂者哉？说宋濂是佞佛者之流，宋濂“一笑而已”，其知宋濂者哉？论宋濂者，岂知宋濂哉？至于宋濂独得者又焉能察其端倪哉？真儒是宋濂文人土壤里长出的“异采”。宋濂说真儒，佛老是不能惑的，关键是自己要强大。宋濂《朱悦道文稿后题》云：“予虽留意于文，造道不深，而出言多疵，深有愧于悦道。虽欲痛自惩刷，而秋发缤纷被肩矣。”[④] 宋濂所说的真儒的基础性特征是力行与用世。用今天的话说，就是以圣学基础性义理价值作为行动原理的豪杰之士，而不是格物静坐的病弱书生。

---

① （明）宋濂著，黄灵庚编辑点校：《宋濂全集》（第二册），人民文学出版社2014年版，第785页。

② （明）方孝孺著，徐光大点校：《方孝孺集》（下），浙江古籍出版社2013年版，第740页。

③ （明）方孝孺著，徐光大点校：《方孝孺集》（下），浙江古籍出版社2013年版，第978页。

④ （明）宋濂著，黄灵庚编辑点校：《宋濂全集》（第二册），人民文学出版社2014年版，第826页。

黑格尔在《小逻辑》中说："人诚然在个别事情上可以伪装，对许多东西可以隐藏，但无法遮掩他全部的内心活动。在整个生活进程里任何人的内心也不可避免地必然要流露出来。"① 孔子曰："视其所以，观其所由，察其所安。人焉叟哉？人焉叟哉？"（《论语·为政》）从整个生活进程来看，宋濂的确最终成为一代大儒。其所谓"吾所谓学经者，上可以为圣，次可以为贤，以临大政则断，以处富贵则固，以行贫贱则乐，以居患难则安，穷足以为世法，达足以为生民准"就是大儒的生活风格。宋濂的《七儒解》曰：

> 儒者非一也，世之人不察也。有游侠之儒，有文史之儒，有旷达之儒，有智数之儒，有章句之儒，有事功之儒，有道德之儒。儒者非一也，世之人不察也。能察之然后可入道也。""游侠之儒，田仲、王猛是也：弗要于理，惟气之使，不可以入道也。文史之儒，司马迁、班固是也：浮文胜质，纤巧斫朴，不可以入道也。旷达之儒，庄周、列御寇是也：肆情纵诞，灭绝人纪，不可以入道也。智数之儒，张良、陈平是也：出入机虑，或流谲诈，不可以入道也。章句之儒，毛苌、郑玄是也：牵合傅会，有乖坟典，不可以入道也。事功之儒，管仲、晏婴是也：迹存经世，心则有假，不可以入道也。道德之儒，孔子是也：千万世之所宗也。我所愿则学孔子也。②

宋濂自认是"道德之儒"。"道德之儒"即真儒。"读书种子"即"道德之儒"。李颙《四书反身录》云："诚自振自奋，自拔于流俗而允蹈之，便是真儒、大儒、'君子儒'，否则终是俗儒、应付儒、'小人儒'，而犹居之不疑，自以为儒，'儒'岂如是耶？亦足羞矣！"③ 此判定壁立千仞。读之令人有豪杰之心。宋濂配得上大儒的美称。其《录歔人申鲜

① ［德］黑格尔：《小逻辑》，贺麟译，商务印书馆 2009 年版，第 293 页。

② （明）宋濂著，黄灵庚编辑点校：《宋濂全集》（第二册），人民文学出版社 2014 年版，第 1880—1881 页。

③ （清）李颙撰，陈俊明点校：《二曲集》，中华书局 1996 年版，第 451 页。

生辞》曰："子以我乐于治文乎？何卑我之甚也。""子不吾知，乃以为悦于文耶？""予虽不敏，窃受教于君子矣。方将寤寐于黄虞，情思乎周孔，重明一代之典，以垂百王之宪，子乃以文士况我，不亦左乎？"[①]真儒是宋濂自性显发的异彩之光，在宋濂那里还是初露头角，那么在他的学生方孝孺那里就怒放出最为耀眼的万丈光芒。宋濂是以儒者的角色起用的，而不是以文人的角色起用。宋濂为朱元璋效力而死。朱元璋断定宋濂是文人，非大儒。方孝孺称其师为大儒，其原因或许就在于他是宋濂晚年的弟子，能深知自己老师的异彩，因而够得上其师的知音，相续老师的真血脉，全力负荷起老师的使命，龙腾虎跃，勇往直前，势不可挡，终成一代圣贤豪杰，绚烂了有明一代的乾坤。方孝孺曰："受于家庭，得于师友者，皆纯正之学。"[②] 确实如此！宋濂有方孝孺这样的学生，亦可以安息了。宋濂曰："君子称其大节与日月争光，信哉！"[③]

第三节　一狷一狂之师生

宋濂说他的学生方孝孺是"孤凤凰"，而方孝孺则称其师是"凤飞赤霄，百鸟朝之"[④]。师生二人，皆配得上圣门"真凤"的雅称。试问，他们究竟是什么样的圣门"凤凰"呢？

如果依据《大戴礼记》的记载，孔子把人分为：庸人、士、君子、贤人、圣人五个等级。朱元璋就认为宋濂是贤人，而方孝孺则认为自己的老师是大儒，大儒当然是君子。孔子谓子夏曰："汝为君子儒，无为小人儒。"（《论语·雍也》）宋濂也叮嘱方孝孺要做君子儒。李颙《四

① （明）宋濂著，黄灵庚编辑点校：《宋濂全集》（第四册），人民文学出版社 2014 年版，第 1936 页。

② （明）方孝孺著，徐光大点校：《方孝孺集》（上），浙江古籍出版社 2013 年版，第 260 页。

③ （明）宋濂著，黄灵庚编辑点校：《宋濂全集》（第二册），人民文学出版社 2014 年版，第 870 页。

④ （明）方孝孺著，徐光大点校：《方孝孺集》（下），浙江古籍出版社 2013 年版，第 743 页。

书反身录》曰："诚自振自奋，自拔于流俗而允蹈之，便是真儒、大儒、'君子儒'，否则终是俗儒、应付儒、'小人儒'，而犹居之不疑，自以为儒，'儒'岂如是耶？亦足羞矣！"[①]"'君子儒'大而通，'小人儒'拘而滞。子夏硁硁自律，规模殊欠宏远，故夫子因其病而药之。""'君子儒'为天地立心，为生民立命，为往圣继绝学，为万世开太平；'小人儒'反是。""古之学者'为己'，'君子儒'也；今之学者'为人'，'小人儒'也。""'君子儒'喻于义；'小人儒'喻于利。""'君子儒'实心实行，'小人儒'色取行违。"[②] 借此可理解君子儒。

如果从《论语》来看，孔子又把人的性体品相分为中行、狂、狷、乡愿四个级次。孔子曰："乡原，德之贼也。"（《论语·阳货》）刘梦溪这样释义："乡原"是"正义与德行的败坏者和虐害者"[③]。方孝孺在《乡原》中这样回答："或曰：乡原奚谓德之贼也？曰以其伪也。奚为其伪也？曰务同乎众而不知道也"；"乡原者欲人咸悦，而不择义理者也，欲人咸悦者乡原之情也"[④]。"乡原"究竟"伪"什么呀？晋人戴逵曰："乡原似中和，所以乱德。"[⑤] 原来"乡原"乱的是"中行"。"乡原"乱"狂""狷"不那么容易。清人章学诚（1738—1801）的《文史通义·质性》曰："伪中行"者、"伪狂伪狷者流"[⑥]。章学诚给"中行""狂者""狷者"前，皆加一个"伪"字，与其时代消息息息相关。狂者和狷者的消退，会导致"伪"的蓬兴。孔子则心赏"狂者"和"狷者"。孔子曰："不得中行而与之，必也狂狷乎！狂者进取，狷者有所不为也。"（《论语·子路》）刘梦溪这样释义：

"狂者"的特点是敢想、敢说、敢做，行为比一般人超前；

---

① （清）李颙撰，陈俊明点校：《二曲集》，中华书局1996年版，第451页。

② （清）李颙撰，陈俊明点校：《二曲集》，中华书局1996年版，第450页。

③ 刘梦溪：《将无同：现代学术文化展望》，北京时代华文书局2015年版，第563页。

④ （明）方孝孺著，徐光大点校：《方孝孺集》（上），浙江古籍出版社2013年版，第205页。

⑤ 《晋书》卷九四《戴逵传》，中华书局1974年版，第2458页。

⑥ （清）章学诚撰，李春伶校点：《文史通义》（上册），辽宁教育出版社1998年版，第78页。

> “狷者”的特点，是不赶热闹、不随大流，踽踽独行，自有主张。“狂者”和“狷者”的共同特征，是特立独行，富于创造精神。如果对“狂者”和“狷者”试作现代的分梳，则“狂者”体现的更多是意志的自由，“狷者”代表的更多是意志的独立。尽管求之学理，独立是自由的根基，自由是独立的延伸，两者无法截然分开。①

借此可深识狂者和狷者。无论是狂者还是狷者，他们的共同特征是顺世而生，异世而立，特立独行而不唯俗是从。故特立独行是狂者与狷者的基础性风骨。《礼记·儒行》记述：“儒有澡身而浴德，陈言而伏，静而正之，上弗知也；粗而翘之，又不急为也；不临深而为高，不加少而为多；世治不轻，世乱不沮；同弗与，异弗非也。其特立独行有如此者。”② 从历史上看，世变的时代，原有社会秩序土崩瓦解，社会处于非常态运行之中，可以说狂者多，而狷者少；动荡过后，社会秩序重新恢复，社会又回到常态，可以说狷者多，而狂者少。再说，人的秉性，各有所偏至。天性刚劲者，多为豪杰之士，多怒放狂者气象；天性温润者，多为特立独行之士，多绽放狷者气质。即使同一个人，性情气质也会变化。少时恃才傲物，激情燃烧，遂为狂者，而晚年饱经沧桑，思虑深沉，乃近“狷者”；或所遭遇世情不同，也有不同的表现。生活在相对和平之环境，没有生活的危机，或危机很小，也没有多大的诱惑，故多具有狷者的气象；而遭遇大的世变，不得不面临生死抉择，从而激发出性格中刚烈的一面，绽放为狂者精神。这就是王夫之所谓“狂者可狷，狷者一狂”③ 的现象。

综合以上分析，或可这样说：君子近狂者，贤人近狷者。这当然是相对的说法，因为大儒多是体刚者才能负荷起的角色，而狂者、体柔者做不成。方孝孺正是纯刚的大儒，言行绽放的正是狂者摄人心魄的精神

① 刘梦溪：《将无同：现代学术文化展望》，北京时代华文书局 2015 年版，第 561—562 页。

② （清）孙希旦：《礼记集解》（下），中华书局 2022 年版，第 1406 页。

③ （明）王夫之：《船山全书》（第十二册），岳麓书社 2011 年版，第 631 页。

格调，既能好人，亦能恶人。而宋濂则是经典的狷者，言行流露的正是令人畅神的春风和气。师生二人，一狂一狷，相辅相成，绚烂士林，堪称绝调。所以把二人并置合观，最好不过了。如果用比喻说，方孝孺是岁寒时节自春风的一树梅花，枝上春如海；那么宋濂则是春雨江南的一棵杏树，春到花满枝。现在先欣赏后者，前者随后观览。

宋濂的《致仕谢恩表》曰：“臣本一介书生，粗读经史，在前朝时虽屡入科场，曾不能沾分寸之禄，甘终老于山林。今幸遭逢圣主定鼎建业，特敕省臣遣使者致币，起臣于金华山中，俾典儒台，继升右史，侍经东宫，供奉翰苑。去岁钦蒙特除承旨，为文章之首臣。”[①] 宋濂在前朝是以文章闻名士林的书生，在新朝是位势显赫的文臣。他的角色发生了新变。

刘梦溪说：“风骨、气节、对传统士人是极重要的。所谓出处隐显，最能见出一个知识分子的操守。”[②] 所谓“出处隐显”其实就是读书人遭遇的角色转换。如果遭遇重大世变，不得不面临重大角色转换，那么这种重大角色转换可能使读书人变容，甚者改形换骨。刘梦溪先生说：“文化人、知识分子应该最具有精神的定在性的。”[③] 也就是卓然不变其恒度。所谓的操守，就是指读书人的精神定在性或恒度，也可以说精神定在性是操守的基质。读书人遭遇角色突转，往往摇动其精神定在性。如在角色突转中，或出处隐显中损伤了其精神定在性，那就是变容；如果彻底丧失了其精神定在性，那就是改形换骨。变容的读书人，或改形换骨的读书人，在传统社会里最遭人诟病。

宋濂的《题顾主薄上萧侍御书后》曰：“呜呼！君子之制行，毫末不可不谨，一行有玷，则众善皆毁，虽其后痛自刻责，覆水不可反瓶矣。”故“出处”“隐显”的确是一个艰难的选择。所以是出，还是处；是隐，还是显，对传统读书人来说，都关联到他们的“大节”，影响的不是他们的局部，而是整个人或家族，所以不得不谨慎而庄严地看待。

---

① （明）宋濂著，黄灵庚编辑点校：《宋濂全集》（第一册），人民文学出版社 2014 年版，第 50—51 页。

② 刘梦溪：《刘梦溪学术访谈录》，三联书店（香港）有限公司 2016 年版，第 104 页。

③ 刘梦溪：《刘梦溪学术访谈录》，三联书店（香港）有限公司 2016 年版，第 110 页。

宋濂在《太白丈人传》中真诚地感叹："甚哉，出处之难也"，"甚哉，出处之难也！"

宋濂在前朝是一介书生，有书卷气。他在前朝自述的《白牛生传》，就刻画出了自己作为书生的真性情、真面目。因此，《白牛生传》是了解宋濂在前朝生活风格的重要材料。其《白牛生传》曰：

> 白牛生者，金华潜溪人，宋姓濂名。尝骑白牛往来溪上，故人以白牛生目之。生躯干短小，细目而疏髯。性多勤，他无所嗜，惟攻学不怠。存诸心，著诸书，六经；与人言，亦六经。或厌其繁，生曰："吾舍此不学也。六经其曜灵乎，一日无之则冥冥夜行矣。"生学在治心，道在五伦，自以为至易至简。或笑其迂，生曰："我其迂哉？我若迂，孟子则迂之首矣。"生好著文，或以文人称之，则又怫然怒曰："吾文人乎哉？天地之理欲穷之而未尽也，圣贤之道欲凝之而未成也。吾文人乎哉？"或求学文，生曰："其孝弟乎？文则吾不知也。"生不肯干禄，或欲挽之使出，生曰："禄可干耶？仕当为道谋，不为身谋，干之私也。"生安于义命，未尝妄有所为。或疑其拙，生曰："我契于天，不合以人。是乃巧之大者，拙乎哉？"生慕孔、颜之乐，如聆钧天之乐，如获裹蹄之金，言及之，手足舞蹈不已。或以为狂，生曰："吾能知之，恨未能允蹈之，奚其狂？"生幼多疢，常行服气法。或诮其欲久生，生曰："盗跖甚夭，颜子甚寿，子知之乎？"或人不答，生曰："窃阴阳之和，以私一己，服气矣。运量元化，节宣四时，服气乎？"生虽贫，喜色常溢眉宇间。或诘之，生曰："吾内足乐也。内既足乐，无人非，无鬼责，得亦乐，失亦乐，我何忧哉？"生御恶衣犄馔，安之。或虑其诈，生曰："锦衣与卉服虽异，暖则一；糟核与淳熬固殊，饱则均。何诈为？"生不贵贵人，不贫贫人。或允其无别，生曰："贵自贵尔，于我何加焉；贱自贱尔，于我何损焉。"生遇物以诚，三尺之童莫之敢欺。或讥其同，生曰："我道盖如是，同不同弗知也。"生不享外神，唯事其先甚谨。或谓其报本耶，生曰："非

惟报本也，以气感气，吾先以之，外神何预哉?"生多读台衡贤首、慈恩诸家书，或谤其偏，生曰："我虽口之，未尝心之也，何其偏?"生尝情意调适，辄悬特磬于簴，亲击以铁篦，瞑目侧耳而听，自以为达制乐之原。或笑之，生曰："此蒉桴土鼓之遗声也，五音繁会，则末矣。"生好着屐登山，遇境胜处，注目视弗释。或恶其癖，生曰："吾于峦容川色见三代之精华，不忍舍也。"生年四十有六，发无白者，日坐一室中或澄思终日。或执笔立言，动以贤圣自期，其中之所存者，人固莫能识也。适有书史，貌生之骑白牛者，生大笑以为得其真，故自疏其事如左曰《白牛生传》云。①

宋濂自述其生活情态，栩栩欲活。他向读者许诺的正是一个真实的自己。他忠实地自述了其书生的生活风格。他是了解自己的人。除了他本人，没人能把狷介特行之一介书生表现得如此绝美。他的基本形象特征是：嗜读书，学内外典籍，行服气法，好著文，不肯干禄，安于义命，喜色常溢眉宇间，不贵贵人，不贫贫人，亲击铁篦制乐，好着屐登山，或澄思终日，或执笔立言，学古人，以贤圣自期。其特立独行如此。兴趣纯粹，心性偏于自然，不做作，不文饰，不矫厉，活得坦荡随性；表里不欺，内外无愧；不赶热闹、不随大流，超然独处，平静而安详；踽踽独行，不合时宜，却自有主张，不唯俗是从；品行端洁，秉义守正，活得悠然自得；傲然自足，情意调适，内心没有矛盾与冲突，寂寞与失望。他的生活风格如此。宋濂真是圣门狷者的典型。

宋濂在元朝有过举业梦想，也为此激情燃烧过，即屡入科场，也为此深受过伤害，即曾不能沾分寸之禄也。不过，他在元朝的生活主要是读书，教书，生活相对悠闲平静，没有遭遇重大变故，也没有遭遇出处进退的重大抉择，过的是隐士般的生活，不存在仕宦夺志的境遇。他完

① （明）宋濂著，黄灵庚编辑点校：《宋濂全集》（第一册），人民文学出版社 2014 年版，第 294—295 页。

全有自由有能力塑造自己。故他把自己塑造成一个异世而立、特立独行的狷者。他的同门王祎云："或携友生徜徉梅花下，轰笑竟日，或独卧长林下，看晴雪坠松顶，云出没岩扉间，悠然以自得。"① 他的同门好友郑涛云："年三十即以家业授子侄，朝夕惟从事书册，间稍有余暇，或支颐看云，或被发行松闻。遇得意时，辄击缶浩歌，声振林木，翛然如尘外人。"② 宋濂曰："余隐居仙华山中，时与麋鹿为友，每坐白云磴上，教鹤起舞，故得其性情为真。"③ 此是典型的狷者的风流生活风格。

宋濂在40岁时，被举荐为翰林国史院编修官，但他以亲老固辞，没有出仕，选择肥遁著述。他不出仕元朝，其实真实的情况，恐怕是他已经认识到天下无道。与其这时出仕无道之朝自损，还不如肥遁山林著书自全。他不喜欢肥遁山林，也不以肥遁山林自高。他有积极救世的热情，秉持不仕无义的古训。肥遁山林与他所秉持的儒家价值信念有冲突。他的心身里渗透了太多儒家积极救世的血液，肥遁山林是没有办法的办法，是被无法控制的环境逼成的，肥遁山林不是本心。其《越生微第九》曰："古之人非乐隐也，隐盖不得已也。"④ 读此可知，宋濂是不得已而肥遁山林，不是自由的选择，心非所安，自然不能久处。又《终胥符第三》曰："予其若小丈夫乎？长往山林而不返乎？"⑤ 复出是宋濂整个肥遁山林的实质，也是他的最终目的。可以说，肥遁山林著书是宋濂策略性的等待。其《苍云轩铭》曰："几不可以出，甘耕钓以嬉。"⑥ 钱锺书《管锥篇》曰："'待'之时义大矣哉。'待'者，待恶贯之满

---

① （明）宋濂著，黄灵庚编辑点校：《宋濂全集》（第五册），人民文学出版社2014年版，第2569页。

② （明）宋濂著，黄灵庚编辑点校：《宋濂全集》（第五册），人民文学出版社2014年版，第2566页。

③ （明）宋濂著，黄灵庚编辑点校：《宋濂全集》（第二册），人民文学出版社2014年版，第815页。

④ （明）宋濂著，黄灵庚编辑点校：《宋濂全集》（第四册），人民文学出版社2014年版，第2231页。

⑤ （明）宋濂著，黄灵庚编辑点校：《宋濂全集》（第四册），人民文学出版社2014年版，第2187页。

⑥ （明）宋濂著，黄灵庚编辑点校：《宋濂全集》（第二册），人民文学出版社2014年版，第1031页。

盈、时机之成熟也。”[①] 姜良翰的《姜良翰宋学士祠堂记》记载：“昔当元末扰攘之时，我公以明德奇才，负霸王大略，尝以出处之计，谋之千岩大师。师云：‘不然。’”[②] 宋濂在等待用他者，等待时机的成熟。李光地《榕村语录》曰：“古来高隐人，不尽是忘世，多是志愿极大，见不能然，遂决意不臣人。”[③] 此即实情。宋濂的《终胥符第三》曰：“未有用我者尔，苟用我，我岂不能平治天下乎？”[④] 读此可知，宋濂真是志愿极大之人，自然不肯轻出，亦不肯自售。

宋濂始终没有卷入前朝政治，也没沾分寸之禄，干干净净，所以自称是前朝的一介书生。他幸遭逢圣主定鼎建业，起他于金华山中，使没有老于山林，而成为新朝位势显赫的文臣。其《清风亭记》曰：“志节之士，多不见矣。”[⑤] 宋濂配得上不多见的志节之士。说道者车载斗量，一旦遭遇小利害，则甘心丧其所守；行道者空山寂寥，凄风萧萧，踽踽而行。宋濂曰：“天下有道，出辅明君，以兴一王之治，使三代礼乐复见当今，先生志也。”[⑥] 即出处进退合乎道。唯有如此，才能不随人转，不被境遇所移，卓然有立而不变其恒度。孔子曰：“天下有道则见，无道则隐。”（《论语·泰伯》）君子不枉道以徇人，不诎道以徇物。这就是君子的风骨。即使天下有道，君子也可以仕，也可以不仕。他的《送陶九成辞官归华亭序》曰：“‘君子其可必于仕乎？’曰：‘可以仕，可以不仕。’曰：‘仕而不仕，亦系其逢乎？’曰：‘否。可仕而不仕，不可也；可不仕而强于仕，亦不可也：唯其义而已。’义之所在奈何？曰：

① 钱锺书：《管锥编》（第一册），生活·读书·新知三联书店 2015 年版，第 277 页。

② （明）宋濂著，黄灵庚编辑点校：《宋濂全集》（第五册），人民文学出版社 2014 年版，第 2613 页。

③ （清）李光地撰，陈祖武点校：《榕村全集》（第六册），福建人民出版社 2013 年版，第188 页。

④ （明）宋濂著，黄灵庚编辑点校：《宋濂全集》（第四册），人民文学出版社 2014 年版，第 2187 页。

⑤ （明）宋濂著，黄灵庚编辑点校：《宋濂全集》（第一册），人民文学出版社 2014 年版，第 159 页。

⑥ （明）宋濂著，黄灵庚编辑点校：《宋濂全集》（第四册），人民文学出版社 2014 年版，第 2186 页。

‘义者，宜也，当其可之谓也。欲当其可，非守道君子，其亦戛戛乎难矣哉?’”[①] 所谓“唯其义而已”是说出处隐显不失其正。不失其正即进退以礼义不以势利。而礼的内核是敬。宋濂曰“敬”:“苟以之奉亲，以之事君，以之修身，以之治人，其心常弗变焉，其有不获其道者乎?始之终之，何莫不由于敬也?能由于敬，则成己成物之功，其又有不致其极者乎?”[②] 宋濂是不会违背礼而出仕新朝的。又《孔子符第四》曰:“女子不自重而轻于从人，视此可以为鉴矣！呜呼！岂唯女子然哉?”[③] 读书人要自重而不自贱。即使天下有道，遭逢明君，君子亦不轻于自售，亦不轻于毛遂自荐，亦不会轻于从人。宋濂是有架子的读书人，所以不轻于自进，而必待明君致敬后翩然以起。圣贤之道，舍敬何以存之?舍礼何以行之?礼义丧则道丧，礼义失则一切失。又《五矩符第二》曰:“士不尊，则大业弗立矣。”[④] 宋濂不毛遂自荐，不自售，更不轻于从人。这体现的正是他特立独行的狷者风格。

宋濂秉持的是真儒在用世的信念，不徒以隐为高。其《悯世枢第五》曰:

> 古之人仕也，欲安斯民，睹斯民遑遑于涂炭之中，其心恻然曰:彼人也，我亦人也，厥心则同一身也。我才足以有为也，苟弃之而不救，则非人也;然欲救之，非仕不可。如斯而已矣，岂知所谓荣与名哉?以荣与名而仕，必贱丈夫也。譬之渡长江之险者，必借舟楫之利，适千里之远者，必借骐骥之力;行济物之志者，必假禄爵之贵。禄爵之贵，何有于我哉！何有于我哉！[⑤]

---

① (明) 宋濂著，黄灵庚编辑点校:《宋濂全集》(第二册)，人民文学出版社 2014 年版，第 519 页。

② (明) 宋濂著，黄灵庚编辑点校:《宋濂全集》(第一册)，人民文学出版社 2014 年版，第 104 页。

③ (明) 宋濂著，黄灵庚编辑点校:《宋濂全集》(第四册)，人民文学出版社 2014 年版，第 2190 页。

④ (明) 宋濂著，黄灵庚编辑点校:《宋濂全集》(第四册)，人民文学出版社 2014 年版，第 2184 页。

⑤ (明) 宋濂著，黄灵庚编辑点校:《宋濂全集》(第四册)，人民文学出版社 2014 年版，第 2193 页。

真儒要救世，不可纠缠于出和处，隐和显之形迹。又《送徐大年还淳安序》曰：“观人之法，当察诸心，不可泥其迹，仕不仕有弗暇论。”[①] 马一浮说：“来书自以鄙弃仕途为高，而以不得从游为憾，谓所求在内，而吾所以勉之者在外。夫苟以行义为心，则仕宦亦非外也。”[②] 真儒以行义为中心，不以鄙弃仕途为高，也不以隐为贵。也就是不以出处、隐显而变其恒度。宋濂《水北山居记》曰：“士君子不以出处二其心，故贫贱不能慑，富贵不能骄，始终一节，卓为名臣。”[③] 宋濂从前朝一介书生变为新朝开国文臣，可以说是遭遇重大角色突转，而没有变容或改形换骨；在前朝是贫贱不能慑的一介书生，而在新朝真是富贵不能骄的名臣。他的确不以出处二其心，始终一节，有操守，有精神的定在性，不随境遇而屈伸仰俯，可以说是气节不群之士。

宋濂在新朝依然尊崇气节，激扬“气节不群之士”，“倜傥有大节”之士，“伟特不群之士”，“真豪杰之士”，真“大节伟然”者。他说“君子大节与日月争光”。他贬斥诬世者、媚权者、嗜利者、懦弱者、无操守者，皆是“贱丈夫”，绝不是有道之士。其《六经论》曰：“天下岂无豪杰之士，以心感心于千载之上者哉！”[④]；又《明处士黄逢原》曰：“黄氏能不染于末习，卓然不变其恒度，岂非真豪杰者耶？”[⑤] 又《哀志士辞》曰：“奇隽之士”以“奇节自许”“不能从俗俯仰”“其气节刚方，言论磊落”[⑥]。又《贞节堂记》曰：“奈何世降俗漓，号为士大夫，须鬣如戟，议论凌云霄，一则曰‘我丈夫也’，二则曰‘我男子

① （明）宋濂著，黄灵庚编辑点校：《宋濂全集》（第二册），人民文学出版社 2014 年版，第 523 页。

② 马一浮著，吴光主编：《马一浮全集》（第一册下），浙江古籍出版社 2012 年版，第 416 页。

③ （明）宋濂著，黄灵庚编辑点校：《宋濂全集》（第一册），人民文学出版社 2014 年版，第 133 页。

④ （明）宋濂著，黄灵庚编辑点校：《宋濂全集》（第四册），人民文学出版社 2014 年版，第 1879 页。

⑤ （明）宋濂著，黄灵庚编辑点校：《宋濂全集》（第四册），人民文学出版社 2014 年版，第 1939 页。

⑥ （明）宋濂著，黄灵庚编辑点校：《宋濂全集》（第四册），人民文学出版社 2014 年版，第 2060—2063 页。

也'，或遇君父有难，作狐鼠窜去，往往而是，似妇人女子之不若，抑又何说哉？"① 又曰："世之材士大夫，习俎豆，攻《诗》《书》，坐而尧言，行而舜趋，其自负诚不在古人后。一旦受人家国之寄，辄怀二心者有之矣。"② 贬斥势利，尊崇气节是"读书种子"著书立说的基本精神之一。陈寅恪说道："欧阳永叔少学韩昌黎之文，晚撰五代史记，作义儿冯道诸传，贬斥势利，尊崇气节，遂一匡五代之浇漓，返之淳正。故天水一朝之文化，实为我民族遗留之瑰宝。"③ 优美风俗不能自成，必有优美生活的表率者，薰涵而渐渍，以成其风俗。孟森（1869—1938）说："明、清两朝士大夫大抵尊重儒学，尤尊宋儒之义理，至清中叶始偏重汉学。明则始终未有此变，故气节操守，终明之世不衰。"④ 宋濂在明初声望显赫，他尊崇气节、贬斥势利，使有明一代读书人闻风而慕效，遂成明代的风尚。

宋濂是有精神定在性的君子。他的精神定在性就体现在守道弗迁。他通过对圣贤之道的切己体究，从自己内部产生了对道确执而坚信的理念。可以说，圣贤之道在他那里就具有了信仰的力量。他在明朝，位势显赫，也没有曲学阿世，固守了不枉道以徇人的风骨；他在明朝也不汲汲于利禄，彰显了绝不为了利与名而仕的风范；他在明朝，位势显赫，却没有结党营私的龌龊行径，尽职尽责；他在明朝孜孜仪刑后进，重视师生之义，却没有树立门户的习气，而能自拔于流俗；他性情温和，不愿攻讦人过，也没有讥诮一人短的恶习。刘基说宋濂是"温恭君子"；王袆的《翰林学士承旨潜溪先生像赞》曰："外和而神融"；曾士勖的《翰林学士承旨潜溪先生像赞》曰："貌温而气和，粹然君子之像"⑤；方孝孺曰："公（宋濂）实天人，游戏世俗。秕糠死生，谈笑

① （明）宋濂著，黄灵庚编辑点校：《宋濂全集》（第一册），人民文学出版社2014年版，第150页。

② （明）宋濂著，黄灵庚编辑点校：《宋濂全集》（第四册），人民文学出版社2014年版，第1947页。

③ 陈寅恪：《寒柳堂集》，生活·读书·新知三联书店2001年版，第182页。

④ 孟森：《明清史讲义》（上册），商务印书馆2011年版，第131—132页。

⑤ （明）宋濂著，黄灵庚编辑点校：《宋濂全集》（第五册），人民文学出版社2014年版，第2536、2538、2537页。

荣辱。利禄刑祸，不入于怀"[①]。宋濂是性情温和的有道君子。

宋濂曰："丈夫之以功名自见者，岂必借祖父之势哉？借祖父之势而成者，世岂无之？终不足谓之丈夫。必也奋自布衣，卓然有立，小或作州牧，大或闻国政，使德泽简在人心，声闻流于后世，然后始无愧于斯名。"[②] 这可以理解为宋濂自述。他没有借祖父之势，而是奋自布衣，卓然有立，经纶国政，使德泽简在人心，声闻流于后世，无愧于斯名。非豪杰之士焉能如此？其《国朝名臣序颂·刘文靖公因》曰："先生之心，岳镇川澄；先生之操，玉温石贞；先生之学，寤寐六经。岐阳之凤，鲁郊之麟。和气袭人，盎然阳春。发周孔性情，挹其深醇。或出或潜，与道周旋。"[③] 这亦可以看作宋濂的自画像。

朱元璋曰："朕闻太上为圣，其次为贤，其次为君子。宋景濂事朕十九年，未尝有一言之伪，诮一人之短，始终无二，非止君子，抑可谓贤矣。"[④] 朱元璋说宋濂是文人，而不是大儒；说宋濂是贤人，而不是圣人。岂不异哉？何谓"贤人"？《大戴礼记·哀公问五义篇》记载了鲁哀公问孔子曰："何如可谓贤人矣？"孔子对曰："所谓贤人者，好恶与民同情，取舍与民同统，行中矩绳而不伤于本，言足法于天下而不害于其身；躬为匹夫而愿富贵，贵为诸侯而无财。如此，则可谓贤人矣。"[⑤] 由此可确知，"行中矩绳而不伤于本，言足法于天下而不害于其身"是贤人基础性特征。朱元璋说宋濂是贤人也许正是说宋濂行中矩绳的风范。说宋濂"不诮一人之短"，也许暗含着宋濂不配大儒的原因。毕竟"不诮一人之短"实含有"不害其身"的"乡愿"气息。而大儒多具有乾阳的刚烈精神，舒畅发达；贤人多具有坤阴的柔顺气质，收敛

① （明）方孝孺著，徐光大点校：《方孝孺集》（下），浙江古籍出版社 2013 年版，第 704 页。

② （明）宋濂著，黄灵庚编辑点校：《宋濂全集》（第四册），人民文学出版社 2014 年版，第 2257 页。

③ （明）宋濂著，黄灵庚编辑点校：《宋濂全集》（第一册），人民文学出版社 2014 年版，第 24 页。

④ 《明史》卷一二八《宋濂传》，中华书局 1974 年版，第 3787 页。

⑤ （清）王聘珍撰，王文锦点校：《大戴礼记解诂》，中华书局 1983 年版，第 10 页。

藏缩。二程曰："乾是圣人之道，坤是贤人之道。"[①] 从宋濂整个生活进程来看，宋濂是温和君子，而不是刚烈大儒。性情温和者往往缺乏冒险精神，也就是缺乏敢说敢做的狂者的精神格调。狷者从生命根上带有不易根除的软的病根。文化人格的熟软往往散发"乡愿"的气息。朱元璋亦是旋转乾坤的英雄，具有英雄超常而罕见的冒险精神。故朱元璋具有狂者敢说敢做的基础性性格特征。

宋濂是柔顺气质。他勇敢地出仕明朝，践行真儒在用世的大志。他不诬世、不媚权、不网利，有特立独行的风骨。其《忠义篇》曰："凡人外柔者，内未必柔，但视其所存为何如耳。"[②] 此即狷者的典型性格。宋濂是有道之士，也是气节不群之士。不过，从宋濂整个生活进程来看，他不是敢想、敢说、敢做、敢冒险、敢担当的狂者，而是名副其实的狷者。读书人有所不为不是太难，而要有所为就难多了。朱元璋说宋濂是文人，他一生摆不脱文人的习气；朱元璋说他是贤人，他终究欠缺阳刚的精神格调。孔子曰："我未见好仁者，恶不仁者。好仁者，无以尚之；恶不仁者，其为仁矣，不使不仁者加乎其身。有能一日用其力于仁矣乎？我未见力不足者。盖有之矣，我未见之也。"（《论语·里仁》）孔子曰："惟仁者能好人，能恶人。"（《论语·里仁》）刘宗周《论语学案》曰："志仁无恶，正是超凡入圣关。"[③] 圣学所谓"能好人，能恶人"恐怕是超凡入圣关的铁律。能好人不是太难，毕竟没有利害关系，亦不会将自己置于无法预料的险境；而能恶人就难多了，就有利害关系，亦会将自己置于无法控制的险境。刘宗周曰："至于顾忌心一生，却又畏首畏尾，每事推托，虽义所当为者，亦有所不敢为矣。"[④] 故能恶不仁者，唯有超然于顾忌利害之心的仁者才能做到。一切奴颜婢膝者，岂有能恶不仁者的大勇？所谓"乡愿"意思，就是缺乏能恶不

---

① （宋）程颢、程颐撰，潘富恩导读：《二程遗书》，中华书局 2020 年版，第 79 页。

② （明）宋濂著，黄灵庚编辑点校：《宋濂全集》（第四册），人民文学出版社 2014 年版，第 2244 页。

③ （明）刘宗周著，吴光主编：《刘宗周全集》（第一册），浙江古籍出版社 2012 年版，第 290 页。

④ （明）刘宗周著，吴光主编：《刘宗周全集》（第一册），浙江古籍出版社 2012 年版，第 273 页。

仁者的天德。朱元璋说宋濂"未尝诮一人之短"，恐怕指的就是宋濂不能恶人的一面。朱元璋能闻见宋濂文化人格深处微弱的乡愿余息。他不是太欣赏宋濂，故不肯称宋濂是大儒，其原因出于此乎？

朱元璋激赏宋濂的学生方孝孺生。朱元璋非一般书生可比。方孝孺是刚劲敢为的粹然大儒，敢好人，亦敢恶人，无有丝毫畏首畏尾的乡愿气息。朱利安·班达（1867—1956）在《知识分子的背叛》中说：

> 知识分子的法则是，当全世界都匍匐在作为世界主宰的非正义之前时，他却屹立不动，用人类的良心来反对它。这类值得我们尊敬的人包括在西泽面前毫不屈服的加图和在拿破仑前面不愿丧失气节的基督教的神甫们。①

朱利安·班达认为苏格拉底是维护正义和蔑视强权、精神至上、忠于他的本质的知识分子的完美楷模。方孝孺就是如此的读书人，可为班达提供一个中国的知识分子的范例。方孝孺可以说具有德国哲学家康德所说的实践哲学家的精神气质。一个精通实践哲学的人，不一定是实践哲学家；实践哲学家是把必需的知识作为行动原理的人；实践哲学家的道德义务首先取决于意志的内在原则，这种道德义务的意识同时就是行动的动机；把智慧原则与意志连接起来的人，他就是一个实践哲学家。② 方孝孺正是把圣学智慧与内在意志连接起来的人，是把圣学义理作为行动原理的人，是圣贤之道的直下承当者、全身担荷者，是躬行君子，或笃行君子。笃信、笃行圣学是他为学为人的基本原则，其成圣贤的内在意志坚如磐石，任何外境奈何不得。这就是他的经典风骨。他相续的是圣学的真血脉，是当之无愧的道德之儒。他是一个完全融入自己角色的真正存在者，此即圆满实现了人之为人的本性，或者说他的确成为真儒的典范，让这种角色花开满枝，天心月圆。方孝孺可谓千古绝

---

① ［法］朱利安·班达：《知识分子的背叛》，余碧平译，上海人民出版社 2017 年版，第 41 页。

② ［德］康德著，李秋零主编：《康德著作全集（典藏本）》（第六册），中国人民大学出版社 2013 年版，第 387 页。

品，岂直文章惊宇宙？怪不得姚道衍断言："杀孝孺，天下读书种子绝矣。"

综上所述，方孝孺相遇他的老师宋濂的时候，宋濂已不再是造文的宋濂了，而是已经达到智慧存在的真儒境地的贤人。因而宋濂对他的学生方孝孺而言，不只是圣学知识的传授者，也不只是纯粹的圣学义理的机械式教导者和教条式忠告者，而是一位真实不虚的直观楷模，生发着真儒的典范活态效应，因而积极深层且实质性地参与了方孝孺最内在的自我建构，从而神秘莫测地影响了方孝孺的在世风格和命运。这是典范楷模及其楷模效应才会有的现象，非普通的师生关系。所以真正的老师都是无法替代的，因为其魅力，源于他的性格、举止、才性、思想、德品，而这些要素都不能复制。

第五章　方孝孺与豪杰圣贤

孔子曰："甚矣吾衰也！久矣吾不复梦见周公！"（《论语·述而》）周公是孔子思慕的圣者楷模。孔子曰："见贤思齐焉，见不贤而内自省也。"（《论语·里仁》）孔子是见贤思齐的贤哲。孔子生活在轴心时代，因而其楷模效应强而有力地向未来辐射。方孝孺曰："余喜读《周礼》，忧周公之心不明于后世。"[①] 周公亦是方孝孺最倾心的圣者楷模。其《读书斋》曰："圣经是读，圣德是行。"[②] "读书种子"皆是崇德的生活者，皆智慧而平淡地生活和读书。安乐哲在《儒家角色伦理学》中说：

> 中国古代传统关注的是人本身所在的世界，这种宇宙观把祖宗、圣贤，把高贵人格提升到超越的地位，并历久不衰地赞颂它的超越性角色。对文化楷模的崇拜虽然是深刻宗教性的，但它"以人为中心"，而且是一直被很好保留的一种敬仰或崇尚，并不是一种对超绝神的崇拜；这就是说，不是将崇拜对象的完美性，联想为完全独立、凌驾于它的信仰者。[③]

安乐哲解释的正是圣学见贤思齐即观人修己的圣统。余敦康

---

① （明）方孝孺著，徐光大点校：《方孝孺集》（中），浙江古籍出版社 2013 年版，第 439 页。

② （明）方孝孺著，徐光大点校：《方孝孺集》（下），浙江古籍出版社 2013 年版，第 870 页。

③ ［美］安乐哲：《儒家角色伦理学：一套特色伦理学词汇》，［美］孟巍隆译，山东人民出版社 2017 年版，第 82 页。

(1930—2019) 说:“我们受到的教育，最糟的就是只有俯视，而没有仰视。”[①] 如果自绝于圣贤，又自贵自大，分析、解剖、批评，甚至糟粕古今仁人志士，则无法延续古今圣贤之血脉。屈原曰:“非俊疑杰兮，固庸态也。”[②] 驰骛辩说而忽于躬行，庸态然也。

俗学蔚然成风，不被其所惑，亦难矣。马克思·舍勒说道:“从根本处来看，精英人物会以过去一切伟大的思想家为榜样，按照他们的教导，从自身精神的自发力量中，从自己对世界及历史的经验中，得出对他们生活与行为的出发点。”[③] 方孝孺是虚心典学和笃志亲贤的志节之士。前面我们已集中体究了他的敬学精神，此章集中领会其不寻俗好、独契前贤的敬贤思想。敬贤也是圣学一个具有实质性价值意义的传统。赫伯特·芬格莱特在《孔子:即凡而圣》中说道:“孔子最深刻最一般的洞见，就是看到君子的重要身份在于人性本身的完全实现；并且由此发现任何真正想成为君子的人，就事物本性而言，都会获得精神的愉悦而备受鼓舞，参与君子的人生之道。”[④] 此即圣贤之学看重观人修己的内在根源。

第一节 先君的楷模效应

方孝孺曰:“苟志乎行道以及人，舍圣贤将谁师哉”；“夫所慕者圣

---

① 刘梦溪:《七十述学》，生活·读书·新知三联书店 2018 年版，第 307 页。

② 黄灵庚疏证:《楚辞章句疏证》(第三册)，上海古籍出版社 2018 年版，第 1689—1690 页。

③ [德] 马克思·舍勒:《哲学人类学》，魏育青等译，北京师范大学出版社 2014 年版，第 269 页。

④ 赫伯特·芬格莱特:《孔子:即凡而圣》，彭国翔、张华译，江苏人民出版社 2002 年版，第 141 页。另，美国学者赫伯特·芬格莱特在《孔子:即凡而圣》中说道:“无论任何什么东西圆满地实现了我们的人性，那种东西对我们来说都可以说是一个典范。”“我要把这种可以复制或模仿的典范称作描绘性典范，这种典范具有工具性的价值。用孔子的术语来说，这种意义上的典范称为‘器’，也即一种器具或工具。”而真正的“典范”本身就是有价值的，具有不可重复的独特性。(第 127—142 页)

贤也，所法以自期者亦圣贤也。”[①] 马克思·舍勒说：

> 一位著名神秘主义者说：“每个人面前都浮动着一幅他应该成为的人的图像：在他未达到这一目标之前，他是永无安宁之日的。”这句话深刻而形象地道出了楷模的意义。[②]

合观并读马克思·舍勒和方孝孺的理论，可以自省。西哲东儒，所见没有什么实质性的不同，皆是真正的智者，皆不沾染俯视古人的恶习，因而能自拔于流俗而特立独行地尊圣亲贤。方孝孺读的是圣贤之遗典，恪守的是圣贤之遗训，思慕的是圣贤，敬重的是圣贤，效法的是圣贤，自期者亦是圣贤，所以尊圣亲贤是他素定的生活风格。

传统社会的圣贤是传统社会读书人面前浮动着的一幅他应该成为什么样的人的自画像，所以尊圣亲贤在方孝孺那里具有重要的影响。要理解方孝孺，就不得不正确地评估见贤思齐圣统的重要性。本书把方孝孺效法的圣统楷模分为两大类：生活世界里的楷模和文化传统里的楷模。以此说明这些他所效法的楷模对他为人为学的实质性影响。

方孝孺生活世界里的贤者楷模主要是他的父亲方克勤和他的老师宋濂，这里重点论说他的父亲。他的父亲是他早期生活世界里直观效法的楷模。马克思·舍勒说：

> 在着手对孩子有意识地进行教导和教育之前很久，便通过不由自主地模仿、通过参与性的、先于一切有意识的理解态度、表达方式、行为，形成了这个人的未来命运的构图。对于这个孩子而言，所有一切都是至关重要的。对于我们成人微不足道的家庭事件，争执或者爱与理解、虚伪的或者善意的微笑、一瞥，对于孩子却是一出至为壮观的戏，他的生理—精神的组织愈是具有可塑性，他的领

---

① （明）方孝孺著，徐光大点校：《方孝孺集》（上），浙江古籍出版社 2013 年版，第218—219 页。

② ［德］马克思·舍勒：《世界观与政治领袖》，曹卫东等译，北京师范大学出版社 2017年版，第 67 页。

悟力愈早，这出戏对于他的在和他的成长便愈具有楷模性质。①

借此可理解人的早期楷模对人的发展具有重要的和实质的影响。父母是孩子早期的天然楷模，不可避免地参与了孩子的未来命运。孩子的性格里不可避免地渗透了父母的东西。方克勤（1326—1376）字去矜，号愚庵，因曾任山东济宁知府，故又称方济宁。宋濂曰：

> 先生幼而端凝，五岁知读书，自辨章句。十岁暗记五经，诸老先生啧啧爱赏，目为神童。年垂弱冠，遍穷廉洛关闽遗书，及寻乡先达授源委，凡涉性命道德之秘，穷研探索，寝食为之几废。因喟然叹曰："为善必合天人而后可，舍是非学也。"至正甲辰，尝一践场屋，言国家利害，峭直无所顾忌。有司不敢取，飘然东归。益闭户潜心于一卦一爻，必欲验诸事为，至于天文地理，礼乐刑政，及制度各物之属，亦辨析归于至当，如指诸掌……先生面白如玉，须眉秀整，不妄笑语。动容周旋，必合礼法……与人交，率真任质，不事表襮，不以久近为冷热。立谈之顷，洞见肝膈。②

方孝孺在《先府君行状》中是这样描写他的父亲的：先君端重殊常，为文有奇语；亦是究心时务政教，道明志坚的名儒。"呜呼哀哉！先君面白如玉，鬓眉秀丽，不妄笑语，不旁观视，动容周旋，必以礼法。率真任质，不事表襮。与人交好，不以久近冷热。一立谈顷，洞见肺腑，发言持论，一本于正。性命之道，晚益精熟，荣辱利害，视之若一。临终之际，知非自致，超然委命，颜色不变"；"呜呼哀哉！先君之学，明白纯正，以绍述考亭为己责。所志益深且远，逢时得位，亦欲推以淑人"；"呜呼！先君之道，盖法时乎《易》，取政乎《书》，主敬乎《礼》，体和乎《乐》，雅言以《诗》，制事以《春秋》。其深高博大

① ［德］马克思·舍勒：《世界观与政治领袖》，曹卫东等译，北京师范大学出版社 2017 年版，第 88 页。

② （明）方孝孺著，徐光大点校：《方孝孺集》（下），浙江古籍出版社 2013 年版，第 1001—1005 页。

者虽不可测而知，然而家焉而有善俗之化，官焉而致富庶之治。发之乎政事，著之乎文辞，比于古之贤人循吏未之或加也”①。

合观师生二人的描述，可知方孝孺的父亲强而有力地熏习了方孝孺的文化人格，规范了他的价值倾向，所以他和他父亲为学为人的模式具有高度的重合性。他把他父亲的东西看成他自己的东西，同时也把自己的东西投射在他父亲的东西里，形成你中有我，我中有你地相尊相蕴的关系，或者说此种叙述模式具有复调小说的某些特征。方孝孺在陈述他父亲的学品和德品的同时亦是在陈述他自己的学品和德品。他断定他的父亲完全配得上贤人的美称。方孝孺相续的是礼仪世家的传统。动容周旋，必以礼法亦是他的生活风格；发言持论，一本于正是他的学品；道明志坚而超然委命，颜色不变是他的风骨。方孝孺的命运与他父亲的楷模效应有紧密的关联。《明史》曰：“克勤为治以德化为本，不喜近名。”② 方孝孺亦如此。

方孝孺生活世界的另外一个重要楷模，就是他的老师宋濂。宋濂晚年已然刊落好文的习气，道凝德立，尊崇六经而标榜真儒，俨然盛德君子，具有仁人长者的风范。宋濂晚年得获方孝孺，可谓恰逢其时。那时方孝孺正是堂堂美少年，有美志而又勇猛精进，处于为学的关键时期。可谓传之者有其师，受道者有其人。教者与学者相得益彰，是不可多得的因缘。宋濂曰：“余生老且至，秋发垂两肩。得之喜欲舞，如获宝璐然。素编耽清昼，青灯坐深夜。深玄欲忘寝，荐味如啖蔗。”③ 如此的师生之谊，令人动容。不得不承认，真正的智慧是在真正的友谊中蓬勃生长出的奇花异草。方孝孺在宋濂门下，如虎添翼，日新月异，势不可挡。宋濂给方孝孺最后的训诫是：“真儒在用世，毋徒滞弥文”；“孳孳务践行，勿负七尺身”④。方孝孺是用世真儒的经典楷模，绽放的正是

① （明）方孝孺著，徐光大点校：《方孝孺集》（下），浙江古籍出版社 2013 年版，第 768—776 页。

② 《明史》卷二八一《方克勤传》，中华书局 1974 年版，第 7187 页。

③ （明）方孝孺著，徐光大点校：《方孝孺集》（下），浙江古籍出版社 2013 年版，第 976 页。

④ （明）方孝孺著，徐光大点校：《方孝孺集》（下），浙江古籍出版社 2013 年版，第 978 页。

特立睨千古的真儒风骨。

方孝孺践行圣学义理的力量真是惊心动魄的强大。他秉承笃行的家风和践行的师训，把圣学智慧与内在意志连接起来，把圣学义理作为行动原理，所以方孝孺是圣学的躬行君子，是圣道的直下承当、全身担荷者，而不是圣学的谈说之士。他斩钉截铁地说："如是而不能为君子，则非方氏之子孙也，告于祠而更其姓，不列于谱。"① 竟然果决如此。方孝孺相续的是圣学的真学脉和真血脉，是圣学当之无愧的"读书种子"。

第二节　心慕古豪杰

方孝孺所激赏和效法的文化传统中的豪杰楷模，究竟是什么样的人？他所向慕的志气雄豪的贤者楷模有李白、韩愈、司马迁、欧阳修。他说李白是"雄盖一世"的"人豪"，是"不可控制"的"麟龙"，是天上泻下的"奇观"。李白是他向慕的狂者楷模。司马迁是受辱不死而建大名的英贤的良史楷模，韩愈是志气雄豪而磅礴上下的文章楷模，欧阳修是正色危言而蔚为文宗的楷模。方孝孺直言曰：

> 圣贤之道，以养气为本。今之人不如古者，气不充也。气不充，则言不章；言不章，则道不明。予窃有意于道，而患萎靡不振，思起古豪杰而与之游。②

李白、韩愈、司马迁、欧阳修皆是气豪辞雄的古豪杰楷模。方孝孺所心慕的君子楷模有："雄才劲节，英识大器"的春秋卫国纯臣石碏；

---

① （明）方孝孺著，徐光大点校：《方孝孺集》（上），浙江古籍出版社 2013 年版，第 62 页。

② （明）方孝孺著，徐光大点校：《方孝孺集》（下），浙江古籍出版社 2013 年版，第 710 页。《司马子长》云："凡人受辱，孰不就死。所不死者，建大名尔。"《韩退之》云："先生之生，志豪气雄。""发为文章，震荡激昂。""是气长存，磅礴上下。"《欧阳永叔》云："伟人为谁，曰欧阳公。宗孟继韩，蔚为文宗。""正色危言，以犯以诤。"（第 710—711 页）

"其在朝廷，敌国震惊"的春秋随国大贤季梁；"昌言正色，以训义戒"的春秋鲁国重臣臧僖伯；"不失其仁"而"义存君臣"的春秋鲁国大臣公子友；"高洁盖世"而不受衰世之污的鲁国贤杰叔盻；"勤礼致敬"的刘国开国国君刘康公；不尚利与功"以道事君"晋国大臣范文子；"高不忘世，洁不乱伦"的春秋曹国节士子臧；"国之典刑"的春秋鲁国美大夫臧文仲；"不以毁誉，辄变所守"的春秋晋国贤才祁奚；"政教俱修"的春秋晋国贤者魏绛；"其德可尊"的鲁国孟献子；"取舍进退，惟义之从"的春秋吴国季札；富而有仁的春秋楚国富商子皮；"义不近名，忠不避难"的春秋鲁国子家羁。

这些是方孝孺所愿效法的春秋时十五君子，他们的言行皆不乖戾圣贤之道。方孝孺还特别表彰有大节而不能以势利夺志的汉代杨乔，志行皎然如雪的汉代袁安，直气凛然，可撼山岳的宋代杜士贤等。他所愿学的才士有三国诸葛亮、唐代的陆贽、宋代范仲淹、韩琦和司马光。他在《尚友五赞》序中说：

> 圣贤之迹，不见于世也久矣。慕事功者，多蔽于卑近；务高远者，每病于难行。吾求士于二千载之间，功业赫然可称，而秉性操行不倍于圣贤之道者，得五人言。皆天下之才士，今世之所未闻，而余之所愿学者也。①

方孝孺所倾慕的志义之士是汉代的田畴和云敞。田畴是忠不避难，

① （明）方孝孺著，徐光大点校：《方孝孺集》（下），浙江古籍出版社2013年版，第712页。《石碏》云："雄才劲节，英识大器。"《季梁》云："其在朝廷，敌国震惊。"《臧僖伯》云："昌言正色，以训义戒。"《公子友》云："处人所难，不失其仁"；"亲为骨肉，义存君臣。"《叔盻》云："叔盻之贤，高洁盖世。"《刘康公》云："必有事焉，勤礼致敬。"《范文子》云："以道事君，大臣之亚。"《子臧》云："高不忘世，洁不乱伦。"《臧文仲》云："有美大夫，国之典刑。"《祁奚》云："不以毁誉，辄变所守。"《魏绛》云："缵业文襄，政教俱修。"《孟献子》云："穆穆献子，其德可尊。"《季札》云："取舍进退，惟义之从。"《子皮》云："大人无私，物我同视。"《子家羁》云："义不近名，忠不避难。"（第703—709页）《杨乔赞》云："屈以非义，万钟不从。曷由知之？有大人节。"（第716页）《袁安卧雪图赞》云："志行皎然，与雪俱洁。"（第719页）《杜士贤》云："直气凛然，可撼山岳。"（第720页）

勇不畏死的奇士楷模。云敞字幼儒，他的老师是当时的大儒吴章。篡贼王莽残杀吴章而弃尸于东市门。他的学生多更名他师，而当时为大司徒掾的云敞，则坦诚是吴章弟子，且收抱其师尸归而殓葬。方孝孺《云敞赞》曰：

> 人之趋势，皆若可托。观于生死，乃见厚薄。朝以为师，暮则背之。人实易诳，心其可欺。呜呼云生，志刚气烈。曷以知之？伟然大节。妻子在后，鈇锧在前。所见者义，吾何恤焉。吾身可恤，师其可负。视更名者，犬鼠之伍。道丧名散，俗益坏偷。面恭背违，犬鼠所羞。不趋其难，剟殉其死。我独何人，呜呼云子！①

读方孝孺的文字，令人奇快奋发！云敞是不畏祸惜位，不以生死厚薄变节的志义之士。

总之，方孝孺十分热烈地尚类的人是：刚毅明快的“英杰”，雄才劲节的“铁汉”，徇道忘己的“奇士”，忠不避难的“勇士”，正色危言的“直士”，志刚气烈的“志士”，志行皎洁的“高士”，伟然大节的“节士”，忠义盖世的“义士”，才良行果的“豪杰”，直气凛然的“君子”，仁智勇即全德的“醇儒”等。这些皆是他所愿效法的贤者楷模。虽然他们与圣者有一些距离，但是他们皆有楷模的价值与效用，皆是自信不苟而雄盖一世的“人豪”，皆是“不可控制”的“麟龙”，皆是天上泄下的“奇观”，皆是“天挺英杰”，皆是所谓的“古豪杰”，皆是

① （明）方孝孺著，徐光大点校：《方孝孺集》（下），浙江古籍出版社 2013 年版，第 715 页。“云敞字幼孺，平陵人也。师事同县吴章，章治《尚书经》为博士。平帝以中山王即帝位，年幼，莽秉政，自号安汉公。以平帝为成帝后，不得顾私亲，帝母及外家卫氏皆留中山，不得至京师。莽长子宇，非莽鬲绝卫氏，恐帝长大后见怨。宇与吴章谋，夜以血涂莽门，若鬼神之戒，冀以惧莽。章欲因对其咎。事发觉，莽杀宇，诛灭卫氏，谋所联及，死者百余人。章坐要斩，磔尸东市门。初，章为当世名儒，教授尤盛，弟子千余人，莽以为恶人党，皆当禁锢，不得仕宦，门人尽更名他师。敞时为大司徒掾，自劾吴章弟子，收抱章尸归，棺殓葬之，京师称焉。车骑将军王舜高其志节，比之栾布，表奏以为掾，荐为中郎谏大夫。莽篡位，王舜为太师，复荐敞可辅职。以病免。唐林言敞可典郡，擢为鲁郡大尹。更始时，安车征敞为御史大夫，复病免去，卒于家。”参见（汉）班固撰，王继如主编《汉书今注》（四），凤凰出版社 2013 年版，第 1750 页。

"体刚"之松柏。方孝孺尚类他们即"见贤思齐"，与他们神游即"观人修己"。群贤楷模炳然常存，是他言行的参照系，他知道应该做什么样的人，应该依据什么原则生活。他不尚类的人是：识小量浅的纷纷"鄙夫"，闻善不为的纷纷"懦夫"，唯利是图的纷纷"小夫"；萎靡不振的纷纷"病夫"；气馁如鬼的纷纷"小儒"，媚悦取容的纷纷"才士"，随俗合污的纷纷"鄙士"，溺于故常而不变通的纷纷"俗儒"，曲学阿世的"权诈之士"等。他最痛恨病恹恹无生气的读书人，而激赏"特立睨千古"所谓"古豪杰"。他亲近这些古豪杰以自励。他激扬的古豪杰，皆具有龙腾虎跃的做人气象，皆具有英雄楷模振衰立懦的楷模效应，闪烁着圣者楷模义理之勇的辉光。此类古豪杰皆具有圣者楷模的基础性特征，皆成为方孝孺进入圣域的通道。

方孝孺《慎习》曰："以身范俗者，圣贤之为。"[①] 又《远虑》曰："作范垂宪，泽被无垠。"[②] 此即他尚友怀贤豪的缘由。马克思·舍勒在《世界观与政治领袖》里说：人"必须寻找与自己相当的楷模，对灵魂起塑造、成型作用和并非普遍有效的抽象道德规定，而只能是直观的楷模。"[③] 以此作为方孝孺"思起古豪杰而与之游"的解释，再好不过了。

同声相应，同气相求，千古相惜，万古世如此。人寻找与自己相当的楷模，包含了人的自我认同与自我理解。所谓的笃学修身离不开亲贤，离开亲贤就失去笃学修身的活态参照系，而没有真正的价值的活态参照系，就根本没法修身。因为抽象的道德规定亦是没有生命的僵尸，有时亦会给迷恋它的人以不测的祸患。方孝孺所尚友的此类古豪杰，是其认识自己的镜子，即同类相济，亦是塑造自己文化人格的参照系，即同类相照。此类古豪杰参与了方孝孺深层的内在人格的构建，自己亦成为与"古豪杰"类似者。所以，他在品鉴喜欢的古豪杰的同时，也品鉴了自己的文化人格。从如是的视域看方孝孺，他似乎与他生活的时代

① （明）方孝孺著，徐光大点校：《方孝孺集》（上），浙江古籍出版社2013年版，第29页。

② （明）方孝孺著，徐光大点校：《方孝孺集》（上），浙江古籍出版社2013年版，第48页。

③ ［德］马克思·舍勒：《世界观与政治领袖》，曹卫东等译，北京师范大学出版社2017年版，第74页。

脱节，完全生活在与古豪杰的心灵交流中，成为他生活时代的例外。远观，方孝孺就是一座散发着古典意味的雕像，耸立在天地之间，静穆纯净，气象崇高，意境悠远。

善观人者必有见于己。方孝孺天资刚劲，他所尚类千载的皆是所谓古豪杰即奇士。其《大笑生传》曰："与余握手金门外，辨上下古今数千载事，大笑不自禁。谓余曰：'子且奇士解吾意。'余亦俛首而笑，因呼之曰大笑生。生又大喜，曰愿为号云。"[①] 方孝孺亦是经典的一世"奇士"，只有"奇士"才是"奇士"的知音。又《正学》曰："古学务实，体立用随。始诸身心，验于设施"；"穷理正心，固守勇为"；"简册所陈，善政嘉猷，取之自治，奚暇外求"；"笃行为善，垂范百世"[②]。正学即穷理正心的学问。吕坤曰：

> 以圣贤之道教人易，以圣贤之道治人难。以圣贤之道出口易，以圣贤之道躬行难。以圣贤之道奋始易，以圣贤之道克终难。以圣贤之道当人易，以圣贤之道慎独难。以圣贤之道口耳易，以圣贤之道心得难。以圣贤之道处常易，以圣贤之道处变难。过此六难，真到圣贤地步。区区六易，岂不君子路上人，终不得谓笃实之士也。[③]

吕坤所谓"笃实之士"即"读书种子"。特立独行地笃信、笃行圣学义理而在任何境遇下绝不背叛者就是奇士。无正不奇。方孝孺可谓雄才劲节的古豪杰中的经典楷模。经典理学家特别重视循环切己与深味"四书"义理的重要性，而方孝孺最惹人注意的标志性为学特征就是特别重视亲贤环节在切己参究圣学义理中的重要性。他所亲近的那类古豪杰，理学宗师可能并不向慕。例如，他以为诸葛亮的言行不背离圣贤之

① （明）方孝孺著，徐光大点校：《方孝孺集》（下），浙江古籍出版社 2013 年版，第 802 页。

② （明）方孝孺著，徐光大点校：《方孝孺集》（上），浙江古籍出版社 2013 年版，第 46 页。

③ （明）吕坤撰，王国轩、王秀梅整理：《吕坤全集》（中），中华书局 2008 年版，第 696 页。

道，亦是百世之师，而朱熹则以为诸葛亮不是儒者而是智谋之士或权谋之士①，即所谓儒表法里的典范。经典理学大师为了唤醒沉醉造文而忘己成人的读书人，故秉持“文以害道”的境遇性信念，而方孝孺则以为李白等是气豪辞雄的“龙鳞”，与他们游亦可以振衰立懦而有助于养浩然正气。又《求古斋记》曰：

> 君子之学，取其善不究其人，师其道不计其时。善诚足称也，其人虽非圣贤，不知其为不可也，取其善而已。道诚足师也，其人虽生于吾同时，居与我同巷，不以其易见而遗之也。师其道而已；善学圣人者，古之善吾学之，今之善吾亦学之。今之不善吾亦恶之，古之不善吾亦恶之。古之事合乎道，固将取以为法也，如使不若后世之美，则舍古而取后世可也。后世不近乎道者，固所弃也，如古之不合乎道者，安得以其古而取之乎？②

方孝孺不是纯粹理学家的“读书种子”，而是远法周与孔的“读书种子”，他没有理学家的某些境遇性的信念。例如儒表法里的判断亦是境遇性的意见，并不是真知。圣人岂有此理？与其说儒表法里，还不如说法表儒里。法家亦是六艺的支与流，制法行法岂能全背弃六艺的基础性价值哉？治法行法岂不讲信，不讲忠哉？圣人所谓礼亦具有后世法的基础性特征和功能，故完全彻底割裂礼与法的统一性，恐怕亦是务高者的境遇性的自狭，亦有违圣道。圣道岂所谓后世儒家能所得而私哉？即使儒术全废，圣道亦炳然常存，人总是要做人的。故以为后世所谓崇尚法术者皆有违圣道，恐怕亦是门户之见。如果晓得义理，礼、法皆是闲

---

① （宋）黎靖德编，王星贤点校：《朱子语类》（八），中华书局 2015 年版，第 3221—3223 页。《朱子语类》云：“‘唐子西云：自汉而下，惟有子房孔明尔，而子房尚黄老，孔明喜申韩’也说得好。”“子房分明是得老子之术，其处己、谋人皆是。孔明手写申韩之书以授后主，而治国以严，皆此意也。”“唐子西尝说子房与孔明皆是好人才。但其所学，一则从黄老中来，一则从申韩中来。”也就是说，读书人要么是张子房式的读书人，皆崇尚黄老而用阴谋；要么是孔明式读书人，皆阳儒而阴法即儒表法里，而罕见真正的醇儒。

② （明）方孝孺著，徐光大点校：《方孝孺集》（中），浙江古籍出版社 2013 年版，第 605 页。

名，因为它们皆是境遇性的东西，依据境遇变化是自然而然的事情，岂有不变的礼、不变的法哉？不晓得义理，礼、法亦是祸害人的僵尸。人能弘道，而非道弘人，关键是要堂堂正正做人，而不是纠缠于纷杂的名相而忘己做人，此是大患。吕坤《呻吟语》曰："圣人做出来都是德性，贤人做出来都是气质，众人做出来都是习俗，小人做出来都是私欲。"[①] 圣人说法治亦是圣人。方孝孺亦成为圣学的楷模，产生了巨大的楷模效应。有明一代读书人多思慕圣贤豪杰，有用世的激情，有践行义理的大勇，有特立睨千古的风格，或许与方孝孺神秘莫测的楷模效应有或多或少的关系。

呜呼！方孝孺能以古豪杰自望，而终成古豪杰，可谓慕焉不失人也。真一生之内，无愧古豪杰矣。

第三节 仰思古群圣

方孝孺是典型的"以圣为准，以贤为徒"[②] 的书生，他没有俯视圣贤的恶习。他说："周公贵为相，仰思夜不眠。仲尼大圣人，易书三绝编。孰谓我有耳，不闻古所传。一闻敢自坠，勇志如奔泉。"[③] 方孝孺是仰思圣人的读书人，决不自绝于圣人，自弃其身。任何时代，俯视圣贤容易，仰思圣贤则难。心性遭受污染而失明，就很难见贤思齐。

方孝孺仰思的群圣楷模有：尧、舜、禹、汤、文王、文王、周公、孔子。此是传统社会读书人所敬重的八圣哲楷模。他们皆从他们时代境遇中被剥离开来，再生而成为华夏民族表征人类圣神价值的最高范例，即圣德楷模，他们为华夏民族提供了最高的言行标准。故以他们为中心的学即圣学、他们所拥有的智慧即圣智，他们所弘扬的道即圣道，他们

---

① （明）吕坤撰，王国轩、王秀梅整理：《吕坤全集》（中），中华书局2008年版，第788页。

② （明）方孝孺著，徐光大点校：《方孝孺集》（上），浙江古籍出版社2013年版，第258页。

③ （明）方孝孺著，徐光大点校：《方孝孺集》（下），浙江古籍出版社2013年版，第909页。

所成就的人即圣人，他们所在的领域即圣域。故以他们为核心的传统就是圣神的传统即圣统。性命道德之本和礼乐政教之原就是此传统的实质性传统。此圣统说明，人生在世的意义就是进德修业。进德修业是心承圣统的基础性标准。笃学修身亲贤是进入圣域的通道，故圣域不是封闭的部落而是开放的花园。此圣统是以敬圣尊贤为中心而不以贵己贱贤为中心。正因为此传统不以贵己贱贤为中心，故相续此传统的人，就会自觉不断地笃学修身亲贤。因为他们知道应该追求什么样的角色即希贤由圣，他们亦知道应该相信什么样的言行原则即修己治人。圣贤是师即圣贤是他们言行的楷模。他们守护的信念是：未至圣贤则终生不已，即永远不息地走向自我完善和化民成俗，即不断切实推进人类社会的完善。他们笃信圣人圣世不是幻影而是真实不虚的实理。因为他们认为以区区几千年的历史为参照系而断言圣人圣世是乌邦托，亦是私心惑世祸世。

方孝孺曰："吾之所得者，大可以为圣，次可以为贤，上可以友千古，下可以传万世，能尽而充之，则岂不多哉。何暇与较锱铢分寸，以为轻重长短哉?"[①] 方孝孺相续的正是"贤豪志大业""举措流俗惊""取效非目前""默与千秋期"的圣统，所以他根本不在乎流俗的诋毁和诽谤。知此，可知后人俯视他，或诋毁和诽谤，或用区区一个时代的成败论他，其实没有任何意义。用历史境遇性的价值视角理解方孝孺，也根本看不清其实质性的价值及意义。本书借用维特根斯坦的理论，表达对此传统的态度。维特根斯坦在《关于伦理学的讲演》中说："伦理学是出自想要谈论生命的终极意义、绝对的善、绝对的价值，这种伦理学不可能是科学。它所说的东西对我们任何意义上的知识都没有增加任何新的内容。但这是记载人类心灵的一种倾向，我个人对此无比崇敬，我的一生绝不会嘲弄它。"[②] 圣学也是"谈论生命的终极意义、绝对的善、绝对的价值"的传统，与所谓倒退或前进的区区历史经验没有关系。

---

① （明）方孝孺著，徐光大点校：《方孝孺集》（上），浙江古籍出版社 2013 年版，第 367 页。

② ［奥］路德维希·维特根斯坦著，涂纪亮主编：《维特根斯坦全集》（第十二卷），河北教育出版社 2002 年版，第 9—10 页。

群圣楷模的价值是什么？马克思·舍勒说："它借以占据和塑造灵魂的注视方向和活动方向，这个方向指向未来。"① 群圣楷模不是"读书种子"的后景，而是他们的前景或愿景，可以说他们是"读书种子"的未来构图。"读书种子"对往圣充满激情的理解正是他们对未来新景观的远眺，所以用过去证明此圣域的虚妄不实，可谓南辕北辙，亦是徒自疲的自耗元气。那些笃信、笃行圣学传统的读书人，他们知道所谓八圣哲亦是闲名。朱熹不就说，"若晓得理，则经虽无亦可"②。同理亦然，若晓得理，则圣贤无亦可。圣贤就在人的心里，只能一时地遮挡，而无法永远地根除。这也是人性的一个真正向度。方孝孺曰："古今一理，智与愚一性也。能穷理而尽性，虽即吾身为孔孟可也。"③ 何其自信！马克思·舍勒在《世界观与政治领袖》里揭示："在经验性的人身上，并未一切都堪为楷模，但我敢冒昧直言：每个人身上都有一点堪为楷模的东西。"④ 这不就说明，人性中就有神圣的基因吗？东圣西哲，论理无不同。

马克思·舍勒说："所有国家的伟大思想家们与精英人物之间的一切基本见解都将日益（几乎是很奇怪地）趋于一致，尽管至今几乎没有什么人认识到这一点。"⑤《周易·系辞》曰："天下何思何虑？天下同归而殊途，一致而百虑。"⑥ 为何会这样？钱锺书说："东海西海，心理攸同；南学北学，道术未裂。"⑦ 又说："心同理同，正缘物同理同"；"思辨之当然，出于事物之必然，物格知至，斯所以百虑一致、殊途同归耳"；"心之同然，本乎理之当然，而理之当然，本乎物之必然，亦

① ［德］马克思·舍勒：《世界观与政治领袖》，曹卫东等译，北京师范大学出版社 2017 年版，第 67 页。

② （宋）黎靖德编，王星贤点校：《朱子语类》（七），中华书局 2015 年版，第 2607 页。

③ （明）方孝孺著，徐光大点校：《方孝孺集》（中），浙江古籍出版社 2013 年版，第 636 页。

④ ［德］马克思·舍勒：《世界观与政治领袖》，曹卫东等译，北京师范大学出版社 2017 年版，第 86 页。

⑤ ［德］马克思·舍勒：《哲学人类学》，魏育青等译，北京师范大学出版社 2014 年版，第 270 页。

⑥ 高亨：《周易大传今注》，清华大学出版 2010 年版，第 611 页。

⑦ 钱锺书：《谈艺录》，商务印书馆 2011 年版，第 3 页。

即合乎物之本然也”①。钱先生说理明道，见得深透，故能发明现象深隐的本质，直抉根源，令人心开目明。“心同理同”，“物同理同”，除此以外，还能有什么？没有什么不同。

圣德即性德，圣道即性道。圣德亦是人本性就有的东西，不是外在于人的附属物。圣人不过是性德的楷模即内在人性的真正呈现者，而不是知识的楷模，此恐怕才是人亲贤尊圣的根源，即人就有升华自己的天性。马克思·舍勒说：“从塑造我们的人生—个体之生以及一切形式的共体之生—并使之转向善或者恶的许许多多神秘莫测的权力和力量中，我想举出两种本质不同而又密切相关的力量：楷模与领袖”；“楷模的作用则是朦胧而神秘莫测的：楷模是在每个人和每个人群的灵魂深层蕴藏着、运动着和改变着的。它难于捉摸与把握”②。说得太好了！师圣恐怕不是利禄所能引诱的，亦恐怕不是举业所能牢笼的。方孝孺曰：“若予则愿学圣师之道者也。”③ 安乐哲说：

> “道”需要模范人物引领人们去学习，这样，它就要求儒学哲学家发挥个人示范作用——如同一个先遣兵，为未来后辈探索并指明一条“道路”。这样一种类比式的要求一些文化模范人物，在观念上是双向性的：既是给予，也是获取。人修养的本身就意味要向楷模人物学习，将被尊为表率的人物视作自己所处世界的文化引领者。同时，向贤者学习而取得个人成长，也让个人产生一种对行为素质的追求志向。④

借此译文作为方孝孺圣师的胜解，真是再好不过了。见贤思齐是人内在本质自由的呈现即自觉选择，体现的正是人的意志行为。黑格尔在

① 钱锺书：《管锥编》，生活·读书·新知三联书店 2015 年版，第 85 页。

② ［德］马克思·舍勒：《世界观与政治领袖》，曹卫东等译，北京师范大学出版社 2017 年版，第 64—67 页。

③ （明）方孝孺著，徐光大点校：《方孝孺集》（上），浙江古籍出版社 2013 年版，第 225 页。

④ ［美］安乐哲：《儒家角色伦理学：一套特色伦理学词汇》，［美］孟巍隆译，山东人民出版社 2017 年版，第 82 页。

《小逻辑》中说道："自由本质上是具体的，它永远自己决定自己，因此同时又是必然的。"[①] 愿学圣贤之道的志愿植根于方孝孺内在意志的自由的土壤里，亦延伸在生生不息的圣统里。物境根本动摇不了方孝孺的志愿，即使其遭遇的历史境遇亦不能影响。因为圣统根本不是历史范畴，而是德性范畴，所以圣统超然于朝代的兴衰之外，古今仁圣卓然自立于天下，无增无减，真是未尝往也。马一浮说："圣人往矣，百世之下，闻风犹有兴起者，则圣人固未尝往也。使吾人所见能得其全，则吾之与圣人无增无减，无小无大。曾谓此身一死，此理遂亡乎？"[②]

方孝孺曰："圣则汝师，贤尚友之。"[③] 方孝孺是自由地亲贤希圣的读书人，根本没有受任何外力的胁迫，完全出于自己的自觉选择，彻底地依赖于自己的意志，从而升华到了最高的圣境。其《杂诫三十八章》第三十章说："儒者之学，其至，圣人也。"又《笃行》有言："未至圣贤，终身不止。"[④] 这就是方孝孺，所持既定，不息其功，以此而始，以此而终，没有任何情境性境遇能撼动，可谓真正的"意志人"，或用方孝孺自己的话说，就是人中"铁汉"。这就是其素定的风骨。其《杂铭》曰："不能由希贤由圣，则学非真知。"[⑤] 不成人，所学皆虚而不实。圣人楷模是方孝孺心灵中最高的成人楷模，亦是其最愿意追随的楷模。

方孝孺《越车》曰："夫所慕者圣贤也，所法以自期者亦圣贤也。"[⑥] 因此，圣人楷模在他那里有价值信仰楷模的基础性特征。马克思·舍勒在《世界观与政治领袖》里如是论说："信仰在这里还不是宗

① ［德］黑格尔：《小逻辑》，贺麟译，商务印书馆 2009 年版，第 105 页。

② 马一浮著，吴光主编：《马一浮全集》（第一册下），浙江古籍出版社 2012 年版，第 669 页。

③ （明）方孝孺著，徐光大点校：《方孝孺集》（上），浙江古籍出版社 2013 年版，第 29 页。

④ （明）方孝孺著，徐光大点校：《方孝孺集》（上），浙江古籍出版社 2013 年版，第 26、39 页。

⑤ （明）方孝孺著，徐光大点校：《方孝孺集》（上），浙江古籍出版社 2013 年版，第 8 页。

⑥ （明）方孝孺著，徐光大点校：《方孝孺集》（上），浙江古籍出版社 2013 年版，第 218 页。

教意义上的信仰，其基础是对楷模样板极其价值之理性的、清楚的爱和充满理解的认识。”[①] 借此译文说明方孝孺的师圣真意，真是绝美！

如果说楷模被接受得愈早，愈能影响一个人的实质性发展，那么方孝孺就是经典的例证。他六七岁时，初入学读书，就愿学圣人，随着日月的推移，志气日强，秉持愈坚，德品和学品大而正，进而无衰，确乎其不可拔。可以说，圣人楷模参与了他成长的全过程，参与了他最内在的深层人格的构建，从而影响了他的在世命运。罗洛·梅说：“有一个原则是很清楚的：一个人的自我意识越强，他就越能从其父辈那里获得智慧并将其转化为他自己的东西。那些被传统力量所征服，无法在传统面前立足并因此向其投降、切断自己与它的联系或起而反抗的人，从其自己的个人同一性这种意义上说，是软弱的人。”[②] 借此自照。传统社会的“读书种子”，不是软弱的人，不是随人而转、辜负自己的人，而是卓然有立的人。今天亦必须肯定地说：传统社会出类拔萃的读书人不是圣人楷模的影子，更不是迷失在圣人崇拜中的奴婢，而是在圣人的带领下升华自己的精神运动，直达光明圣域圣贤。前圣后圣，彼此辉映，星河灿烂，照映千古。梁启超（1873—1929）说：“孔子的人格，无论在何时何地，都可以做人类的模范。我们和他同国，做他后学，若不能受他这点精神的感化，真是自己辜负自己了。”[③] 梁先生说的正是圣者的楷模效益。圣人的文化楷模效应恒定地向扑朔迷离的未来辐射。

吕坤曰：“要非人，先要认底自家是个什么人；要认底自家，先看古人是个什么人。”[④] 此即观人修己，此即见贤思齐。圣学是具有丰富精神内容的实质性的传统，此传统是传统社会“读书种子”通向圣域的光明磊落的通道。宗贤之学，著于“六艺”，而大备于方孝孺之书。真正的问题不是尊不尊圣贤的问题，而是如何理解自己和认识自己的问

① ［德］马克思·舍勒：《世界观与政治领袖》，曹卫东等译，北京师范大学出版社 2017 年版，第 82 页。

② ［美］罗洛·梅：《人的自我寻求》，郭本禹、方红译，中国人民大学出版社 2013 年版，第 159 页。

③ 梁启超：《梁启超论儒家哲学》，商务印书馆 2012 年版，第 187 页。

④ （明）吕坤撰，王国轩、王秀梅整理：《吕坤全集》（中），中华书局 2008 年版，第 697 页。

题，即先要认清自家是个什么人的问题。

凯伦·阿姆斯特朗在《轴心时代》中有深刻阐发："孔子将'自我原则'看作人性中褊狭与残忍的根源。"① 是的！尚类古今仁圣是读书人的传统。不过，此传统已流失得相对严重。罗洛·梅说："这里有个表面上真实的悖论，每个人在其自身的体验中无疑都知道它是正确的，即一个人越能深刻地面对和体验历史传统中所积累起来的财富，那他同时就越能独特地认识自己、成为自己。""传统会教会我关于人类生活的什么东西呢？那么他就是在利用历史传统中所积累起来的智慧财富以丰富和指导作为一个自由个体的自己。"② 借此域外心理学家的理论，也许能领略仁人志士尚类古贤传统的当代意义和价值。方孝孺曰："彼何独可为圣贤，而吾何独不可为哉？"③ 安乐哲说："每当捧起儒学经典，我们想到的都是，当然要借鉴其一系列观念，对自己所为检讨反思，而我们更根本的，是以文化英雄之教诲与榜样为精神激励，将我们自己修养为更好的人。"④ 安乐哲也可说是圣学的"读书种子"。

凯伦·阿姆斯特朗在《轴心时代》中深刻地说明贤哲的价值和意义。她是这样说的：

> 贤哲们并非乌托邦式的空想家，而是务实的，其中的很多人非常关注政治和政府管理。他们确信，推己及人并不是听来有益，而是确实有实际作用。同情和兼爱是最好的政策。我们应当重视他们的见解，因为他们是有经验的专家。他们投入了大量时间和精力，专心思考'善'的本质。他们为寻求治愈人类精神上的疾患所花

① 凯伦·阿姆斯特朗：《轴心时代》，孙艳燕、白彦兵译，海南出版社 2016 年版，第 237 页。

② ［美］罗洛·梅：《人的自我寻求》，郭本禹、方红译，中国人民大学出版社 2013 年版，第 160—161 页。

③ （明）方孝孺著，徐光大点校：《方孝孺集》（中），浙江古籍出版社 2013 年版，第 634 页。

④ ［美］安乐哲：《儒家角色伦理学：一套特色伦理学词汇》，［美］孟巍隆译，山东人民出版社 2017 年版，第 5 页。

> 费的精力，与当今的科学家试图找到治疗癌症的方法所花费的精力相当。我们所专注的事情是不同的。轴心时代是产生精神天才的时代，我们则生活在一个产生科技天才的时代，但我们的精神教育往往是欠发达的。①

凯伦·阿姆斯特朗的学术精神旨趣是轴心时代的，她做的事情就是唤醒人们对轴心时代的贤哲们的同情理解和对轴心传统的建设性利用。她是人类轴心时代贤哲的“读书种子”，相续的是他们的真血脉。方孝孺曰：“凡游乎圣人之门者，皆有闻乎其一二，而圣人之道固自若也。岂惟当世为然，千载之后，得其全者为大贤，得其正者为君子，得其偏者犹不失善人”；“孰能舍斯道而自立哉？”② 马克思·舍勒说：“从根本处来看，精英人物会以过去一切伟大的思想家为榜样，按照他们的教导，从自身精神的自发力量中，从自己对世界及历史的经验中，得出对他们生活与行为的出发点。”③ 嵇康曰：“寄胸怀于八荒，垂坦荡以永日。斯非贤人君子高行之美者乎？”④

第四节　激扬豪杰圣贤

方孝孺曰：“人莫贵于自知，自知然后可以知人。”⑤ 惟有圣人才能理解圣人，惟有豪杰才能心赏豪杰。方孝孺自己就是豪杰圣贤，因而能与古今豪杰游，同时他也不遗余力地呼唤豪杰和激扬豪杰精神。这体现的是方孝孺关心人心和世道的仁心。学术不仅要明道，还要起兴，也就

① ［英］凯伦·阿姆斯特朗：《轴心时代》，孙艳燕、白彦兵译，海南出版社 2010 年版，第 456 页。

② （明）方孝孺著，徐光大点校：《方孝孺集》（中），浙江古籍出版社 2013 年版，第 460 页。

③ ［德］马克思·舍勒：《哲学人类学》，魏育青等译，北京师范大学出版社 2014 年版，第 269 页。

④ （三国）嵇康撰，戴明杨校注：《嵇康集校注》，中华书局 2015 年版，第 371 页。

⑤ （明）方孝孺著，徐光大点校：《方孝孺集》（上），浙江古籍出版社 2013 年版，第 181 页。

是要花开满枝，要活色生香，要理事兼申、体用相待。

有鉴于此，本书将方孝孺关于豪杰的种种说法，从其著述中打捞出来，重新进行组合和排列，使之同条共贯，成为浪花相逐而合于兴化的活色生香的学问。如钱锺书所说："《易林》以声声相续为声声相'逐'，活泼连绵，音态不特如轮之转，抑如后浪之趁前浪，兼轮之滚滚与浪之滚滚。"[①] 如此发动读者之精神，提撕读者之志意，方不使"豪杰之士咸有遗恨"。

方孝孺曰："古昔豪杰之士，居乎穷庐陋巷之中，布衣蔬食不足以自给，而深思生民安危之由，政教得失之故，古今治乱之原，而为之营度计画，汲汲若谋其私，彼岂不欲自逸，而过为是忧劳也哉？"[②] 又曰："惟豪杰之士，智周乎人情，才达乎事为，故行而不罔、不野、不固。"[③] 又曰："其才良，其行果，盖豪杰之士也。"[④] 又曰："虽晦其身而其心未尝不经营乎天人之际，上下求古今豪杰，而尚友之也。"[⑤] 又曰："予窃有意于道，而患萎靡不振，思起古豪杰而与之游。"[⑥] 又曰："袁粲宋之忠义大臣"，"劲气俊节可比汉王陵、王充，凛然有古豪杰风。"[⑦] 又曰："盖豪杰之士，非当时奸雄所及也。"[⑧] 又曰："古之传世者，虽不可胜举，而其大较，皆豪杰之士道德充溢于中，事功显于当时，为天下所仰服，故其余言绪论之所及，无意于

① 钱锺书：《管锥编》（第二册），生活·读书·新知三联书店 2015 年版，第 849—850 页。

② （明）方孝孺著，徐光大点校：《方孝孺集》（中），浙江古籍出版社 2013 年版，第 648 页。

③ （明）方孝孺著，徐光大点校：《方孝孺集》（上），浙江古籍出版社 2013 年版，第 19 页。

④ （明）方孝孺著，徐光大点校：《方孝孺集》（下），浙江古籍出版社 2013 年版，第 717 页。

⑤ （明）方孝孺著，徐光大点校：《方孝孺集》（上），浙江古籍出版社 2013 年版，第 273 页。

⑥ （明）方孝孺著，徐光大点校：《方孝孺集》（下），浙江古籍出版社 2013 年版，第 710 页。

⑦ （明）方孝孺著，徐光大点校：《方孝孺集》（上），浙江古籍出版社 2013 年版，第 191 页。

⑧ （明）方孝孺著，徐光大点校：《方孝孺集》（下），浙江古籍出版社 2013 年版，第 717 页。

传，而后世自传之。"[①] 又曰："怡怡然自喜，奕奕然自衒者，竖子之雄，非豪杰之士也"；"余求士于今世，病乎此也久矣。思得如古豪杰者而友之，而未之见"；"予未尝不叹以为豪杰之士，难乎其人。"[②] 又曰："是以二帝三王之之礼乐政教遗文旧俗，历数千年以至于今，时易世迁，几至于不可复者，岂无豪杰之士生乎其间，而欲正之哉？"[③] 又曰："后之君子未尝无才也，卒之不若古之豪杰立德宏而成功大者，其所见者浅，而为富贵所休也。"[④] 又曰："抑习俗之移人也，俗之降衰，日趋而日下，特立而不变者，惟豪杰之士能之。"[⑤] 又曰："若夫豪杰之士则不然，其于天下之故，以是而始，以是而终，用某策则速成而劳，用某策则淹久而逸，炳然默识于心胸之中，而不为群议所夺。"[⑥] 又曰："当今之世，非豪杰之才恶能救之乎？"[⑦] 又曰："当今之世，非大贤豪杰不足振起之，苟无其力，虽有志何益耶！"[⑧] 又曰："世有英杰，生民之望。"[⑨] 又曰："夫俊杰之士非恒人所知，亦明矣。"[⑩] "豪杰之士，修于众人之中，混于陇亩之间，忽然行于世，则德被生民，著之书，则泽

① （明）方孝孺著，徐光大点校：《方孝孺集》（中），浙江古籍出版社 2013 年版，第 417 页。

② （明）方孝孺著，徐光大点校：《方孝孺集》（中），浙江古籍出版社 2013 年版，第 511 页。

③ （明）方孝孺著，徐光大点校：《方孝孺集》（中），浙江古籍出版社 2013 年版，第 441 页。

④ （明）方孝孺著，徐光大点校：《方孝孺集》（中），浙江古籍出版社 2013 年版，第 533 页。

⑤ （明）方孝孺著，徐光大点校：《方孝孺集》（中），浙江古籍出版社 2013 年版，第 400 页。

⑥ （明）方孝孺著，徐光大点校：《方孝孺集》（中），浙江古籍出版社 2013 年版，第 551 页。

⑦ （明）方孝孺著，徐光大点校：《方孝孺集》（中），浙江古籍出版社 2013 年版，第 532 页。

⑧ （明）方孝孺著，徐光大点校：《方孝孺集》（中），浙江古籍出版社 2013 年版，第 404 页。

⑨ （明）方孝孺著，徐光大点校：《方孝孺集》（下），浙江古籍出版社 2013 年版，第 719 页。

⑩ （明）方孝孺著，徐光大点校：《方孝孺集》（上），浙江古籍出版社 2013 年版，第 359 页。

流于后世，岂务自耀哉！”[①] 又曰：“豪杰之士制于命而不获施者，众矣。”[②] 又曰：“天下非无豪杰之士，而不见著于世，何耶？岂其智勇之不及，忠义之沮丧与？用之失其时，处之违其机者众也。”[③] 又曰：“道术可以化天下，而遇合则安乎命也。该博可以贯万世，而是非不违乎圣也。无求于利达，故金门玉堂而不以为荣，无取于患难，故遐陬绝域而中心未尝病也。卓然间气之挺出，粹然穷理而尽性也。事功言语传于世者，乃其绪余。而其所存之深，所守之正，挠之而不倚，挹之而不罄也。是盖将友千古之豪杰，待知己于后世，而非适意于俄顷也。彼外物之往来，何足以累其大全，而吾犹冀天道之终定也。”[④]

方孝孺关于豪杰的言说，如一家眷属，纷至沓来；或一树花，争妍竞秀。同样地，英国思想家卡莱尔（1795—1881）对“英雄”与“英雄崇拜”有这样的体认：

> 令人欣慰的是，不管我们怎样看待伟人，伟人都是有益的伙伴。如果我们从一个伟人身上得不到什么东西，我们便不可能敬仰他，哪怕是不完全的敬仰。伟人是自身有生命力的光源，我们能挨近他便是幸福快乐，这光源灿烂夺目，照亮了黑暗的世界。他不是一支被点亮的蜡烛，而是上天恩赐我们的天然光源。这就是我所说的质朴的真知灼见，人类和英雄的崇高性之熠熠光源。沐浴在这光辉中，所有灵魂都感到畅快。[⑤]

读此译文，或许能对传统社会里的敬贤传统，有些许同情理解，而

---

① （明）方孝孺著，徐光大点校：《方孝孺集》（上），浙江古籍出版社 2013 年版，第 364 页。

② （明）方孝孺著，徐光大点校：《方孝孺集》（下），浙江古籍出版社 2013 年版，第 717 页。

③ （明）方孝孺著，徐光大点校：《方孝孺集》（下），浙江古籍出版社 2013 年版，第 716 页。

④ （明）方孝孺著，徐光大点校：《方孝孺集》（下），浙江古籍出版社 2013 年版，第 724 页。

⑤ ［英］卡莱尔：《英雄和英雄崇拜》，张峰、吕霞译，上海三联书店 1988 年版，第 2 页。

不谩骂，用比较尊敬的语调讲说他们，而不再动不动用“小人”和“乡原”的价值视域，肆无忌惮的议论。王夫之曰：“有豪杰而不圣贤者矣，未有圣贤而不豪杰者也。能兴即谓之豪杰。兴者，性之生乎气者也。托沓委顺当世之然而然，不然而不然，终日劳而不能度越于禄位田宅妻子之中，数米计薪，日以挫其志气，仰视天而不知其高，俯视地而不知其厚，虽觉如梦，虽视如盲，虽勤动其四体而心不灵，惟不兴故也。圣人以《诗》教以荡涤其浊心，震其暮气，纳之于豪杰，而后期之以圣贤，此救人道于乱世之大权也。”[1] 方以智曰：“今夫身经险阻之士，览史论世，设身处地，一观古人在患难中，我汤火矣。适古人得志扬眉之时，我披襟当雄风矣。歌咏所适，神为之解，耳目为之倏申，手足为之舞蹈”[2]；“渐摩鼓舞，气质不知其化而化矣，操履不知其和而和矣。出以济国，处以善俗。业立行达，无忝所生。仰事俯育，通于神明。匡坐弦歌，足以引年。朋来不愠，足以忘世。人尚不知此谓读书之事务，又能知读书之神于用虚耶？”[3] 移王夫之和方以智的美论，作为旁通方孝孺豪杰观念及其价值的法门，一洗寻常草木春。

---

① （明）王夫之：《船山全书》（第十二册），岳麓书社2011年版，第479页。

② （明）方以智：《浮山文集》，华夏出版社2017年版，第366页。

③ （明）方以智：《浮山文集》，华夏出版社2017年版，第366—368页。

第六章　方孝孺与群圣之道

曹聚仁（1900—1972）在《中国学术思想史随笔》中有如下议论：

> 提倡尊孔读经的腐儒们，爱说“通经致用”，有人还说“半部《论语》治天下”。究竟有什么用处呢？顾颉刚氏说得好：我们可以干脆回答一句——没有用处。因为《诗经》里的诗，已经不能唱了；《易经》里的占卜，也是我们所不能相信的；《礼经》和《礼记》中，许多琐碎的礼节，我们看了也头疼；《春秋》中的褒贬予夺，完全为着维持统治阶级的尊严，跟现代的伦理，也是南辕北辙，毫不相干；《尚书》里所记的话，动不动就叫着上帝和祖先，能使我们用理性来相信吗？那些东西，实在只有一种无用的用处——就是它的史料价值。①

曹先生所秉持的亦是新史家的治经理念。新史家多是经学的“知识种子”，他们并不持守“通经致用”的信念。

笔者坚信提高自己身心修养之深切必要，将群经当作修身明道的圣智圣慧，而不当作“僵尸”般的史料不动心地解剖，切己体究其义理，复自己本然之善，虽不知道是否利于世道人心，然自己确实获益良多，毕竟所有的问题，最终不得不归因于做什么人的问题，而做人的问题依然是最困惑人的问题。人在世的最迫切任务，在笔者看来，就是成就这个人，而不是纯粹解决与自己无关的史料问题。

---

① 曹聚仁：《中国学术思想史随笔》，生活·读书·新知三联书店2012年版，第99页。

笔者为了体究方孝孺究竟是什么样的“读书种子”，还得重新启蒙自己，不得不悬置之前所接受的纯粹知识的价值视域，而反身修德，切己体究圣学义理，设身处地体悟方孝孺其人其学，进入他的心灵世界和生活实际，尝试与之交流与沟通，体会他所遭受的苦难，理解他的志愿、探寻他生活的思想感情，特别是体究他是如何成为他想成为的这个人的。因此，本书特别重视切己体究方孝孺所接受的高质量文化传统，并把他放置于这个传统中上下古今地领会。方孝孺是活生生的人，是真男子，是大丈夫，不是僵死的历史史料。方孝孺是敬重圣学及圣统的读书人，而这个传统并没有妨碍他成为他想成为的这个人，恰恰相反，这个传统成就了他这个人。

第一节　“维用其诚而已”

方孝孺的《明辨》曰：“圣人治天下，岂用诈术揣量天下之人情以为赏罚哉！亦惟用其诚而已。”① “用诚”是圣贤之学用以自治与治人的重要观念，所以诚立则天下可治，此可不论。而本书议论的是导致个人拥护这种价值信念的深切的感受和强烈的兴趣。龚自珍（1792—1841）曰：“古先册书，圣智心肝”；又曰：“古先册书，圣智心肝。”② 刘梦溪曰：“由此可知，撰文著论有无心肝，亦是评判人文作者的一个深在的标准。”③ 刘先生的价值视域显然也是古今仁圣的视域。

《周易》乾卦九三爻辞曰：“君子终日乾乾，夕惕若，厉，无咎。何谓也?”乾卦《文言》圣人曰：“君子进德修业，忠信，所以进德也。修辞立其诚，所以居业也。”此即圣人对乾卦九三爻辞的释义，说的其实就是诚敬之道。刘梦溪对此有非常好的意译，转引于此，以助取意。刘先生曰：

---

① （明）方孝孺著，徐光大点校：《方孝孺集》（上），浙江古籍出版社2013年版，第212页。

② （清）龚自珍著，王佩诤校：《龚自珍全集》，上海古籍出版社2000年版，第87页。

③ 刘梦溪：《学术与传统》（下卷），北京时代华文书局2017年版，第1364页。

“君子为人为事，每天都自强不息，无一刻松懈，到了一天的晚上，还严格反省自查，看是否有所疏漏，这样才能避免过失。为什么要这样呢？孔子说，一个有修养的人进修德行，成就功业，靠的是忠诚与信义，因此言辞的表达，应该以诚为本，非如此不能站得住脚跟。只有对此有透彻的认知，方有资格讨论将发未萌之时可能出现的问题；能做到结果未出现时就能预知最终的结果，这样的人才值得与之研究义理。由于知道最终结果，所以处于上位，也不敢骄慢；处于下位，因知其将变，亦可无忧。也就是说，只要自强不息而又时时怀有悚惕之心，虽然遇到危难，也不致没有转机。”①

刘先生的意译，明白晓畅，没有遗漏义理，可谓美矣！《左传·襄公二十四年》记载了鲁国的叔孙豹与晋国的范宣子关于“死而不朽”的探讨。叔孙豹曰：“太上有立德，其次有立功，其次有立言，虽久不废，此之谓不朽。”唐人孔颖达的解释是：“立德谓创制垂法，博施济众，圣德立于上代，惠泽被于无穷”；“立功谓拯厄除难，功济于时”；“立言谓言得其要，理足可传”②。人类活动的正向价值，无论过去、现在或将来，都可概括为“立德”“立功”“立言”这三类。此即人类最高的三大价值即真、善、美的涵盖领域。人的文化艺术活动，自然属于立言范畴，而其绝对的评价原则，就是圣人所谓“修辞立其诚”。这是不能动摇的根本准则。

依据圣人的立言原则即“修辞立其诚”，也即文化艺术用以显德性，或者说文化艺术的创造应该是人真性活动的自然流露，理应绝假纯真，否则天理难容。《礼记·中庸》曰：“诚者，天之道；诚之者，人之道也。”③ 可见，“诚”是圣学的实质性的价值理念，或者可说是基础性的价值理念。圣人、贤人、君子、狂者、狷者的文化艺术活动之所以动人心魂，最根本的原因是这是他们的真性活动，因而他们创造的文化艺术活色生香，令人赏心悦目。

---

① 刘梦溪：《学术与传统》（下卷），北京时代华文书局 2017 年版，第 1182 页。

② （清）阮元校刻：《十三经注疏》（第四册），中华书局 2019 年重印版，第 4297 页。

③ （宋）朱熹：《四书章句集注》，中华书局 2011 年版，第 31 页。

圣学立诚的体用究竟是什么？朱熹曰：“诚，实理也。”① 何谓“实理”？钱锺书在《谈艺录》中说道：“僧达观撰惠洪《石门文字禅序》曰：‘禅如春也，文字则花也。春在于花，全花是春。花在于春，全春是花。而曰禅与文字有二乎哉。’余因悟黑格尔所谓实理（Idee），即全春是花、千江一月、‘翠竹黄花皆佛性’”；“黑格尔以为事讬理成，理因事著，虚实相生，共殊交发，道理融贯迹象，色相流露义理”②。借此可领会朱熹所谓“实理”及其体用。

王阳明曰：“诚是心之本体，求复其本体，便是思诚的工夫。”③ 王阳明此说极好！既然“诚是心之本体”，那么所谓“立人”就是“立诚”和“存诚”。又曰：“心之本体即是性，性即是理。”④ 既然如此，那么“立诚”即“穷理尽性”的圆满实现。难怪周敦颐（1017—1073）的《通书》曰：“诚者，圣人之本。”⑤ 马一浮曰：“学而至于圣人，方为尽己之性，此乃常道，初无奇特。”⑥ “立诚”即“尽己之性”而已。孟子曰：“反身而诚，乐莫大焉。”刘梦溪曰：“‘反’即回归，就是复其自身的本然之诚”；“使‘诚’之‘体’与自身的性自体合二为一”；“精神的本我就自在自足了”⑦。此即真正的“自我实现”，达到“春在于花，全花是春。花在于春，全春是花”的大境界，自然“乐莫大焉”。

依据以上举证分析可知，“诚”是圣学非常重要的价值理念。谢无量（1884—1964）的《国民立身训·诚实论》曰：“刘元城见司马温公，问尽心行己之要，可以终身行之者。公曰：‘其诚乎’？刘问行必何先，公曰：‘自不妄语始’。”然后谢先生说：“吾国以诚之一字，为

---

① （宋）黎靖德编，王星贤点校：《朱子语类》（一），中华书局2015年版，第102页。
② 钱锺书：《谈艺录》，商务印书馆2011年版，第556页。
③ （明）王守仁撰，吴光等编校：《王阳明全集》（上），上海古籍出版社2011年版，第31页。
④ （明）王守仁撰，吴光等编校：《王阳明全集》（上），上海古籍出版社2011年版，第22页。
⑤ （明）曹端著，王秉伦点校：《曹端集》，中华书局2003年版，第28页。
⑥ 马一浮著，吴光主编：《马一浮全集》（第一册下），浙江古籍出版社2012年版，第557页。
⑦ 刘梦溪：《学术与传统》（下卷），北京时代华文书局2017年版，第1172、1170页。

作圣之功，其义高远。”[①]“思诚”即“作圣之功”。用马一浮的诗说，那就是“立心要使天地贞”[②]。“心志的真诚”应是“立言”的铁律。马克斯·韦伯说：“唯有理智的正真诚实，才是最有价值的美德。”[③]帕斯卡尔·博尼法斯说：“理智的真诚应该是绝对的原则。”[④]圣学贬斥“小人乡愿”，其原因就是“伪”即不“诚”。刘宗周曰：“学以诚意为极则。”[⑤]

何谓“诚意”？刘梦溪曰：“‘诚意’一词的意象，也可以用弥漫周身，无有空隙来取譬”；“‘诚’就会充满自性的本体，变成性体之诚，使得‘诚’无间断、无空隙，周身皆诚，从而达到‘自诚明’的境界。‘自诚明’的境界，是‘诚’的最高境界，其哲学义涵可概括为‘天之道’和‘人之道’的浑成无隙，天道和性自体合一。所以，《中庸》说：‘自诚明’，谓之性。’所谓‘自诚明’，乃是性体因明善、守善、固善而通体澄明洞彻者也。”[⑥]此即陆九渊所谓“宇宙便是吾心，吾心即是宇宙”的境界。《礼记·中庸》曰：“唯天下至诚，为能尽其性；能尽其性，则能尽人之性；能尽人之性，则能尽物之性；能尽物之性，则可以赞天地之化育；可以赞天地之化育，则可以与天地参矣。”[⑦]此即“至诚如神”的原理。此原理说明唯有“至诚”才能“尽人之性”和“尽物之性”，从而达到“与天地参”的境界，此即“天道”和“人道”合二为一的大境界，也就是达到所谓与天地万物为一体的大境界。此即圣学所谓“至善”“至真”“至美”的太极境界。可以说是中国文化艺术的圣境。

---

① 谢无量：《国民立身训》，知识产权出版社2015年版，第101页。

② 马一浮著，吴光主编：《马一浮全集》（第三册上），浙江古籍出版社2012年版，第16页。

③［德］马克斯·韦伯：《马克斯·韦伯社会学文集》，阎克文译，人民出版社2015年版，第151页。

④［法］巴斯卡尔·博尼法斯：《造假的知识分子——诺言专家们的媒体胜利》，河清译，商务印书馆2013年版，第9页。

⑤ 沈善洪主编：《黄宗羲全集·明儒学案》，浙江古籍出版社2005年版，第961页。

⑥ 刘梦溪：《学术与传统》（下卷），北京时代华文书局2017年版，第1177页。

⑦（宋）朱熹：《四书章句集注》，中华书局2011年版，第33页。

由此可知，方孝孺的所有言行，皆是真性活动，其源出于至诚，不杂以伪，所以散发着醉人的芬芳。这就是圣学真血脉，而方孝孺作为“读书种子”，负荷的不就是这种惊天地泣鬼神的圣学正脉吗？所以，不知圣学诚道，就不可能理解方孝孺。方孝孺曰：

> 人之心至深而不可测，犹泽也。将何以孚之哉？苟以威刑感之，则犹以石沉泽也，徒挠之耳；以智计感之，犹以火投泽也，徒自劳耳；以号令感之，犹以雷动泽也，徒震撼耳；能感之者，其惟诚乎！以诚感民，则有不言而信者矣。岂惟居上位者为然也，虽公卿大夫亦然；以诚事君则君信，以诚莅事则事治，以诚享神则受福矣。岂惟公卿大夫为然也，虽士亦然。亲亲也，匪诚则离；处乡党也，匪诚则怨；交朋友也，匪诚则爽。岂惟士为然也，惟艺亦有然者。孔子曰：“人而无恒，不可以作巫医。”恒者常理也，谓诚也。医而非诚，将孰信之哉？[①]

方孝孺这里用正反两方面兼顾的策略来说明的正是圣学诚道的大用，即“以诚感民则民信”，“以诚事君则君信”，“以诚莅事则事治”，“以诚享神则受福”，总结而言，就是“维用其诚而已”。方孝孺可谓“用诚”的典范人物。圣贤之学所谓“诚”即“常理”，也就是“实理”。《礼记·中庸》曰：“至诚之道，可以前知：国家将兴，必有祯祥；国家将亡，必有妖孽。见乎蓍龟，动乎四体。祸福将至，善必先知之，不善必先知之。故至诚如神。”而方孝孺这里繁说的正是至诚如神的种种事项，用王阳明的话说，那就是“立诚”二字尽之矣。《周易》第六十一卦是“中孚”卦。孔颖达的《周易正义》曰：“信发于中，谓之中孚。”[②] 程颐曰：“一心之谓诚，尽心之谓忠，存于中者之谓孚，见于事者之谓信。”[③]“中孚”卦说的就是程

---

① （明）方孝孺著，徐光大点校：《方孝孺集》（上），浙江古籍出版社 2013 年版，第 275 页。

② （清）阮元校刻：《十三经注疏》（第一册），中华书局 2019 年重印版，第 146 页。

③ （宋）黎靖德编，王星贤点校：《朱子语类》（二），中华书局 2015 年版，第 490 页。

颐所谓“至诚感通之理”[1]，方孝孺所谓“诚立乎此而应乎彼”[2]，“至诚通造化”[3]，“诚可回天地”[4]。而“感通之理”的法宝，就是圣贤之学所谓“诚敬之道”。人内无敬德，则无至诚，故敬为立诚之基。或者直接说，圣学所谓立诚，就是立敬。方孝孺曰：“主敬立诚，卓为天民。”[5] 方孝孺标举圣学诚道并践行圣学诚道，确实有感于其时代风气。其曰：“荡荡流俗，机诈日繁。上下胥欺，莫知其耨。”[6]

第二节　“以敬蓄德”

方孝孺是经典的气象崇高的读书人。凌迪知的《方孝孺》曰：“洪武中召至京，上见其举动端肃，谓皇太孙曰：‘此庄士也，当老其才以辅汝。’”[7]“庄士”即品相呈现自性庄严的人。不立于礼的人，恐怕很难有如此的德相。笔者在生活中就很少遇到气象崇高的人。这也可以反证，礼仪在人之成为人的过程中是何等的重要。最让人痛苦不堪的是我们生活世界里人伦关系缺乏最基本的庄重性，这恐怕和轻视礼仪传统有深在的关联，无礼让人生活变得不自由，这是笔者最痛苦的体验。

方孝孺是以礼自治的典范。他在《幼仪杂箴》的序中说：“道之于事，无乎不在乎。古人自少至长，于其所在皆致谨焉，而不敢忽。故行

① （宋）程颢、程颐撰，潘富恩导读：《二程遗书》（下册），中华书局 2020 年版，第 2011 页。

② （明）方孝孺著，徐光大点校：《方孝孺集》（上），浙江古籍出版社 2013 年版，第 212 页。

③ （明）方孝孺著，徐光大点校：《方孝孺集》（下），浙江古籍出版社 2013 年版，第 950 页。

④ （明）方孝孺著，徐光大点校：《方孝孺集》（下），浙江古籍出版社 2013 年版，第 951 页。

⑤ （明）方孝孺著，徐光大点校：《方孝孺集》（上），浙江古籍出版社 2013 年版，第 258 页。

⑥ （明）方孝孺著，徐光大点校：《方孝孺集》（上），浙江古籍出版社 2013 年版，第 256 页。

⑦ 张常明编注：《逊志斋外集》，上海古籍出版社 2009 年版，第 39 页。

跪揖拜，饮食言动，有其则；喜怒好恶，忧乐取予，有其度。"[①]谨礼是方孝孺素定的生活风格。礼义是他的治具，即"自我完善"的技术。他自定了具体的日常言行的礼则，并严格而稳定地依据自立的礼则涵养德性，变化气质，即"自我训练"。动容周旋，不离礼法地完善自己和发展自己，心无旁骛因而很少受外在境遇的影响。此即方孝孺所谓"持敬勿坠"[②]和"以敬蓄德"[③]。方孝孺"自治"即"持敬"的力量极其强大和稳定。少年时期竟然就"自治"出凝重之庄严相。凝重之相可谓是我中华面貌之相的神品。方孝孺的德相风格亦是他的文章风格。读他的文章亦令人起庄敬之心。方孝孺真是礼乐君子，相续的是礼学的真血脉。

《礼记·礼运》曰："礼义也者，人之大端"；"故礼也者，义之实也"；"故唯圣人为知礼之不可以已也。故坏国、丧家、亡人，必先去其礼"；"故礼之于人也，犹酒之有糵也，君子以厚，小人以薄"；"故治国不以礼，犹无耜而耕也；为礼不本于义，犹耕而弗种也；为义而不讲之以学，犹种而弗耨也；讲之于学而不合之以仁，犹耨而弗获也；合之以仁而不安之以乐，犹获而弗食也；安之以乐而不达于顺，犹食而弗肥也。四体既正，肤革充盈，人之肥也。父子笃，兄弟睦，夫妇和，家之肥也。大臣法，小臣廉，官职相序，君臣相正，国之肥也"[④]。《礼记·经解》曰："以旧坊为无所用而坏之者，必有水败；以旧礼为无所用而去之者，必有乱患。""故礼之教化也微，其止邪也于未形，使人日徙善远罪而不自知也，是以先王隆之也。"[⑤]《礼记·礼器》曰："忠信，礼之本；义理，礼之文也。无本不立，无文不行"；"礼也者，犹体也。体不备，君子为之不成人"[⑥]。

---

① （明）方孝孺著，徐光大点校：《方孝孺集》（上），浙江古籍出版社2013年版，第1页。

② （明）方孝孺著，徐光大点校：《方孝孺集》（上），浙江古籍出版社2013年版，第9页。

③ （明）方孝孺著，徐光大点校：《方孝孺集》（上），浙江古籍出版社2013年版，第5页。

④ （清）孙希旦：《礼记集解》（中），中华书局2022年版，第617—619页。

⑤ （清）孙希旦：《礼记集解》（下），中华书局2022年版，第1257页。

⑥ （清）孙希旦：《礼记集解》（中），中华书局2022年版，第625、651页。

笔者现在切己体究这些圣学之礼学要言，不但不觉其琐碎反而觉得言简意赅，看了亦不觉得头疼，反复体究，反而觉得意味无穷，欣慨交心，不能自已。孔子曰："安上治民，莫善于礼。"① 礼至则不争，礼至则安、礼至则远耻辱，故礼为大。笔者读班固的《汉书》，遇到最高频的词语正是"不敬"，深深地体会到了"不敬"真是祸源。大哉！孔子之言，立于礼。谨于礼是圣学的实质性传统。方孝孺正是立于礼的活楷模。笔者现在对礼学的亲切体验，恐怕与方孝孺没有什么不同！

方孝孺曰："非礼之事勿行，非义之货勿入。礼义所出是为清门，悖傲所出是为祸门"；"礼者，君子恒履之器也。不可斯须远于身，岂以家之贫富，时之通塞为行否"；"礼义不立，曷所不至哉"②。方孝孺所言与圣人所言没有什么不同。无礼真是取败、取辱、致乱的祸门。《礼记·礼运》曰：

> 言偃复问曰："如此乎礼之急也？"孔子曰："夫礼，先王以承天之道，以治人之情，故失之者死，得之者生。"诗曰："相鼠有体，人而无礼。人而无礼，胡不遄死？"是故夫礼，必本于天，淆于地，列于鬼神，达于丧、祭、射、御、冠、昏、朝、聘。故圣人以礼示之，故天下国家可得而正也。③

礼是关系人生死的大问题，亦是十分迫切的问题。没有礼就根本没有自由和幸福可言。所以传统社会改朝换代后，无不起用大儒制定礼仪制度，其偶然哉？方孝孺出生于礼义德范之家，接续的是圣学的礼学学脉。方孝孺曰："方氏之学，以行为本，以穷理诚身为要，以礼乐政教为用。"④ 这就是方孝孺的学术旨趣，可见他心志的真好不在于造文。

试问，礼学的真血脉究竟是什么？《礼记·曲礼》曰："毋不敬，

① （清）孙希旦：《礼记集解》（下），中华书局2022年版，第1257页。

② （明）方孝孺著，徐光大点校：《方孝孺集》（上），浙江古籍出版社2013年版，第11、125、108页。

③ （清）孙希旦：《礼记集解》（中），中华书局2022年版，第585页。

④ （明）方孝孺著，徐光大点校：《方孝孺集》（上），浙江古籍出版社2013年版，第59页。

俨若思，安定辞，安民哉!"[①] 六经中"敬"字比比皆是。后来的儒家圣哲，更是将敬义大明于世。《二程集》则有："入道莫如敬，未有能致知而不在敬者"；"敬义夹持，直上达天德自此"；"敬胜百邪"；"涵养须用敬，进学则在致知"；"当大震惧，能自安而不失者，惟诚敬而已"；"敬者人事之本"[②]。朱熹说："'敬'字功夫，乃圣门第一义，彻头彻尾，不顷刻间断"；"'敬'之一字，真圣门之纲领，存养之要法。一主乎此，更无内外精粗之间"；"敬是立己之本"；"盖圣贤之学，彻头彻尾，只是一'敬'字。致知者，以敬而致之也；力行者，以敬而行之也"[③]。马一浮说："'礼仪三百，威仪三千'，一言以蔽之，曰'毋不敬'"；"须知'敬'之一字，实为入德之门，此是圣贤血脉所系"[④]。细细咀嚼这些论述，才有可能理解方孝孺这位礼乐君子的精神内核。动容周旋，不离礼法是盛德。

"敬"是礼的内核，是礼学的真血脉，是变中不可变者，是礼的根，是礼的本，所以班固曰："制礼以崇敬"[⑤]。群圣也多用"礼敬"范畴。原来方孝孺所谓"志已素定"体现的正是"持敬"的精神。有了"敬德"，就有了"精神的定在性"，其"志"自然不会被境遇所移动和剥夺，即外患不能入。在大儒朱熹看来，圣学所谓"立志"，其实就是"立敬"，无"敬"，亦无"志"，故"守志"即"持敬"，坚守不变。如此体究方孝孺"志已素定"的真意，虽不中，亦不远。方孝孺所谓"勇于自治"，其实就是"勇于持敬"。而"持敬"即大勇，故遭遇大震惧，能自安而不失。原来方孝孺绝写诏书，体现的正是"持敬"的精神本体，或者说体现的正是他作为礼士的使命。古人所谓"立人"其实就是"立敬"，所以"立敬"的读书人，真正是道衍所谓"凌霜劲节不同群"的"非常之人"。方孝孺在精神的崇高气象上与宗教圣者可等

---

① （清）孙希旦：《礼记集解》（上），中华书局2022年版，第3页。

② （宋）程颢、程颐著，王孝鱼点校：《二程集》，中华书局1981年版，第66、78、119、127、188、1227页。

③ 《朱子语类》，中华书局2015年版，第210、212、1740、2450页。

④ 马一浮著，吴光主编：《马一浮全集》（第一册上），浙江古籍出版社2012年版，第89—90页。

⑤ （汉）班固撰，王继如主编：《汉书今注》（二），凤凰出版社2013年版，第589页。

量齐观，其源出于“持敬”乎？

方孝孺曰：“夫敬为复善去恶之机，天理之所由存，人欲之所由消也。故人能一主乎敬，突奥之间，俨乎若上帝之临，造次之顷，凛乎若圭璧之奉，妄思邪虑罔或萌孽其中，而皆发于义也”；“嗟夫，夫人皆可以与天同德，而不知主敬以明善，斯有志者之所以为难能欤！”① 又曰：“敬者德之本。”② 又曰：“敬为德基。”③ “主敬”即“明善”，即“立德”。圣学所谓圣德为“敬德”，爱为“敬爱”。离“敬”无德，离“敬”无爱。“敬德”“敬爱”是人道的本根。《人物志》曰：“盖人道之极，莫过爱敬。”④ 方孝孺曰：“片言之发，必主乎敬。”⑤《汉书·刑法志》断言：“爱待敬而不败。”⑥ 这真是深悟人生者的至理名言，班固真不愧是大儒，其著书立说，正是在说明此理——爱中万不可少“敬”。

《周易》曰：“敬慎不败。”⑦ 此可作为人生座右铭。方孝孺曰：“以敬蓄德。”⑧ 此可以作为圣学修身哲意的胜解，故班固曰：“礼以养人为本”⑨。方孝孺又曰：“敬为福基。”⑩ 又曰：“敬慎可以致福。”⑪ 方孝孺此洞见源于圣经。《周易》需卦象辞曰：“敬之终吉祥”；“敬慎不败也”⑫。方孝孺曰：“人之持身立事，常成于慎，而败于纵。纵犹之

---

① （明）方孝孺著，徐光大点校：《方孝孺集》（中），浙江古籍出版社 2013 年版，第 632 页。

② （明）方孝孺著，徐光大点校：《方孝孺集》（中），浙江古籍出版社 2013 年版，第 701 页。

③ （明）方孝孺著，徐光大点校：《方孝孺集》（上），浙江古籍出版社 2013 年版，第 252 页。

④ 梁满仓译注：《人物志》，中华书局 2014 年版，第 138 页。

⑤ （明）方孝孺著，徐光大点校：《方孝孺集》（中），浙江古籍出版社 2013 年版，第 701 页。

⑥ （汉）班固撰，王继如主编：《汉书今注》（二），凤凰出版社 2013 年版，第 589 页。

⑦ 黄寿祺、张善文：《周易译注》，上海古籍出版社 2004 年版，第 58 页。

⑧ （明）方孝孺著，徐光大点校：《方孝孺集》（上），浙江古籍出版社 2013 年版，第 5 页。

⑨ （汉）班固撰，王继如主编：《汉书今注》（五），凤凰出版社 2013 年版，第 567 页。

⑩ （明）方孝孺著，徐光大点校：《方孝孺集》（上），浙江古籍出版社 2013 年版，第 251 页。

⑪ （明）方孝孺著，徐光大点校：《方孝孺集》（上），浙江古籍出版社 2013 年版，第 9 页。

⑫ （魏）王弼著，楼宇烈校释：《王弼集校释》，中华书局 1980 年版，第 246—247 页。

火，一燎而不可收。慎犹之奉盈，心存于敬，而兢兢弗忘，则不至于颠覆，故君子惟慎之为贵。"[①] 此即可以作为"敬为福基"的说明。内无"敬德"，很难做到"慎"，故圣贤之学常说"敬慎"。也可以说圣学所谓"慎"即"敬"的别说而已。方孝孺曰："惟克敬慎，乃宁家邦"；"惟克敬慎，乃罔有愆。"[②] 说的正是圣学"敬慎"的大用。方孝孺言行敬慎，气象崇高，正是内在"敬德"的自然流露。吕坤（1536—1618）的《呻吟语》曰："安稳深沉是第一美质。"[③]"安稳深沉"是中华文化的神品，而方孝孺的文化人格正是"安重深沉"。方孝孺安重深沉的文化人格说明礼仪具有极端的重要性。没有深于礼的陶铸，岂能有安重深沉的文化人格气象？傅隆曰：

> 原夫礼者，三千之本，人伦之至道。故用之国家，君臣以之尊，父子以之亲。用之婚冠，少长以之仁爱，夫妻以之义顺。用之乡人，友朋以之三益，宾以之敬让。所谓极乎天，播乎地，穷高远，测深厚，莫尚于礼也。其乐之五声，《易》之八象，《诗》之《风雅》，《书》之《典诰》，《春秋》之微婉劝惩，无不本乎礼而后立也。其源远，其流广，其体大，其义精，非夫睿哲大贤，孰能明乎此哉。[④]

以上引文这将圣礼的大用说得周全无遗。英国学者凯伦·阿姆斯特朗在《轴心时代》中说："礼仪教会他们放弃个人嗜好，而不再以自我为中心，而是将他人放在首位"；"礼仪教人们养成推己及人的自律习性"；"礼仪就是一种精神教育，能帮助人们超脱出自尊自大的禁锢"；"礼仪使人们意识到生命的神圣，同时亦赋予生命神圣的

① （明）方孝孺著，徐光大点校：《方孝孺集》（上），浙江古籍出版社2013年版，第48页。

② （明）方孝孺著，徐光大点校：《方孝孺集》（下），浙江古籍出版社2013年版，第869页。

③ （明）吕坤撰，王国轩、王秀梅整理：《吕坤全集》（中），中华书局2008年版，第803页。

④ 《宋书》卷五五《傅隆传》，中华书局1974年版，第1551页。

意义”；“礼仪能够将施受双方提升至生命存在的圣神维度”；“孔子挖掘出了礼仪在精神和道德层面的深远潜力”；“礼要求人们具备想象力和智慧”[①]。

由是观之，阿姆斯特朗是“六艺”“读书种子”哉！礼仪确实使人庄敬其心。圣学礼仪的确能提升生命存在的圣神维度，使人呈现自性的庄严。方孝孺笃信、笃行圣学礼仪，遵养既美，涵蓄既深，光华外溢，因而气象崇高，花枝春满，天心月圆。圣人基础性形象特征是内外统一，表里一致。可谓和顺积中，而英华发外。人的仪容是和内在的力量有深在的关联，内在强大有力的人，仪容亦自然安详、宁静、文雅和崇高。

依据以上的分析，可以深究方孝孺作为礼乐君子的精神风骨。他出生于礼仪世家，从小心性就没有受到污染，心源莹彻，且薰习和吸收的是高质量的文化传统，即因袭的学问和相续的德品。自然知诗书即通经义，守礼义即重廉耻名节。此是传统社会里儒学世家培育出的自身独特性的显著标志。权势富贵皆容易有，而礼义廉耻的教养不容易有。通过奋斗而拔起的孤寒之士，致身通显后，权势富贵心依然深重，因而心性更加败坏。文化教养的气味，不是暴富或举业所能成就。方孝孺言行自然流露诗书礼义的神采，是环境熏习，家世遗传，勇于自治，以敬蓄德的结果，绝非一朝一夕偶然遭际所致。而且，方孝孺从小就有独立的学术志趣，绝不迎合时俗，更不会自污，能特立独行地读书悟道，尽其诚敬，成为具有高度人性魅力的文化豪杰，放射出摄人心魄的人的意志力的精华。

陈寅恪说：“学术趣向殆有关家世遗传，不可仅以个人之偶然好恶为解释。”[②] 通过比较分析可以发现，方氏家族馈赠给方孝孺的正是高质量的礼学传统。方孝孺通过熏习和吸收此传统的精髓而成为负荷此传统者，理所当然，而非偶然。实际上，读书人的价值信仰来自深刻的文化传统，而门风优美的世家往往具有成熟而稳定的价值信仰

① ［英］凯伦·阿姆斯特朗：《轴心时代》，孙艳燕、白彦兵译，海南出版社 2010 年版，第 238—241 页。

② 陈寅恪：《唐代政治史述论稿》，生活·读书·新知三联书店 2011 年版，第 264 页。

传统。此价值信仰传统是传统中的高质量传统。人极不容易有稳定成熟的价值信仰，而价值信仰对成就一个人来说太重要了。道衍非世家子弟，不懂礼，算不上礼士，其实方孝孺的老师宋濂也够不上礼士的美称。

马克思·舍勒在《伦理学中的形式主义与质料的价值伦理学》中说道：“‘志向’对于单纯的教育活动来说是不可及的。与此正相反，正如康德所合理强调的那样，本质上是不可能通过教育来影响或改变‘志向’的；通过那些以此为错误目的的各种措施所能达及的，只能是对真实志向的隐蔽，即志向的虚假性。”[①] 由是观之，方孝孺真是天醒者，他有真实不虚的志向，因而没有沾染各种习气，真是晶莹剔透的“读书种子”。可见，读书变化气质，亦是笼统的说法，刊落习气，亦不过是善意的提醒而已。一个不懂礼貌的人，哪有什么精神气质？还不如说，以“敬”变化气质，以“敬”刊落习气，则是至理名言。不“敬”真是百邪丛生，万事败坏，收拾不起精神，立人其实就是立敬。古代大儒治礼，不是崇尚繁文缛节，而是崇敬。圣学典籍说：“敬之终吉”；孔子说：“敬而无失”；大儒说：“敬胜百邪”；历史学家说“恭敬辞让之所以养安也”；而“读书种子”方孝孺说“敬则心明，万理不昧”[②]，“持敬”确实能够改变和拯救人。

方孝孺是经典的礼士，不懂礼，就不是同路人，谈何理解？朱棣杀害了重礼仪而尚气节的“读书种子”，有明一代再也看不到气象崇高的读书人了。清代有没有气象崇高的大儒、真儒，不好说。可以肯定地说，马一浮、陈寅恪绝对是气象崇高的典范。不过，他们皆是有深厚学养的“旧学种子”，也是懂礼的人，所以他们在为学旨趣及精神气质上与我们时代的知识分子毕竟有所不同。刘梦溪说：“近年来我特别强调‘敬’的概念，它是五经的基本义理……‘敬’不只是体现对他人的尊

---

① ［德］马克思·舍勒：《伦理学中的形式主义与质料的价值伦理学》，倪梁康译，商务印书馆 2011 年版，第 182—193 页。

② （明）方孝孺著，徐光大点校：《方孝孺集》（上），浙江古籍出版社 2013 年版，第45 页。

敬，主要是一个人的精神意志，是人的人性尊严。”[①] 此处推阐的正是圣贤之学的“爱敬之道”的意蕴。仁敬是成圣成贤的条件，因而受到历代信仰圣学之道的“读书种子”的礼赞。方孝孺曰：“至圣惟尧舜禹汤武，以敬相传，千载同规。”[②] 又曰：“实资圣敬，育德绥民，永受天庆。”[③] 方孝孺相续的就是“圣敬”的血脉，因而敬终如初。也可以说，方孝孺是以敬立诚的经典，因而遍布圣敬的辉光。

第三节　以“不恕”为凶德

孔子的弟子曾子曰：“夫子之道，忠恕而已矣。”（《论语·里仁》）何谓“恕”？圣人的弟子子贡问他的老师：“有一言而可以终身行之者乎？”圣人曰：“其恕乎！己所不欲，勿施于人。”（《论语·卫灵公》）魏明帝愈增崇宫殿，雕饰观阁，高堂隆切谏：“则可易心而度。”[④] 也就是说让魏明帝想想他的对手如果看到他这样做会多么高兴，正如自己看到对手这样做而高兴一样。高堂隆的价值视野是圣学的，他的“易心而度”可谓“恕”的胜解。又《礼记·中庸》曰：“忠恕违道不远，施诸己而不愿，亦勿施于人。”此即“易心而度”。

英国学者凯伦·阿姆斯特朗在《轴心时代》一书里说：“每一种思想传统都发展出‘己所不欲，勿施于人’这一‘金规则’的独特程序。”“孔子是第一个宣扬‘金规则’的人。”[⑤] 董仲舒曰：“圣人之德，

---

① 刘梦溪：《大师与传统》，广西师范大学出版社 2013 年版，第 27—28 页。

② （明）方孝孺著，徐光大点校：《方孝孺集》（上），浙江古籍出版社 2013 年版，第 251 页。

③ （明）方孝孺著，徐光大点校：《方孝孺集》（上），浙江古籍出版社 2013 年版，第 252 页。

④ 《三国志》卷二五《高堂隆传》，中华书局 1959 年版，第 714 页。

⑤ ［英］凯伦·阿姆斯特朗：《轴心时代》，孙艳燕、白彦兵译，海南出版社 2010 年版，第 4、239 页。

莫美于恕。"[①] 程颐曰："恕者，入仁之门。"[②] 又曰："恕则仁之施。"[③] 又曰："强恕，求仁莫近。"[④] 张载曰："强恕而行，求仁为近。"[⑤] 王阳明曰："然恕，求仁之方，正吾侪之所有事也。"[⑥] 此即圣学发明的真理，硕大光明，具有永恒的价值。《三国志》中如此说法："宽厚""宽惠""宽恕""仁恕""宽容""恕词""恕思""宽和""宽大""宽政""宽宏""法宽""宽刑""宽明""宽仁"等等。此皆是圣学"恕道"的别名而已，可称为"圣智之度"。此即说明建立一宽恕型社会是古人永远的梦想。

笔者特别欣赏"恕思"和"恕词"的说法，意味无穷。不过，人要认识圣学"忠恕"的真理，并不那么容易，"不恕"何可胜道哉！方孝孺的文字也有如下触目惊心的说法："暴虐""刚暴""好杀""狠虐""刚褊""骄横""悍戾""戕虐""虐民""强暴""暴戾""威虐""臣虐""暴恶""虐傲""暴夫""戾士""刚虐""凶悍""酷虐""虐焰""巨虐"等。如此说法高频出现，真是超乎想象，因而格外触目惊心。呜呼！不"恕"实为凶德。其中的缘由究竟是什么？方孝孺在《叶伯巨郑士利传》中记载了这样一个事件：

> 洪武九年，星变，下诏求言。伯巨曰："今天下有三事最切。其二事易见而为患小。其一事难见而为患大。此三者积于吾心久矣。纵不求，吾犹将言之，况有明诏乎？"即为书言三事。曰分封太侈也，求治太急也，用刑太烦也。"今四方平矣，民庶思治矣，而不务以宽厚御之，视诛杀人如灭蝼蚁。使民不获安息，欲以图治难矣夫！图治于乱世之余，犹理丝于棼乱之后。缓之则端绪可得，

---

① （清）苏舆撰，钟哲点校：《春秋繁露义证》，中华书局2019年版，第141页。

② （宋）程颢、程颐著，王孝鱼点校：《二程集》（上），中华书局1981年版，第168页。

③ 《二程集》（上），第153页。

④ 《二程集》（上），第152页。

⑤ 章锡琛点校：《张载集》，中华书局2014年版，第333页。

⑥ （明）王守仁撰，吴光等编校：《王阳明全集》（上），上海古籍出版社2011年版，第129页。

欲速则胶结而不可理。今病民之不安，奸邪不止，朝夕异令，赏罚不准，君劳于上，臣困于下。治乌可致乎？此二者人皆知其不可，然非败之根也。所谓分封太侈者，天子畿内地止千里，而燕秦晋楚，逾千里之国，以封年少未达事之王，无事则易骄佚，有事则易为僭乱。此人所未知，而臣所谓为患难见者也。"其语皆切直，上大怒曰："小子乃敢间吾骨肉，我见之且心愤，况使吾儿见之耶！速取以来，吾将手射之而啖其肉。"伯巨至。丞相乘上喜，乃敢奏。诏系刑曹问状，瘐死狱中。[①]

叶伯巨和郑士利，皆是刚直孤介之士。朱国桢的《涌幢小品》曰："公名伯巨，字举升，宁海人。好读书，年二十余，有名于乡党。入县学，善说礼，凡朋友有婚丧，必礼相之。为人耿介，不能藏人短，见人不善，立折之，不顾其喜怒，人知其无它，终亦不恨也。"[②] 又曰："公名士利，字好义，宁海人。"[③] 叶伯巨和郑士利二位君子皆刚直有才学，方孝孺为何记载这样的事件？难道仅仅是同里同乡，气类相似而已？方孝孺在《读吕氏春秋》里说明："世之谓严酷者必曰秦法。而为相者乃广致宾客以著述，书皆诋訾时君为俗主，至数秦先王之过无所惮。若是者皆后世之所甚讳，而秦不以罪。呜呼！然则秦法犹宽也。"[④]

合观以上所征引的两则材料，或能略微感知明初虐政的时代信息，也可以说是不敬之凶德。方孝孺对自己时代的虐流有何等深切的体验。朱元璋是经典的布衣英雄，亦是素刚之人，性中有刚善，亦有刚恶即暴虐的习性，无有普适性雅量冲怀，即教养。如用方孝孺的诗说，朱元璋正是"于道或偶合，秉心殊未纯"[⑤] 的人。这类人因机缘而得时乘位，

① （明）方孝孺著，徐光大点校：《方孝孺集》（下），浙江古籍出版社 2013 年版，第 793—794 页。

② 《明代笔记小说大观》（四），上海古籍出版社 2005 年版，第 3234 页。

③ 《明代笔记小说大观》（四），上海古籍出版社 2005 年版，第 3235 页。

④ （明）方孝孺著，徐光大点校：《方孝孺集》（上），浙江古籍出版社 2013 年版，第 139 页。

⑤ （明）方孝孺著，徐光大点校：《方孝孺集》（下），浙江古籍出版社 2013 年版，第 877 页。

刚恶就会愈增，甚至泛滥而无以制之，即所谓“虐流天下”。

笔者阅读《资治通鉴》发现，其中有一个字出现频率极高，就是“不”字。例如，“不用”，“不纳”，“不许”，“不省”，“不听”，“不从”，“不信”，“不乐”，“不悦”等。听话的人多吗？不多，特别是没有素养的人，更不容易听受。人的意志的抵触，多么触目惊心。虚己受人，谈何容易！勇于听受，有多么难！叶伯巨所言，切中时弊，深思远益。朱元璋不但不能审听和恕察，且大怒、心愤，真可谓匹夫之肆忿。“诛杀人如灭蝼蚁”，何其刚褊而暴虐！暴虐是素刚而无素养之恶的显例。

笔者阅读《资治通鉴》，遇到的高频词，如“暴虐”“刚暴”“好杀”“狠虐”“刚褊”“骄横”“悍戾”“戕虐”“虐民”“强暴”“暴戾”“威虐”“虐杀”“暴恶”“虐傲”“暴夫”“戾士”“刚虐”“凶悍”“酷虐”“虐焰”“巨虐”等，皆是所谓暴恶的不同说法而已，真是惊心动魄。方孝孺诗曰：“利欲烈炎火，虐焰起纵横。”① 正是说他生活时代的政治生态。李光地在《榕村续语录》中如是说道：“洪武毕竟身亲见元末之官贪民困，不胜忿怒，以我为得志，须当痛改。故即位后，以残胜残，以杀去杀，其诚心切至，遂成三百年国脉。”② 此可作为方孝孺诗的绝佳注释。而方孝孺则提醒自己的时代：“御人患乎刚褊。”③“刚褊”是无教养而体刚的显恶。

朱元璋是刚善和刚恶合体的匹夫式英雄，有嫉恶如仇的刚德，也有虐焰纵横的刚恶。司马迁用“暴戾恣睢”描写刚恶，方孝孺用“狠戾恣睢”形容刚恶，司马光用“暴戾强伉”说明刚恶。可谓惊心动魄，一字千金。黄宗羲在《明儒学案·诸儒学案》中斩钉截铁地说：“成祖天性刻薄。”④ 成祖即朱棣。朱棣亦是素刚者，亦无德素。天性刻薄正

---

① （明）方孝孺著，徐光大点校：《方孝孺集》（下），浙江古籍出版社 2013 年版，第 876 页。

② （清）李光地撰，陈祖武点校：《榕村全集》（第 7 册），福建人民出版社 2013 年版，第404 页。

③ （明）方孝孺著，徐光大点校：《方孝孺集》（上），浙江古籍出版社 2013 年版，第 40 页。

④ （清）黄宗羲著，沈芝盈点校：《明儒学案》（下），中华书局 1985 年版，第 1042 页。

是刚恶的流露。天性素刚者，如无素养，极易偏执冲动，任性任情，残忍刻薄，虐焰不已，没有稳定的理性智慧和相对成熟的社会性宽和德品，不能做到彻头彻尾持敬而理明，而常陷入教养缺失性昏虐，流毒如江河。

王夫之《读通鉴论》曰："士起孤寒之族，际荒乱之世，与炎寒之流俗相周旋，冻馁飘摇，激而特起，念平生之坎坷，怀恩怨以不忘。主父偃曰：'日暮途远，倒行而逆施之'。一饭千金，睚眦必报。苏秦、刘穆之、元载身陷大恶，为千古僇，皆疢疾之深，反激而愈增其狂戾也。"① 此即穷源之深论，令人折服不已。借此可深识朱元璋这类英雄的言行。

无论是历史经验，还是生活经验，皆是混合性质的遗留物，即正价值和负价值同体，其对个人究竟发挥什么样的实质性作用，不仅要看个人的实际性境遇需求，还要看个人隐秘而不易测识的心术。出身孤寒之族的英雄，没有机缘亲近教化，又不得不遭受现实厉害境遇的胁迫或伤害，心性极容易遭受污染或损伤，心术往往不纯不正，因而在自择历史善恶和个人得失时，其关注点多集中于历史或生活经验的负价值的一面，而不是正价值的一面，所以极容易嫉恶如仇，有正义感，然很难有宽和与雅量。而宽和与雅量和教养有深在的关系。王夫之以光武帝为例，说明起于士大夫之家的君主其个人修养与英雄之起于草泽者有根本的不同。也许，王夫之这是借助昔日历史说明有明一代的君主缺乏的正是教养，特别是礼乐教养。比如，德国诗人席勒的戏剧《强盗》中刻画了一个草莽英雄，通过残忍的行为向其所憎恨的社会复仇。草野匹夫式英雄，往往是独眼人，爱憎虽分明，但亦狭隘，睚眦必报，刻薄而暴虐，如乘势得位，愈增其刚戾，不能怀和，因而虐焰随之滔天。爱憎不由公理，而发于私情，因而有深害，亦是取祸之道。有明一代君主缺乏的正是宽宏大量之心，虐害甚矣。王夫之对此有刻骨铭心的体察，故有深识，有深论，因而言之尤为痛切。

教养相对于财富和权势来说，更不容易获得，因为财富和权势毕竟

① （明）王夫之著，舒士彦点校：《读通鉴论》，中华书局 2013 年版，第 672 页。

可以巧取豪夺，而教养无论如何也巧取豪夺不来，其根源是财富和权势毕竟是外在的东西，而教养却是内在的品质。朱元璋、朱棣可以巧取豪夺皇位，如果从成为人的内在价值视域来看，终其一生他们还是一个没有教养的人，可以说是"半截人"，即缺乏内在性德的高贵。而方孝孺是素刚者，然有德素，有天地之量，所以他有刚善而没有刚恶，作为人是完成了的杰作。他对人性有真正的深识，因而有博大的宽恕心，他对人的本质力量有极深的领悟，因而有稳定的行动意志，他对人类社会有深刻的洞察力，因而有公正的观念，所以他是一个理性自足的人。方孝孺清楚明白地憎恨暴虐，因而绝不施虐。这是方孝孺与朱元璋、朱棣决不能等量齐观的质的区别。方孝孺是用他内在的德慧而不是用外在的非教养的东西来看问题，因而他的心术是无与伦比的纯正和宽明，可以说其立心能使天地贞，不会陷入情境性的昏虐。他这样的人作为我们的邻居，我们可以安稳睡觉，而朱元璋、朱棣那样的人作为我们的邻居，我们就睡不安稳。这就是教养的最平实的意义和价值。试举一例，为之佐证。孙权把妹子嫁给了刘备，孙权的这个妹子"才捷刚猛，有诸兄风，侍婢百余人，皆执刀侍立"，刘备每人，"心常凛凛"。《资治通鉴》没有说破，而胡三省注为"恐为所图也"[①]。"刚猛"亦是素刚的呈显，潜有不测的祸患，总令人不安。有才智不一定有教养。圣人则是威而不猛，即有素刚之善而无素刚之恶，所以圣人是成人的典范。从人作为人的价值视域来看，刚猛亦是凶德，必成祸源。

方孝孺亦是威而不猛的人。其《杂戒》曰："柔仁者有后，刚暴者难继。仁者阳之属，天之道也，生之类也。暴者阴之属，地之道也，杀之类也。好生者祥，好杀者殃，天行也。"[②] 朱元璋、朱棣就不明或不信这个实理。他们开启的好杀恶习，成为有明一代最触目惊心的受病之源，可谓祸胎。像李贽那样狷介且喜标新立异的读书人，也不得不这样哀叹曰："呜呼悲哉！虽然，才者材也。材于春夏则长养，材于霜雪则摧残。人但知摧残之易，而不知长养之亦易也。我太祖以神武定天下，

① 《资治通鉴》(第五册)，中华书局 1956 年版，第 2142 页。

② (明) 方孝孺著，徐光大点校：《方孝孺集》(上)，浙江古籍出版社 2013 年版，第 21 页。

非不时时招贤纳士，而一不当则斥，一得罪则诛。盖霜雪之用多，而摧残之意亦甚不少。”① 霜雪摧残不已，自损阳春太和之气，因而冷气遍布士林，不染此冷气的有明一代读书人有几人？特别是朱棣残害了为国调元气的仁恕君子，就或多或少损伤了有明一代立国立人的正气与和气。恐怖异常的方孝孺事件，对世道人心的影响是神秘莫测的，因而无法具体估测，只能粗略感知。

明末清初的思想家唐甄（1630—1704）在《潜书》中断言曰：“明之有天下也，亦可慨矣！为君者非悍则昏。”② 这里“昏”就是“懦”，就是说典型的柔恶即昏虐，而“悍”即刚恶即暴虐。“懦”与“悍”相敌亦相因，相反亦相成。祸患深隐，亦不易知晓，前因后果，伏脉千里。明初君主楷模的负效应，即“好杀”成为有明一代最为触目惊心的致祸之源。陈继儒（1558—1639）《寿玄宰董太史六十序》曰：“笔下无疑，眼中无翳，胸中无一点杀机。”由此反推可知，有明一代胸中有“杀机”的君主不在少数。刘宗周《再陈谢悃疏》直言曰：“杀机一动，杀运日开，遂至怨毒满天下而不可救也。”③ 此即局中真识，非局外之论。孟森就指出崇祯：“好作聪明，果于诛杀。”④ 此不正是其先人的楷模效应吗？非“懦”则“悍”，正是君主残忍刻薄之心所孕育的怪胎。方孝孺在《周齐之事》里也痛心直言曰：“杀人以逞，而欲保其国家，祸其子孙者也。”⑤ 可谓至诚前识。

王阳明曰：“今之风俗，谓之懦，则复类于悍也。”⑥“懦”“悍”纠缠的怪异风俗是君主戕虐的杰作。风俗，天下之大事也。胡居仁在《居业录》里感叹：“永乐间，道义名节之士未见，只有许多才子出

---

① 张常明编注：《逊志斋外集》，上海古籍出版社 2009 年版，第 105 页。

② （清）唐甄著，吴泽民编校：《潜书》，中华书局 1955 年版，第 11 页。

③ （明）刘宗周著，吴光主编：《刘宗周全集》（第四册），浙江古籍出版社 2012 年版，第 245 页。

④ 孟森：《明清史讲义》（上册），商务印书馆 2011 年版，第 331 页。

⑤ （明）方孝孺著，徐光大点校：《方孝孺集》（上），浙江古籍出版社 2013 年版，第 192 页。

⑥ （明）王守仁撰，吴光等编校：《王阳明全集》（中），上海古籍出版社 2011 年版，第 715 页。

来弄诗文。"① 这就是君主暴虐结出的实实在在的恶果，即导致社会陷入集体性的怯懦，在这样的生活环境里，哪能孕育出道义名节之士？张履祥（1611—1674）《备忘四》曰："隆、万以来，朝野只成阉然媚世之习，是非不敢别白，善恶不欲分明。'直道而行'四字，我生之后，殆不复见。"② 这就是"好杀"的恶果，即毁坏了风俗，戕害了世道人心，正义和勇气荡然无存，从而导致人性整体性的萎缩。王阳明对此也有刻骨铭心的体察，其《书林司训卷》曰："士皆巧文博词以饰诈，相规以伪，相轧以利，外冠裳而内禽兽，而犹或自以为从事于圣贤之学。"③ 冷气摧逼，虐焰不已，风会已成，人曲己藏身，苟安偷生，相规以伪，因而是非颠倒，贤愚混淆，无有至大至刚的天地元气和正气。

王阳明《梁仲用默斋说》曰："夫默有四伪：疑而不知问，蔽而不知辩，冥然以自罔，谓之默之愚；以不言餂人者，谓之默之狡；虑人之觇其长短也，掩覆以为默，谓之默之诬；深为之情，厚为之貌，渊毒阱狠，自托于默以售其奸者，谓之默之贼；夫是之谓四伪。"④ 王阳明也是素刚的大儒，他对自己生活的时代有真实不虚的深识，从他这里也可真切体会虐焰是如何使社会陷入整体性道德灾难。"默贼"可谓虐焰纵横的精神畸形儿。惧祸成风，默贼遍地；寡廉鲜耻，狼戾险嫉，病狂丧心。王夫之在《俟解》激烈地直言曰："懦者畏祸而避之，躬陷于大恶而不恤，何慎之有"；"欲进而不敢进，欲退而不敢退，无取冤于人之道而犹畏人之冤己，无不可伸志之为而犹隐忍而不敢为，慎之贼也。"⑤ 此可移来与王阳明之说相补充相发明。"慎贼"，亦是"冷气"相摧逼的精神侏儒。惧祸远害亦是所谓天常，动

① （明）胡居仁撰，冯会明点校：《胡居仁文集》，江西人民出版社 2013 年版，第55 页。

② （清）张履祥著，陈祖武点校：《杨园先生全集》（下），中华书局 2002 年版，第 1195 页。

③ （明）王守仁撰，吴光等编校：《王阳明全集》（上），上海古籍出版社 2011 年版，第 237 页。

④ （明）王守仁撰，吴光等编校：《王阳明全集》（上），上海古籍出版社 2011 年版，第 218 页。

⑤ （明）王夫之：《船山全书》（第十二册），岳麓书社 2011 年版，第 484、492 页。

不动以杀声律人，亦不可取，恐亦流为不仁。探虎口，逆龙鳞，百折不回，谈何容易！然自惜太过而默慎不敢为，甚至移祸保身，恐亦流为不仁。好仁不太难，而恶不仁就难多了。明代读书人焦竑（1540—1620）如是感叹："呜呼！世多隐情惜己之人。"[①] 此是对自己时代人心世道的真实不虚的体验。"默贼""慎贼"正是"惜己"之人，也可以说是精神已萎缩的残疾人。一代儒宗王阳明对"默贼"的痛骂，对"良知"的激扬，是否可以看作是对方孝孺事件形成人心灾难的拯救？王阳明亦是为国之春的仁者？

唐枢（1497—1574）曰："若唯以杀为事，乃是依靠宇宙间戾气。"[②]"戾气"与"和气"正相反对。王夫之《宋论·钦宗》曰："士民嚣陵之戾气，无自而开，则祸亦不永。"[③] 用此说明有明一代的士风，可谓恰切至极。有明一代无处不在的"戾气"是如何造成的？可以夸张一点地说，在我国传统社会里，有什么样的君主，就会有什么样的臣民。君主的楷模效应强而有力，特别是所谓开国君主，其楷模效应更具有建基性功能和作用。明初二位开创君主的刚恶"好杀"，开启了"士民嚣陵之戾气"。王夫之《宋论·仁宗》曰："妖气所薰，无物不靡，岂徒政之所繇乱哉？人心波沸，而正直忠厚之风斩焉。斯亦有心者所可为之痛哭矣。"[④] 此论与其是在说宋，不如说在说明，更为恰切。有明一代布满了所谓"杀气""冷气""任气""狂气""戾气""怪气""阉气""妖气""悍气""懦气""凶气""侠气"等不正不和的气，就源于文化生态的不敬。

王阳明曰："自非豪杰，鲜有不变其度者。"[⑤] 即使所谓特立独行的豪杰之士，岂能不染哉？人世间的事情相反亦相成。纵横淋漓的冷风，亦势激沸腾的热血。黄宗羲在《明儒学案·东林学案》里曰："数十年

① （明）李贽编著，学文点校：《续藏书》，商务印书馆 2020 年版，第 463 页。

② （清）黄宗羲著，沈芝盈点校：《明儒学案》（下），中华书局 1985 年版，第 965 页。

③ （明）王夫之：《船山全书》（第十一册），岳麓书社 2011 年版，第 153、154 页。

④ （明）王夫之：《船山全书》（第十一册），岳麓书社 2011 年版，第 136 页。

⑤ （明）王守仁撰，吴光等编校：《王阳明全集》（上），上海古籍出版社 2011 年版，第 125 页。

来，勇者燔妻子，弱者埋土室，忠义之盛，独越前代，犹是东林之流风余韵也。一堂师友，冷风热血，洗涤乾坤，无智之徒，窃窃然徒而议之，可悲也夫。”① 相摧相激，祸深不已，冷风热血，绚烂士林，独越前代，此岂偶然哉？方以智曰：“痛此终天，古今皆血。”② 真个惊心动魄！可以说，明代开创君主的好杀，从根本上败坏了有明一代立国的正气与和气，导致了社会整体性的不宽恕、偏激、反动、不公、专制和疯狂。

有明一代所谓豪杰之士，亦莫不带有彻骨的冷气。李贽曰：“黄子澄、齐泰辈，虽寸斩亦终不足以谢天下矣。”③ 冷气塞胸，喷薄而出，彻人心骨。《明史》曰：“道周以文章风节高天下，严冷方刚，不谐流俗，公卿多畏而忌之。”④ 黄道周亦是晚明大儒，亦是性刚者，亦有劲节，殉国之烈士，然流露的竟然是“严冷方刚”的文化人格。一个“冷”字，真是触目惊心。晚明大儒刘宗周亦带有冷气。他斩钉截铁地说：“凡系逃臣皆可斩。”一个“皆”字，真是冷人骨髓。全祖望《顾炎武神道表》曰：

> 顾氏有三世仆曰陆恩，见先生日出游，家中落，叛投里豪。丁酉，四谒孝陵归，持之急，乃欲告先生通海。先生亟往禽之，数其罪，湛之水。仆婿复投里豪，以千金贿太守，求杀死先生，不系讼曹，而即系之奴之家，危甚。

巨儒顾炎武亦有些许冷气。全祖望《梨洲先生神道碑文》曰：

> 公年十九，袖长锥，草疏入京颂冤，至则逆奄已磔。有诏死奄难者，赠官三品，予祭葬，祖父如所赠官，荫子。公既谢恩，即疏请诛曹钦程，李实。忠端之削籍，由钦程奉奄旨论劾，李实则成丙

---

① （清）黄宗羲著，沈芝盈点校：《明儒学案》（下），中华书局1985年版，第1375页。
② （明）方以智：《浮山文集》，华夏出版社2017年版，第364页。
③ （明）李贽著，张建业译注：《焚书·续焚书》，中华书局2011年版，第83页。
④ 《明史》卷二五五《黄道周传》，中华书局1974年版，第6595页。

寅之祸者也。得旨，刑部作速究问。五月，会讯许显纯、崔应元，公对簿，出所袖锥锥显纯，流血蔽体。①

大儒黄宗羲亦带有杀气。王夫之《俟解》曰：

> 人之所以异于禽兽者，君子存之，则小人去之矣。不言‘小人’而言‘庶民’，害不在小人而在庶民也。小人之为禽兽，人得而诛之。②

真儒王夫之亦带有令人恐怖的一团冷气。章太炎先生《王文成公全书题辞》曰：“凤之力与雕鹗殊，以不击杀谓德。”③ 凤凰没有嗜杀的野鸟习性。这些出类拔萃的豪杰之士、气节之士，为何形成这样刚冷的文化人格气象？王夫之《读通鉴论》曰：“风会之所趋，贤者不能越也。”④ 这真是深刻的说明，痛切的体察。王夫之是大儒、真儒，方能如此真诚自省。钱锺书在《管锥编》中说：“盖风会已成，虽魁杰亦难自拔。”⑤ 钱先生此论亦有自己遭遇的深切体验，非泛泛而论，所以可与王夫之论合观领悟世道人情。相摧相激，冷风不已，岂能培溉大量的君子哉？有明一代春风和气的读书人绝矣。黄道周、刘宗周、顾炎武、黄宗羲、王夫之皆是素刚者，皆是世不易出的大儒，出类拔萃的人杰，然亦带有“冷气”“杀气”“霸气”和“狂气”，即不和不正的“戾气”。可见，不宽恕的社会性格，从整体上导致了人心世道的灾难，所以“不恕”真是凶德。

有明一代读书人莫不带有势激的狂气。方孝孺是狂者，王阳明是圣狂，李贽是痴狂、方以智自称狂生等，好狂成风。明代读书人李攀龙大

---

① 陈垣著，陈智超主编：《陈垣全集·鲒琦亭集批注》，安徽大学出版社2009年版，第114、132页。

② （明）王夫之：《船山全书》（第十二册），岳麓书社2011年版，第478页。

③ 本社编：《章太炎全集·太炎文录续编》，上海人民出版社2022年版，第112页。

④ （明）王夫之著，舒士彦点校：《读通鉴论》，中华书局2013年版，第31页。

⑤ 钱锺书：《管锥编》（第一册），生活·读书·新知三联书店2015年版，第479页。

言曰：“吾而不狂，谁当狂者？”① 此可作为有明一代读书人响彻历史星空的共同宣言。刘梦溪在《中国文化的狂者精神》中说道：“明朝不愧为我国历史上狂者精神的一个制高点，同时也是中国知识分子狂狷传统的集大成时期，不独士的阶层，也不光是文人墨客和‘骚坛曲社’，社会的各个角落几乎都为狂风所浸染，狂变成为社会的一种普遍性的文化情致和生活韵致。”② 有明一代的读书人多带有“狂”的精神气质，其根源实际就是圣学的狂狷传统，其现实土壤则是不宽恕的文化生态，而唤醒狂狷传统的人，自然是当之无愧的大儒方孝孺和王阳明。这二位皆是刚健中正的圣者，一个生活在明初，一个生活在明中期，前后辉映。这两位大儒本身是素刚的豪杰，不可控制的龙鳞，天上泻下的奇观。这二位在不宽恕的社会生态环境里，一往情深地呼唤豪杰，不遗余力地激扬豪杰精神，痛心疾首地鄙视那些病恹恹的读书人，他们自己本身皆是货真价实的龙性难驯的人杰。方孝孺以大勇圣者之精神将儒家的雄才劲节的精神惊心动魄地怒放在天地间，而王阳明以大无畏的狂者英雄精神，将儒家事功的力量发挥得淋漓尽致，还有他标举内在而具有独立品格的良知价值信仰，又龙腾虎跃地讲学明道，彻底扫荡了默贼、慎贼的恶习。这二位产生了极大的楷模效应，他们就如同巨斧，劈开了读书人心中冰封的大海，使之动荡不定，进而波涛汹涌，势不可挡。故有明一代最为惊心动魄的奇异景观正是绚烂的士林冷风和热血。有明一代读书人的狂者风潮，就或多或少与方孝孺和王阳明神秘莫测的狂者楷模效应有深在的关系，也和社会整体上呈现不宽和的性格紧密勾连。文化楷模的直观效应也许比他们的学说对世道人心更有神秘莫测而强有力的影响。

读书人的狂气其实就是傲气。王阳明就特别警惕傲病，再三提醒，可谓苦口婆心。他在《示弟立志说》中说“胜心”，说“怠心”，说

① （明）李攀龙著，包敬第标校：《沧溟先生集》（下），上海古籍出版社 1992 年版，第 53 页。

② 刘梦溪：《中国文化的狂者精神》，生活 · 读书 · 新知三联书店 2012 年版，第 81—82 页。

"懆心"，说"妒心"，说"忿心"，说"贪心"，说"傲心"，说"吝心"[①]。傲心尤其是质地近刚者的通病。傲病亦是最难扫荡干净的有我之私的乡原窝点。王阳明自己就有素傲的通病，所以他对傲病体会特别深，也根除得彻底。方以智《示众》曰："上根人聪明伶俐，才能过人，一种骄心胜气，最难降伏。"[②] 体会亦深彻。赵翼在《廿二史札记》里说："明中叶才士傲诞之习。"[③] "傲诞""放荡"亦成为明中叶及以后读书人的真实不虚的恶行。"狂傲"是有明一代读书人的基本形象特征，他们因狂傲而虎虎有生气，他们亦因狂傲未能体敬之诚即未能持守圣学敬义，而日益傲诞、放荡，甚至陷入不宽恕的魔沼，因而多带戾气。唐甄在《潜书》中说：

> 傲者，人之恒疾；岂惟众人，圣贤亦惧不免。是故禹之戒舜曰："无若丹朱傲！"舜之为圣，尽善矣；禹之为圣，无间矣。以无间之圣人，进言于尽善之圣人，岂好直言之名而为是必不然之防哉？盖必有所深见焉。众人之傲，在可见之貌；圣贤之傲，在不见之微。意念之见，自足而见其足，过人而见其过人，是即傲矣。足而不以为不足，过人而不以为不及人，是即傲矣。是故仲尼答鄙夫之问，而自以为空空无知；不为酒困，尤庸人之善事，而自以为未能。其心如是，是以受摄广大，造极无上，而与天地准也。仲尼且然，何况吾属！吾属当何如？其为志也，必至于尧孔而不少让；其为心也，视愚夫愚妇之一言一行有我之所不及者，有而若无，进而若退，而后可以为学也。师友之言，必期以大者。然人心多傲，得寸为尺，得尺为丈。欲进于大，未见其大，先成其傲。有以圣人之言败德者矣，且有以圣人之言叛道者矣。权衡不精，其害甚大。阳明子，吾之所愿学也，乃兢兢于斯者，恐不善择于其言，徒以长

① （明）王守仁撰，吴光等编校：《王阳明全集》（上），上海古籍出版社 2011 年版，第 220 页。

② （明）方以智：《青原愚者智禅师语录》，华夏出版社 2017 年版，第 309 页。

③ （清）赵翼撰，曹光甫校点：《廿二史札记》（下），上海古籍出版社 2011 年版，第 703 页。

傲，以是自察焉尔。①

这真是深见，非亲历真不能体会得如此精微！唐甄把"傲"分为两种基本类型：众人之傲和圣贤之傲。朱元璋、朱棣、丹朱的"傲"即众人之傲或匹夫之傲，其特征是血气之傲或习性之傲，此类型的"傲"为可见之貌，就是常语所谓"凶悍"而已。圣贤之"傲"即理智的傲慢。理智的傲慢亦有两种表现方式："自足而见其足，过人而见其过人"和"足而不以为不足，过人而不以为不及人"。故理智的傲慢深微，不容易测识，亦不容易降服。唐甄特别提醒愿学阳明学者："未见其大，先成其傲。"唐甄可谓善学阳明学的读书人。方孝孺直言曰："德必绝乎虐傲。"② 此即对自己遭遇的时代祸患的深刻的体察，可以作为进德修业的真言。"傲"里潜藏着不容易察觉的"虐味"。人类楷模的优点极容易流失而难于仿效，而劣点则极易传染而泛滥。方孝孺、王阳明是有明一代出类拔萃的狂者楷模，因而产生了巨大的楷模效应。他们作为狂者的优点亦难于仿效，而劣点则极易传染，进而泛滥成灾。可见文化楷模亦是双刃剑。

有明一代的读书人皆挂着狂者的招牌，而且以狂相标榜。明代读书人争先恐后地做狂者，真是狂狷之花处处盛开。不过，冷风摧折中怒放的狂狷的花朵显得分外的冷艳。随着明亡，狂狷的花朵亦凋零而归于消亡。方以智、顾炎武、黄宗羲、王夫之皆开始检讨晚明的狂流士风。黄宗羲在《张元岵先生墓志铭》中说："余尝疑世风浮薄，狂子僇民群起，粪扫六经，溢言曼辞而外，岂有岩穴之士为当世所不指名者？"③ "狂子僇民群起"即"狂流"。遭遇晚明世变，方以智亦不再狂，顾炎武亦不再怪了，而持敬谨严。王夫之是晚明遗民思想家中最惹人注目的贬斥狂流的读书人，自始至终不挂狂狷的招牌。他说"狂"，多用"狂

① （清）唐甄著，吴泽民编校：《潜书》，中华书局 1955 年版，第 12、13 页。

② （明）方孝孺著，徐光大点校：《方孝孺集》（上），浙江古籍出版社 2013 年版，第 220 页。

③ （清）黄宗羲著，吴光主编：《黄宗羲全集》（第十册），浙江古籍出版社 2012 年版，第 391 页。

悖”“狂醉”“狂梦”“狂惑”“猖狂”“狂澜”“佯狂”“狂趋”“狂愚”“狂戾”“狂流”“狂傲”“狂心”“狂迷”“狂邪”“狂求”“狂解”“狂药”“狂心”“狂词”“狂信”“狂气”“狂夫”“狂歌”“昏狂”“狂驰”“狂肆”等带负面性词汇。其《示子侄》云：“立志之始，在脱习气。习气熏人，不醪而醉。其始无端，其终无谓。袖中挥拳，针尖竞利。狂在须臾，九牛莫制。岂有丈夫，忍以身试？彼可怜悯，我实惭愧。”①此即以“做狂”为“习气”。他所谓“不醪而醉”，即“狂醉”；“九牛莫制”，即“狂趋”；“袖中挥拳，针尖竞利”，即“狂戾”。又《章灵赋》自注云：“唯余一意事主，不随众狂，而孤立无援，如彼何也。”②又《尚书引义·多方一》曰：“圣狂相去殊绝。”③ 圣是圣，狂是狂，圣狂悬隔，故圣与狂亦没有统一的可能性。王夫之反复言说的“任气”“意气”“气矜”“气激”等，皆是狂者的所谓“狂气”而已。又《骚首问》曰：“法愈苛，威愈亵，猖狂之气一动，则玩上而罔所敬忌。”④从以做狂相标榜到以不随众狂自诩，再到以不做狂为训示和标举圣狂大界，可谓惹人注目的新变。

素刚者的狂傲，极易滋生戾气，方孝孺以为是“祸门”⑤。唐枢曰：“若唯以杀为事，乃是依靠宇宙间戾气。”⑥ 王夫之也说：“士民嚣陵之戾气，无自而开，则祸亦不永。”⑦ 方孝孺则直称为“暴夫戾士”⑧，真是惊心动魄的判断。此可与万斯同之描述相印证。万斯同《书杨文忠传后》曰：“至大礼议定，天子视旧臣元老真如寇仇。于是诏书每下，必怀忿疾，戾气填胸，怨言溢口。而新进好事之徒，复以乖戾之性佐之。君臣上下，莫非乖戾之气。”此处说的是嘉靖朝的情况，其实有明一代

① （明）王夫之：《船山全书》（第十五册），岳麓书社2011年版，第145页。

② （明）王夫之：《船山全书》（第十五册），岳麓书社2011年版，第187页。

③ （明）王夫之：《船山全书》（第二册），岳麓书社2011年版，第388页。

④ （明）王夫之：《船山全书》（第十二册），岳麓书社2011年版，第637页。

⑤ （明）方孝孺著，徐光大点校：《方孝孺集》（上），浙江古籍出版社2013年版，第11页。

⑥ （清）黄宗羲著，沈芝盈点校：《明儒学案》（下），中华书局1985年版，第965页。

⑦ （明）王夫之：《船山全书》（第十一册），岳麓书社2011年版，第153、154页。

⑧ （明）方孝孺著，徐光大点校：《方孝孺集》（上），浙江古籍出版社2013年版，第221页。

从整体层面来说，可谓“戾气填胸”的时代。黄宗羲在《七怪》中说：

> 昔之学者，学道者也；今之学者，学骂者也。矜气节者则骂为标榜，志经世者则骂为功利，读书作文者则骂为玩物丧志，留心政事者则骂为俗吏，接庸僧数辈则骂考亭为不足学矣；读艾千子定待之尾则骂象山、阳明为禅学矣；濂溪之主静，则曰盘桓于腔子中者也；洛下之持敬，则曰是有方所之学也；逊志骂其学误主；东林骂其党亡国。相讼不决，以后息者为胜，东坡所谓墙外悍妇，声飞灰火如猪嘶狗嗥者也。[①]

此即“戾气填胸”的最好说明。黄宗羲说钱谦益“好骂”，其实他亦沾染“好骂”的时代戾气，其胸中扰扰，亦少怀和气象。

既知以上所论，可以获得理解方孝孺的价值参照系。方孝孺生活在不宽和的时代，而竟然无戾气，呈现宽恕的仁者气象，他是怎么做到的？

第四节　以德为春

方以智《东西均·反因》曰：“吾尝言天地间之至理，凡相因者皆极相反。”[②] 霜雪之后，必有阳春，物极必反，天道如此。方孝孺是有明一代稀有的“阳春君子”。他写有一篇关于“阳春君子”的美文，即《春风和气堂记》，转录其关键部分，以资赏会。其文曰：

> 天以五气成岁功，而施发生之德者为春。人以五常应变，而具慈爱之道者为仁。天虽至健，非春无以生物。人有刚武明毅之才，非仁无以立政。故国之有仁人，犹天之有春也。唐虞之世，有稷契

---

① （清）黄宗羲著，吴光主编：《黄宗羲全集》（第十册），浙江古籍出版社2012年版，第650页。

② （清）方以智著，庞朴注释：《东西均注释》，中华书局2001年版，第133页。

皋夔为春，而无险戾乖僻之气以间之。是以其时为极盛。为汤之春者伊尹，为高宗之春者傅说，为文武成康之春者周公、召公、毕公之徒。其为人不同，然皆能协和万邦，施惠泽于天下。至周之季，孔子、孟子者出，其德可以为春，而国莫或之用。虽能备太和于一身，而无由推以及物。汉之兴，萧曹为之春，光武之复国，邓禹、冯异、卓茂、贾复之流，或除残去暴，以成其功，或恺弟慈祥，以化其俗。其事虽殊，而为之春者一也。由汉而下，有仁人以辅其政者，其国必昌而长。故唐以房、杜、姚、宋为春；宋以王、李、韩、范、司马公为培植元气之具，而皆传世数百年。其他或温之未几，而寒之者继之，发生之难，不能胜殒伐之易，由是斯民阅千百载，而与春遇者，盖不能十一。夫岂仁者盛于古，而后世独鲜哉？或遗之而不能用，或用之而参以邪佞之人，虽欲为春，不可得。①

方孝孺在这里列举了前代“阳春君子”的典范人物。从中可以看出他所谓“阳春君子”就是学明道高而“备太和于一身”的“为国之春者”，其基础性的文化性格正是：“以不杀为威”，没有“险戾乖僻之气”，有“恻怛宽大之心”，能“协和万邦，施惠泽于天下”，又“谦谨忠恕”，而“仁发于诚”，“不自骄盈”，为国“培植元气”。这真是圣学性格的最好说明。道衍所谓“读书种子”正是“阳春君子”也。不过，方孝孺还认为，人类相遇这样的人的机会不是很多，几率不是太大，究其深层原因，“或遗之而不能用，或用之而参以邪佞之人，虽欲为春，不可得”。万古同一时，永永无穷。何为“太和”？张载《正蒙·太和篇》曰：

太和所谓道，中涵浮沉、升降、动静、相感之性，是生氤缊、相荡、胜负、屈伸之始。其来也几微易简，其究也广大坚固。起知于易者乾乎！效法于简者坤乎！散殊而可象为气，清通而不可象为

① （明）方孝孺著，徐光大点校：《方孝孺集》（中），浙江古籍出版社2013年版，第645—646页。

神。不如野马、絪缊，不足谓之太和。语道者知此，谓之知道；学《易》者见此，谓之见《易》。不如是，虽周公才美，其智不足称也已。①

王夫之在《张子正蒙注·太和篇》注释曰："太和，和之至也。"②"太和"是"和"的至境。张载曰："太和中容万物，任其自然。"③ 到此境界，则"尽人之性，亦尽物之性"矣。借此可领悟方孝孺推崇的"备太和于一身"的"国之仁者"，即国家的"阳春君子"，其文化人格正是春风和气即"太和"气象。朱熹曰："春本温和，故能生物，所以说仁为春。"④ 没有人不爱春风和气，因为春风和气是生万物的，也是爱惜万物的，浩荡乾坤烂漫春，幸愿一生同草树。方孝孺《梅长者祠堂碑》曰：

"天地至和之气，时得之而为春，日得之而为煦，风得之而为薰。皆所以长养万物，其化至密，其用至醇。其在天德也则为元，其在人德也则为仁，为至善之德，为惇厚之化，为无言之教。备其理者，在唐虞为八元，在周为仁人，在汉始称长者。其取义以为能长育人材，先躬行而尚本质，有长盛昌大之道，故善治天下者必贵之。""长者之为用，迂而不曲，缓而不滞，宽大忠厚得圣人之度。⑤

方孝孺所谓"八元""仁人""长者""阳春君子"，名异实同，皆是爱惜人的仁者。方孝孺正是经典的"阳春君子"，备"太和"于一身

① 章锡琛点校：《张载集》，中华书局 1978 年版，第 7 页。

② （明）王夫之：《船山全书》（第十二册），岳麓书社 2011 年版，第 15 页。

③ 章锡琛点校：《张载集》，中华书局 1978 年版，第 7 页。

④ 《朱子语类》，中华书局 2015 年版，第 114 页。

⑤ （明）方孝孺著，徐光大点校：《方孝孺集》，浙江古籍出版社 2013 年版，第 810—811 页。注："其在天德也则为元"，这句是笔者依据其他版本加上去的，特此说明。《左传·文公十八年》云："高辛氏有才子八人：伯奋、仲堪、叔献、季仲、伯虎、仲熊、叔豹、季狸，忠、肃、共、懿、宣、慈、惠、和，天下之民谓之八元。"

而“宽大忠厚得圣人之度”。他真是为有明一代培植“元气”即“长盛昌大之道”的不二人选，其志愿正是要使春风和气满人间。方孝孺曰：“阳春之煦，时雨之濡，是之谓世之醇儒。”[①]“醇儒”即“阳春君子”，其使命是“承天行日月，与世作阳春”[②]。即仁行如春，因而行路长春芳，与世补“元气”。

方孝孺《深虑论》曰：“夫人民者，天下之元气也。”[③]又《先府君行状》曰：“人心者，国家之元气。”[④]虐焰纵横败坏的正是“人性”和“人心”，即立国立人的“元气”。所以方孝孺《答刘子传》曰：“今病已深，善养生者当补元气，元气既完，病则易去耳”；“元气者，斯道是也”；“当今之世，非大贤豪杰不足振起之，苟无其力，虽有志向何益邪！”[⑤]而方孝孺正是“手操北斗调元气”者。敬承天道，调和元气，顺万物之宜，以安天下。方孝孺的自治信念是修德以和，即备“太和”于一身，其文化人格呈现的正是“太和”气象，不深于礼乐，焉能至此美和圣境哉！

方孝孺的政教理念正是“德政尚宽和”[⑥]，“政化崇宽简”[⑦]。《明史》记载建文帝“性仁厚”，“秋七月，召汉中府教授方孝孺为翰林院侍讲，诏行宽政。”[⑧]君臣气类相似，皆天性宽恕而近仁，因而同心致力于建设一个宽恕型的社会，其效果究竟如何？

---

① （明）方孝孺著，徐光大点校：《方孝孺集》（下），浙江古籍出版社 2013 年版，第 731 页。

② （明）方孝孺著，徐光大点校：《方孝孺集》（下），浙江古籍出版社 2013 年版，第 935 页。

③ （明）方孝孺著，徐光大点校：《方孝孺集》（上），浙江古籍出版社 2013 年版，第 78 页。

④ （明）方孝孺著，徐光大点校：《方孝孺集》（中），浙江古籍出版社 2013 年版，第 404 页。

⑤ （明）方孝孺著，徐光大点校：《方孝孺集》（下），浙江古籍出版社 2013 年版，第 770 页。

⑥ （明）方孝孺著，徐光大点校：《方孝孺集》（下），浙江古籍出版社 2013 年版，第 874 页。

⑦ （明）方孝孺著，徐光大点校：《方孝孺集》（下），浙江古籍出版社 2013 年版，第 873 页。

⑧ 《明史》卷四《薛闵帝本纪》，中华书局 1974 年版，第 59—60 页。

吴敬梓《儒林外史》中的人物说：“我听见人说，本朝的天下要同孔夫子的周朝一样好的，就为出了个永乐爷就弄坏了。”① 小说家言竟然如此耐人寻味。方孝孺《省躬殿铭》曰：“皇上嗣大宝位，清心恭己，喜怒不形，轻徭减赋，赏罚以类，举措得宜，行之期年，万姓悦服，群生欣豫，薄海内外，熏为太和。”② 此说明“以宽驭民邦乃昌”③的实理。顾起元（1565—1628）《客座赘语》曰：

> 父老尝言，建文四年之中，值太祖朝纪法修明之后，朝廷又一切以惇大行之，治化几于三代。一时士大夫崇尚礼义，百姓乐礼而重犯法。家给人足，外户不阖。有得遗钞于地，而置屋檐而去者。及燕师至日，哭声震天，而诸臣或死或遁，几空朝署。盖自古不幸失国之君，未有得臣民之心若此者矣。④

读此，则令人唏嘘。真是“温之未几，而寒之者继之，发生之难，不能胜殒伐之易”。圣道即“仁道”“恕道”“和道”“敬道”“诚道”“忠信”之道，用方孝孺的诗句形容，就是“仁风玉宇春”⑤。“仁恕”是吉德，可协和万邦，保和太和。

圣学所谓“敬”“诚”“忠”“信”“恕”等义理究竟有怎样的关联？群圣讨论这些范畴及其价值的学说，说也说不完，还是让马一浮回答即可。马先生这样连环释义：“礼以敬为本。《说文》忠、敬互训”；“《乾·文言》曰：‘君子进德修业。忠信所以进德也。修辞立其诚，所以居业也。’《韩诗外传》曰：‘忠易为礼，诚易为辞。’曰忠曰敬，曰诚曰信，一也”；“忠是恳切深挚，信是真实不欺”；“妄

---

① （清）吴敬梓：《儒林外史》，上海古籍出版社1991年版，第118页。

② （明）方孝孺著，徐光大点校：《方孝孺集》（中），浙江古籍出版社2013年版，第520页。

③ （明）方孝孺著，徐光大点校：《方孝孺集》（上），浙江古籍出版社2013年版，第17页。

④ 《明代笔记小说大观》（二），上海古籍出版社2005年版，第1215页。

⑤ （明）方孝孺著，徐光大点校：《方孝孺集》（下），浙江古籍出版社2013年版，第936页。

言苟言，是谓不忠不信，是谓无物，是谓无礼"[①]；"敬必以忠信为本，心主忠信方是敬。如无忠信之意，徒在外表矫饰，则是作伪，为君子所深戒。人未有心存忠信而不敬者，故忠信二字，可以互训"；"心存恭敬曰忠，施之于人曰恕。"[②] 故马先生判断："忠、信则六艺之本。"[③] 此是马先生的绝大判断，此即说明圣学是"忠""信"的学问。程颢曰："圣人言忠信者多矣，人道只在忠信。""若无忠信，岂复有物乎？"[④] 程颢曰："道之浩浩，何处下手？惟立诚才有可居之处，有可居之处则可以修业也。'终日乾乾'，大小大事，却只是'忠信所以进德'为实下守处。"[⑤]

既知此，可知圣道真是培养"元气"和"正气"的利器，舍此能有别的途径吗？方孝孺是有明一代罕见的"阳春君子"，如用他自己的诗说，就是"煦若阳春旭""民物煦阳春"，因而他不"冷"，亦不"霸"，更不"狂"，亦不"傲"，无有"戾气"，而是备"太和"和"仁恕"于一身的大儒。他究竟是如何做到的？

戴震（1724—1777）《原善》曰："恕则可进之以礼。"[⑥]"恕"者多崇礼。方孝孺立于礼而有"敬爱"和"谦德"。可以说，"持敬"是方孝孺的素行和素志。"持敬"则不"霸"，不"狂"，不"傲"，无有"戾气"，无"暴虐"，有"太和"，与民亦亲"和"。"恕"则不远礼，离礼则无"恕"，千古皆是如此。

有明一代流失最为严重的正是圣学的"敬爱"和"谦德"。"谦德"亦是"敬德"的表象，无"敬"则不"谦"。故古之圣贤常说"谦敬"。"谦敬"，何害之有？不"敬"不"谦"，岂有"和"之至也？天

---

① 马一浮著，吴光主编：《马一浮全集》（第一册），浙江古籍出版社 2012 年版，第 62、63、47、63 页。

② 马一浮著，吴光主编：《马一浮全集》（第一册），浙江古籍出版社 2012 年版，第 770、736 页。

③ 马一浮著，吴光主编：《马一浮全集》（第一册），浙江古籍出版社 2012 年版，第 101 页。

④ （宋）程颢、程颐著，王孝鱼点校：《二程集》（上），中华书局 1981 年版，第 127 页。

⑤ 《二程集》（上），中华书局 1981 年版，第 2 页。

⑥ （清）戴震：《戴震集》，上海古籍出版社 2009 年版，第 161 页。

下岂有此理？“敬胜百邪”“敬以致和”，“敬以致恕”，斯万世之名言也。有明一代“持敬”的经典楷模是方孝孺。顾炎武遭遇世变而体究出礼仪的极端重要性，故其愈到晚年愈“持敬”有成，所以顾炎武的气节来自深层、内在的“持敬”的力量，而不是来自硬守的境遇性“苦节”，也可以说是“雅节”。这是顾炎武与朋友归庄之气节的根本不同，因为他的气节里有“敬”的价值信仰，而归庄则没有。这也是大儒与文人根本的不同之处。

顾炎武《日知录·流品》曰：“自万历季年，搢绅之士不知以礼饬躬，而声气及于宵人，诗字颁于舆皂，至于公卿上寿，宰执称儿。而神州陆沈，中原涂炭，夫有以致之矣。”① 无礼则不“敬”。“持敬”就不会放肆，就不会轻狂，就不会敷衍，就不会懈怠，就不会骄慢，就不会急暴，亦无戾气，真可谓“敬胜百邪”。方孝孺和顾炎武在精神血脉上有所同，皆是“持敬”的大儒。他们因为心中有“敬”，因而气象崇高。“敬”则自然庄严、自然“太和”，无有“敬”而能庄严者，亦无有“敬”而能安和者。“敬”为万事的根本。有明一代的“阳春君子”，除了方孝孺，就是顾炎武，特别是愈到晚年，顾炎武愈有“阳春君子”的精神气质，即有方孝孺所谓的“太和之德”，不过，那时明朝已灰飞烟灭，真如方孝孺所谓“虽欲为春，不可得”。

仁恕的“阳春君子”，有自然之和气，必能容天下，也就是有宇量，也可以说雅量沧海纳。方孝孺《君量》曰：

> 其惟量足以容天下者能之乎！洪河大江，奔注万里，势之所遇，声之所嗄，汹汹乎其可畏。及趋于海，泊然而行，悠然而逝，涣漫浩渺，不复少肆者，以其量素足以容之也。天下，大物也。其动也无端，其变也无恒，自非量可以容之者，孰能有之？人能辞万钟之禄，而或色喜于一金；能虏三军之帅，或呻吟于一指。其出于计度而后为者，未足以见人之量。惟其猝然遇之，视之而不惊，此

① 陈垣著，陈智超主编：《陈垣全集·日知录校注》，安徽大学出版社 2009 年版，第 782—783 页。

非有量不能也。[①]

方孝孺提出的如此观察“君量”的方法，很是别致。细思想，深有意味，特别是“量素”说法，令人浮想联翩。本性不美者，自然无“量素”。“量”即“德量”，所以无素养者亦难有“量素”。而“量”亦有伪饰，即可计度而为之，也就是通常所谓内狭而外宽。在计度之内，往往有雅量，而在计度之外，即猝然遇之，往往就能见其内狭的本性。所以“量素”说的正是天性仁恕即本然之量，可以说是性德之美。此与王夫之的相关论理并参体究，可得正解。王夫之的《读通鉴论》曰：

> 成而不倾，败而不亡，存乎其量之所持而已，智非所及也。量者心之体，智者心之用。用者用其体，体不定，则用不足以行；体不定而用或有所当，惟其机也。机者发而可中，而不足以持久，虽成必败，苟败必亡。故曰非智所及也。
>
> 成大业者，在量而不在智，明矣。量者，定体于恒者也。体定于百年之长虑，而后机不失于俄顷之利钝。
>
> 生死死生，成败败成，流转于时势，而皆有量以受之，如丸善走，不能逾越于盘中。其不动也如山，其决机也如水，此所谓守气也。气守而心不动，乃以得百里之地而观诸侯、有天下，传世长久而不危。岂徒介然之勇，再鼓而衰，不足恃哉？智足以制胜，而俄顷之闲，大忧大喜之所乘，声音笑貌传其摇荡无主之衷，倾败即成乎莫挽。豪杰之与凡民，其大辨也在此夫！[②]

王夫之所谓“心体之量”即“太和”而已，而方孝孺所谓“太和之德”即“德宇”。“量素”说的正是“心体之量”即“太和之德”，

① （明）方孝孺著，徐光大点校：《方孝孺集》（上），浙江古籍出版社2013年版，第92—93页。

② （明）王夫之著，舒士彦点校：《读通鉴论》，中华书局2013年版，第865—866页。

也可说是"圣人之量"。"圣人之量"即"超世之量"，即"天地之量"。程颐曰：

> 人量随识长，亦有人识高而量不长者，是识实未至也。大凡别事都强得，惟识量不可强。今人有斗筲之量，有釜斛之量，有钟鼎之量，有江河之量。江河之量亦大矣，然有涯，有涯亦有时而满。惟天地之量则无满。故圣人者，天地之量也。圣人之量，道也。常人之有量者，天资也。天资有量者，须有限……惟知道者，量自然宏大，不勉强而成。①

方孝孺之说也可以与程颐之论相互补充发明。朱元璋、朱棣的"量"是常人的"天资之量"，无"圣智量度"，自然量狭，即十分有限，极容易陷入情景性昏虐，即所谓矜智道逾昏。朱棣猝然面对方孝孺拒写诏书，而显露其量狭的本性，就是显例。而方孝孺的"量"即识道的大量，因而特立不惑，自然宏达。而他拒写诏书，而流露的正是"量素"，所以岿然不动，不陷入情境性的震动。无道则无大量。

大量体现的是圣学恕道的品格。"阳春君子"的心性没有受到污染或损伤，因而流露的正是圣学恕道即"和实生物"的精神。主和不主斗是"阳春君子"最基本的价值理念和价值信仰。方孝孺反复申说："修德以和""太和之德""宽仁之德""平恕临民""慈恕宽和""宽大笃厚""宽大之化""登于太和"等。这也可以与王夫之相关言论同参。王夫之一再说："先王中和之极""太和之气""中和涵养之化""中和气象"等。依据方孝孺和王夫之的论理，"中和"是立国之本，亦是立人之本，是消嚣凌之戾气的良药。王夫之《读通鉴论》曰："相摧相激以贻宗社生民之祸，不可谓无君，抑不可谓无臣，而终不可谓有臣也。此今古败亡之所以不救也。"② 王夫之遭遇国变而有深痛，有深识，故有深论。读此可深赏方孝孺真是圣学的阳春"读书种子"，即"挺拔特

① 《二程集》（上），中华书局 1981 年版，第 192 页。

② （明）王夫之著，舒士彦点校：《读通鉴论》，中华书局 2013 年版，第 193 页。

立如雪霜之松柏，不挠不折以固其节”，“所以为敬也”；“必也如春阳之融，长养生息而不见其迹”，“所以为恕也”，故方孝孺是“居敬行恕”① 的君子，他崇尚诚敬、仁恕之圣道。

方孝孺自觉的正义言行和由心性显露的高贵情操，是活生生的现实而不是虚幻的梦境，我们能从他那里直观感受到人的本质究竟是什么。方孝孺就是人之为人的风格化存在，即使人之真理映现在自身内，而直接外化在鲜活的生命个体上，即花枝春满。如果用黑格尔的话说，那就是到达了人作为存在的理念，全春是花。

“敬以致和”，舍敬岂有春风和气哉？“居敬行恕”，舍敬，岂有恕道可行哉？人与人之间、国家与国家之间、人与己之间，即修己治人，舍弃敬恕之道，还能找到别的相处之道吗？有明一代宦官当道。朱元璋鉴前代宦官之失，禁防阉人甚严，建文帝嗣位，对阉宦亦益严。朱棣谋反发兵，阉宦给其泄露朝廷虚实。朱棣篡位后，信用奸人和宦官，其后阉祸遂至滔天，古所未有，可以说朱棣是始作俑者。朱棣“天性刻薄”而任性，缺乏的不就是一个“恕”字吗？朱棣与素刚的君子不能相容，而与奸人、阉人可谓同路人，因而同恶相济。例如，朱棣宠任的奸臣陈瑛，天性亦残忍刻薄，与朱棣气类神似，即刚果又阴毒。黄宗羲《明夷待访录》直言曰：

> 奄宦之祸，历汉、唐、宋而相寻无已，然未有若有明之为烈也……汉、唐、宋之奄宦，乘人主之昏而后可以得志。有明则格局已定，牵挽相维……奄人既以奴婢之道事其主，主亦即以奴婢之道为人臣之道……（人臣）相趋于奴颜婢膝之一徒……不敢明言其是非……一世之人心学术为奴婢之归者，皆奄宦为之也。祸不若是其烈与……奄宦之如毒药猛兽，数千年以来，人尽知之矣，乃卒遭其裂肝碎首者，曷故哉？岂无法以制之与？则由于人主之多欲也……夫刑余之人，不顾礼义，凶暴是闻。②

---

① （明）方孝孺著，徐光大点校：《方孝孺集》（上），浙江古籍出版社 2013 年版，第 265 页。

② （清）黄宗羲著，吴光主编：《黄宗羲全集》（第一册），浙江古籍出版社 2012 年版，第 44—46 页。

朱棣与阉宦之性情亦类似，没有圣智之德度，既狡狠又肆虐。阉宦效其所为，更是变本加厉，推波助澜，而煽虐和纵虐，以专意杀人。戾虐成为有明一代真实不虚的祸源。叔本华在《作为意志和表象的世界》里说：“君主们犯了错误，整个整个的民族都要为他补过；和这一样，伟大人物的谬误就会把有害的影响传播于好些整个整个的时代，甚至到几个世纪；并且这种谬误还要成长、繁殖，最后则变为怪诞不经。”① 有形的“奄宦”容易被消灭，而无形的即渗透于精神中的“奄宦”，就不那么容易消除了。借此可参悟有明一代的戾虐之祸。王夫之不断说：“深怨”“深奸”“深仇”“忌深”“深责”“患深”“害深”“谋深”“深言”“深罪”“深求”等。人心坏了，其祸何可胜道哉！

王夫之的《读通鉴论·惠帝》曰：“呜呼！方孝孺死，而读书之种绝于天下。”② 依据王夫之的意见，有明一代再也没有方孝孺那样的“读书种子”了，即有中和气象的醇儒没有了。呜呼，有明一代“阳春君子”绝矣！吴敬梓（1701—1754）在《儒林外史》中借小说人物之口曰：“自永乐篡位之后，明朝就不成个天下。”③ 方孝孺是以宽仁养天下元气的礼乐君子。这是圣学的经典立场。王应麟的《困学纪闻》曰：“风俗，世道之元气。”④ 全祖望的《九灵先生山房记》曰：“呜呼！古来丧乱，人才之盛，莫如宋季。不必有军师国邑之人，即以下僚韦布，皆能砺不事二姓之节。然此则宋人三百年来尊贤养士之报也。元之立国甚浅，崇儒之政无闻，而其亡也，一行传中人物累累相望，是岂元之有以致之，抑亦宋人之流风善俗，历五世而未斩，于以为天地扶元气与？”⑤ 又《江阴杨文定公行述》曰：“公之在南也，以忠信笃敬率其

---

① ［德］叔本华：《作为意志和表象的世界》，石冲白译，商务印书馆 1982 年版，第 73 页。

② （明）王夫之著，舒士彦点校：《读通鉴论》，中华书局 2013 年版，第 22 页。注：“呜呼！方正学死，而读书之种绝于天下，则汉之犹有贾、董、臧、绾以存古道于百一者，非曹参有以养之乎？”

③ （清）吴敬梓：《儒林外史》，上海古籍出版社 1991 年版，第 112 页。

④ （宋）王应麟著，（清）阎若璩等注，栾保群等校点：《困学纪闻》（上），上海古籍出版社 2015 年版，第 457 页。

⑤ 陈垣著，陈智超主编：《陈垣全集·鲒琦亭集批注》，安徽大学出版社 2009 年版，第 796—797 页。

下，熙然为国家养元气。”[①] 又《移明史馆帖子六》曰：“深宁以为中散义不仕晋，甘以身殉，今使《晋书》有其传，是中散之耻也。斯言足以扶宇宙元气。”[②] 又《奉万西郭问魏白衣息贤堂集书》曰：“先生惓惓忠孝，出茶铛药灶间物，亲加拂拭，苌弘碧血不至蘯冷风野马，即此足扶宇宙一重元气。”[③]

此即说明“读书种子”，或具有“读书种子”风骨的读书人，正是扶天地元气的特立独行的圣贤豪杰，诚敬不欺，仁恕而有容。章太炎先生《在粤省驻沪国会议员茶话会上之演说》曰：“国家之所以能成立于世界，不仅武力，有立国之元气也。元气维何？曰文化。”“然吾国自比年以来，文化之落，一日万丈，是则所望于国民力继绝运，以培吾国本者耳。”[④] 此即说明华夏文化即立国之“元气”。王应麟《困学纪闻》曰：“‘凡百君子，各敬尔身。胡不相畏，不畏于天？’荆公谓：‘世虽昏乱，君子不可为恶，自敬故也，畏人故也。’愚谓《诗》云：‘周宗既灭’，哀痛深矣，犹以敬畏相戒。圣贤心学，守而无失去，中夏虽亡，而义理未尝亡，世道虽坏，而本心未尝坏，君子修身以俟命而已。”[⑤] 此即古今“读书种子”素有的信念，没有什么变异。然培补“元气”，恐非易事。

麦克卢汉在《理解媒介》中说：“他出生时，他的文化已经运行很久；他去世后，他的文化还将长存。”[⑥] 我们之于华夏文化也是如此。方孝孺的同门王绅在《逊志斋集序》中说道：“嗟乎！圣贤之不作久

---

① 陈垣著，陈智超主编：《陈垣全集·鲒琦亭集批注》，安徽大学出版社 2009 年版，第 670 页。

② 陈垣著，陈智超主编：《陈垣全集·鲒琦亭集批注》，安徽大学出版社 2009 年版，第 1094 页。注：王应麟（1223—1296），南宋经史学家。字伯厚，号深宁居士，又号厚斋。嵇康，字叔夜。别号嵇中散、嵇生、嵇公。

③ 陈垣著，陈智超主编：《陈垣全集·鲒琦亭集批注》，安徽大学出版社 2009 年版，第 1131 页。注：魏耕（1614—1662）原名璧，又名时珩，字楚白，慈溪人。明亡后，改名耕，又名甦，字野夫，号雪窦，又号白衣山人。

④ 本社编：《章太炎全集·演讲集》，上海人民出版社 2022 年版，第 217 页。

⑤ （宋）王应麟著，（清）阎若璩等注，栾保群等校点：《困学纪闻》（上），上海古籍出版社 2015 年版，第 365 页。

⑥ ［加］马歇尔·麦克卢汉：《理解媒介：论人的延伸》（增订评注本），何道宽译，译林出版社 2011 年版，第 433 页。

矣，斯道之微若晨星之在太空，光彩不耀者数千百年。至宋诸大儒出，始续其不传之绪而继之，然后学者有所宗师。今去宋又二百年矣，斯道之晦亦久矣，天之闵斯民，而望后人者亦甚矣。"① 方孝孺在他同门眼里就是这样的"读书种子"。方孝孺器宇宽宏，育物惟恕惟惠。这样的"读书种子"多吗？方孝孺诗曰："万古乾坤此道存，前无端绪后无垠。手操北斗调元气，散作桑麻雨露恩。"②

第五节　以"知耻"为先

试问，圣贤之学成人的要诀究竟是什么？方孝孺《与友人书》曰：

> 《中庸》以智仁勇为三达德，此言为学之事，以三者为先。非勇不足以进道，故以勇继仁智。谓之达德云者，明其非隐僻怪诞，不合中庸之行也。若五常之德，曰仁、曰义、曰礼、曰智、曰信，乃得于天而修于己者。言信之本体，则不待言勇，而勇固在其中矣……勇者能强毅自立而不回……勇者虽不系乎五常，而五常资勇而后尽，岂出于五常之外，而不可谓之达德乎？③

方孝孺推阐圣勇之理也绝美。笔者特别喜欢"非勇不足以进道"之说，有同心之乐。试问，英雄今何在？消歇无人语。《礼记·中庸》曰："修身则道立。"④ 《礼记·大学》曰："自天子以至于庶人，壹是皆以修身为本。"⑤ 修身与自治可互释。圣学思想家不厌其烦地讨论修

① （明）方孝孺著，徐光大点校：《方孝孺集》（下），浙江古籍出版社 2013 年版，第 1011—1012 页。

② （明）方孝孺著，徐光大点校：《方孝孺集》（下），浙江古籍出版社 2013 年版，第 968 页。

③ （明）方孝孺著，徐光大点校：《方孝孺集》（中），浙江古籍出版社 2013 年版，第 422—423 页。

④ （宋）朱熹：《四书章句集注》，中华书局 2011 年版，第 30 页。

⑤ （宋）朱熹：《四书章句集注》，中华书局 2011 年版，第 4 页。

身，使修身成为传统社会圣学兴趣的中心，根深叶茂，绵绵不绝。修身即成人，也就是说依靠自己的力量完善自己。修身是圣学的基石和根脉，是具有丰富的精神价值内容的实质性的文化传统。方孝孺的信念亦是修己治人。修己治人是圣学一个经典的价值信念，而修己则是根是本，因为它为所有言行奠基。方孝孺《修德》曰："古人言学，修其在己"；"惟德之务，必勉于为"；"务德是修，行以终身。"[①] 修身就是成就这个活生生的人。美国思想家福柯（1926—1984）在《自我技术》中说道：

> 自我技术：它使个体能够通过自己的力量，或者他人的帮助，进行一系列对他们的身体及灵魂、思想、行为、存在方式的操控，以此达成自我的转变，以求获得某种幸福、纯洁、智慧、完美或不朽的状态。[②]

圣学所谓"修身"与福柯所谓"自我技术"可以相互发明，相映成趣。修身亦是通过自己的力量变化气质而成贤成圣，即达到幸福、纯洁、智慧、完美、清贞或不朽的状态。故可以说修身亦是自我完善的技术。美国思想家怀特海（1861—1947）在《教育的目的》中说："我认为，唯一具有重要意义的训练是自我训练——这种训练只有通过充分享有自由才能获得。"[③] 修身亦是真正意义上的"自我训练"，而不是异己的训练。或者可以说修身是最高意义层面的"自我训练"，或干脆说是"自我创造"。自由有内在自由和外在自由，"自我训练"体现的正是人的内在意志自由。

孔子曰："为仁由己，而由人乎哉？"（《论语·颜渊》）此即体仁而修身。圣学特别重视人的内在意志自由在成人中的至关重要性。人要

---

① （明）方孝孺著，徐光大点校：《方孝孺集》（上），浙江古籍出版社2013年版，第23页。

② ［法］米歇尔·福柯著，汪民安编：《自我技术：福柯文选Ⅲ》，北京大学出版社2015年版，第54页。

③ ［英］怀特海著，庄莲平、王立中译注：《教育的目的》，文汇出版社2012年版，第49页。

果断地依靠自己的内在自由意志做人，而不要完全寄希望于外在自由，因为外在自由需要外在的机缘，单靠内在的意志自由解决不了外在自由的问题。罗洛·梅的《人的自我寻求》说："自由不仅仅是一个针对某一个特定的决定说'是'或'否'的问题：它是我们塑造自己、创造自己的能力。"① 借此可体悟修身的自由。修身就是利用内在意志的独立与自由来实现自我完善和自我发展。修身只有植根于人内在的意志自由，而不是境遇的胁迫或刺激，才会有稳定强大而持久不息的行动力量。

方孝孺的《身修思永堂记》曰："闻有师圣人之美志，而无其效者，勇不逮也。"《与友人书》又曰："非勇不足以进道。"② 此即方孝孺"自我创造"的风格。成人的"美志"要依靠"大勇"来实现，不勇于"自治"，"美志"亦是无果之花，或假花而已。又《答刘子传》曰："当今之世，非大贤豪杰不足振起之，苟其无力，虽有志何益邪！"③ "大贤豪杰"即有"勇德"的志士。"大勇"是"自治"或"自我实现"的关键。又《徙义》曰："闻所当为，奋决不疑，飙移电驰，是谓勇于自治。知其为义，可否进退，怯于为善。陷溺也易。圣贤虽大，惟勇可成。勿安于非义，谓吾不能，义不即徙。"④ 此即方孝孺"勇于自治"的自我说明。方孝孺自己说得清楚，不劳我们解释。方孝孺的老师宋濂在《凝道记·哀公微第四》中说道：

> 勇之于学者其犹舟之帆，马之策欤！舟非帆则不疾，马非策则不进。是则勇者，作圣之阶梯也。泰山虽高，勇欲登之，则必凌绝顶；万里虽远，勇欲行之，不至则弗止也。孔子所以圣，勇而已。曾子所以贤，亦勇而已。不然，曾子何以自曰"吾常闻大勇于夫

① ［美］罗洛·梅：《人的自我寻求》，郭本禹、方红译，中国人民大学出版社 2013 年版，第 172—173 页。

② （明）方孝孺著，徐光大点校：《方孝孺集》（中），浙江古籍出版社 2013 年版，第 643、422 页。

③ （明）方孝孺著，徐光大点校：《方孝孺集》（中），浙江古籍出版社 2013 年版，第 404 页。

④ （明）方孝孺著，徐光大点校：《方孝孺集》（上），浙江古籍出版社 2013 年版，第 32 页。

子”云？然则欲学孔子、曾子者，其大勇矣乎！[①]

师生之论，可相互映衬。“圣贤虽大，惟勇可成”是方孝孺坚定不移的信念，没有受到外境的制约。方孝孺是真正的“自治”者，故当下即能竖起脊梁，不自安于卑陋，果断地自拔于流俗，不自戕害其德性，而特立独行地承当“为仁由己”的重担子，不推诿，不懈怠，不怯于为善，恒定地修身，真是活色生香一树花。方孝孺“勇于自治”之精神体现的正是人不可剥夺的自由意志，这是圣学修身的真血脉。那么，方孝孺勇于自治的动力源泉是什么？

方以智曰：“知耻为先，辨志为要，志以耻勇，学乃充志，辨乃得本，得本易力，好而乐之。”[②]“志以耻勇”，读此可深识，圣学知耻传统的全体大用。不知耻者，必不自修。人美好的德品多源于知耻。知耻则“砥德砺行，顾惜名节”，所以羞耻心是修身的真正的动力源泉。方孝孺的《正服》曰：“民见有德者被服美，而邪慝之可耻也，必勉于自修。”“世主无不欲斯民趋善而去恶，然法愈烦而恶不止者，不能迎其慕耻之端，而使之不知善之可慕，而至于无耻。”[③]人无羞耻心则无自治心。又《杂问》曰：“廉耻节义，世之道。”[④]廉耻节义与世仰俯。世衰道丧，则寡廉鲜耻，人无自治之心。故又《正俗》曰：“信让立而廉耻兴，廉耻兴而民重其死。”[⑤]廉耻兴，则人重慕耻之心，气节、操守、国运则不衰。证之于史亦然。欧阳修的《新五代史》记录康澄上疏言：“为国者有不足惧者五，深可畏者六：三辰失行不足惧，天象变见不足惧，小人讹言不足惧，山崩川竭不足惧，水旱虫蝗不足惧也；贤士藏匿

① （明）宋濂著，黄灵庚编辑点校：《宋濂全集》（第四册），人民文学出版社2014年版，第2219页。

② （明）方以智：《易余》，上海古籍出版社2018年版，第101页。

③ （明）方孝孺著，徐光大点校：《方孝孺集》（上），浙江古籍出版社2013年版，第22页。

④ （明）方孝孺著，徐光大点校：《方孝孺集》（上），浙江古籍出版社2013年版，第238页。

⑤ （明）方孝孺著，徐光大点校：《方孝孺集》（上），浙江古籍出版社2013年版，第109页。

深可畏，四民迁业深可畏，上下相徇深可畏，廉耻道消深可畏，毁誉乱真深可畏，直言不闻深可畏。”① 耻之时义大矣哉！

结合以上分析可知，方孝孺“勇于自治”的动力源于他的知耻心。以成圣贤即成人自贵，以不成圣贤即自暴自弃为耻。羞耻心真是人一切美德的守护天使。孟子曰：“耻之于人大矣！”朱熹曰：“耻者，吾所固有羞恶之心也。存之则进于圣贤，失之则入于禽兽，故所系为甚大。”② 人与非人的区别就在一个“耻”字。马克思·舍勒《道德意识中的怨恨与羞感》说：“动物的许多感觉与人类相同，譬如畏、恐惧、厌恶甚至虚荣心，但是迄今为止的所有观察都证明，它似乎缺乏害羞和对羞感的特定表达。如果想象有某位‘害羞的上帝’，这简直荒谬绝伦。”③ 借此可领悟羞耻心真是人类文明的一个重要元素。刘梦溪《论知耻》曰：“羞耻心是人作为人的一项文明指标。”④ 读此可知，知耻是人进德修业的根本动力。“读书种子”即有耻之士。“知耻”亦是圣统的一个实质性的好传统。

子贡问曰：“何如斯可谓之士矣？”孔子曰：“行己有耻，使于四方，不辱君命，可谓士矣。”（《论语·子路》）可见，“知耻”是士之为士的根本标志，也是绝对的原则。孔子曰：“道之以政，齐之以刑，民免而无耻；道之以德，齐之以礼，有耻且格。”（《论语·为政》）圣人护惜人的羞耻心，养民知耻，此即圣教的基础性原则。孔子曰：“士志于道，而耻恶衣恶食者，未足与议也。”（《论语·里仁》）士以未闻道为羞耻，而“耻恶衣恶食者”，则是耻尚失所。孔子曰：“古者言之不出，耻躬之不逮也。”（《论语·里仁》）圣学是躬行的学问。《礼记·杂记》中有所谓“君子五耻”：“居其位，无其言，君子耻之；有其言，无其行，君子耻之；既得之而又失之，君子耻之；地有余而民不足，君子耻之；众寡均而倍焉，君子耻之。”《礼记·祭统》中有所谓

① 《新五代史》卷六《明宋本纪》，中华书局 1974 年版，第 66—67 页。

② （宋）朱熹：《四书章句集注》，中华书局 2011 年版，第 358 页。

③ ［德］马克思·舍勒：《道德意识中的怨恨与羞感》，罗悌伦、林克译，北京师范大学出版社 2017 年版，第 169 页。

④ 刘梦溪：《国学与经学》，中华书局 2021 年版，第 174 页。

君子“三耻”：“子孙之守宗庙社稷者，其先祖无美而称之，是诬也；有善而弗知，不明也；知而弗传，不仁也。此三者，君子之所耻也。”[①]所以“知耻”是君子言行的基础。圣学即“知耻”的学问。圣学贵“知耻之士”而不贵“智士”。《大戴礼记·曾子制言篇》曰：“故君子不贵兴道之士，而贵有耻之士也。若由富贵兴道者与贫贱，吾恐其或失也；若由贫贱兴道者与富贵，吾恐其羸骄也。夫有耻之士，富而不以道，则耻之；贫而不以道，则耻之。”[②]

依据以上征引的群经言说，可知“知耻”是人勇于进德修业的根本动力，不知耻则不能大有所进。而且，“知耻”是群圣进修要诀。王夫之《读通鉴论·灵帝》曰：

> 故夫有耻者，非以智也，而智莫过于知耻。知耻而知有己；知有己而后知物之轻；知物之轻，而后知人之不可与居，而事之不可以不断。故利有所不专，位有所不受，功有所不分，祸有所不避。[③]

“读书种子”即“有耻”的读书人。方孝孺是“有耻之士”，相续的正是圣学“知耻”的真血脉。修身从知耻发端，乃是思接圣学的正路。陈宝箴（1831—1900）《说学》曰：

> 大要吃紧在一“耻”字。耻则奋，奋则忧，有终身之忧，即有终身之耻。今我辈读古人书，但能知耻，便有懦立顽廉之意，精神自然焕发，志气自然凝定，故曰：“知耻近乎勇。”好学力行，皆赖此始，为人德之门。先辈有言：“不让今人，便是无量；甘让古人，便是无志。”量之不宏，志之不卓也，舍耻其奚以乎？堂堂七尺之躯，其孰甘自居无耻矣！古今来，往往有才气卓荦之人，少年失学，或不免跌荡自喜、放轶不羁，一旦获亲有道，幡然悔悟，

① （清）孙希旦：《礼记集解》（下），中华书局 2022 年版，第 1114、1252 页。

② （清）王聘珍撰，王文锦点校：《大戴礼记解诂》，中华书局 1983 年版，第 89 页。

③ （明）王夫之著，舒士彦点校：《读通鉴论》，中华书局 2013 年版，第 219 页。

折节向学，卒能卓然自立，超出乎铮铮佼佼之上。盖由秉气充强，故愧悔之萌，若不可复立人世，其为耻者大，故其致力者猛也。①

这可以用来说明方孝孺“勇于自治”的根源。古今“读书种子”，前后辉映，若合符节。方孝孺“勇于自治”体现的正是圣学“知耻近乎勇”的精神气质和品格。《礼记·中庸》曰：“好学近乎知，力行近乎仁，知耻近乎勇。知斯三者，则知所以修身。”② 圣学所谓“智”“仁”“勇”是三而一的问题，单说“勇”亦统摄“智”“仁”在内，反之亦然。“好学”“力行”“知耻”亦是三而一的问题，单说“好学”就已经含有“力行”和“知耻”在内，反之亦然。不“智”不“仁”的“勇”不是“圣勇”。荀子《荣辱篇》曰：“争饮食，无廉耻，不知是非，不辟死伤，不畏众强，恈恈然唯利饮食之见，是狗彘之勇也。”③“圣勇”即“义理之勇”或“仁者之勇”。方孝孺所谓的圣贤豪杰就是指“义理之勇”者。方孝孺《崔浩》曰：“君子之为学，必也本乎仁，由乎义，立乎其大者而用其智。智发乎仁义，天下之大智也。”④ 也可以说：“君子之为勇，必也本乎仁，由乎义，立乎其大者而用其勇。勇发乎仁义，天下之大勇也。”又《与童伯礼》曰：

盖自古非言之难，能知言者难也。知言固难，而能行之者尤难也……勇于适义，于人言无不立行，其心所向，万夫莫能回之……勇于为善，而知轻重之分故耳……人孰不乐告以善，苟信之未笃，执之为坚，一以为可，一以为否焉，则虽仆亦能何为。⑤

---

① 汪叔子、张求会编：《陈宝箴集》（下），中华书局 2003 年版，第 1878—1883 页。

② （宋）朱熹：《四书章句集注》，中华书局 2011 年版，第 30 页。

③ （清）王先谦撰，沈啸寰、王星贤点校：《荀子集解》，中华书局 1988 年版，第 56 页。

④ （明）方孝孺著，徐光大点校：《方孝孺集》（上），浙江古籍出版社 2013 年版，第 188 页。

⑤ （明）方孝孺著，徐光大点校：《方孝孺集》（中），浙江古籍出版社 2013 年版，第 391 页。

能奋勇而力行者，非圣贤豪杰不能，巽懦则不能行。方孝孺“勇于适义”“勇于为善”的力量惊心动魄而令人难以置信的强大，故其可以作为圣学“知耻近乎勇”的楷模。方孝孺《苏威》曰：“无耻之人，气不足以有为，节不能自守，其屈身于盗贼，固势使之然，岂足深怪哉？”[①]“耻”与“志”有深在的关联。无“羞耻心”则无志，自然无定操，随境遇“变容”，弃名节，捐礼仪，改形换骨，绝无舍生取义之可能。知耻之士不会随遭遇境遇“屈身”而“变容”。“知耻”而“勇于自治”是方孝孺素定的风骨。方孝孺所谓“勇于自治”，其实就是“勇于持敬”，所以他说：“主敬力行，不息其功。”[②]

综上所述，群圣之道，硕大光明，“蔽以一言，莫过乎仁”[③]，而“仁”之发用，则需“知耻”，所以圣贤之学，莫急于“养耻”。李颙的《四书反身录》曰：

> “行己有耻”，则行己不苟，立身方有本末……士人有廉耻，斯天下有风俗。风俗之所以日趋日下，其原起于士人之寡廉鲜耻……有耻则砥德砺行，顾惜名节，一切非礼非义之事，自羞而不为，惟恐有浼乎生平。若耻心一失，放僻邪侈，何所不至？居乡而乡行有玷，居官而官常有亏，名节不足，人所羞齿，虽有他长，也何足赎……论士于今日，勿先言才，且先言守，盖有耻方有守也……论学于今日，不专在穷深极微，高谈性命，只要全其羞恶之良，不失此一点耻心耳。不失此耻心，斯心为真心，人为真人，学为真学，道德经济咸本于心，一真自无所不真，犹水有源，木有根；耻心若失，则心非真心，心一不真，则人为假人，学为假学，道德经济不本于心，一假自无所不假，犹水无源，木无根。此一点耻心，人人本有，与生俱生，只因情移境夺，遂致失其固有。诚肯

---

① （明）方孝孺著，徐光大点校：《方孝孺集》（上），浙江古籍出版社 2013 年版，第 194 页。

② （明）方孝孺著，徐光大点校：《方孝孺集》（上），浙江古籍出版社 2013 年版，第 32 页。

③ （明）方孝孺著，徐光大点校：《方孝孺集》（上），浙江古籍出版社 2013 年版，第 46 页。

> 自反自认，日月之见，凡一言一动，俱从此一点耻心出发，则议论、文章、事业方为有本，可以建诸天地而不悖，质诸鬼神而无疑。①

李颙是性刚的大儒、真儒，可谓方孝孺的同类人，故借他的理论亦可参究方孝孺修身的真正根源。

① （清）李颙撰，陈俊明点校：《二曲集》，中华书局1996年版，第490—491页。

第七章　方孝孺与圣学成人角色

美国学者彼得·盖伊（1923—2015）在《启蒙时代》中说：“科学无疑有了长足进步，我们有更优美、更成熟的语言；写了也读了更多的书，我们也有了非常优雅的艺术。但要说我们整体上比以前更有智慧、更善良、更快乐，我不这么看。试问，与先辈相比，我们时代有哪一种邪恶、哪一种愚行有所收敛？我们又有哪一种美德胜过了前人？又有哪一种人生的乐趣超过了前人，哪一种乐趣的花费没有远超前人”；“难道如今更关心百姓？压迫更少？有权有势者的巧取豪夺收敛了？战争变少了？万一战争爆发，它比从前更正义、更必要？比前人更人道？这些问题的回答是不言自明的。”① 读之，令人心潮起伏，不能平静。马克思·舍勒在《哲学人类学》中说：“否则，这种系统地以科学为基础的野蛮甚至可能是一切可想象的野蛮中最可怕的。”② 真正有良知的学人，绝不说谎。

盖伊、舍勒是著名学者、思想家，他们和我国古代的圣贤，皆对人有深远的护惜情怀，他们都不是以自我为中心的思想家，因而他们不根据现实利益来思考和说话。美国学人希尔斯在《论传统》中说：“我们进入了一个更为棘手的现实领域，在这个领域中，有迫切的生物需要，有残酷的争权夺利，有对财富的不懈追求，有生存的渴望和向上爬的狂热野心，还有为达到这些目的所使用的强制性手段。在这

① ［美］彼得·盖伊：《启蒙时代（下）：自由的科学》，王皖强译，上海人民出版社2016年版，第126页。

② ［德］马克思·舍勒：《哲学人类学》，魏育青等译，北京师范大学出版社2014年版，第227页。

个自然状态已告结束的领域里，传统占据什么地位呢？”① 方孝孺《袁槩》曰：“区区富贵曾何足言，而求之者弃名节、捐礼仪，不顾躯命而惟恐失之。”②

第一节 心志真好在成人

方孝孺的心志之真好不在造文，而在成人。何谓成人？圣学成人的标准究竟是什么呀？

《礼记·冠义》曰：“冠者，礼之始也。”《礼记·冠义》曰：“天子、诸侯十二而冠。”《礼记·曲礼》曰：“二十曰弱冠。”《左传》襄公九年记载：“国君十五而生子，冠而生子，礼也。”③《礼记·曲礼》曰：“女子许嫁，笄而字。”《礼记·杂记》曰：“女子十有五年许嫁，笄而字。”“冠”和“笄”是传统社会的成人之礼。方孝孺就为当时的蒲阳义门郑氏举行过冠礼，并且写有一篇祝词《郑氏四子加冠祝辞》，且曰：“余惟冠礼之不行也，二千年来，举旷古久驰之礼而行之，夫岂为耳目之美哉？亦曰以古君子成人之道，望乎子若孙尔。”④ 这里再举一个柳宗元记载的故事，作为旁证。柳宗元《答卫中立论师道书》曰：“古者重冠礼，将以责成人之道，是圣人所尤用心者也。数百年来，人不复行。近有孙昌胤者，独发愤行之。既成礼，明日造朝至外庭，荐笏，言于卿士曰：‘某子冠毕。’应之者咸怃然。京兆尹郑叔则怫然曳笏却立，曰：‘何预我耶？’廷中皆大笑。”⑤ 举行冠礼在唐代也是罕见的举动，在方孝孺的时代，就更是非常可怪的反常行为。不过，方孝孺

① ［美］爱德华·希尔斯：《论传统》，傅铿等译，上海人民出版社 2014 年版，第 174 页。

② （明）方孝孺著，徐光大点校：《方孝孺集》（上），浙江古籍出版社 2013 年版，第 191 页。

③ 杨伯峻编著：《春秋左传注》（第四册），中华书局 2018 年重印版，第 1065 页。

④ （明）方孝孺著，徐光大点校：《方孝孺集》（上），浙江古籍出版社 2013 年版，第 290 页。

⑤ （唐）柳宗元：《柳河东集》（下册），上海人民出版社 1974 年版，第 542 页。

引屈原语曰："邑犬群吠，吠所怪也。"[1] 方孝孺曰："惟有古训，冠为礼始。"[2] 古训说冠礼是成人之礼，这个方孝孺说得没错。

刘梦溪说："成人这个概念，有两重含义。一个是按自然年龄说，已经成人了。男性一般指二十岁。女性一般指十五岁。所谓成人，是指一个人的生理年龄已经成熟，可以论婚嫁娶了。在古代，成人是一件很隆重的事情。男性成人要举行'冠礼'。女性成人则为'笄'。"此即柳宗元、方孝孺所谓"冠礼"即"成人之道"的意思。另外，"'成人'的第二层含义，指年轻人的德行修为，已经达到了'成人'所要求的诸种条件，光是年龄成人还不够，更主要的，还要看道德修养方面是否已经成人。年龄成人是生理成熟。道德成人是心智成熟。"此即圣学所谓"成人"。

试问，圣学道德成人的标准究竟是什么？方孝孺《与友人书》曰："圣人尝以臧武仲之知，公绰之不欲，卞庄子之勇，冉求之艺并言矣。"[3] 此典故的具体内容是：

> 子路问成人。子曰："若臧武仲之知，公绰之不欲，卞庄子之勇，冉求之艺，文之以礼乐，亦可以为成人矣。"曰："今之成人者何必然？见利思义，见危授命，久要不忘平生之言，亦可以为成人矣。"（《论语·宪问》）

此即孔子关于道德成人标准的最经典说明。这里显然有两个标准：第一，要有"臧武仲之知，公绰之不欲，卞庄子之勇，冉求之艺"，还要"文之以礼乐"；第二，要"见利思义，见危授命，久要不忘平生之言"。显然第一个标准要高于第二个标准。如果这两个标准中任何一个

① （明）方孝孺著，徐光大点校：《方孝孺集》（上），浙江古籍出版社 2013 年版，第 312 页。

② （明）方孝孺著，徐光大点校：《方孝孺集》（上），浙江古籍出版社 2013 年版，第 291 页。

③ （明）方孝孺著，徐光大点校：《方孝孺集》（中），浙江古籍出版社 2013 年版，第 422 页。

都没有达标，那么依据圣意，恐怕就不算真正成人。

臧武仲何许人也？他的智慧是什么？臧武仲是春秋时期鲁国大夫。例如，《左传·襄公四年》记载："三月，陈成公卒。楚人将伐陈，闻丧乃止。陈人不听命。臧武仲闻之曰：'陈不服于楚，必亡。大国行礼焉，而不服，在大犹有咎，而况小乎？'夏，楚彭名侵陈，陈无礼故也。"① 此即典型的"不敬"而"坏国"的案例。刘梦溪说："当时是春秋时期，各诸侯国征战不已。因此国与国之间如何相处十分重要，特别是小国，没有能力和大国抗衡，更需要格外审慎。如果在哪一个环节上失礼、失敬，说不定就会招致战争。臧武仲强调国与国之间打交道，要讲求礼仪，说明此人是有智慧的。所以为孔子所称道。"臧武仲的智慧是圣慧，也即"敬德"，源自《礼》。刘梦溪说："《左传·襄公二十三年》记载，臧武仲由于受到孟氏排压，决定离开鲁国、投奔齐国。但他先出奔到邾这个地方，然后又到他的封地防，并且在防立下后，尔后才奔齐。齐侯很欢迎他，打算送给他田地。武仲的兄长也在齐，为齐侯。这位兄长与武仲谈到欲攻伐晋国的事，武仲说：'今君闻晋之乱而后作焉，宁将事之，非鼠如何？'结果齐国不给他田了。孔子说：'知之难也。有臧武仲之知。'"② 《左传》杜预注曰："臧孙知齐侯将败，不欲受其邑，故以比鼠欲使怒而止。"所谓"臧武仲之知"即"谓能避齐祸"③。此即所谓"前识"。

公绰何许人也？他的"不欲"是什么？孟公绰也是鲁国大夫。子曰："孟公绰为赵、魏老则优，不可以为滕、薛大夫。"（《论语·宪问》）刘梦溪说："孔子的意思是，孟公绰如到其他国家，以赵、魏最好，因为赵、魏都是晋的达官显贵老而闲居的地方，喜欢贤者，公绰的特点是清心寡欲，在赵魏'家老无职'，会很悠游自在，如果是滕和薛两个小国，就自找麻烦。清心寡欲，是孔子对孟公绰其人的评价。"

卞庄子何许人也？他的"勇"是什么呀？卞庄子是鲁国有名的勇

① 杨伯峻编著：《春秋左传注》（第四册），中华书局 2018 年重印版，第 1022 页。

② 杨伯峻编著：《春秋左传注》（第四册），中华书局 2018 年重印版，第 1196 页。

③ （清）阮元校刻：《十三经注疏》（第四册），中华书局 2019 年重印版，第 4296 页。

士，卞邑的大夫。《荀子·大略》曰："齐人欲伐鲁，忌卞庄子，不敢过卞。"①《韩诗外传》曰：

> 卞庄子好勇，母无恙时，三战而三背。交游非之，国君辱之，卞庄子受命，颜色不变。及母死三年，鲁兴师，卞庄子请从。至，见于将军。曰："前犹与母处，是以战而背也。辱吾身。今母没矣，请雪责。"遂走敌而斗，获甲首而献之，"请以此雪一背。"又获甲首而献之，"请以此雪再背。"将军止之曰："足。"不止，又获甲首而献之，曰："请以此雪三背。"将军止之曰："足，请为兄弟。"卞庄子曰："夫背，以养母也。今母殁矣，吾责雪矣。"②

此将卞庄子之义勇，描写得活灵活现，富有传奇色彩。

冉求何许人也？圣人的弟子，鲁国人，也叫冉有。季康子问："求也，可使从政也与？"曰："求也艺，于从政乎何有？"（《论语·雍也》）冉求究竟有何"艺"？其善于理财，长于政事，能打仗，会驾车等，可谓多才多艺。何谓"文之以礼乐"？子曰："君子博学于文，约之以礼，亦可以弗畔矣夫！"（《论语·雍也》）《礼记·乐记》曰："乐由中出，礼自外作。乐由中出故静，礼自外作故文。"刘梦溪解释说："指在文明修养方面，能够受过礼乐文明的熏陶。"

既知以上所列举的知识，可知孔子所说第一个成人的标准，即集"智""不欲"和"勇"三美于一身的礼乐君子。这个的确太难了，令人望而生畏，能成这样的圣贤豪杰者，真凤毛麟角。不过，依据圣意，能做到第二个标准即"见利思义，见危授命，久要不忘平生之言，亦可以为成人矣"。宋邢昺的义疏写道："见财利思合义然后取之；见君亲有危难，当致命以救之。久要，旧约也。平生，犹少时。言与人少时有旧约，虽年长贵达，不忘其言。能此三事，亦可以为成人也。"③孔子

① （清）王先谦撰，沈啸寰、王星贤点校：《荀子集解》，中华书局 1988 年版，第 488 页。

② 屈守元笺疏：《韩诗外传笺疏》，巴蜀书社 2011 年版，第 447 页。

③ （清）阮元校刻：《十三经注疏》（第五册），中华书局 2019 年重印版，第 5455 页。

曰："不义而富且贵，于我如浮云。"（《论语·述而》）孔子曰："人而无信，不知其可也。"（《论语·为政》）呜呼！不要说做君子、成圣人了，就是做"见利思义，见危授命，久要不忘平生之言"的人，今人看来，也高不可攀了。

那么，"读书种子"方孝孺，他究竟是如何看圣人的成人观的？这的确令人兴味？方孝孺的《崔浩》曰：

> 子路问成人，孔子答以臧武仲、公绰、卞庄子三人者之所长，而必谓文之礼乐而后可，其意犹若不足于此者。始诵而思之，以为何成人之难如此耶！既而得其说，然后知圣人之言穷万世而不可加损也。徒智而不能无欲，则将舞其智以为奸。徒勇而不能无欲，则将恃其勇以为乱。无欲而不能烛之以智，行之以勇，则将局为狷固，陷于愚僻，而终不能有成。兼斯三者而又有礼以节之，乐以和之，庶乎合于君子之道矣。不然，三者特一行耳，操一行者天下岂少哉！秦汉以下诸葛孔明视成人为近之。张子房备是三者而礼乐不足，谋海内之事无遗策，可谓智矣，而未能不离乎诡。弃三万户而不受，辞权利而不居，可谓无欲矣，而未能不近乎矫。报仇秦项之间不遗知力，可谓有勇矣，而未能皆合乎义。然比之当世之士，则无过子房者矣，固一世之杰也。若圣贤之大成，则岂如斯而止哉。拓拔氏之崔浩尝自谓其才可拟子房而稽古过之。浩信多智矣……高祖宽厚长者，子房知能用吾术，可以有功，能不受其位，可以免祸也。故天下既定，则欲引而去之，使君臣之间坦然无疑。昔之料敌制变出人意表者，今皆敛戢韬秘不使毫发发见于外，说客谋士之态一旦化为醇儒静士，而人不之觉。高祖虽欲疑之，岂可得哉？此子房之智也。浩之主夷狄之雄，猜暴之虏耳。而浩之术又皆出乎推步占验、谲怪恍惚之说，参之以揣摩纵横之辨。智术盖于其国，权势行乎群臣之上，使人主忌其智，同列畏其威，固有致祸之道矣。况重之以专，挟之以私，触其所甚讳者，暴之于外而身不知退，卒取族灭，岂足异也哉！子房既智而守之以无欲，故全。浩以智济其欲，则归于不智而已。人之有智犹地之有水，然用之顺其道，物资

之以生，地利资之以成。苟无以制之，则浪溢泛滥，适足以为地之害。君子之为学，必也本乎仁，由乎义，立乎其大者而用其智。智发乎仁义，天下之大智也，不仁而欲用其智，几何不为崔浩哉！①

此即作为“读书种子”的方孝孺对圣人成人之说的领悟。他认为圣人所谓“若臧武仲之知，公绰之不欲，卞庄子之勇，冉求之艺，文之以礼乐，亦可以为成人矣”是“圣贤之大成”；而对“见利思义，见危授命，久要不忘平生之言，亦可以为成人”的说法，则略而不论。方孝孺的心志极高，即在“圣贤之大成”。圣贤的智慧是什么样的智慧？就是智“必也本乎仁，由乎义，立乎其大者而用其智。智发乎仁义，天下之大智也”，此即圣慧，也可以说是德慧。同样也可以说勇“必也本乎仁，由乎义，立乎其大者而用其勇。勇发乎仁义，天下之大勇也”。此即说明方孝孺所谓成人就是成为仁智勇合一的豪杰圣贤，这的确契合圣意成人的最高标准。孔子曰：“仁者无忧，智者无惑，勇者无惧。”（《论语·子罕》）此即方孝孺所谓“醇儒”。

“醇儒”的智慧是圣智圣慧，不是私智小慧。方孝孺《郑灵公》曰：“天下之事，成于大度之君子，而败于私智之小人。”② 君子即圣智的楷模，小人即私智的代表。冯契（1915—1995）对圣智有自己的领悟，可供参考。他在《认识世界和认识自己》里说：“首先，智慧是关于天道、人道的根本原理的认识，是关于整体的认识，这种认识是具体的”；“其次，智慧是自得的，是德性的自由的表现，也就是人的本质力量和个性的自由表现”；“最后，从人性与天道通过感性活动交互作用来说，转识成智是一种理性的直觉”③。圣学智慧，只能亲取，否则

① （明）方孝孺著，徐光大点校：《方孝孺集》（上），浙江古籍出版社 2013 年版，第187—188 页。

② （明）方孝孺著，徐光大点校：《方孝孺集》（上），浙江古籍出版社 2013 年版，第150 页。

③ 冯契：《冯契文集（增订本）》（第一卷），华东师范大学出版社 2015 年版，第 335、336 页。注：“理性的直觉”的说法不妥当。既然是理性，就不是所谓的直觉，而是对直觉的“扬弃”。直觉亦不能把知识转化为智能。笃信、笃行圣学的力量亦不是直觉的力量。大儒的智慧不是依靠直觉获得的，直觉不能把握圣学义理。王阳明的“良知”学说，亦是从百死千难的患难中深究的，岂直觉所能胜任哉？

良药亦会成为毒药。王夫之《读通鉴论·梁武帝》曰:"蛾蚁之智,死之徒也,自取之也。"又《读通鉴论·光武》曰:"言权术以笼天下者,妾妇之智而已。"[①] 王夫之所谓"蛾蚁之智""妾妇之智"就是小智私慧。司马迁《史记·平津侯主父列传》中记载公孙弘说道:"智、仁、勇,此三者天下之通德。"[②] 王夫之《读通鉴论·光武》曰:"善言诚者,必曰诚仁、诚知、诚勇,而不但言诚。"[③] 圣学之学所谓"勇"亦含摄"智"和"仁"而已,反之亦然。又《读通鉴论·光武》曰:"唯大勇者,为能以适然处变;不然,则如酒家之本不觉而固适然者也。"[④] 方孝孺就是这样的儒圣。又《读通鉴论·敬帝》曰:"义以生勇,勇以成义,无勇者不可与立义,犹无义者不可语勇也";"故曰:'勇者天德也,与仁。智并峙而三也。"[⑤] 又《读通鉴论·三国》曰:"图存社稷者,智深勇沉而谋之以渐。"[⑥] 王夫之对方孝孺有真赏,故可借助其高论体悟方孝孺的成人意蕴。

孔子、朱熹、方孝孺、顾炎武、马一浮、陈寅恪等诸位大儒,皆质性和平,深静而沉稳,恬澹而勇敢。所以素刚而涵养深厚者,皆是天性淡泊的人。此即"淡泊真吾事"。而天性淡泊的人容易近道,因为体素而没有大欲之累,即清雅益润身。颜延之(384—456)曰:

> 古人耻以身为溪壑者,屏欲之谓也。欲者,性之烦浊,气之蒿蒸,故其为害,则熏心智,耗真情,伤人和,犯天性。虽生必有之,而生之德,犹火含烟而烟妨火,桂怀蠹而蠹残桂,然则火胜则烟灭,蠹壮则桂折。故性明者欲简,嗜繁者气惛,去明即惛,难以生矣。是以中外群圣,建言所黜,儒道众智,发论是除。然有之者不患误深,故药之者恒苦术浅,所以毁道多而于义寡。顿尽诚难,

① (明)王夫之著,舒士彦点校:《读通鉴论》,中华书局2013年版,第475、126页。
② 《史记》,中华书局1963年版,第3576页。
③ (明)王夫之著,舒士彦点校:《读通鉴论》,中华书局2013年版,第115页。
④ (明)王夫之著,舒士彦点校:《读通鉴论》,中华书局2013年版,第186页。
⑤ (明)王夫之著,舒士彦点校:《读通鉴论》,中华书局2013年版,第495—496页。
⑥ (明)王夫之著,舒士彦点校:《读通鉴论》,中华书局2013年版,第272页。

> 每指可易，能易每指，亦明之末。①

借此或可领悟孔子把寡欲作为成人条件之一的理据。《礼记·大学》曰："君子之道：淡而不厌。"②《淮南子·主术训》曰："非澹薄无以明德。"③《人物志》曰："凡人之质量，中和最贵矣。中和之质，必平淡无味，故能调成五材，变化应节。是故观人察质，必先察其平淡，而后求其聪明。"④ 陈寅恪的《柳如是别传》说："世情人事，如铁索连环，密相衔接，惟有恬淡勇敢之人，始能冲破解脱。"⑤ 恬淡即澹然。恬淡者多是素刚的人。澹然即无欲。无欲则刚，刚则有肋骨，故能冲破世情人事的铁索连环而获大解脱。然而要做到恬淡，不是那么容易的。方以智在《曼寓草·孔北海论》中说道：

> 死尝易之，而淡泊实难。非学道，鲜有能乐其淡泊者。嗟乎，淡泊如幼安，诚哉龙德乎！而世士犹摭其称臣之表，以为口实。以今推之，士固有慷慨之士，宁富贵以死，必不能贫贱以生者矣。孔北海为世所最击节，而闻道者窃叹之，其说何居？⑥

管宁（158—241），字幼安。孔融（153—208），字文举，曾任职北海，故世称孔北海。方以智以管宁为淡泊的楷模，而以孔融为反面教材。管宁遭遇汉末乱世，渡海居塞北避乱时，惟谈经典而不及世事，后泛海归中原，亦归老田庐，而终不肯出仕，八十四而没。所以管宁是读书人能安于淡泊的典范，是高人隐士。方以智特别激赏管宁安之若命的

---

① 《宋书》卷七三《彦延之传》，中华书局 1974 年版，第 1898 页。

② （宋）朱熹：《四书章句集注》，中华书局 2011 年版，第 40 页。

③ 刘文典撰，冯逸、乔华点校：《淮南鸿烈集解》（上），中华书局 2017 年版，第 291 页。

④ 梁满仓译注：《人物志》，中华书局 2014 年版，第 15 页。

⑤ 陈寅恪：《柳如是别传》（下），生活·读书·新知三联书店 2001 年版，第 852 页。

⑥ （明）方以智：《浮山文集》，华夏出版社 2017 年版，第 164 页。注：管宁（158—241），字幼安。北海郡朱虚县（今山东省安丘、临朐东南）人，是东汉末年至三国时期隐士。孔融（153—208），字文举。鲁国（今山东曲阜）人。东汉末年文学家，"建安七子"之一。汉献帝即位后任北军中侯、虎贲中郎将、北海相，时称孔北海。

精神。安于义命即圣境。孔融久立朝位，跌荡放言，而又不能见几求退，不以经籍自娱，加之闻道荒忽，而任情难禁，又不能居寂寞之地，所以死其所不必死。所以孔融是读书人不能安于淡泊的样板。方孝孺《华歆》曰：“幼安（管宁）百世之士，清介之行老而不衰，与其初志正称。以歆（华歆）比之，不啻犬豕之于神龙，悬绝甚多。”① 在方孝孺眼里，管宁也是人中之“神龙”。淡泊是体素者的性情。方以智《曼寓草·孔北海论》曰：“士有宁富贵以死，不能贫贱以生者。无他，不能淡泊耳。幼安之木榻，安得不在泰山青云之上?”② 淡泊需要圣智圣慧，而安于淡泊则需要大勇。方以智说其家学即“以淡泊恬退为主”。方以智遭遇患难，彻底领略了圣学真精神即圣学正是淡泊的学问。淡泊是人性最高端的自由，故死易而淡泊难。圣学淡泊的花开放在圣者心灵的悬崖峭壁上，只有不畏艰险，而勇于攀登者，才能一睹其绝尘的淡泊姿容，才能虔诚地礼赞其绝世的大美。故“死尝易之，而淡泊实难”。“非大死一回者”即不遭遇大患难的人，不能摆脱欲的缠绕，不能彻悟淡泊的圣境。方以智亦是素刚的人，亦是方孝孺的后劲，借助他的理论亦可以深究方孝孺其人其学。储光羲诗曰：“恬淡无人见，年年长自清。”③

董其昌（1555—1636）曰：“淡乃天骨带来，非学可及。”④ 方孝孺正是罕见的天性淡泊清贞之人。他不饰诈以钓名，不炫智以骇俗，不率意以妄言，不卑声诡笑以媚世，不屈身俯首以称颂人美，不曲学以阿世，不趋走唯诺以合群，不耐与富贵人仰俯，不机变以合时，不降心以顺俗，不自损，不自安于卑陋，笃信、笃行圣学，以礼自修，勇于自治，不面异于心，亦不心异于口，不轻于持论，言必合正，动必合礼，取舍而无所不苟，因而涵养深厚，光华外溢，举止端正，气象安重深沉而崇高，恬淡而勇敢，即使临大难，而遭大祸，亦不变其素守，绝不会

① （明）方孝孺著，徐光大点校：《方孝孺集》（上），浙江古籍出版社 2013 年版，第 172 页。

② （明）方以智：《浮山文集》，华夏出版社 2017 年版，第 166 页。

③ （清）彭定求等编：《全唐诗》（第二册），中华书局 2003 年版，第 1411 页。

④ 王元祈等纂辑，孙霞整理：《佩文斋书画谱》（第二册），文物出版社 2013 年版，第 295 页。

改形换骨，也不找理由即巧逃而苟活于世。方孝孺曰："主敬立诚，与道合并，以其体素也。"① "体素"二字，将"读书种子"的质性之美形容殆尽。

第二节　不做贼德乡原

孔子曰："乡原，德之贼也。"（《论语·阳货》）这样语调的话，在圣人那里再没有第二句了，可见圣人何等讨厌"乡原"，真到了无以复加的地步。此判断在孔子的话语系统里显得特别另类，可以视为圣人的"千古一骂"。刘梦溪说"乡原"是"正义与德行的败坏者和虐害者"②。这个解释，圆满而无有遗漏圣意。圣学所谓"仁"即"德行"，"义"即"正义"。孟子曰："贼仁者谓之贼，贼义者谓之残，残贼之人，谓之一夫。"③ "乡原"就是"残贼之人"。

孟子的学生问："何如斯可谓之乡原矣？"孟子曰："阉然媚于世也者，是乡原也。"他的学生继续问："一乡皆称原人焉，无所往而不为原人。孔子以为德之贼，何哉？"孟子曰："非之无举也，刺之无刺也，同乎流俗，合乎污世，居之似忠信，行之似廉洁，众皆悦之，自以为是，而不可与人尧舜之道，故曰德之贼也。孔子曰：'恶似而非者：恶莠，恐其乱苗也；恶佞，恐其乱义也；恶利口，恐其乱信也；恶郑声，恐其乱乐也；恶紫，恐其乱朱也；恶乡原，恐其乱德也。'"④

也就是说，依据孟子的看法，孔子之所以恶"乡原"，因为其居行神似"忠信"和"廉洁"的圣人。用通俗的话说，"乡原"的言行比圣人还圣人，即好到没有缺点，似完人，因而众人悦美，也就是说人能看到的圣人的所有表象，"乡原"似乎都有，貌合神离，或者说影似。不

① （明）方孝孺著，徐光大点校：《方孝孺集》（中），浙江古籍出版社 2013 年版，第 614 页。

② 刘梦溪：《将无同：现代学术文化展望》，北京时代华文书局 2015 年版，第 563 页。

③ （清）焦循：《雕菰楼经学九种》（中），凤凰出版社 2015 年版，第 868 页。

④ （清）焦循：《雕菰楼经学九种》（下），凤凰出版社 2015 年版，第 2010—2013 页。

过，辨识“乡原”没有看起来那么容易。就连孟子的弟子不也以为“乡原”是人人喜欢的“善人”，才如是问老师。孟子用一个“似”来说明，真个绝矣！人人恶“小人乡原”，如果真正遇见，能不被惑者，则寥寥无几。那些活在当下，上不思接千古，下不思虑万世，而计较不休的媚世“乡原”，只不过是低级“乡原”即“生斯世也，为斯世也善”者而已，辨识这类“乡原”不是太难。而辨识高级“乡原”即“居之似忠信，行之似廉洁，众皆悦之，自以为是”者，就不那么容易了。方孝孺专门有一篇名为《乡原》的文章，其曰：

> 或曰：乡原奚谓德之贼也？曰以其伪也。奚为其伪也？曰：务同乎众而不知道也。一乡之中有善人焉，有不善人焉。君子惟取乎善人而已，不善者虽强附以从，不取也；怨怒以谤，弗顾也。于善如是也，于不善如彼也，斯为君子已矣。使善不善咸悦而无殊焉，宁知非不善人之徒哉？乡原者欲人咸悦，而不择义理者也，欲人咸悦者乡原之情也。君子不可以利悦，小人可以货诱者，天下之势也。以其私情动天下之势，必不可兼致而偏胜焉。则与乡原合者必毁君子，不合乎污者，必恶乡原之人。乡原之不善于君子，则思所以挤排摈斥之，于是视君子如仇，而善人之类销矣。其贼德也，孰大于是！曰：若是则盗也，奚原乎？曰：以名则盗凶而原吉也，以言其祸，与其原也宁盗。虎皮而虎质可备也，羊其外而虎其中，不受其祸者鲜矣。方大刚直者，其内必疏通而不回。诡佞而下人，柔和而易喜者，其险且戾莫测也。故能饵人以甘言者，必能中人以危法。饰小谨以钓名者，必能为巨虐以厉民。以乡原致位者，胡广也；以乡原窃国者，王莽也。无他，由伪也。①

由上可知，没有“乡原”意味者，人世间曾有几人？如果说胡广是“以乡原致位者”，那么人世间曾有几位不“以乡原致位者”？如果

① （明）方孝孺著，徐光大点校：《方孝孺集》（上），浙江古籍出版社 2013 年版，第 205 页。

说王莽是“以乡原窃国者”，那么朱棣又算什么？由此可知，方孝孺绝没有为朱棣写诏书的可能性，这与朱家的家事无关。不过，能明白这个实理的人不多，不是谁都能辨识“乡原”的。潘平格（1610—1677）说：

至于“乡愿”，则人人自以为恶“乡愿”，恰人人喜“乡愿”。盖自圣学不明，孔孟以后无人识“乡愿”矣。孔子明言是愿，而后世以为有意修饰之伪夫。若果伪夫，则乡党之一二有识者，皆能指摘，安得焉往而不为愿人？盖乡愿只生斯世也，为斯世也，善斯可矣，即无浩然之志趣，毅然之骨力，而同流俗，合乎污世，忠信廉洁无可举刺，以自完好。孟子所谓“阉然媚于世”，乃写出其生斯世、为斯世、善斯世之志趣神貌，而非乡愿有意媚世也。非之无举，刺之无刺，全非作意装点，其行谊修洁固如此；同流俗，合乎污世，亦非有意逢迎，其立身质地本如此；似忠信廉洁，正以同乎流俗，合乎污世，故忠信廉洁但得其似，所谓非礼之礼，非义之义也，亦其‘善斯可矣’之志行本如此。自以为是，亦非色取仁而行违，居之不疑者，其立心制行有自信自安者，即以为尧舜之道也。乡愿只一谨愿小丈夫，其志趣骨力本非担荷尧舜之道者，而恃其行谊，自以为是，若非道眼素明，献不以为德行君子矣！故孔孟恶之，而曰‘德之贼”，曰‘恐其乱德”，是乃所谓乡愿也。某尝有言，乡愿是无志之中行，中行是有志之乡愿；有志而妥帖者为中行，有志而不妥帖者为狂狷，无志而妥帖者为乡愿。乡愿之可恶，只在无志；狂狷之可思，只在有志。无志则虽无非无刺，而可恶；有志则虽其行不掩，踽踽凉凉，而可思。孔孟道眼，与今人迥别。①

潘平格推阐“乡原”精绝无比，因而可以与方孝孺《乡原》合观

① （清）潘平格撰，钟哲点校：《潘子求仁录辑要》，中华书局2009年版，第230—231页。

并读，有利于把握“乡原”的精神实质。依据潘平格的思想，所谓低级“乡原”就是有意修饰的“伪夫”，其“媚世”特征是：“全是作意装点”“有意逢迎”“色取仁而行违”。刘宗周直言曰：“近世士大夫受病，皆坐一‘伪’字。”[①] 章学诚（1738—1801）《文史通义·质性》曰：“伪中行”者、“伪狂伪狷者流。”[②] “低级乡原”言行不离“伪”字和“假”字。“面誉”“貌饰”是其显著特点。而高级“乡原”就是“无浩然之志趣，毅然之骨力”者，其“媚世”特征是：“全非作意装点”，亦非“有意逢迎”，亦非“色取仁而行违”，“立心制行有自信自安”“志趣神貌”，俨然是“德行君子”。高级“乡原”有时亦不自觉自己是“乡原”。吕坤（1536—1618）曰：“乡原是似不是伪，孟子也只定他个‘似’字。今人却把‘似’字作‘伪’字看，不惟欠确，且末减了他罪。”[③] 低级“乡原”正是“伪”不是“似”，高级“乡原”正是“似”而不是“伪”。陈确曰：“自以为非乡人，而其为乡人弥真；终日非议乡人，而自己为乡人益甚。不为圣人，即为乡人，无中立之势。”[④] 此判断庄严冷峻，壁立千仞，夺人魂魄。高级“乡原”神似“圣人”，其“乡原意思”在不见之微似，所以要洞见高级“乡原”的“质地”，闻到高级“乡原”的气息就不容易了，“若非道眼素明，鲜不以为德行君子矣”。

圣学如何判断高级“乡原”？圣人曰：“岁寒，然后知松柏之后凋也。”（《论语·子罕》）要知松柏的“质地”还得待时。此即孔子判断“乡原”的经典标准。如果不待时，恐怕很难洞见高级“乡原”的真面目。不遭遇事变，很难揭开那些高级“乡原”的真面目。高级“乡原”不是以圣学基础义理价值为行动原理的读书人。方孝孺的“乡原者欲人咸悦，而不择义理者也，欲人咸悦者乡原之情也”说的就是这

---

① （明）刘宗周著，吴光主编：《刘宗周全集》（第三册），浙江古籍出版社 2012 年版，第 235 页。

② （清）章学诚撰，李春伶校点：《文史通义》（上册），辽宁教育出版社 1998 年版，第 78 页。

③ （明）吕坤撰，王国轩、王秀梅整理：《吕坤全集》（中），中华书局 2008 年版，第 801 页。

④ （清）陈确：《陈确集》，中华书局 2009 年版，第 543 页。

个道理，即“乡原”没素定的价值信仰，自然绝不与圣学基础义理价值死生契阔，也就是说“乡原”没有杀身成仁，舍生取义的可能性。方孝孺不是“乡原”，所以他拒写诏书。胡适（1891—1962）先生是这样认识方孝孺的，他说：

> 方孝孺是明初一个了不起的人。外人常说中国很少殉道的人，或说为了信仰杀身殉道的人很少，但仔细想想，这是不确的。我们的圣人孔夫子在二千五百年前，就提倡“有杀身以成仁，毋求生以害仁”，这是我们的传统。在中国历史上有独立的思想、独立的人格而殉道的不少。方孝孺就是为主张、为信仰，为他的思想而杀身成仁的一个人。当时姚广孝曾劝明成祖给读书人留个种子。明成祖不听，终于把他灭九族，灭十族。甚至留有方孝孺片纸只字的也是犯罪的。这是明成祖要毁灭方孝孺的政治思想。所以以后明朝二百年，再没有政治思想家。我国政治思想家在十四世纪以前，绝不逊于欧洲，但近五百年来何以不振，这是由于方孝孺被杀的惨剧所造成的。①

第三节　全其刚德之大儒

钱穆（1895—1990）说：“中国传统，重视其人所为之学，而更重视为此学之人。中国传统，每认为学属于人，而非人属于学。故人之为学，必能以人为主而学为从。当以人为学之中心，而不以学为人之中心。”② 傅斯年（1896—1950）曰：“中国学术，以学为单位者少，以人为单位者转多，前者谓之科学，后者谓之家学。家学者，所以学人，非所以学学也。”③ 二位博雅君子，担当得起“华夏文化知音”的美称。文化艺术是形迹而已，其背后是创造它的人。正如方孝孺《企高轩记》

① 胡颂平：《胡适之先生晚年谈话录》，中信出版社 2014 年版，第 122 页。

② 钱穆：《中国学术通义》，学生书局 1975 年版，第 6 页。

③ 傅斯年：《傅斯年全集》（第四册），联经出版公司 1980 年版，第 167 页。

曰：“以迹观人，不如以心观人之为得也。”①

圣贤之学所谓“立人”的角色，例如“狂者”“狷者”“君子”“贤人”“圣人”等，不是谁都能随便成就的人。圣学对人的性体要求极高。孔子认为什么样的人才能负荷起这些成人的角色？他理想的人选又是什么？

孔子曰：“刚、毅、木、讷，近仁。”（《论语·子路》）又曰：“吾未见刚者。”（《论语·公冶长》）依据物以类聚，人以群分的原理，就可知孔子是刚者，因而他心赏刚者和呼唤刚者。所以以孔子为中心的圣学是刚者的学问。刚者容易受道即“刚、毅、木、讷，近仁”。方孝孺曰：“古来知道者，天质固使然。”② 刚质即受道之质。《聊斋志异·聂小倩》曰：“妾阅人多矣，未有刚肠如君者。君诚圣贤，妾不敢欺。”③ 没有刚肠成不了圣贤，所以天骨自然多叹美。

群圣所谓“乡原”只不过是个质柔而胆薄的人而已，用古语形容，就是柔懦。朱熹曰：“乡原是个无骨肋底人。”④ 又曰：“狂狷是个有骨肋底人。”⑤ 此可视为柔质和刚质的绝美形象概念。“乡愿只一谨愿小丈夫，其志趣骨力本非担荷尧舜之道者。”曾国藩（1811—1872）《冰鉴》曰：“刚柔，则五行生可之数，名曰‘先天种子’。”⑥ 如果用诗意的语言来表达，那就是《世说新语·言语》所谓：“蒲柳之姿，望秋而落；松柏之质，经霜弥茂。”⑦ 此事例皆可互证互释。

《周易·易传》以阳爻表刚，以阴爻示柔，且明显地流露着好刚的

① （明）方孝孺著，徐光大点校：《方孝孺集》（中），浙江古籍出版社 2013 年版，第 570 页。

② （明）方孝孺著，徐光大点校：《方孝孺集》（下），浙江古籍出版社 2013 年版，第 902 页。

③ （清）蒲松龄著，张友鹤辑校：《聊斋志异会校会注会评本》，上海古籍出版社 2011 年版，第 885 页。

④ （宋）黎靖德编，王星贤点校：《朱子语类》（四），中华书局 2015 年版，第 1477 页。

⑤ （宋）黎靖德编，王星贤点校：《朱子语类》（七），中华书局 2015 年版，第 2561 页。

⑥ （清）曾国藩：《曾国藩全集》（第十二册），中华书局 2020 年版，第 8310 页。（《冰鉴》据说是曾国藩所作。从读书明理的层面说，暂可不管这类问题）

⑦ （南朝宋）刘义庆撰，（南朝梁）刘孝标注，余嘉锡笺疏：《世说新语笺疏》（上册），中华书局 2016 年版，第 139 页。

价值倾向。例如，《乾》卦六爻皆阳，因而其性情则刚，美其曰："大哉乾乎，刚健中正，纯粹精也"；《坤》卦六爻皆阴，因而其性情则柔，凸显其顺的品格。刚柔关系主要有："刚柔相应""刚柔相胜""刚柔得中"。而"刚柔相胜"又可分为"刚胜柔"和"柔胜刚"两种情况。而圣贤之学即刚健中正的学问，圣贤之道即乾道。王夫之《张子正蒙注·至当篇》曰："仁圣之道，乾乾不息而已。"① 《乾》卦性格刚健，作为体刚的意象，再好不过了。圣学是刚者的学问。人选择学问，学问也选择人。

周敦颐（1017—1073）《通书》曰："刚善，为义，为直，为断，为严毅，为干固；恶，为猛，为隘，为强梁。柔善，为慈，为顺，为巽；恶，为懦弱，为无断，为邪佞。惟中也者，和也，中节也，天下之达道也，圣人之事也。故圣人立教，俾人自易其恶，自至其中而止矣。"② 有刚善，就有刚恶；有柔善，亦有柔恶。所谓"自治"其实就是自易其恶而已。朱熹说："吕与叔本是个刚底气质，涵养得到，所以如此。故圣人以刚之德为君子，柔为小人。若有其刚矣，须除去那刚之病，全其与刚之德，相次可以为学。若不刚，终是不能成。"③ 方孝孺曰："柔则至于枉己，刚则至于违众。枉己既不足以立事，而违众又不能有成"；"是以柔懦者多流于诡随"，"必也挺拔特立如雪霜之松柏，不挠不折以固其节"④。所以圣贤之学所谓"圣人""贤人""君子""狂者""狷者"等立人角色，体柔者很难负荷得住。圣贤之学所谓成人其实就是全其刚之德而已，若不刚，终是不能成人。

方孝孺《答许廷慎书》直言曰："自古奇人伟士，不屈折于忧患，则不足以成其学。"⑤ 王阳明《与王纯甫》曰："患难忧苦，莫非实

① （明）王夫之：《船山全书》（第十二册），岳麓书社2011年版，第204、207页。

② （宋）周敦颐著，陈克明点校：《周敦颐集》，中华书局1990年版，第20页。

③ （宋）黎靖德编，王星贤点校：《朱子语类》（七），中华书局2015年版，第2561页。

④ （明）方孝孺著，徐光大点校：《方孝孺集》（上），浙江古籍出版社2013年版，第265页。

⑤ （明）方孝孺著，徐光大点校：《方孝孺集》（下），浙江古籍出版社2013年版，第967页。

学。”[①] 又《送李柳州序》曰：“古人云：‘庸玉女成也。’其不信已夫?”[②] 又《与王纯甫》曰：“往年区区谪官贵州，横逆之加，无月无有。迄今思之，最是动心忍性砥砺切磋之地。”[③] 又《别三子序》曰：“天将降大任于是人也，必先违其所乐而投之于其所不欲，所以衡心拂虑而增其所不能。是玉之成也。”[④] 王阳明体刚，因而其谪贬贵州龙场是真金之在冶。如果是蒲柳之质，恐怕经不住如此的烈焰。黄宗羲《明儒学案·崇仁学案》中记载吴康斋语：“吾平生每得力于患难。”胡凤仪先生曰：“惟先生遇患难能进学，在他人则毁志矣。”[⑤] 王阳明《与王纯甫书》曰：“譬之金之在冶，经烈焰，受钳锤，当此之时，为金者甚苦。然自他人视之，方喜金之益精炼，而惟恐火力锤煅之不至。既其出冶，金亦自喜其挫折煅炼之有成矣。”[⑥]

朱国桢（？—1632）在《涌幢小品》中说：“大抵经霜雪一番，增一番凛冽；经锻炼一番，增一番光彩。”[⑦] 肝肠已自成金石，始信寒梅骨自真。方孝孺和王阳明性体皆可互相映衬，他们皆是人中金石，天骨自香。顾宪成的《小心斋札记》说：“天生大圣大贤大豪杰，都把个极难的题目放在他身上，着他处置。个中有两个大机栝。一是要他磨礲锻炼，抑而能振，晦而能章，淆而能澄，撼而能定，四顾惟谷，逼出全副精神，一身如余，扫尽诸般闲伎俩。譬诸徂徕之松，泰华之柏，其为大风烈日之所披铄，严霜冻雪之所催剥，不知凡几，而姿弥苍，质弥古，昂霄耸壑，嫩色全除，故能历千百年不凋，为万木长也。”[⑧] 陈确

① （明）王守仁撰，吴光等编校：《王阳明全集》（上），上海古籍出版社2011年版，第136页。

② （明）王守仁撰，吴光等编校：《王阳明全集》（下），上海古籍出版社2011年版，第1307页。

③ （明）王守仁撰，吴光等编校：《王阳明全集》（上），上海古籍出版社2011年版，第137页。

④ （明）王守仁撰，吴光等编校：《王阳明全集》（上），上海古籍出版社2011年版，第192页。

⑤ （清）黄宗羲著，沈芝盈点校：《明儒学案》（上），中华书局1985年版，第46页。

⑥ （明）王守仁撰，吴光等编校：《王阳明全集》（上），上海古籍出版社2011年版，第172页。

⑦ 《明代笔记小说大观》（四），上海古籍出版社2005年版，第3487页。

⑧ （明）顾宪成著，李可心点校：《小心斋札记》，中国社会科学出版社2020年版，第172页。

(1604—1677) 的《与吴仲木书》曰："古来圣贤豪杰，俱从逆境中炼出。"[①] 说圣贤豪杰容易，做圣贤豪杰则难。圣学是重担子，"有肋骨底人"方能负荷承当。孙奇逢曰："千古圣贤担子于自身上负荷承当。"[②] 方以智曰："灵源叟曰：'悟道守道，惟求诸己，一味舍己从人。'自非等心死誓，则不能担此担子。"[③] 潘平格曰："世界有此豪杰，方能昌明二千年不续之圣学，方能拯救数百万涂炭之生灵。此个担子是吾性分中具足，不是外来；是人人具足，不是他能我不能。虽然，岂概责之农工商贾与下流小人！大约是吾辈事，若吾辈不担当，圣学何时明？人心何时正？生民涂炭何日止？天下太平何日见？岂不诚可哀哉痛哉！诸君子担当世界，即是担当圣学；担当圣学，即是担当世界。千古圣人只担此担子，千古圣学只为此担子。担上此担子才是学问，肯担此担子方是豪杰。"[④]

合观这些论理，有助于体取方孝孺的文化性格。方孝孺、王阳明、顾宪成、孙奇逢、方以智、潘平格等真儒，骨性生来是丈夫，皆有松柏之质，可谓人中之龙，他们好圣学，盖天性然也。圣门没有软熟角色。无骨肋者学圣学，容易流于"伪狂""伪狷""伪君子"和"伪中行"。马一浮曰："阴柔则刚大之气不足，遇事不能担当，遂成趋避。《易》云'不移乎世，不成乎名'，言其守坚不可夺，惟刚大乃能之耳。"[⑤] 张载曰："性刚者易立。"[⑥] 洗涤干净根尘，绝不屈曲从俗，谈何容易！黄宗羲是何等不可一世的人物，也坦诚地说："余赋性偏弱，迫以饥寒变故，不得遂其麋鹿之一往，屈曲从俗，姑且不免，深恨释氏根尘洗涤未净。"[⑦] 黄宗羲对自己的性体竟然有这样准确的体认，难怪暮年颇涉世事。陈寅恪《柳如是别传》曰："黄梨洲乃明清之际博雅通儒之巨擘，

---

① （清）陈确：《陈确集》，中华书局 2009 年版，第 138 页。

② 张显清主编：《孙奇逢集》（上），中州古籍出版社 2003 年版，第 215、310 页。

③ （明）方以智：《冬灰录》，华夏出版社 2014 年版，第 324 页。

④ （清）潘平格撰，钟哲点校：《潘子求仁录辑要》，中华书局 2009 年版，第 224 页。

⑤ 马一浮著，吴光主编：《马一浮全集》（第一册），浙江古籍出版社 2012 年版，第 718 页。

⑥ 章锡琛点校：《张载集》，中华书局 1978 年版，第 272 页。

⑦ （清）黄宗羲著，吴光主编：《黄宗羲全集》（第十册），浙江古籍出版社 2012 年版，第 302 页。

然囿于传统之教训，不敢作怨怼司马氏之王伟元，而斤斤计较，集矢于圆海，斯殆时代限人之一例欤？""后来永历延平倾覆亡逝，太冲撰《明夷待访录》，自命为殷箕子，虽不同于嵇延祖，但以清圣祖比周武王，岂不愧对'关中大儒'之李二曲耶？惜哉！"① 由此可见，陈先生是纯刚之大儒。

圣学是世间法，这就注定了其信仰者的性格及其命运。方孝孺的心志之真好不在造文，而在成人，成为圣贤豪杰。既知此，或许有助于更换时代强加给我们认识方孝孺的文人角色视野，自然就不会用方孝孺不喜欢的角色看待他，转而敬重并用他自己选择的角色看待他，以便确认他自主肩负的角色的意义，而不会被其他角色掩盖他负荷本己角色的意志。这关系到我们对方孝孺自我认同的深切确认和真诚礼敬。

方孝孺所做的圣贤豪杰，不是世事的局外人，而是用世真儒。用世真儒，非刚者，真做不成。刘宗周《论语学案》曰："至于顾忌心一生，却又畏首畏尾，每事推托，虽义所当为者，亦有所不敢为矣。"② 不"刚直"容易留为"乡原"。"刚直"者必有"直志"。王阳明《赠翰林院编修湛公墓表》曰："刚狷振砺之士，独行违俗，为世所媢嫉，卒以倾废踣堕"；"呜呼！古有狷介特行之士，直志犯众恶，之死靡悔"③。雅性刚直，风格峻正，惟道是从，无有私我，因而"刚狷振砺""独行违俗"，美矣！

于谦曰："千锤万凿出名山，烈焰关中走一番。粉骨碎身都不怕，只留清白在人间。"④ 读此豪杰诗，便觉意志耸拔，冰清骨洁。方孝孺《毁誉》曰：

① 陈寅恪：《柳如是别传》（下），生活·读书·新知三联书店 2001 年版，第 860—861 页。

② （明）刘宗周著，吴光主编：《刘宗周全集》（第一册），浙江古籍出版社 2012 年版，第 273 页。

③ （明）王守仁撰，吴光等编校：《王阳明全集》（中），上海古籍出版社 2011 年版，第 775、776 页。

④ （明）顾宪成著，李可心点校：《小心斋札记》，中国社会科学出版社 2020 年版，第 187 页。

> 故之君子，信道也审，而自知也明。其中无缺，万人毁之，所疑（疑当作漠）如也，其中未至也，万人誉之确如也。彼其义外易内哉？人知之也尝喜，人之不知也未尝愠，其心方师友乎圣贤，而以百世为旦暮，蚋集而蛆散者于我何哉？呜呼！不以毁誉观人者，吾弗得见之矣！能不变屈于毁誉，于道也其庶矣乎![1]

世间像方孝孺、王阳明如此笃信好学，死守善道，不变屈于毁誉，纯粹不沾染“乡愿意思”的读书人，真是万世人师。真可以说脱尽“乡愿意思”，便是豪杰圣贤。刘基（1311—1375）的《尚节亭记》说：竹子体柔而虚中，不为风雨所摧折。竹子涉寒暑，蒙霜雪，而柯不改，叶不易，色苍苍而不变，有似乎临大节而不可夺的君子。他说世衰道，能以节立者，鲜矣。他说节也者，人之所难处也。[2] 刘基亦是遭遇世变而变容的读书人，身侍两朝，不是临大节而不可夺的人，而是学术权谋混为一体的智士。宋濂的《看松庵记》说：“夫植物中之中，秉贞刚劲节之气者，唯松为独多”；“其能凌岁寒而不易行改度者，非松也耶”；“与劲松为伍，则岿然有以自立”[3]。宋濂的精神气质与劲松的贞刚劲节气象亦不似。道衍在《仰山竹房记》中说他酷爱竹，爱竹是天性。他住的地方无不种竹子，即绕屋皆竹。他说，惟竹之是亲、朝夕不相舍，可谓伴侣；无竹子则令人俗；竹子有贞劲之节，似乎古君子。[4] 他又在《五月寿椿堂独坐想长洲旧业之竹漫成绝句》中激越地说道：“凌霜劲节不同群。”[5] 杜甫诗曰：“平生憩息地，必种数杆竹。”又诗曰：“性豪业嗜酒，嫉恶怀刚肠。”梅尧臣诗曰：“买山须买泉，种树

---

① （明）方孝孺著，徐光大点校：《方孝孺集》（上），浙江古籍出版社 2013 年版，第 204、205 页。

② （明）刘基著，林家骊点校：《刘伯温集》（上册），浙江古籍出版社 2016 年版，第 154 页。

③ （明）宋濂著，黄灵庚编辑点校：《宋濂全集》（第一册），人民文学出版社 2014 年版，第 100 页。

④ （明）姚广孝著，乐贵明编：《姚广孝集》（第一册），商务印书馆 2016 年版，第 176 页。

⑤ （明）姚广孝著，乐贵明编：《姚广孝集》（第一册），商务印书馆 2016 年版，第 121 页。

须种竹。”又诗曰：“月缺不改光，剑折不改刚。”杜甫、梅尧臣皆是体刚之士。不过，道衍自己恐怕也没有劲节不同群的天性，也无“嫉恶怀刚肠”“剑折不改刚”的价值信念。

方孝孺在《与童伯礼》中说道：“盖自古非言之难，能知言者难也。知言固难，而能行之者尤难也。”① 气节不纯粹是知性的问题，而是力行的问题。劲节是重担子，无肋骨者恐怕挑不动，即使挑动，在风平浪静时，还可以勉强维持，遭遇风霜险阻，恐怕会粉身碎骨。道重而体柔，实为身害。章太炎说：“儒者，柔也，此种倾向，自来深入人心。因数千年来，儒者专尚谦恭和平，做事处处让步，以退为是，其弊至于奄奄一息，毫无生气，此儒者之大病也。惟《儒行》篇所云，大都慷慨任侠，与庸谨之儒大异”；“今观东汉重视《儒行》，类多奇节伟士，学风振起，人心刚果。至宋则不然，虽有理学诸师，绝少气魄宏伟之士，不过称为善士而已，等而下之，则不免于乡原矣”②。方孝孺的《殷浩》曰：“东汉尚风节，故士多能自重而不役志于利禄。”③ 此即方孝孺相续的精神传统。体柔者，难有劲节，古今皆然。方孝孺可称得上气魄宏伟之士，有明一代凌霜劲节不同群的楷模，他信道笃而自知明，特立独行。

方孝孺曰：“德备乎刚柔，而刚柔不滞于事，惟圣贤能之。”④ 任何时代要成为“读书种子”，皆是不容易的事情。方孝孺曰：“圣贤所以有功于世，而非有志者不能学也。”⑤ 王阳明的《挽潘南山》诗曰：“圣学宫墙亦久荒，如公精力可升堂。若为千古经纶手，只作终年著述忙。

---

① （明）方孝孺著，徐光大点校：《方孝孺集》（中），浙江古籍出版社 2013 年版，第 391 页。

② 本社编：《章太炎全集·演讲集》，上海人民出版社 2022 年版，第 515—516 页。

③ （明）方孝孺著，徐光大点校：《方孝孺集》（上），浙江古籍出版社 2013 年版，第 180 页。

④ （明）方孝孺著，徐光大点校：《方孝孺集》（上），浙江古籍出版社 2013 年版，第 256 页。

⑤ （明）王守仁撰，吴光等编校：《王阳明全集》（中），上海古籍出版社 2011 年版，第 599 页。

末俗浇漓风益下，平生辛苦意难忘。西风一夜山阳笛，吹尽南冈落木霜。”[①] 王阳明《与胡伯忠》曰：“正人难得，正学难明，流俗难变，直道难容。临笔惘然，如有所失。言不尽意，惟心亮。”[②]

第四节　素敬之狂的礼士

刘梦溪的《中国文化的狂者精神》说方孝孺“是狂之正者、狂之刚者和狂之烈者，是正统儒者的天地之狂，也是不狂之狂”[③]。刘先生的《中国文化的狂者精神》，论述至简，直抉根源，没有旁征博引的解说，理解起来亦不容易。如何理解刘先生论方孝孺的话？笔者尝试推阐说明，亦不敢自以为是，姑妄言之。

方孝孺在《后正统论》里有一个很有意思的问题：“果以予言为狂者乎？抑狂者固自有其人乎？”[④] 似乎他也是以狂者自居者。又《尚志斋记》曰：“吾尝试于众曰：‘周公孔子与吾同也，可取而师也；颜子孟子与吾同也，可取而友也。’众若骇然而惊，愕然而相顾，悱然笑予以为狂。”[⑤] 人又以他为狂。又《红酒歌》诗中描写了田家郎的直率之狂：“醉里兴发恣豪狂，高歌起舞当斜阳。”[⑥] 方孝孺确实能设身处地深赏真正的狂者，对唐代第一狂人李白就有真赏。写《吊李白》《题李白观瀑布图》《题李白对月饮图》等诗。其《李太白赞》云：

---

① （明）王守仁撰，吴光等编校：《王阳明全集》（中），上海古籍出版社 2011 年版，第 652 页。

② （明）王守仁撰，吴光等编校：《王阳明全集》（上），上海古籍出版社 2011 年版，第 139 页。

③ 刘梦溪：《中国文化的狂者精神》，生活·读书·新知三联书店 2012 年版，第 75 页。

④ （明）方孝孺著，徐光大点校：《方孝孺集》（上），浙江古籍出版社 2013 年版，第 76 页。

⑤ （明）方孝孺著，徐光大点校：《方孝孺集》（中），浙江古籍出版社 2013 年版，第 634 页。

⑥ （明）方孝孺著，徐光大点校：《方孝孺集》（下），浙江古籍出版社 2013 年版，第 920 页。

唐治既极，气郁弗舒。乃生人豪，泄天之奇。矫矫李公，雄盖一世。麟游龙骧，不可控制。秕糠万物，瓮盎乾坤。狂呼怒叱，日月为奔。或入金门，或登玉堂。东游沧海，公历夜郎。心触化机，喷珠涌玑。翰墨所在，百灵护持。此气之充，无上无下。安能瞑目，闭于黄土。手持长鲸，鞭之如羊。至于扶桑，飞腾帝乡。惟昔战国，其豪庄周。公生虽后，其文可侔。彼何小儒，气馁如鬼。仰瞻英风，犹虎与鼠。斯文之雄，实以气充。后有作者，尚视于公。①

方孝孺竟然如此深识狂者。方孝孺够得上狂者的千载难逢的知音。究竟什么是"圣狂大界"？吕坤的《呻吟录》云："'毋不敬'三字非但圣狂之分，存亡治乱、生死祸福之关也，必然不易之理也。"② 这与马一浮所说："圣狂之分系乎一念之敬肆，一念而敬便是圣，一念而肆便是狂"③，可合观体究"圣狂大界"。与此同时，本书也并置明代狂肆的经典李贽作为参照系，相互发明。李贽的《自赞》曰：

其性褊急，其色矜高，其词鄙俗，其心狂痴，其行率易，其交寡而面见亲热。其与人也，好求其过，而不悦其所长；其恶人也，既绝其人，又终身欲害其人。志在温饱，而自谓伯夷、叔齐；质本齐人，而自谓饱道饫德。分明一介不与，而以有莘借口；分明豪毛不拔，而谓杨朱贼仁。动与物迕，口与心违。其人如此，乡人皆恶之矣。④

此可谓李贽的自画像，虽不中，亦不远矣。"其性褊急"，就是其

① （明）方孝孺著，徐光大点校：《方孝孺集》（下），浙江古籍出版社2013年版，第717—718页。

② （明）吕坤撰，王国轩、王秀梅整理：《吕坤全集》（中），中华书局2008年版，第679页。

③ 马一浮著，吴光主编：《马一浮全集》（第一册下），浙江古籍出版社2012年版，第769页。

④ （明）李贽著，张建业译注：《焚书·续焚书》，中华书局2011年版，第130页。

性不中庸的意思，说明李贽不是天性怀和的人，因而其性情近狂而远圣。褊急者，往往任性，不惟理是从，极容易陷势激的境遇，而生发意气胜心。有了胜心，就有了客气。此种势激的胜气往往就夺了志，常常显得盛气凌人，不可一世。李贽就质问道："何必专学孔子而后为正脉也？"① 这是胜心的流露。说明李贽心里有客气，好标新立异，骛心于小道，而不能同于天下古今之大道。其心狂痴，流而不返，正是李贽的受病之源，即真实不虚的祸胎，因而在现实各种厉害境遇的胁迫下，最终陷入疯癫的深渊，戕害了自我，岂偶然哉？"其性褊急"者，亦不容易近"道"。李贽就如是说：

> 盖狂者下视古人，高视一身，以为古人虽高，其迹往矣，何必践彼迹为也。是谓志大。以故放言高论，凡其身之所不能为，与其所不敢为者，亦率意妄言之。是谓大言。固宜其行之不掩耳。何也？其情其势自不能以相掩故也。夫人生在天地间，既与人同生，又安能与人独异。是以往往徒能言之以自快耳，大言之以贡高耳，乱言之以愤世耳。渠见世之桎梏已甚，卑鄙可厌，益以肆其狂言。观者见其狂，遂指以为猛虎毒蛇，相率而远去之。渠见其狂言之得行也，则益以自幸，而唯恐其言之不狂矣。"② "夫《六经》《语》《孟》，非其史官过为褒崇之词，则其臣子极为赞美之语。又不然，则其迂阔门徒，懵懂弟子，记忆师说，有头无尾，得后遗前，随其所见，笔之于书。后学不察，便谓出自圣人之口也，决定目之为经矣，孰知其大半非圣人之言乎？③

李贽最大的病根就是"相矜高以知""相高以胜心"。凡是传统所肯定的东西他就任性诋毁，而且给予异解；凡是传统所否定的东西他就任性激扬，而且给予正解。"胜心"可谓是李贽根深蒂固的顽疾。"胜心"最难克制，有了"胜心"便褊急而不肯与人同。虽然李贽的目的

---

① （明）李贽著，张建业译注：《焚书·续焚书》，中华书局2011年版，第31页。
② （明）李贽著，张建业译注：《焚书·续焚书》，中华书局2011年版，第75页。
③ （明）李贽著，张建业译注：《焚书·续焚书》，中华书局2011年版，第97页。

亦是做圣人，但他与圣人圣学不能相应，甚至可以说格格不入。读书本为穷理尽性，进德修业，涵养性情，变化气质，而李贽却陶醉于大言、高论，骛于辩说而忽于躬行，读书反增其褊急的习性，做人读书皆流于不实。他哪里知道，切己体究义理，信古人与自信本就没有什么不同。方孝孺在《与友人书》中说道："何为扰扰焉，发众异于胸中，而不究其所同哉？"①

黑格尔在《哲学史讲演录》中说道："自由也可以说是没有必然性的自由。这种假自由就是任性，因而它就是真自由的反面，是不自觉地被束缚的、主观空想的自由，仅仅是形式的自由。"② 此说理甚好。李贽的率意妄言、肆其狂言就有任性地发表意见即主观空想的自由意味。李贽就特别迷醉于这种任性地发表意见的虚假的自由游戏，即陶醉于虚美。这恰好证明，李贽的确没有强大的内在的意志自由。圣人圣学是自由人的学问，因为圣学义理皆是具体的实质性的义理，理学家名为实理，故最敌视主观空想的自由。一个没有内在自由的主观的思想家与圣学义理不能相应，更不能体取。马一浮说："六艺本用以显性德，学焉而得其性之所近，则亦可具体而微。若变而成为助长一种习气，则谓之流失。醍醐亦可变成毒药，此所以识法者惧也。"③ 马先生是真正的圣哲，对圣学义理认得真，令人心悦诚服，悠然神往。李贽学圣学确实助长了习气，而不是克服了习气。马一浮说：

> 尊崇先圣，所以尊崇道理，并非有阿附私意存乎其中。若后世尊师，遂立门户，互相标榜诋毁，全与此意相违；自信而不信古人，是用私。
>
> 信古人而不自信，是逐物。用私必流为狂妄，逐物必陷于支离，其弊相当。不知信古人与自信实是一事，信古是信先圣所言之

① （明）方孝孺著，徐光大点校：《方孝孺集》（中），浙江古籍出版社 2013 年版，第 423 页。

② ［德］黑格尔：《哲学史讲讲演录》（第一卷），商务印书馆 2004 年版，第 21 页。

③ 马一浮著，吴光主编：《马一浮全集》（第一册下），浙江古籍出版社 2012 年版，第 564 页。

义理，自信乃信吾心本具之义理。若见得确切，则知信先圣即是自信。盖先圣义理之言，即吾心所固有，先圣不过觉悟早，先我而言之耳。①

借助马先生的论述，可以深究圣学义理。李贽动不动要下视古人，高视一身，正是不自信的体现，不过，他自己似乎没有认识到这一点。尊圣亲贤是人内在本质力量强大的体现，即古人所谓“唯仁者能敬人”。为仁由己，此千古不灭的生活真理。下视古人，没有用，只能说明自己心性的失明。美国心理学家罗洛·梅说：“有一个原则很清楚：一个人的自我意识越强，他就越能从其父辈们那里获得智慧并将其转化为自己的东西。那些被传统力量征服，无法在传统面前立足并因此向其投降、切断自己与它的联系或起而反抗的人，从其自己的个人统一性这种意义上说，是软弱的人。”② 此理论亦好，可用以说明相关问题的实质。人尊圣亲贤不是纯粹的外在的行为，而是人内外统一性的必然呈现。王阳明的《咏良知四首示诸生》诗曰：“个个人心有仲尼，自将闻见苦遮迷。而今指与真头面，只是良知更莫疑。”③ 王阳明的诗可与罗洛·梅的理论互相发明。尊圣亲贤是人内在德性的显发。这不是时俗所谓神化古人的问题，而是道充天地，亘古今。

由以上分析可知，李贽的自信尽管也是真诚的，然而是任性的自信，亦是虚假的主观的自信，不具有真正自信的内在力量，即内外不统一，其心狂痴，一切纷嚣俗染，举足以累其心，因而没有内在的力量冲破铁索连环的世情人事，而陷入病狂，以狂而始，以狂而终，与圣学仁道，背道而驰。陆贾的《新语》曰：“视之无优游之容，听之无仁义之辞，忽忽若狂痴。”④ 圣敬则自然安和，自然独立而不变，岿然而不动，

① 马一浮著，吴光主编：《马一浮全集》（第一册下），浙江古籍出版社 2012 年版，第 747、764 页。

② ［美］罗洛·梅：《人的自我寻求》，郭本禹、方红译，中国人民大学出版社 2013 年版，第 159 页。

③ （明）王守仁撰，吴光等编校：《王阳明全集》（中），上海古籍出版社 2011 年版，第 652 页。

④ 王利器：《新语校注》，中华书局 1986 年版，第 96 页。

自然有精神的定在性。方孝孺与李贽相反，其天性雅素，因而不狂；其天性朴劲，因而不肆。方孝孺曰：

> 仆讷不善为辩，性颇质，不喜为媚。
>
> 仆自视资甚陋，业甚浅，无趋走唯诺之才，有璞讷鲁钝之累。
>
> 仆性恬淡，不喜时名，于道德功烈之名且不敢居；仆鄙陋，自度不足班古人，而年长来，闭口不复及天下事，于政教举措得失，漫不复解。而笃信六经，有所为也。以之为权衡。
>
> 有所疑也，以之为蓍龟。惟愚不足达世之机变，甘以钝拙自守，人见其如此，亦多窃笑之。又素伉直，不耐与富贵人仰俯，有势位者或欲招致，闻其不善谄屈，亦往往不合。
>
> 某鄙璞戆讷，言行不能及古人，器识不足以达时务。然守其愚，孑然莫与徒。望望然高顾暇视，而不合于时。①

此可作为方孝孺的自我写真，可谓朴美的经典。孔子曰：“刚毅木讷，近仁。”（《论语·子路》）从方孝孺的自述中可知，他正是“刚毅木讷”即朴劲的人，其质素平淡，其性不褊急，其心亦不狂痴。信古人与信自己在他那里合二为一，了无隔阂。他读书没有丝毫的“胜心”，就是穷理尽性，就是进德修业，就是变化气质，就是成就自己这个人而已，因而一切纷嚣俗染，皆不足以累其心。他不刻意为狂，所以不喜狂言、大言而慎言、敬言，亦不率性即不狂肆，行为亦不奇奇怪怪，了无狂态，绝不怪饰。一言以蔽之，他从容于礼法之中，朴实而清峻，安和而纯雅。其诗曰：

> 俗士不知道，喜以异自雄。安知名世者，固与常人同。圣贤尽其常，纵浪礼仪中。何须惊神变，惝恍惊群聋。②

---

① （明）方孝孺著，徐光大点校：《方孝孺集》（中），浙江古籍出版社 2013 年版，第 400、401、403、409、415 页。

② （明）方孝孺著，徐光大点校：《方孝孺集》（下），浙江古籍出版社 2013 年版，第 876 页。

此诗能说明他的真性情，即不好标新立异，与那些“喜以异自雄”的纷纷智士不同。而李贽正是“喜以异自雄”，而不知大道者。从这个角度看，其实李贽是俗士，尽管他自以为不俗。

李贽可谓有明一代思想家中的独眼巨人。说他是巨人，因为他有思想，有洞见，有胆量，“别出手眼”①，是疯狂的天才；说他是独眼巨人，因为他太任性、太狂痴而没有确立起内在实质性的真实不虚的自由，最终不得不自我放逐。他的知识不但没有成就他这个人，反而戕害了自己。他的精神与心灵近于疯癫，在遭遇外境的胁迫中而自刎。独眼巨人是个不自由的人，因为他没有大同的智慧来超越现实，而只能以“胜心”计较一切，最终死在现实的胁迫之中。从这个层面来看，李贽也是纯真可爱的巨婴。而方孝孺旷达而澹然，从容而中道，因为他敬德。“敬而无失”“敬胜百邪”。方孝孺的力量来自内在的德性的自由，即主敬、居敬、持敬，所以能成始成终，外在的境遇撼动不了其内在的根基，即志已素定，其气动不了志。而李贽是心性已被破坏了的狂者，而又不以礼修身，故没有立敬，即没有稳定成熟的价值信仰。有思想，不一定有价值信仰。而方孝孺是礼士，动容周旋，“毋不敬”。其《学孔斋记》曰：

> 尧舜之钦明恭己，文王之不显亦临，无斁亦保，颜子之克己复礼，服膺不惰，大圣大贤之守斯道也，岂有他术哉，亦曰敬而已。敬者，所以成夫仁而已矣。仁为众善之原，群德之长，而天地之心。得此以为人，则人道尽。②

在方孝孺看来，圣人皆是立于礼的楷模。圣道即敬道，敬道即人道。方孝孺是法圣人者，立于礼是其天职。他笃信的是礼义，笃行的亦

---

① （清）钱谦益：《列朝诗集小传》（下），上海古籍出版社 1983 年版，第 705 页。《列朝诗集小传・卓吾先生李贽》曰：“卓吾所著书，于上下数千年之间，别出手眼，而其掊击道学，抉摘情伪，与耿天台往复书，累累万言，胥天下之为伪学者，莫不胆张心动，恶其害己，于是咸以为妖为幻，噪而逐之。”“蟾蜍掷粪，自其口出，岂足以污卓老哉！”

② （明）方孝孺著，徐光大点校：《方孝孺集》（中），浙江古籍出版社 2013 年版，第 641 页。

是礼义。审礼，隆礼，深于礼即达乎礼乐之源，是其素定的生活风格，所以他近圣而远狂。方孝孺的狂其实是礼士的素敬之狂，而不是文士之肆狂，所以有敬而无肆。肆是祸门，亦是凶德，与礼的精神相违背。可以说，方孝孺的狂，即秉礼持敬的狂，或用今天的话说，他的狂就是自性庄严的流露，其实不狂，也就是刘梦溪所说“不狂之狂”。而敬德即天德，所以刘先生说方孝孺的狂是“天地之狂”，即德宇的庄严和崇高。

方孝孺用礼义塑造了非凡的自己，因而具有宗教圣者那样崇高的美学价值。他自定的治家之道是：“故人有杀身而徇君亲者，非不爱身也，爱其身甚，而欲纳之于礼义，其为虑甚远矣。宁死而不肯以非礼食，知义之重于死也。宁无后而不敢以非礼娶，知失礼之重于无后也。”① 非礼乱礼的事情方孝孺绝对不为。“敬礼”是其素守，“敬慎”是其素行。可以说，方孝孺是圣学秉礼持敬的形象概念，也就是它的化身。方孝孺的《后正统》曰：

> 夫中国之为贵者，以有君臣之等，礼仪之教，异乎夷狄也。无君臣则入于夷狄，入夷狄则与禽兽几矣。
>
> 夫所贵乎中国者，以其有人论也，以其有礼文之美，可以入先王之道。彼篡臣、贼后者，乘其君之间，杀而夺其位，人伦亡矣，而可以主天下乎？苟从而主之，是率天下之民无父无君也。
>
> 吾尝妄论之曰：有天下而不可比于正统者三：篡臣也，贼后也，夷狄也。何也？夷狄恶其乱华，篡臣、贼后恶其乱伦也。
>
> 此百世不易之道，《春秋》之大法也。
>
> 呜呼！其亦不察乎《春秋》之义，而甘为篡贼之归也②。

读此可知，方孝孺是立于礼的真君子，持己以礼，因而他绝不会为

① （明）方孝孺著，徐光大点校：《方孝孺集》（上），浙江古籍出版社 2013 年版，第 61 页。

② （明）方孝孺著，徐光大点校：《方孝孺集》（上），浙江古籍出版社 2013 年版，第 71—76 页。

朱棣写诏书，这亦是其素志、本心。这就是他的“狂”，即礼仪之狂，而不是“喜以异自雄”的尚气之狂。忠孝大节，岂临时激于意气者，所能为乎？道衍说：“非常之人为非常之事，为非常之事必非常之人，此理之固然也”；“奋然不顾其形命，非挺特雄伟，非常之人，其可能乎？”① 道衍知道方孝孺是什么样的读书人，所以他才劝朱棣勿杀方孝孺。由此可知，道衍亦有书生的意气，因而对方孝孺亦有相惜之诚，这是其可爱的地方。道衍作为智士，也不同凡响。

最后，再体究刘梦溪论方孝孺之“狂”，也许就有所会心。刘先生说方孝孺“是狂之正者、狂之刚者和狂之烈者，是正统儒者的天地之狂，也是不狂之狂”。刘先生能设身处地地深赏狂者，自然和其自己的性体亦有深在的关系。刘先生亦是素刚的人，亦是深于礼者。真是古今“读书种子”，“将无同”即没有什么不同。知君的是圣人种，千秋万岁峻骨香。

第五节 天性中直的国士

圣学是世间的学问，通经致用是其内在的品质，也是其生命的源泉。否则，就是本末倒置的治经，甚至可以说没有任何意义。孔子曰：“笃信好学，守死善道，危邦不入，乱邦不居。天下有道则见，无道则隐。邦有道，贫且贱焉，耻也；邦无道，富且贵焉，耻也。”（《论语·泰伯》）

既然如此，那么君子入仕应该如何做？孔子曰：“以道事君，不可则止。”（《论语·先进》）“以道事君”者即“直士”。如果加上性体，就是史书所谓“刚毅直士”。

何为“直士”？《魏略》载河东董寻谏语：“臣闻古之直士，尽言于国，不避死亡。故周昌比高祖于桀、纣，刘辅譬赵后于人婢。天生中直，虽白刃沸汤，往而不顾者，诚为时主爱惜天下也”；“臣知言出必

① （明）姚广孝著，詹绪左校点：《姚广孝全集》（四），安徽师范大学出版社 2019 年版，第634 页。

死，而臣自比于牛之一毛，生既无益，死亦何损！秉笔流涕，心与世辞"①。此将刚毅直士的在世风格和盘托出，即说出直言必须敢于承受任何代价。方孝孺负荷的正是"直气凛然，可撼山岳"② 的刚毅直臣的角色，也可以说直臣是天地之松柏。方孝孺的《答胡怀秀才》曰："惟愚不足达世之机变，甘以钝拙自守，人见其如此，亦多窃笑之。又素伉直，不耐与富贵人仰俯，有势位者或欲招致，闻其不善诡屈，往往不合。"③ 方孝孺对自己的性体体认何等准确！"素伉直"三个字，是其传神写照。正如其名字方希直。

孔子尚直。"直"字在《论语》就出现了 22 次。这里选择一些，并用古人同条共贯之法排列组合，以便于理解圣学直道的体用及其意蕴。

子曰："孰谓微生高直？或乞醯焉，乞诸其邻而与之。"（《论语·公冶长》）不"直"的案例。子曰："恭而无礼则劳，慎而无礼则葸，勇而无礼则乱，直而无礼则绞。"（《论语·泰伯》）提倡"直而有礼"。子曰："狂而不直，侗而不愿，悾悾而不信，吾不知之矣。"（《论语·泰伯》）提倡"狂直"。子曰："“好直不好学，其蔽也绞”。"（《论语·阳货》）提倡"好直而好学"。子曰："直哉史鱼！邦有道如矢，邦无道如矢。"（《论语·卫灵公》）激扬"直"而有道者。子曰："古之愚也直，今之愚也诈而已矣。"（《论语·阳货》）心赏"愚直"。柳下惠为士师，三黜。人曰："子未可以去乎？"曰："直道而事人，焉往而不三黜，枉道而事人，何必去父母之邦？"（《论语·微子》）赞扬"直道而事人"。子曰："人之生也直，罔之生也幸而免。"（《论语·雍也》）"生道"即"直道"。子曰："吾之于人也，谁毁谁誉？如有所誉者，其有所试矣。斯民也，三代之所以直道而行也。"

此即孔子一家眷属似的关于"直道"之说，读者可自由体会圣人

① 卢弼：《三国志集解》，中华书局 1982 年影印版，第 424—425 页。

② （明）方孝孺著，徐光大点校：《方孝孺集》（下），浙江古籍出版社 2013 年版，第 720 页。

③ （明）方孝孺著，徐光大点校：《方孝孺集》（中），浙江古籍出版社 2013 年版，第 409 页。

旨意。这里再并置王夫之的解说，作为助思的利器。

王夫之《俟解》曰：“唯直之字最易蒙昧不察则引人入禽兽。故直情径行，礼之所斥”；“吾尽吾道，不为人情爱憎起一波澜曲折，此之谓直”；“方正学之所守，此而已矣”①。又《俟解》曰：“直而济之以慎”；“慎而用之于直，乃非容头过身之慎。道听之，涂说之，闻善则誉之，闻不善则毁之，纵心纵口，无忌惮而为小人，直之贼也，惟不慎也。欲进而不敢进，欲退而不敢退，无取怨于人之道而犹畏人之怨己，无不可伸志之为而犹隐忍而不敢为，慎之贼也，唯不直也。一失足于流俗，则终身之耻不可洒，一得罪于清议，则百行不能掩其非，如之何不慎！慎者，慎吾之不直也。惟恐不直，则惟恐不慎。直而不慎，则为似忠信之乡原。慎而不直，则为患得失之鄙夫”②。

依据王夫之的判断，方孝孺是圣学之直道的楷式，亦是群英之劲直的典范。王夫之的“直之贼”“慎之贼”的说法，特别令人惊心。方孝孺正是“直而有礼”者，“好直而好学”者，是“愚直”者，是“直道而事人”者，是心赏三代“直道”者，是“贞直”者。真是“人之生也直”，直哉方孝孺！邦有道如矢，邦无道如矢。孟子曰：“不直则道不见。”（《孟子·滕文公章句上》）方孝孺相续的正是圣学所激扬的狂直传统及其精神。所以他十分热烈地尚类的人是：刚毅明快的“英杰”，雄才劲节的“铁汉”，徇道忘己的“奇士”，忠不避难的“勇士”，正色危言的“直士”，志刚气烈的“志士”，志行皎洁的“高士”，伟然大节的“节士”，忠义盖世的“义士”，才良行果的“豪杰”等。这些在世角色，皆是刚直者才能负荷得起，不刚不直，做不成这样的人。“刚”与“直”是二而一的问题，不“直”，就无“刚”；有“刚”必“直”。所以古人说“刚直”或“直刚”，没有什么不同。《冬灰录》记载方以智曰：“人之生也直，直心是道场。”③“直”是性体之美的绽放。试想，面对燕王的暴虐的威胁，“庸邪当破胆而潜遁，奸黠

① （明）王夫之：《船山全书》（第十二册），岳麓书社 2011 年版，第 487 页。

② （明）王夫之：《船山全书》（第十二册），岳麓书社 2011 年版，第 492 页。

③ （明）方以智：《冬灰录：外一种〈青原愚者智禅师语录〉》，华夏出版社 2014 年版，第 23、24、70 页。

必闻风而惊骇”①，软骨头者早已成为叩头虫，所以无肋骨的“小人”和“乡原”绝无刚直的品相。

如果赞同《周易·系辞》所说的“一阴一阳之谓道，继之者善也，成之者性也”是合理的，那么人先天质地中就具有阴阳二元素，即人是具有二重性潜质存在者。“阳中藏阴”或“刚中藏阴”，“阴中带阳”或“柔中带刚”。如果依据此而划分人存在的类型，那就是“阳胜阴”或“刚胜柔”的人、“阴胜阳”或“柔胜刚”的人、“阴阳得中”或“刚柔得中”的人。传统社会读书人中的“狂者”，多是“刚胜柔”的人，而“狷者”多是“柔胜刚”的人，而圣人则是“刚柔得中”的人。当然存在“狂者一狷”，而“狷者一狂”的情况。如果人依据生活的境遇和志趣“扶阳抑阴”，那就有可能成为“纯刚”的人，展现出桀骜不驯的精神格调，方孝孺就是此类人中的经典。如果人依据生活的境遇而刻意地“扶阴抑阳”，那就有可能将“阳性”砍伐殆尽，而成为“肉而无骨”即“软熟”的人，“乡原”就是此类人的典型。如果人不依据生活境遇和志趣“扶阳抑阴”或“扶阴抑阳”，而尽可能地依据天性生活，那就有可能最接近圣人的生活风格。《礼记·中庸》曰：“君子素其位而行，不愿乎其外。素富贵，行乎富贵；素贫贱，行乎贫贱；素夷狄，行乎夷狄；素患难，行乎患难。君子无入而不自得焉。”② 圣学君子的生活风格是从容中道，天然风流，不是造作而来。“富贵”“贫贱”“夷狄”“患难”皆是物镜、皆是外境，淡然而不动心地从容面对，而不为其所转。人的生活本然如此而已，没有什么奇特，亦用不着以此自高，更用不着以此自炫，然能如此生活者又有几人？储光羲诗曰：“直道时莫亲，起羞见谗口。”③

陆容（1436—1497）的《菽园杂记》曰：“洪武间，秀才做官，吃多少辛苦，受多少惊怕，与朝廷出多少心力，到头来，小有过犯，轻则

① （明）方孝孺著，徐光大点校：《方孝孺集》（下），浙江古籍出版社 2013 年版，第 733 页。

② （宋）朱熹：《四书章句集注》，中华书局 2011 年版，第 24 页。

③ （清）彭定求等编：《全唐诗》（第二册），中华书局 2003 年版，第 1401 页。

充军，重则刑戮，善终者十二三耳。”[①] 此记录的正是亲历者所言。读书人在不宽和的社会险境中苟活，刚直则往往取祸，因而不得不摧刚为柔，矫直为曲，导致整体性的精神人格的灾难。尤其朱棣杀害了刚直的方孝孺，可谓坏了大体，其负面影响太大了，无法具体地估量，只能约略感知而已。

郑晓（1499—1566）的《今言类编》记载：“彭惠安公《哀江南词》叙述建文死义之臣，至方逊志乃云：‘后来奸佞儒，巧言自粉饰。扣头乞余生，无乃非直笔。’盖指西杨辈修《实录》，书方再三扣头乞余生者，非事实也。”[②] 杨士奇（1365—1444）名寓，字士奇，号东里，泰和（今江西省泰和县澄江镇）人。他与杨荣、杨溥并称“三杨”。他以居第在西，称西杨。方以智的《木末亭拜方正学先生》诗曰：“九族可怜忘姓字，三杨终不是功名。”[③] 清人冯询的《杨士奇》诗曰：“扣头求活成何语？正学犹诬况别人。”[④] 方孝孺在翰林院任职时，推荐过杨士奇，而他却在修《实录》时如此诽谤方孝孺。

三杨就不做直臣，认为朱家谁做皇帝都无所谓，善于避祸趋变，因而历事几朝，皆无凶险。王阳明的《陈言边务疏》曰：“忧世者为之迂狂，进言者目以浮躁，沮抑正大刚直之气，而养成怯懦因循之风。”[⑤] 说明的正是当时读书界的实情。何良俊（1506—1573）的《四友斋丛说》曰：“今世大率以柔颜媚语者为仁，以直言厉色者为不仁，其去圣人之意远矣。”[⑥] 又曰：“海老既去之后，复有辨本，疏中言：‘今满朝皆妇人也。’”[⑦] 此处的海老即海瑞。海瑞（1514—1587），字汝贤，号刚峰，琼山（今海南海口市）人。《明史》曰：“瑞生平为学，以刚为

① 《明代笔记小说大观》（一），上海古籍出版社 2005 年版，第 380 页。

② 《明代笔记小说大观》（一），上海古籍出版社 2005 年版，第 748 页。

③ （明）方孝孺等著，张常明编注：《缑城正气集》，上海古籍出版社 2003 年版，第 23 页。

④ （明）方孝孺等著，张常明编注：《缑城正气集》，上海古籍出版社 2003 年版，第 198 页。

⑤ （明）王守仁撰，吴光等编校：《王阳明全集》（上），上海古籍出版社 2011 年版，第 239 页。

⑥ 《明代笔记小说大观》（二），上海古籍出版社 2005 年版，第 893 页。

⑦ 《明代笔记小说大观》（二），上海古籍出版社 2005 年版，第 962 页。

主，因自号刚峰，天下称刚峰先生。”① “海瑞秉刚劲之性，戆直自遂，盖可希风汉汲黯、宋包拯。苦节自厉，诚为人所难能。”② “刚劲”二字，是方孝孺的血脉，因而借此可以体究此类体性的价值。不过，在不宽和而充满戾气的社会里，即使有几个直臣，也是清介强直，冷面寒铁，无有阳春太和气象，甚至被视为卖直沽名而加以排斥和贬损。刚毅耿直，世难容。沈佺期诗曰：“平生守直道，遂为众所嫉。”③ 海刚峰“满朝皆妇人”的说法，直击要害。范仲淹曰：“忠臣骨鲠而易疏，佞臣柔顺而易亲。柔顺似忠，多为美言；骨鲠似强，多所直谏。美言者得进，则佞人满朝；直谏者见疏，则忠臣避世。”④ “佞人满朝”与“满朝皆妇人”，并读合观，可叹古今兴亡事。

人世间敢直其身而不柔软者，曾有几人？宁直无媚者，又曾有几人？是不是美好的东西，皆和世俗不能相容？摧刚为柔，循环反复，未尝变异。李顒如是说：

> 正大光明，坚强不屈之谓刚，乃天德也。全此德者，常伸乎万物之上。凡富贵贫贱，威武患难，一切毁誉利害，举无足以动其心。欲则种种世情系恋，不能割绝，生来刚大之气，尽为所挠。心术既不光明，遇事鲜所执持。无论气质懦弱者，多屈于物，即素负血气之强者，也不能不动于利害之私也。故从来刚者必无欲，欲者必不刚，不可一毫假借”；“人惟有欲则不刚，不刚则不能直内而方外，故圣贤之学，以无欲为主，以寡欲为功。龙为有欲，则为人制；人惟有欲，则为物屈。古人不以三公易其介，是为真刚”；“圣虽学作兮，虽贵者资刚，则英毅振迅，入道有其资。否则志气易于散漫，工夫作辍无常”；“德非刚则不能进，己非刚则不能克，品非刚则不能树，名节非刚则不能全。担当世道，非刚则不能任……顶天立地事业，非刚则不能做，做亦难成。苟非其人，道不

① 《明史》卷二二六《海瑞传》，中华书局1974年版，第5933页。
② 《明史》卷二二六《海瑞传》，中华书局1974年版，第5949页。
③ （清）彭定求等编：《全唐诗》（第二册），中华书局2003年版，第1021页。
④ 范仲淹：《范仲淹全集》第1册，中华书局2020年版，第173、174页。

虚行，故必纯乎天理之极，而无一毫人欲之私，始为庶几。[①]

李颙议论明快，读之令人感发猛省，诵读再三，不觉清风袭心，春暖花开。为仁由己，何关人世！二程曰："浩然之气，天地之正气，大则无所不在，刚则无所屈，以直道顺理而养，则充塞于天地之间。'配义与道'，气皆主于义而无不在道，一置私意则馁矣。'是集义所生'，事事有理而在义也，非自外袭而取之也。"[②] 试问，古今谁能如此？唐寅诗曰："我也不登天子船，我也不上长安眠。姑苏城外一茅屋，万树桃花月满天。"[③] 奈何一腔热血，没有地方可洒。

黄道周的《答郑元岳书》曰："邹智、罗伦，往迹难追，三百年读书种子于是几绝矣。"[④] 邹智（1466—1491）字汝愚，号立斋，又号秋囦，四川合州（今重庆市合川区云门镇）人。成化二十三年（1487）进士。明熹宗天启初年，追谥"忠介"。其撰有《立斋遗文》五卷。《四库全书总目》记载：

> 智疏劾权奸，直声动天下。然于君国之间，缠绵笃挚，至死不忘，无一毫怨尤之意。其《在狱》诗有云：'梦中不识身犹系，又逐东风入紫宸。'其《辞朝》诗有云：'云韶声静拜彤墀，转觉婵媛不自持。罪大故应诛两观，网疏犹得窜三危。尽披肝胆知何日，望见衣裳只此时。但愿太平无一事，孤臣万死竟何悲。'与明时台谏务以矫激沽名者，相去万万。故诗文多发于至性，不假修饰之功。虽间伤朴遬，而直气流溢，其感人者，固在文字外矣。[⑤]

罗伦（1431—1478），字应魁，一字彝正，号一峰，吉安永丰（今

---

① （清）李颙撰，陈俊明点校：《二曲集》，中华书局1996年版，第447页。

② 《二程集》上册，中华书局1981年版，第11页。

③ （明）唐寅著，周道振等辑校：《唐寅集》，上海古籍出版社2013年版，第22页。

④ （明）黄道周撰，翟奎凤等整理：《黄道周集》（二），中华书局2017年版，第733页。

⑤ 魏小虎编撰：《四库全书总目汇订》（第九册），上海古籍出版社2016年版，第5591页。

属江西）人。著有《五经疏义》《一峰集》《周易说旨》。《四库全书总目》曰：

> 《明儒学案》云：“伦刚介绝俗，生平不作合同之语，不为软巽之行。冻馁几于死亡，而无足以动其中，庶可谓之无欲。”今览其文，刚毅之气，形于楮墨，诗亦磊砢不凡，虽执义过坚，时或失于迂阔。又喜排叠先儒传注成语，少淘汰之功，或失于繁冗。然亦多心得之言，非外强中干者比也。①

读此可知，黄道周所谓“读书种子”即“尽披肝胆”“直气流溢”“刚介绝俗”“不为软巽之行”的宇宙间伟丈夫、伟男子。此即刚毅直臣的风格。直臣不是谁都能负荷得起的角色。面对权势熏天的人，敢直其身与之争是非者，曾有几人？何良俊的《四友斋丛说》曰：

> 余最喜寻前辈旧事。盖其立身大节，炳如日月，人人能言之，独细小者人之所忽，故或至于遗忘耳。然贤者之一颦一笑，与人自是不同。②

有鉴于此，他记录了如是一件细事：

> 刘瑾擅国日，邵二泉先生与同官一人以公事往见。此人偶失刘瑾意，瑾大怒，以手将桌子震地一拍，二泉不觉蹲倒，遗溺于地。二泉甫出，而苏州汤煎胶继至。瑾与汤最厚，常以兄呼之。瑾下堂执汤手而入，因指地下湿处语汤曰：“此是你无锡邵宝撒的尿。”③

呜呼！世路险巇，一至于此，诚畏之也。借此可试设身以处，方孝

---

① 魏小虎编撰：《四库全书总目汇订》（第九册），上海古籍出版社 2016 年版，第 5577 页。

② 《明代笔记小说大观》（二），上海古籍出版社 2005 年版，第 974 页。

③ 《明代笔记小说大观》（二），上海古籍出版社 2005 年版，第 974 页。

孺面对朱棣的情景，就不得不承认他真不是人世间的凡人，而是天人，流露的是天德。不要说杀身成仁、舍生取义这样惊天地泣鬼神的壮举，单就是说真话，也是相当不容易的德业。圣学直旨中就含有说真话的内在规定性，即“修辞立其诚”。而“诚”则“直”，“直”则“正”也。所以，许慎的《说文解字》曰：“直，正见也。”[①] 这个解释深得圣意。不是什么都说的人就是直言者。直臣就是直言真理或真相的人，或者干脆说就是说真话的人。福柯说道：

> 简言之，“直言”是指言说的人身上所具有的真理的勇气，是不顾一切，冒险说出他所认定的全部真相的人身上的真理勇气，但是，它也是同意接受其所听到的伤害性真相之对话者的勇气。
>
> “直言”因此不仅将说话人和说话人讲真话的对象之间的关系置于险境，而且甚至可能将说话人的生命置于险境，至少如果权势在说话者之上的言说对象不能够忍受被告知真相的话。[②]

借此西哲高论，可理解圣统中的直言传统，也确实相当美妙。王夫之曰：“人所不能言者言之矣，人所不敢言者言之矣，人所不忍言者言之矣。”[③] 此即直言者的标准，否则就不配享有直言的荣誉。做直臣，谈何容易！《易》坤卦六二之言：“直方大。”此即刚直者的文化人格。而方孝孺以为不“敬”，则不能“直”，这令笔者欣然有所得。大哉！“敬以直内，义以方外”。

试问，刚毅直臣之存续如何？孟森（1869—1938）说：“清代士大夫，以帝王之是非为是非，帝以为罪人，无人敢道其非罪。故清议二字，独存于明代，读全史当细寻之，而其根源即由学风所养成也。”[④] 此即直臣消失的原因。直臣唯道是从，以道爱身，如果唯人是从，而慎

① （清）段玉裁：《说文解字注》，中华书局2013年版，第640页。

② ［法］米歇尔·福柯著，汪民安编：《自我技术：福柯文选Ⅲ》，北京大学出版社2016年版，第400、399页。

③ （明）王夫之：《船山全书》（第十一册），岳麓书社2011年版，第135页。

④ 孟森：《明清史讲义》（上册），商务印书馆2011年版，第192页。

默惜己，"以帝王之是非为是非"，自然就不是直臣了。传统社会里所谓"直臣"正是与皇权争是非的人，方孝孺就是这样的人，如果他"以帝王之是非为是非"，那朱棣让他写诏书，他就写了，反正都是朱家人做皇帝，反正帝王的话是真理，谁当帝王，谁说的话就是真理，自然也就不存在气节的问题了。

方孝孺的刚直与其他人的刚直究竟有何不同？方孝孺曰："敬慎汝口，鉴于前轨。"① 又曰："敬慎可以致福。"② 又曰："以敬蓄德，以静养志。"③ "秉礼持敬，作我斧钺。"④ 又曰："敬则心明，万理不昧。"⑤ 又曰："致其诚敬于其先。"⑥ "其中也敬，而外也直。"⑦ 此即说明方孝孺的刚直里蕴涵圣学"诚敬"的实理，也就是身与道化，体立用随，非威武势力之所能移，因而当遭遇大震惧，能自安而不失，呈现自性的风格和庄严，故方孝孺的"刚直"，其实就是"敬直"的别说。这就是义理之刚直与血性之刚直的不同之所在。方孝孺《直内斋记》曰：

> 夫敬为复善去恶之机，天理之所由存，人欲之所由消也。故人能一主乎敬，突奥之间，俨乎若上帝之临，造次之顷，凛乎若圭璧之奉，妄思邪虑罔或萌蘖其中，而皆发于义也。以之事父则尽乎孝，而非欲人称己之孝而为之也；以之事君则致其忠，而非愿乎富

① （明）方孝孺著，徐光大点校：《方孝孺集》（上），浙江古籍出版社 2013 年版，第 12 页。

② （明）方孝孺著，徐光大点校：《方孝孺集》（上），浙江古籍出版社 2013 年版，第 9 页。

③ （明）方孝孺著，徐光大点校：《方孝孺集》（上），浙江古籍出版社 2013 年版，第 2 页。

④ （明）方孝孺著，徐光大点校：《方孝孺集》（上），浙江古籍出版社 2013 年版，第 35 页。

⑤ （明）方孝孺著，徐光大点校：《方孝孺集》（上），浙江古籍出版社 2013 年版，第 45 页。

⑥ （明）方孝孺著，徐光大点校：《方孝孺集》（上），浙江古籍出版社 2013 年版，第 50 页。

⑦ （明）方孝孺著，徐光大点校：《方孝孺集》（上），浙江古籍出版社 2013 年版，第 5 页。

贵华宠而为之也。操之而不失，则内直。内直则方外者在是，而圣人之天德可庶几而至矣。故曰'直方大，不习，无不利，则不疑其所行也。'学而至于不疑，其所行非几于圣，而能之乎！嗟夫，夫人皆可以与天同德，而不知主敬以明善，斯有志者之所以为难能欤！①

方孝孺这里说明的正是《周易·文言》说的："君子敬以直内，义以方外，敬义立而德不孤。直方大，不习无不利，则不疑其所行也。"②尤其需要注意"敬直"的说法。"内直"即"内诚"或"敬直""劲正"的别说而已。而"敬"以致和、"敬"以致恕，所以方孝孺"刚直"中无刚褊直虐的意味，也无直冷萧条的气息，而生机盎然，春风袭人。

方孝孺曰："君子尚朴而不花。"③ 方孝孺是朴美的经典人物，因而他的刚直，可以说是朴直，没有花饰的成分，不高自标置，亦无愤世直言。这也是方孝孺刚直的个性色彩。依据圣贤之学，敬德是教养的最高境界，流露为言行，就是庄雅，因而又有雅敬的说法。而圣学尚拙尚朴不尚巧，而圣者贤者往往是拙者和朴者，用方孝孺的话说，他就是"秉介抱拙，动与世乖"④ 的"愚人"。有鉴于此，本书把方孝孺的文化人格即德像推定为"朴雅"，或"庄雅"，并把它作为圣学气象崇高的典范人物，以表彰他得中土圣学直道之正脉的永恒价值及意义。从作为人臣的角色来看，方孝孺也是忠敬的楷模。刘向的《说苑·臣术》曰："国家混乱，所为不道，然敢犯主之严颜，面言主之过失，不辞其诛，身死国安，不悔所行，如此者，直臣也。"⑤ 噫！不独因此见人品，抑

① （明）方孝孺著，徐光大点校：《方孝孺集》（中），浙江古籍出版社 2013 年版，第 632 页。

② 楼宇烈：《王弼集校释》，中华书局 2012 年版，第 229 页。

③ （明）方孝孺著，徐光大点校：《方孝孺集》（上），浙江古籍出版社 2013 年版，第 21 页。

④ （明）方孝孺著，徐光大点校：《方孝孺集》（上），浙江古籍出版社 2013 年版，第 243 页。

⑤ （汉）刘向撰，向宗鲁校证：《说苑校证》，中华书局 2022 年版，第 35 页。

可以此观世道矣。叶桐封的《谒正学祠》曰："自是读书真种子，高山可仰景行行。"[1]

① （明）方孝孺等著，张常明编注：《缑城正气集》，上海古籍出版社 2003 年版，第 66 页。

第八章　方孝孺与圣贤血脉

马一浮有这样的说法：“然知德者鲜，故唯有圣人能理解圣人，唯有君子能理解君子。”① 王夫之曰：“唯有圣人能知圣人。”② 储光羲诗曰：“希声尽众人，深识唯知己。”③ 在圣统文化中，圣人、君子皆是对成人的美称。此即说明唯有成人的人才能雅相知赏和雅相推重。这是为何？伽达默尔的《哲学解释学》说：“解释学过程的真正实现依我看来不仅包容了被解释的对象，而且包容了解释者的自我理解。”④ 人与人的理解一定包含了理解者的“自我理解”，所以，不是气类相似的人，自然成不了知音，非关当行不当行，事实就是如此。

方孝孺《沧州趣为台城赵生孝礼题》诗曰：“恨乏同心人，临歧独惆怅。”⑤ “同心人”即知音。知音其实就是气类相似的人而已，或是神理相接的人罢了。心同意契是知音的基础性标准。不是气类相似的人，要成为彼此的知音，真的很难。不过，像方孝孺这类“读书种子”，其实并不真的渴望世人的理解，因为不求合于世。方孝孺曰：“君子之为，贵乎得于心而有以自乐，何必人之知”；“苟期后世之知而著述，则狭

① 马一浮著，吴光主编：《马一浮全集》（第一册上），浙江古籍出版社 2012 年版，第28 页。

② （明）王夫之：《船山全书》（第七册），岳麓书社 2011 年版，第 493 页。

③ （清）彭定求等编：《全唐诗》（第二册），中华书局 2003 年版，第 1405 页。

④ ［德］汉斯-格奥尔格·加达默尔：《哲学解释学》，夏镇平、宋建平译，上海译文出版社 2016 年版，第 59 页。

⑤ （明）方孝孺著，徐光大点校：《方孝孺集》（下），浙江古籍出版社 2013 年版，第924 页。

矣。”① 如果用方孝孺自己的诗来形容，那就是“自得苟堪传，何必求知音”②。所以，要理解方孝孺，就不得不反复体究此言。如果和方孝孺气类不相似，不是同心人，不妨各自为好，保持沉默，而不乱议论。不议论与自己气类不相似者，因为识人者必先自识。这一点，大多读书人恐怕不容易做到，因为我们生活在一个自以为说话非常容易的时代，又自以为能理解古今一切人，此真是今日之通惑。

方孝孺似乎并不渴望所谓后世知音。他在《诮伯牙》中直说：“君子之学自得而已，苟余中之有乐，遑恤世之愠喜”；“嗟伯牙乎，尔曷不以万物为一身，以太虚为知己，等毁誉于浮说，而游心乎冲漠之乡？下追乎无穷，山溯乎无始，以与无耳者听，无言者语”③。此论知音，可谓绝美！令人神清骨峻。又在《答林嘉猷》中说：“君子之为学，事道而已”；“世有知己，举而授之大位，斯道得行，天下之福也，而吾何加焉。世无知己者，委之畎亩蓬藋之中，斯道不获大行，天下之无福也，而吾何损焉”④。读此可确知，人世间有些人是骂不得的，他是天地惠赠给人世间最珍贵的礼物，具有神性的存在价值，是人类立人的光源和灯塔。方孝孺诗云：“世上忧劳早已知，身后功名复何有。”⑤ 再三诵读，令人确有出尘之意，一切空寂。“书种由今果绝传”⑥，夜雨潇潇不忍听。

清人张廷琛《正学先生赞》曰：“正学先生，读书种子。幼志圣贤，潜心经史。召见入朝，帝曰庄士。欲老其才，留辅后嗣。太子即

① （明）方孝孺著，徐光大点校：《方孝孺集》（上），浙江古籍出版社 2013 年版，第 312 页。

② （明）方孝孺著，徐光大点校：《方孝孺集》（下），浙江古籍出版社 2013 年版，第 880 页。

③ （明）方孝孺著，徐光大点校：《方孝孺集》（上），浙江古籍出版社 2013 年版，第 279 页。

④ （明）方孝孺著，徐光大点校：《方孝孺集》（中），浙江古籍出版社 2013 年版，第 426 页。

⑤ （明）方孝孺著，徐光大点校：《方孝孺集》（下），浙江古籍出版社 2013 年版，第 924 页。

⑥ （明）方孝孺等著，张常明编注：《缑城正气集》，上海古籍出版社 2003 年版，第 123 页。清人彭士望《谒方正学先生祠》曰：“君恩自古难为报，书种由今果绝传。”

位，虚左以俟。治法周官，折衷求是。燕王革命，恸哭一死。十族偕亡，千秋并峙。寄语小儒，休妄诋訾。”[①] 当铭记在心，绝不“诋訾”！问今世犹有“读书种子”乎？

当时人及后人理解不理解方孝孺，在方孝孺看来，其实没有什么实质性的关系。马一浮说：“吾于今世，气类之孤也久矣。独尚友千载，开卷则亲见古人，有以得其用心，下笔则确乎自信，知古人之必不我违，为可乐耳”；“我为学得力处，只是不求人知”[②]。这与方孝孺的在世生活态度没有什么不同。像方孝孺、马一浮这类大儒，修身立德，怀和自足，自是一太极，要想理解他们，大多数人，往往心理能力不够。他们不寄望所谓后世知音，因为他们的心性里有一种深刻的仁恕和安静，就如同天宇，清和悠远。

当下的人，读不读方孝孺、马一浮，其实没有多大关系，即使读了，很可能也是白读。活在境遇性的习气中，既不自知，又不肯服药，读了也没有什么用，还不如不读为好。读书改变气质，恐怕没有那么轻而易举。历史的进步，制度的建设，财富的丰富，并不直接等同于气质的变化。笔者读《资治通鉴》能不断相遇这样的词语，例如“文饰”“饰过”“饰胜”“华饰”“崇饰”“采饰”“浮饰”“怪饰”“伪饰”等。从中可以发现一个现象，越是软弱的朝代，上下越是好饰成风，虚美薰心，空花满目，虚论喧嚣，而诚敬之士，诚耻之也，亦诚畏之也。

刘宗周提醒“不要错看了豪杰”。而问题的关键不仅仅涉及心术的贞纯，更重要的是没有能力和心志真识古今豪杰。做人是难，其实认识真正的人，也不容易。不然，古人就不会说唯有君子才能理解君子。故单单凭借笔者的知识系统和心性，很难真赏方孝孺这类大儒，为了略微能感应其人其学的精神及其心志，不得不借助李贽、刘宗周、钱谦益、黄宗羲、王夫之、钱大昕、马一浮、陈寅恪这类仁人志士的价值视野和价值理念，从而达到对方孝孺认识的周全，而免于偏枯。或许这也是理

---

① （明）方孝孺等著，张常明编注：《缑城正气集》，上海古籍出版社 2003 年版，第 204 页。

② 马一浮著，吴光主编：《马一浮全集》（第一册下），浙江古籍出版社 2012 年版，第 641、683 页。

解其人其学的一扇窗口，从中也许能看到意想不到的景观，而不知不觉地达到了圆鉴的效果，从而愉悦了精神心志。此即古人所谓一家眷属似的观人大法，也就是将方孝孺置于与其气类相似的古今豪杰中进行观览，以便深入把握他作为“读书种子”的丰富性和独特性。

第一节 “有欲担扶世界之想”

李贽初姓林，名载贽，后改姓李，名贽，字宏甫，号卓吾，别号温陵居士、百泉居士等，福建泉州人。他自己说：“余自幼读圣教不知圣教，尊孔子不知孔夫子何自可尊，所谓矮子观场，随人说研，和声而已。是余五十以前真一犬也。”① 说得痛快！反身自问，风雨如晦。

沈德符（1578—1642），字景倩，又字虎臣，秀水（今浙江嘉兴）人。他在《万历野获编》中说：“温陵李卓吾，聪明盖代，议论间有过奇，然快谈雄辩，益人意智不少，秣陵焦弱侯、泌水刘晋川，皆推尊为圣人。”② 万历二十九年即1601年，李贽被逮捕入狱，罪名是“敢倡乱道，惑世诬民”。第二年即1602年，一代怪杰，在狱中用剃刀自刎，时年七十五岁。

李贽经典怪言：“与其死于假道学之手，宁死于妇人女子之手。”③读之令人奇快！李贽是宁为狂狷，绝不为乡愿的一世奇士。那么，李贽眼中的方孝孺是什么样的人物？李贽可以说是他所生活时代的“异乡人”，那样的龙性难驯，格格不入其时。远望，李贽就如同矗立在天地间的一根生铁，孤傲而寒光凛凛，极具后现代艺术的精神意味。沈德符《万历野获编》曰：“此老狷性如铁，不足污也。”④ 用“狷性如铁”形容李贽峭耸霜崖之风格，传神极矣。

① （明）李贽著，张建业译注：《焚书·续焚书》，中华书局2011年版，第66页。

② 《明代笔记小说大观》（三），上海古籍出版社2005年版，第2626页。

③ （明）顾宪成著，李可心点校：《小心斋札记》，中国社会科学出版社2020年版，第128页。

④ 《明代笔记小说大观》（三），上海古籍出版社2005年版，第2626页。

李贽颇喜欢相天下士，是方雅有风格的书生，言行散发着书生特有的醉人芬芳，雅有情趣。他眼里的方孝孺是什么样的“读书种子”？李贽《续藏书·文学博士方公孝孺》曰：

> 太祖初见孝孺，喜其举止端整，曰：“此庄士，当老其才，且敕还家。”既十年，又以荐得召，曰：“此未是用孝孺时。”呜呼！我太祖岂但具有天眼，盖真具正法眼矣！然唯太祖乃能用孝孺，使孝孺得用于太祖之时，则孝孺便成得一个好良才。唯用于建文，故遂成为一忠臣以死耳。呜呼悲哉！虽然，才者，材也。材于春夏则长养，材于霜雪则摧残。人但知摧残之易，而不知长养之亦易也。我太祖以神武定天下，非不时时招贤纳士，而一不当则斥，一得罪则诛。盖霜雪之用多，而摧残之意亦甚不少。建文继之，专一煦以阳春，而孝孺辈又为太祖所留之人材，长养成就，日致亨通，拔茅连茹，随汇并进，是以四年之内，皆成仗节死义之臣耳。故曰：“四方风动。”夫以孝孺为之风，虽姚恭靖以一好杀之和尚，亦深劝文皇帝以勿杀，何者？一杀孝孺，则后来读书者，遂无种也。无种，则忠义人材，岂复更生乎？故建文之时，死难之臣，若此其盛者，以有孝孺风之，连茹拔之，而建文复以春温煦之耳。然在建文，但可谓能长养死难之人材，而不可谓能长养辅弼之人材也。[①]

依据李贽的特见，道衍所谓“读书种子”即“忠义人材”，而方孝孺是“忠义人材”的楷模，其文化人格正是“宽和”即春温和气。李贽果然不同凡响，他一眼就能辨识出方孝孺是“阳春君子”。方以智（1611—1671）曰：“多少人被几条闲名相填却眼睛了。”[②] 竟然自以为进入了做人的黄金时代，真是痴人做梦，真令人死矣！李贽《御史高公翔》曰：“呜呼！吾愿世之为臣子者，心最忠，而世卒莫能知，以是为

---

① （明）李贽编著，学文点校：《续藏书》，商务印书馆 2020 年版，第 90—91 页。

② （明）方以智撰，黄德宽、诸伟奇主编：《方以智全书》（第十册），黄山书社 2019 年版，第 155 页。

忠之大云。"[①] 又《逊国名臣记序》曰："呜呼！为臣不易，读之真令人死矣。姚恭靖所谓读书种绝，不其然乎？"[②] 李贽谓"读之真令人死矣"，令人赞叹！"所谓读书种绝，不其然乎"是至性至诚的体验。

依据李贽的看法，方孝孺是忘家、忘亲、忘身而大忠的读书人，即经典的忠劲的"读书种子"。试问李贽，这样的"读书种子"怎么会断绝？"一不当则斥，一得罪则诛。盖霜雪之用多，而摧残之意亦甚不少。"可见，明初政治生态的"不恕"是其祸根。李贽《题〈三异人文集〉小引》曰：

> 正学之文，从笃学力行中得来，有欲担扶世界之想，似韩昌黎；至如雄伟跌宕，亦可方苏子瞻；彼盖不求媚于世，而神情独往，真可前无古而后无今，孰谓文字为雕虫之技已哉？[③]

李贽法眼如炬，能知道方孝孺是什么样的读书人。他说方孝孺"有欲担扶世界之想"，此是何等美好而重大的判断，说明方孝孺与宗教圣者有同等的崇高的精神志愿。单就凭这个判断，李贽就够得上方孝孺的后世知音。李贽也是"不求媚于世，而神情独往"的一代豪杰，慰藉了后世书生寂寞的心魂。

方孝孺正是"笃学""力行"的"读书种子"，也可以说是他所处时代的名副其实的"异人"，即不是为他的时代而生。"假种"哪有如此纯真诚挚的笃学、力行的真精神？又哪敢在宰制的人世间"神情独往"？李贽痛恨圣学"假种"即"假道学"，因而批评特别快厉，惊人自醒。李贽在《续焚书》里这样说道：

> 阳为道学，阴为富贵，被服儒雅，行若狗彘然也。夫世之不讲道学而致荣华富贵者不少也，何必讲道学而后为富贵之资也？此无

① （明）李贽编著，学文点校：《续藏书》，商务印书馆 2020 年版，第 135 页。
② （明）李贽编著，学文点校：《续藏书》，商务印书馆 2020 年版，第 86 页。
③ 张常明编注：《逊志斋外集》，上海古籍出版社 2009 年版，第 176 页。

他，不待讲道学而自富贵者，其人盖有学有才，有为有守，虽欲不与之富贵，不可得也。夫唯无才无学，若不以讲圣人道学之名要之，则终身贫且贱焉，耻矣，此所以必讲道学以为取富贵之资也。然则今之无才无学，无为无识，而欲致大富贵者，断断乎不可以不讲道学矣。今之欲真实讲道学以求儒、道、释出世之旨，免富贵之苦者，断断乎不可以不剃头做和尚矣。①

李贽所谓“假道学”者，实际等同于姚道衍所谓圣门“习气种子”也。在李贽看来，像方孝孺这样忠劲的“读书种子”有可能断绝矣，而“道学”的“假种子”即“被服儒雅，行若狗彘”者，则风起云涌，滔滔不绝。“假种”所耻的是“贫且贱”，而不是无才无学，可谓耻尚失所，因而寡廉鲜耻，处处以“讲道学以为取富贵”，欺世污人。而且，在位者正是利用“讲道学以为取富贵”来剥夺读书人的自由意志，使之成为完全屈从权势利禄的“狗奴”。

呜呼！读书人取富贵而被夺志，目睹之真令人死矣。李贽《又与周友山书》曰：“真英雄豪杰，诚不同于时哉！”② 也就是说，真英雄豪杰有学有才，有为有守，不会被自己遭遇的特殊历史境遇夺志，因而有独立的人格。如果人的本质是自由的存在，那么这些英雄豪杰提供给世界的正是自由人格的价值，和特立独行的意志。又《因记往事》曰：

平居无事，只解打恭作揖，终日匡坐，同于泥塑，以为杂念不起，便是真实大圣大贤人矣。其稍学奸诈者，又搀入良知讲席，以阴博高官，一旦有警，则面面相觑，绝无人色，甚至互相推诿，以为能明哲。盖因国家专用此等辈，故临时无人可用。③

此即假道学种子的言行及其欲念。如此种子，哪“有欲担扶世界之

---

① （明）李贽著，张建业译注：《焚书·续焚书》，中华书局2011年版，第76页。

② （明）李贽著，张建业译注：《焚书·续焚书》，中华书局2011年版，第56页。

③ （明）李贽著，张建业译注：《焚书·续焚书》，中华书局2011年版，第156页。

想”的志愿？李贽骂假道学种子，如此形象痛快，与王阳明痛骂默贼，可谓前后辉映，皆是千古快论，非真性情的狂者不敢说，说了也不快爽。在冷气摧逼、虐焰不已的世风里成长起来的李贽，其心术染得不好了，其文化性格里也渗透了“杀气”“冷气”“任气”“狂气”“戾气”“怪气”等不和不正的气，因而“其性褊急”，“其心狂痴”，“其色矜高”。因而李贽棱角多，少太和阳春的气象，不能自成一太和乾坤。相摧相激，冷风不已的文化生态，岂能培溉大量君子哉？有明一代春风和平的读书人绝矣。李贽也是相摧相激的冷风中开出的孤零零的冷艳之花，自然少阳春太和之品相。不过，李贽不媚世，不肯和光同尘，不愿曲己藏身，而神情独往，因而在冷风不已的世风里显得格外风流妖娆，观之言行则令人心绪如波涛起伏，如夕阳绚烂纷纭，在认知和情感层面给人以剧烈的心灵震撼。

第二节　“诚不愧千秋正学”

刘宗周（1578—1645），字起东，别号念台，浙江绍兴府山阴（今浙江绍兴）人，因讲学于山阴城北蕺山，而学者敬称其蕺山先生。刘宗周非世家子弟，而是在艰难困苦中终成一代名儒，所以尤其不易。南明弘光元年（1645），南京陷落，刘宗周于六月十七日绝食而亡，时年六十八岁。刘宗周也是冰心铁骨的“读书种子”，家国情怀，一片精诚。可谓方孝孺之后劲，他是如何理解方孝孺的？他够得上方孝孺的后世知音吗？刘宗周在《作圣篇》讲了北宋名将王韶（1030—1081）的一个故事：

> 王韶以取熙河功，致位枢密。晚年悔之，尝游金山寺，以因果问众僧，僧皆曰：“以王法杀人，如舟行压死螺蚌，自是无心。”韶犹疑之。时有刁景纯（约）者，乃前辈向学人也。忽一日逢于寺，坐中韶复举前话，众答如前，刁独无语。韶曰：“十八丈以为如何？”刁曰：“但打得贤心下过，便自无妨。”韶曰：“今是打得

过否？”曰：“打得过，自不问也。”韶益不自安，后数载，疽发背死。”①

刘宗周如是议论：“只一点打不过心，便是圣人真种子，疽背而死，缘来悔得十分了。”② 刘宗周判断“圣人真种子”的原则是什么？“打不过心”是什么意义？刘宗周在别处说：“人虽犯极恶大罪，其良心仍是不泯，依然与圣人一样，只为习染所引坏了。若才提起此心，耿耿小明，火然泉达，满盘已是圣人。”③ 此可以与王韶遗事并观而相互理解。所谓王韶“只一点打不过心”，意思是说王韶“良心仍不泯”，才对自己曾“以王法杀人”的行为而不能心安理得，所以有悔过的意思。孔子曰：“朝闻道，夕死可矣。”（《论语·里仁》）圣学的确是为善去恶之学。可见，言行有没有良心是判断“圣人真种子”的依据。或者可以这样说，良心是“圣人真种子”。刘宗周在《题文中子》中说：

文中子，吾道之粹焉者也。一日，与门人言，退而有忧色。或问之，子曰：“素与吾言终日，言政而不及化，是天下无礼也；夔与吾言终日，言声而不及雅，是天下无乐也；德林与吾言终日，言文而不及理，是天下无文也。王道何由而兴乎？”语已，子为之歌《荡》，门人皆沾襟焉。宗周读之，而有敢于当世之故也，视子之云，抑又甚矣。非徒无化且无政，非徒无雅且无声，非徒无文且无读书种子。无政则天下无邦矣，无声则四方无风矣，无读书种子则人类胥流为禽矣。世道之衰也，何日之与有？虽然，政与声非吾之所及也，请遂言文。夫文之为言理也，言乎其心之理也，天道之蕴也，生民之纪也。故孟子知言以知心，又知其害于政事之决然。今天下诐淫邪遁之言，毕见于经生学士，如魑魅昼现，变怪百端；又

---

① （明）刘宗周著，吴光主编：《刘宗周全集》（第三册），浙江古籍出版社 2012 年版，第 107—108 页。

② （明）刘宗周著，吴光主编：《刘宗周全集》（第三册），浙江古籍出版社 2012 年版，第 107—108 页。

③ （明）刘宗周著，吴光主编：《刘宗周全集》（第三册），浙江古籍出版社 2012 年版，第 13 页。

如妖物凭人，笑啼怒骂，总不自主。吾几病其无心矣。无心故无文无理，以是无文无理之人，造此无政无声之世，如影响然。固不必异日冠进贤，握枢要，播恶于众，而其效乃见。昔有大官不识“甄盎”二字，时人讥其白丁，然仅不识字耳。乃有称读尽天下书不识“忠义”字者，不识“廉耻”字者，又有并不识一“是”字者，此非关不识字也，为不识心也。不识心是以无心，此之谓读书种绝。呜呼！今天下安得识心者其人，而与之言斯文之兴丧，述礼乐之隆污乎？请以俟诸吾党。[①]

刘宗周此处“不识一‘是’字”是什么意思？钱士升（1574—1652）在《正学》里说：“廖镛，巢人。祖永忠，封德庆侯。父权，嗣封。镛以适子任散骑舍人，历官都督。建文中与议兵事，时宿卫殿廷。靖难后上以镛与弟铭尝受学正学，令召之。孝孺怒曰：‘汝读几年书，还不识个是字！’”[②] 此即“不识一‘是’字”的典故出处。那么，“是”究竟指什么？

程颐曰：“人苟有‘朝闻道夕死可矣’之志，则不肯一日安其所不安也。何止一日？须臾不能离”；“人不能若此者，只为不见实理。实理者，实见得是，实见得非也。凡实理，得之于心自别。若耳闻口道者，心实不见。若见得，必不肯安于所不安”；“古人有捐躯殒命者，若不实见得，则乌能如此？须是实见得生不重于义，生不安于死也。故有杀身以成仁者，只是成就一个是而已”[③]。朱熹曰：“学者工夫只求一个是，天下之理，不过是与非两端而已。从其是则为善，徇其非则为恶。事亲须是孝，不然，则非事亲之道；事君须是忠，不然，则非事君之道。凡事皆用审个是非，择其是而行之。圣人教人，谆谆不已，只是发明此理。”[④]

---

① （明）刘宗周著，吴光主编：《刘宗周全集》（第五册），浙江古籍出版社 2012 年版，第 591—592 页。

② 张常明编注：《逊志斋外集》，上海古籍出版社 2009 年版，第 114 页。

③ （宋）程颢、程颐著，王孝鱼点校：《二程集》（上），中华书局 1981 年版，第 147 页。

④ （宋）黎靖德编，王星贤点校：《朱子语类》（一），中华书局 2015 年版，第 229 页。

由此可知，所谓“不识一‘是’字”的“是”指理学家所谓“实理”而已，用今日通俗的话说，就是真理而已。孔子所谓“杀身成仁”和孟子所谓“舍生取义”的“仁义”二字，用今天的话说，就是世间的正义与公理。刘宗周所谓“读书种子”即识“忠义”、识“廉耻”的读书人，且“廉耻”是根是本；或者说是既要“识字”，也要“识心”的人，且“识心”更重要。所以，在刘宗周看来，“廉耻”“识心”是人与禽兽的根本区别。这也是刘宗周判断“读书种子”的根本准则，所以他才说得斩钉截铁，即“无读书种子则人类胥流为禽矣”。依据刘宗周的说法，“读书种子”正是相续圣学礼乐传统的读书人。世衰道丧，魑魅昼现，变怪百端，“读书种子”就绝了。刘宗周眼中的“读书种子”楷模方孝孺是什么样的读书人？刘宗周在《方正学先生〈逊志斋集〉序》里有这样的体认：

> 方先生死事，距今二百五十年，而凛凛生气，薄日月，震乾坤，愈传愈远；余不敏，窃尝一再读先生之书矣。先生以间出之资，上下千古，发为文章，如昔人所谓周情孔思，日光玉洁者，庶几近之；何居乎先生之学之正也；盖学术之邪正，而人心之邪正即系之，世道之隆污恒必繇之。此古之圣贤所以悲悯当世、洞视万古，甘以身冒天下之疑，至犯天下之大不韪而有所弗顾也；世以为程、朱复出，真程、朱复出也，故曰“正学”也；以十族殉，创古今未有之局，无乃忠而过者与？《易》曰：“大者过也。”又曰：“大过之时，大矣哉！独立不惧，遁世无闷。”先生有焉。过而大也，矫枉过正，所以中也，故曰“正学”也。①

刘宗周以方孝孺为相续正学血脉的真“读书种子”，其学即正“人心”“世道”；其志愿即“周情孔思”；其意志即敢直面“乱臣贼子”；其深情即“悲悯当世”；其人格即“日光玉洁”；其学脉即理学也。又

① （明）刘宗周著，吴光主编：《刘宗周全集》（第五册），浙江古籍出版社 2012 年版，第 551—552 页。

《方逊志先生〈正学录〉序》曰：

> 天之生圣贤何为也哉；天生圣贤，以为天下万世也，而圣贤生于其时，也遂以天下万世为己任；先生真能以天下万世为己任也，其任大，故其心独苦；其心苦，故其事特奇；少知学问，辄向慕先生有年，私心谓国朝理学之传，必以先生为称首。①

刘宗周认为方孝孺相续的正是古圣贤"以天下万世为己任"的精神志愿。又《方逊志先生死事存疑》曰："惟先生以一代名德大儒，声濯海内"，因而朱棣"必雅知先生"，靖难后"意先生抗节不屈"，"谬以草诏胁之，借以贷一死窥先生之微，而不意愈逢其怒，奋笔立起，天地变色。文皇之威，骤不能伸于先生，不觉胆落魂催。兵兴以来，无此挫辱，斯悔向之欲曲全之者，乃所以自困，而先生之祸于此乎酷矣"；"总之，先生之节，千古一人"②。刘宗周以方孝孺为千古学人劲节的楷模。刘宗周论方孝孺令人心情愉悦，意气飞扬。

刘宗周如是论说方孝孺："先生禀绝世之姿，慨然以斯文自任，直欲排洪荒而开二帝，驱犀兽而见三王。既而时命不偶，以九死完天下万世之责，其扶持世教与孔、孟同，诚不愧千秋正学。"③ 刘宗周的议论真知音之言。

西汉儒生辕固生本性廉直，汉武帝即位，想征召辕固生，而其他诸儒嫉毁其太老了，于是就没有征召。当时辕固生的确已经九十多岁了，被征召时，薛邑人公孙弘也被征召。辕固生就对公孙弘这样说："公孙子，务正学以言，无曲学以阿世！"④ 方孝孺的精神实质正是不"曲学阿世"，所以方孝孺完全可以作为正学的风格化了的典范。唯有大儒能

---

① （明）刘宗周著，吴光主编：《刘宗周全集》（第五册），浙江古籍出版社 2012 年版，第 501—503 页。

② （明）刘宗周著，吴光主编：《刘宗周全集》（第五册），浙江古籍出版社 2012 年版，第 503—504 页。

③ （明）刘宗周著，吴光主编：《刘宗周全集》（第十册），浙江古籍出版社 2012 年版，第 516 页。

④ （汉）班固撰，王继如主编：《汉书今注》（五），凤凰出版社 2013 年版，第 2129 页。

真赏大儒，因而刘宗周够算得上方孝孺的后世知音，能识方孝孺的真心志和真人格，其正论一扫乾坤的乌烟瘴气，令人心开目明，心中春风浩荡，树树皆花。

刘宗周《生死说》曰："自圣学不明，学者每从形器起见，看得一身生死事极大，将天地万物都置之度外，此心生生之机，早已断灭种子了。"① 贪生怕死，畏首畏尾，哪有卫道的真性情？"早已断灭种子了"。刘宗周对他的弟子祝渊曰：

> 人生末后一著，极是紧要。尽有平日高谈性命，临歧往往失之。其受病有二：一是伪学，饰名欺世，原无必为圣贤之志，利害当前，全体尽露。又有一种是禅学，禅家以无善无恶为宗旨，凡纲常名教，忠孝节义，都属善一边，指为事障、理障，一切扫除，而归之空。故惑世害道，莫甚于禅。昔人云，能尽饮食之道，即能尽生死之道。验之日用之见，顺逆之见，梦寐之际，是心屹然不动，自然不为利害所夺矣。②

伪学铺天盖地，饰名欺世，绵绵不绝。刘宗周也是前识生死的真儒，所以也有劲节，其殉国也是其素志本怀。《乾隆四十一年十一月十七日谕文》曰：

> 钱谦益在明已居大位，又复身事本朝；而金堡、屈大均则又循迹缁流，均以不能死节腼颜苟活，乃托名胜国，妄肆狂狺，其人实不足齿，其书岂可复存，自应逐细查明，概行毁弃，以历臣节而正人心。若刘宗周、黄道周，立朝守正，风节凌然，其奏议慷慨极言，忠荩溢于简牍。卒之以身殉国，不愧一代完人。③

---

① （明）刘宗周著，吴光主编：《刘宗周全集》（第三册），浙江古籍出版社 2012 年版，第 290 页。

② 沈善洪主编：《黄宗羲全集 · 明儒学案》，浙江古籍出版社 2005 年版，第 929 页。

③ （明）黄道周撰，翟奎凤等整理：《黄道周集》（一），中华书局 2017 年版，第 3 页。

对于明末的读书人而言，家国沦丧活着又有什么意义？死真的那么可怕吗？刘宗周也是有明一代忠劲的读书人，有学有守，识人间有“羞耻”二字者，因而为明室献出理想和忠诚，不腼颜苟活。可谓方孝孺之后劲，名副其实。顾允成（1554—1607）曰：“平生所深恶者乡愿道学，谓此种人，占尽世间便宜，直将杀父与君种子，暗布人心。”[①]“乡愿道学”者即姚道衍所谓“习气种子”是也。《荀子·大略》篇：“口能言之，身能行之，国宝也；口不能言，身能行之，国器也。口能言之，身不能行，国用也。口言善，身行恶，国妖也。”[②]道衍所谓“习气种子”即“国妖”，而所谓“读书种子”即“国宝”。方孝孺和刘宗周是有明一代的“国宝”，即所谓“国家读书种子”也。

第三节 “开三百年节义之脉”

钱谦益（1582—1664），字受之，号牧斋，晚号蒙叟，东涧老人，学者称虞山先生，苏州府常熟县鹿苑奚浦（今张家港市塘桥镇鹿苑奚浦）人。钱谦益《金陵杂题绝句二十五首继乙未春留题之作》之五曰：“抖擞征衫趁马蹄，临行渍酒雨花西。于今墓草南枝句，长伴昭陵石马嘶。”自注曰：“乙酉岁，计偕北上，吊方希直先生墓诗云：‘孤臣一样南枝恨，墓草千年对孝陵’。”[③]陈寅恪说：“牧斋诗集顺治二年乙酉所作者，删汰殊甚，留此注中十四字，亦可视作摘句图也。‘希直’为方孝孺字。夫牧斋迎降清兵，被执北行，与正学事大异。‘一样南枝恨’之语，乃一别解。然姚逃虚谓成祖曰，‘若杀孝孺，天下读书种子绝

① 沈善洪主编：《黄宗羲全集·明儒学案》，浙江古籍出版社2005年版，第838页。

② （清）王先谦撰，沈啸寰、王星贤点校：《荀子集解》，中华书局1988年版，第552页。

③ （清）钱谦益著，（清）钱曾笺注，钱仲联标校：《牧斋有学集》（上），上海古籍出版社1996年版，第417页。

矣。’牧斋在明清之际，确是‘读书种子’。此则不可以方钱人格高下论也。”① 陈先生认为钱谦益是“读书种子”，只不过不是道衍所谓“读书种子”而已。

钱谦益在《董文敏公遗集序》里说：“余尝谓相古人之文，如相人然。”② 那么，钱谦益究竟是如何相儒者之雄的“读书种子”方孝孺的？他在《重刻方正学文集序》里如是慷慨激昂地议论：

> 吾少读先生之书，其文章之取法者三人，司马子长也，韩退之，欧阳永叔也。其生平之尚友者五人，诸葛武侯也，陆宣公也，宋之范、韩、司马也。已而观其议论，则其于文章所折服者，尤莫如庄周、李白，而其所希风激赏，愿执鞭而不可得者，乃在乎云敞、杨乔、田畴之徒。于是乎喟然太息，想见先生之为人，意其为古之狂士，且流而为汉之侠士也。嗟夫！感嗣君，悲故主，九死不屈，赤族不悔，不可不谓之侠。谈笑刀锯，指叱鼎镬，噀血而大书，长歌而毕命，不可不谓之狂。自汉以来，士之矜名行、崇谨厚、卖国而鬻君者多矣，靡不以中庸为窟穴。杀身成仁，舍生取义，赴汤蹈火，惊世绝俗之为，圣贤之所不辞也。以先生为学之诚，简身之密，至于冠屦匕箸，家人宗族，靡不有伦有物，以箴以戒。一旦当天地崩坼，朝著迁改，奋身而起，视磔裂参夷之祸，犹日用饮食也，斯谓之真狭，斯谓之真狂，斯谓之真中庸，其斯以为先生而已矣。盖朱子之学，一传为何基氏、王柏氏，再传为金履祥氏、许谦氏，又再传为宋文宪公景濂。而先生少学于景濂。景濂所谓岂知万髦牛，难媲一角麟者也。自先生之死于革除，精忠奇节，震动古今。然后天下知正心诚意之学，果足以植天经、扶人纪；然后知圣贤中庸之道，与乡愿小人之伪学，果截然两途。于是朱子之道，得先生而大光。而有宋诸儒，三百年来之学脉，譬之中原之山

① 陈寅恪：《柳如是别传》（下），生活·读书·新知三联书店 2001 年版，第 1180—1181 页。

② （清）钱谦益著，（清）钱曾笺注，钱仲联标校：《牧斋有学集》（中），上海古籍出版社 1996 年版，第 737 页。

> 川，龙脉迂回，浚发于南北戒之见，至是而始得所结局焉。故吾谓本朝之学者，当以宋文宪、王忠文暨先生为朱子之世适，而瞽宗之祭，也当以三君子为荣祖。[①]

钱谦益此序激昂痛快，志意发越，读之令人悦心。钱谦益认为，方孝孺在精神层面心承的是“古之狂士”和“汉之侠士”的真血脉；而在学问层面相续的是朱子之学的真学脉。又《书赵太史鲁游稿后》曰：“朱子之学，一传为何基、王柏，再传为金履祥、许谦，又传为本朝宋文宪濂、王忠文祎，文宪又传为方正学孝孺。文宪、忠文以文学佐高皇帝，黼黻开天鸿业，开三百年斯文之脉，此可以无祀乎？方正学为朱子之世适宗子，九死殉国，开三百年节义之脉。”[②] 可以说体认精到。方孝孺有真学问，有真人格，因而遭遇“天地崩坼，朝著迁改，奋身而起，视磔裂参夷之祸，犹日用饮食也”。斯谓之“真狭”，斯谓之“真狂”，斯谓之“真中庸”。故“精忠奇节，震动古今”。从这两层视域来看，钱谦益确有相人的大本领，能体察出方孝孺的神情之所在及其精神格调。不过，方孝孺秀出天外，渺渺临云，站在尘土里的人，可仰而不可跂，所以要看出其本来面目，也不是那么容易的。钱谦益认为方孝孺是“侠狂圣”的结合体。章太炎《王文成公全书题辞》云：“盖子路奋乎百世之上，体兼儒侠。”[③] 依据章太炎先生的见识，圣门子路是“儒侠”的典范，王阳明也是“儒侠”的经典。又《讲学大旨与〈孝经〉要义》云：“顾炎武学问博大，儒而兼侠，一切均务平实，做事也颇举得起，即垦荒事业，彼也能为。”[④] 顾炎武也是“儒侠”。“儒侠”即亦狂亦侠者。方孝孺是“儒侠”也？

钱谦益虽然体柔，不敢以豪杰自命，可谓有自知之明，但是他却十分欣赏体刚者，因而有热烈的慕侠情结。其《列朝诗集小传》多如是

① （清）钱谦益著，（清）钱曾笺注，钱仲联标校：《牧斋初学集》（中），上海古籍出版社 1985 年版，第 868—869 页。

② （清）钱谦益著，（清）钱曾笺注，钱仲联标校：《牧斋有学集》（下），上海古籍出版社 1996 年版，第 1593 页。

③ 本社编：《章太炎全集·太炎文录续编》，上海人民出版社 2022 年版，第 111 页。

④ 本社编：《章太炎全集·演讲集》，上海人民出版社 2022 年版，第 514 页。

说："性豪侠不羁""中原豪侠""负起任侠""好游任侠""读书任侠""好轻侠""倜傥任侠""好客任侠""好酒任侠""节侠""才人侠士""重气任侠""任侠好客"等。[①] 读此粗略举证可知钱谦益为何说方孝孺是"真侠"的原因。而钱谦益自己确实没有"侠"的资质，而他的小妾柳如是，则是姿韵绝人的奇女子，好读书，有才识，有胆略，有激情，又善饮，又雅好谈兵，议论生风，感慨爽直，且独来独往，行踪飘忽，无有闺房习气，轻生死，重情义，斯谓之"真狭"，斯谓之"真狂"，故柳如是完全配得上一个"侠"字。

陈寅恪的《柳如是别传》中就说："河东君以儒士而兼侠女，其杀身以殉牧斋，复何足异哉？"[②] 陈先生心赏河东君之意溢于言表也。柳如是配得上"儒侠"的美称。钱谦益对柳如是有真赏，因而为之癫狂，其一个重要的原因，便是与其天性慕侠有或多或少的关系。钱谦益称柳如是为"柳儒士"[③]，就是其慕侠心理的绝好说明。柳如是确实够得上"真侠"的美称，有刚烈的性格，可谓侠骨柔情的经典。钱谦益和这样的奇女子生活在一起，目迷心醉，不觉为其所渐染，也真有了几分狂侠行事风格了，竟然生发了复明运动这样的英雄行为，斯诚所谓"情之一字，熏神染骨"者也。知此，可知钱谦益也有为知已者死之勇气，非庸俗贪色怕死之徒可望其项背。

柳如是虽是旷代侠女，然而出身寒贱，后归钱谦益，受其宠爱，同于嫡配，可谓大幸。钱谦益平时胆小怕事，畏首畏尾，然在情场，却一改旧习，竟然敢冒天下之大不韪而果敢为之，可谓神勇，非其同时代的才子所能望其项背。钱谦益可配得上"风流教主"的雅称。众所周知，在传统社会，殉情有时候比殉国还难。柳如是最后杀身以报钱谦益之宠

---

① （清）钱谦益：《列朝诗集小传》，上海古籍出版社 1983 年版，第 323、348、358、363、450、472、488、495、500、504、554、555、593、640 页。

② 陈寅恪《柳如是别传》云："欲尚论女侠名姝文宗国士于三百年之前"，第 3 页。第 575 页又云："河东君之才学智侠。"笔者对柳如是文化性格的理解，来源于陈寅恪先生《柳如是别传》，这里特此说明。

③ 沈虬《河东君传》曰："豪宕自负，有巾帼须眉之论"，"常衣儒服，飘巾大袖，间出与四方宾客谈论，故虞山又呼为柳儒士。"转引自《柳如是别传》（下），生活·读书·新知三联书店 2001 年版，第 238 页。

遇，殊非偶然。人之相知，贵相知心。钱谦益、柳如是可谓经典的相知心的才人侠女。斯所谓物以类聚，岂不诚然乎哉？难怪有人说殉情和殉道有同等的重要性。试想一下，如果没有柳如是这样体刚的伴侣在钱谦益身边，作为中流砥柱，钱谦益在降顺清朝后，会是如何的下场？真不堪设想矣。钱谦益有了柳如是真可谓大幸。柳如是的确完全配得上钱谦益所谓"诗文真种子"也，也可以说是方孝孺之后劲。

钱谦益和柳如是，可谓千载难逢的诗文知音。诗云："邂逅相遇，适我愿兮。"不过，钱谦益要成为方孝孺的知己，就不那么容易了。方孝孺是"豪侠"或"侠士"？王夫之的《说文广义》中有明确的辨析：

> 侠，俜也。游侠者，交游豪杰，以气势役使人也。俗有侠士之称，去游言侠，则失其义矣。若"豪侠"之"侠"，自宜作"杰"。侠、杰音相近而讹耳。杰，傲也，才气有余则傲世，所以称"豪杰"。①

此处辨析了"游侠"与"豪杰"。"游侠"即"以气势役使人也"者，"豪杰"即以才气"傲世"者。孟子《公孙丑上》曰："夫志，气之帅也；气，体之充也。夫志至焉，气次焉。故曰：'持其志，无暴其气。'""志"与"气"有两种情况，即"志帅气"和"气帅志"。"志帅气"指"志"统领"气"，即"志"是"主"，气是"仆"，"志"不为"气"所剥夺，所移动；而"气帅志"则是"气"统领"志"，即"气"为"主"，"志"为"仆"，"志"被气所左右，所支配，所谓"强奴弱主"。有鉴于此，所以需要"养气"。"养气"其实就是"持志"。"持志"即"守志"。"志定"就"无暴其气"，也就是"志"不会被"气"所惑乱。而"游侠""豪杰"皆不离"使气"，与孟子所谓"富贵不能淫，贫贱不能移，威武不能屈"的大丈夫还不能等同。孟子的大丈夫正是"志帅气"的"志士"而不是"气帅志"的"游侠"。

---

① （明）王夫之：《船山全书》（第九册），岳麓书社 2011 年版，第 96 页。

“志”不可夺，而“气”可夺。例如，战国末期的武士秦舞阳，到秦国就被境遇性环境夺“气”了。

钱谦益也是罕有其匹的一代才华之士，其立言发论，也有不可一世的正气，然降清夺了锐气，使其灰头灰脸，黯然失色。有“气”容易，而以“志帅气”则难。钱谦益所谓“古侠烈士”，正是“轻死重气”[①]，即“气帅志”者，而方孝孺则是以“志帅气”的豪杰，二者不能等量齐观。由此可知，方孝孺不是儒侠、真侠，而是大儒、礼士，其文化性格里没有丝毫的任侠的气息。故方孝孺是“志帅气”的志士，而不是“气帅志”的游侠和豪杰。如果“豪杰”是指孟子所谓“志帅气”的大丈夫，那方孝孺自然也是如此的豪杰。

“游侠”“豪杰”“狂侠”“儒侠”等美称，皆是质地近刚的人才能成就的角色，而质地近柔的人，因为没有天然的骨力，就是有才能，也是软熟的人，遇事不能担当，也做不成。方孝孺是志已素定的人，这样的人是纯粹的意志人，行为植根义理，不纯粹倚恃气节，因而极为冷静，不容易成为势激的狂侠或豪侠。世间的事情真是相反相成的。钱谦益本是体柔的人，无有凌霜傲雪之质，然说起话来慷慨激昂，大义凛然，淋漓痛快，皆是刚语、侠语、豪语、狂语，无丝毫的熟软语。钱谦益可作为体与情反，质与愿违的样板。陈寅恪在《柳如是别传》里对钱谦益有深识：

> 世情人事，如铁索连环，密相衔接，惟有恬淡勇敢之人，始能冲破解脱，未可以是希望于热中怯懦之牧斋也；牧斋又非素刚之人；牧斋之降清，乃其一生污点。但亦由其素性怯懦，迫于事势所使然。若谓其必须始终心悦诚服，则甚不近情理；牧斋性本怯懦。[②]

---

① （清）钱谦益著，（清）钱曾笺注，钱仲联标校：《牧斋有学集》（下），上海古籍出版社 1996 年版，第 1590 页。钱谦益《顾与治遗稿题辞》云：“轻死重气，虽古侠烈士，无以过也。”

② 陈寅恪：《柳如是别传》（下），生活·读书·新知三联书店 2001 年版，第 852、933、1045、1050 页。

陈先生有精深的思想、深邃的目光，能洞见现象深隐的本质。钱谦益质地近柔，而质地近柔的人最大的通病就是天性怯懦，缺少壁立千仞的刚的气概。方孝孺曰："纷纷夸毗辈，患失诚足鄙。屈身营所欲，易愠复易喜。"[①] 何为"夸毗"？顾炎武在《日知录·夸毗》里有这样的释义：

> 天之方懠，无为夸毗。《释训》曰："夸毗，体柔也。"天下惟体柔之人，常足以遗民忧而召天祸。
>
> 至于佞谄日炽，刚克消亡，朝多沓沓之流，士保容容之福，苟由其道，无变其俗，必将使一国之人皆化为巧令言色孔壬而后已。然则丧乱之所从生，岂不阶于夸毗之辈乎？是以屈原疾楚国之士，谓之"如脂如韦"，而孔子亦云："吾未见其刚者。"[②]

"夸毗"即"体柔"。顾炎武对体柔之害，体会极深，即"天下惟体柔之人，常足以遗民忧而召天祸"。顾炎武立心忠厚，不忍说破，其实说的就是自己时代体柔君主之大害。体柔而怯懦却有绝世才华的人，往往不能恬淡自处而极热衷功名利禄，喧嚣而骚动不能自已，因为欲多者难安静。陈先生在《柳如是别传》里引用了一段关于钱谦益的遗事："弘光僭立，牧翁应召，柳夫人从之。道出丹阳，同车携手，或令柳策蹇驴而己随之。私语柳曰：'此一幅昭君出塞图也'。邑中遂传钱令柳扮昭君妆，炫煌道路。吁！众口固可畏也。"陈先生接着说："然则，钱柳自常熟至南京，道出丹阳时，得意忘形，偶一作此游戏，也有可能，遂致众口讹传，仇人怨家，借为诋诮之资。遗事之言，最为近情。"[③] 陈先生对体柔者的深识，可谓绝矣。钱谦益终其一生也不能脱离醉梦文人热衷仕进的妄念，遇事不沉稳是典型心态。内躁而多欲，此

---

① （明）方孝孺著，徐光大点校：《方孝孺集》（下），浙江古籍出版社 2013 年版，第 891 页。

② （明）顾炎武著，（清）黄汝成集释，栾保群校注：《日知录集释（校注本）》（第一册），浙江古籍出版社 2013 年版，第 166—167 页。

③ 陈寅恪：《柳如是别传》（下），生活·读书·新知三联书店 2001 年版，第 865 页。

真是“弱病”① 也，用他自己的话说，腰下无有“傲骨”② 者矣。《清史稿·世祖本纪》曰：“（顺治二年五月）丙申多铎师至南京，故明福王朱由崧及大学士马士英遁走太平。忻城伯赵之龙、大学士王铎、礼部尚书钱谦益等三十一人以城迎降。”此即陈先生论虞山先生时所引的史料，然后评论道：“夫此文官班首王钱二人，俱是当时艺术文学大家。太平之世，固为润色鸿业之高才，但危亡之时，则舍迎降敌师外，恐别无见长之处”；“二人迎降，得其所矣”③。盖“弱病”即体柔之病，用钱谦益自己的话说，就是“凡胎俗骨”，即“胎性使然也”④，非关学问。此是本源受病处，无药可治。安身立命于其中，能岿然不动乎？王铎（1592—1652）是“书法真种子”，钱谦益是“文章真种子”，皆是有绝世才华的人，然此二人皆非素刚的人，加之多欲，又不能淡泊，因而遭遇大变故，变容毁节，也是意料之中的事。难怪陈先生雅讽二位大才子“得其所矣”。

读书人文化人格的熟软，往往就会散发“乡原”的气息。王阳明《与黄宗贤》曰：“仆近时与朋友论学，惟说‘立诚’二字。杀人须就咽喉上着刀，吾人为学，当从心髓入微处用力，自然笃实光辉。”⑤“立

---

① 《题怀麓棠诗钞》指出近代诗有三病：“此弱病也”，“此狂病也”，“此鬼病也”。参见《牧斋初学集》下册，上海古籍出版社 1985 年版，第 1758 页。

② 钱谦益《书笑道人自叙后》云：“其也昔人所谓腰下有傲骨者与?”参见《牧斋初学集》（下），上海古籍出版社 1985 年版，第 1778 页。《叹誉赠俞次寅》云：“此二子皆腰下有骨。”参见《牧斋有学集》（下），上海古籍出版社 1996 年版，第 1484 页。

③ 陈寅恪：《柳如是别传》（下），生活·读书·新知三联书店 2001 年版，第 861 页。

④ （清）钱谦益著，（清）钱曾笺注，钱仲联标校：《牧斋有学集》（下），上海古籍出版社 1996 年版，第 1552 页。钱谦益《题遵王秋怀诗》云：“有客渡江来，嗤点诸名士诗，谓将文选、唐诗烂熟背诵，挦撦搜略，遇题补衲，不问神理云何，警策云何，盖末流学问如此。予谓此非学问之误，乃胎性使然也。仙家言胎性舍于营卫之中，五藏之内，虽获良针，故难愈也。今诗人胎性凡浊，熏于荣（此“荣”字应该是“营”字之误）卫五藏，虽有文选、唐诗以为针药，适足长其焰烟、助其繁漫耳。学问何过之有?”“斯可与谈胎性之说矣。”参见《牧斋有学集》（下），上海古籍出版社 1996 年版，第 1552 页。又《陈百史集序》云：“子也知道家有结胎之说乎？古之学者，六经为经，三史六子为纬，包孕陶铸，精气结轖。发为诗文，譬如道家圣胎已就，飞升出神，无所不可。今人认俗学为古学，安身立命于其中，凡胎俗骨，一成不可变，望其轻身霞举，其将能乎?”参见《牧斋杂著》（下），上海古籍出版社 2007 年版，第 676—677 页。

⑤ （明）王守仁撰，吴光等编校：《王阳明全集》（中），上海古籍出版社 2011 年版，第 652 页。

诚”即不“伪”。言行的真诚是圣学的绝对原则。此也是重担子，体柔者担不动。怯懦是体柔者的受病之源，即祸胎。体柔者通过读书变成刚者的可能性太小了。钱谦益绝对是他生活世界里一流的读书人，然读书并没有改变他的气质。可见怯懦变刚强，真没有那么容易。

梁启超在《中国近三百年学术史》里痛骂：“那群被‘诱奸’过的下等‘念书人’，不大用得着了。于是板起面孔，抓着机会便给他们点苦头吃吃。其对个人的操纵，如陈名夏、陈之遴、钱谦益、龚鼎孳那班‘贰臣’，糟蹋得淋漓尽致。”[①] 这些所谓的“贰臣”也是罕见的神似“真凤”的“野鸟”。他们立心制行也有自信自安君子的风格，并非乔装伪似，他们的志趣神貌俨然是德行君子。如果不遭遇世变，那么他们“乡原”的质地不会大白于天下。如果不遭遇世变，那么真不能闻到他们“乡原”的气息。柴德赓（1908—1970）说：“士大夫生当承平，流连诗酒，高谈孔颜，坐论尧舜，以为富贵如浮云，忠孝吾分内事耳。不幸生值板荡之时，往来生死之际，不得已腼颜却步，屈身求容，世之论者，未尝不悲其遇，而谅其心。”[②] 疾风知劲草，岁寒识松柏。那群贰臣根本没有“读书种子”的质地和骨力，也就是说他们的“乡原”质地是从生命之根上带来的，即“胎性使然”也。顾炎武用“改形换骨”来形容他们，真是绝美。顾炎武是“神医”，能洞见“乡原”的五脏六腑。“乡原”就是残贼圣学义理价值的人，或者可以说人性已异化了的怪物，不再体现人作为人的真性价值。

王阳明曰：“以言语谤人，其谤浅，若自己不能身体实践，而徒入耳出口，呶呶度日，是以身谤也，其谤深矣。”[③] 所谓高级“乡原”正是以言行诽谤圣学义理的人。以言诽谤圣学者，其危害浅；以身诽谤圣学，其危害深。以身诽谤圣学者，负面影响也强而有力，可谓是货真价实的“德之贼也”，即荀子所谓“国妖”也。《聊斋志异·董生》曰：

① 梁启超著，夏晓虹、陆胤校：《中国近三百年学术史》，商务印书馆 2011 年版，第 17 页。

② 柴德赓：《清代学术史讲义》，商务印书馆 2013 年版，第 263 页。

③ 邓艾民：《传习录注疏》，上海古籍出版社 2017 年版，第 126 页。

“此辈妖气可畏，读书人亦慎相防。”①“国妖”绵绵不绝，可谓繁华损枝，膏腴害骨，自非豪杰，鲜有不带“妖气”者。方孝孺是“国宝”“国器”，不带“妖气”。

依据以上分析可知，钱谦益与纯粹的“乡愿”还是有所不同的，但确实有“乡愿”的意思在，也是显而易见的事实。例如，他阿媚马士英（1591—1646）、阮大铖（1586—1646），毁其晚节，有目共睹。钱德洪《王阳明年谱》曰：

> 乡愿以忠信廉洁见取于君子，以同流合污无忤于小人，故非之无举，刺之无刺。然究其心，乃知忠信廉洁所以媚君子也，同流合污所以媚小人也，其心已破坏矣，故不可与入尧舜之道。②

读书人彻底脱其“乡愿”味道，真不容易。方孝孺就不散发“乡愿”的气息。这样有意志的人是不是永远都是极少数？或者根本就是例外？钱谦益在《族孙遵王诗序》中说：“不自贵则诗之胎性贱，不自重则诗之骨气轻；不交相贵重则胥天下以浮华相诱说，伪体相覆盖，风气浸淫，而江河不可以复挽。故至于不自贵重，而为人之流弊极矣。”③由是观之方孝孺就是“自贵重”的“读书种子”。

人与书的关系，其实是人与人的关系，风味不相似，则难以欣赏。在钱谦益眼里，宋濂是“文章真种子”，即文章的范型，而方孝孺是“节义真种子”即“忠义”的楷模。这师生二人，各自发挥了巨大的楷模效应。一个影响了有明一代的诗文传统，一个影响了有明一代的忠义传统。文化楷模的效应，神秘莫测，难以具体衡量。

宋濂在有明一代位势显赫，且不遗余力地标举劲节，而方孝孺是

---

①（清）蒲松龄著，张友鹤辑校：《聊斋志异会校会注会评本》（上），上海古籍出版社2011年版，第135页。

②（明）王守仁撰，吴光等编校：《王阳明全集》（下），上海古籍出版社2011年版，第1058页。

③（清）钱谦益著，（清）钱曾笺注，钱仲联标校：《牧斋有学集》（中），上海古籍出版社1996年版，第828页。

货真价实和不可一世的雄才劲节的英雄，也实实在在地发挥了英雄楷模的巨大效应。见贤思齐，观人修己，也因人而异，气类不相似，的确很难相师，也很难有真识和真赏，因而所言多是无实之空话。钱谦益作为文学大家，“诗文真种子”，在有明一代，恐罕有其匹者，即使宋濂、方孝孺也不免要逊色几分。不过，钱谦益与方孝孺不是同类人，其精神志趣自然不同。钱谦益也喜欢用这类词语：“大儒”“硕儒”“名儒”“醇儒”“儒素”“真儒”等。用钱谦益喜欢的词语来说，方孝孺是“儒素”，或“真儒”，而钱谦益则是“才子”，或“文士”。

钱谦益对“大儒”“硕儒”“名儒”“醇儒”“儒素”“真儒”等敬称，附会多而体会少。无真体验自然无真精神，虽有爱慕而不能为。不过，由于他有真诚的慕侠性情，所以他对方孝孺的英雄性格及其精神心志，也有些许真诚的感应，因而也有部分的真识和真赏，也是情理之中的事情。不过，才士与志士毕竟不同。方孝孺《戆窝记》曰：“士之可贵者，在气节，不在才智。”① 又《答王仲缙》曰：“斯道自近世大儒剖析刮磨，具已明白，所患者信而行之者寡耳。今世有贤者作，当以躬行为先。”② “读书种子”是圣贤之道的“躬行”者，不是谈说之士。有才华者未必有气节，有气节者未必有文章，而方孝孺理学、气节、文章三者兼有，其激顽振懦，有功世道人心非小。

顾宪成在《复夏朴斋书》里说：“得才士易，得志士难。”③ 清代学人吕飞鹏说：“成名易，成人难。”④ 可以说，成人永远是人世间最凶险的事业，不然，人人都成为圣贤豪杰了。

---

① （明）方孝孺著，徐光大点校：《方孝孺集》（中），浙江古籍出版社 2013 年版，第 610 页。

② （明）方孝孺著，徐光大点校：《方孝孺集》（上），浙江古籍出版社 2013 年版，第 382 页。

③ （明）顾宪成，李可心点校：《泾皋藏稿》，中国社会科学出版社 2021 年版，第 111 页。

④ 《清史稿》卷四八二《吕飞鹏传》，中华书局 1977 年版，第 13253 页。

第四节　“以九死成就一个是”

黄宗羲（1610—1695），浙江余姚人，字太冲，一字德冰，号南雷，别号梨洲老人、梨洲山人等，学者敬称其梨洲先生。全祖望《梨洲先生神道碑文》说：“呜呼！公为胜国遗臣，盖濒九死之余，乃卒以大儒耆年，受知当宁，又终保完节，不可谓非贞元之运护之矣。”①遭遇易代巨变，黄宗羲没有自夺其志，终保完节，令人敬仰。黄宗羲《明儒学案》大著，就是为有明一代的儒英立言，那么，他是如何理解方孝孺的？方孝孺可是有明一代出类拔萃的大儒，黄宗羲又如何为方孝孺立言？

黄宗羲《与陈乾初论学书》曰：“老兄云：人性无不善，于扩充尽才后见之，如五谷之性，不艺植，不耘耔，何以知其种美？”②所谓“老兄”即陈乾初。黄宗羲在《明儒学案·罗一峰伦》中说：一峰尝自言：“予性刚，见刚者则好之，若饥渴之于饮食，不能自喻于口也。求之不可得，则友其人于古，相与论其世，如侍几杖而聆謦咳也，而唏嘘企羡，至为泣下。予之好刚，盖天性然也。”③读此可知，黄宗羲也是“种之美”的读书人，即天性素刚者，所以他能从俗学的缠绕纠结中摆脱出来，返之六经，深造自得，终成有精神定在性的大儒，天性使之然也，非偶然。

黄宗羲曰：“世不乏奇才之士，一目十行，十年半面，岂区区制举之业所能束缚？”④果真如此，学问哪能不好。又曰：

---

① 陈垣著，陈智超主编：《陈垣全集·鲒埼亭集批注》，安徽大学出版社 2009 年版，第 123 页。

② （清）黄宗羲著，吴光主编：《黄宗羲全集·南雷诗文集》，浙江古籍出版社 2012 年版，第 158 页。

③ （清）黄宗羲著，沈芝盈点校：《明儒学案》，中华书局 1985 年版，第 5—6 页。

④ （清）黄宗羲著，吴光主编：《黄宗羲全集》（第十册），浙江古籍出版社 2012 年版，第 105 页。

> 嗟乎！自科举之学盛，世不复知有书矣。六经子史，亦以为冬华之桃李，不适于用。先儒谓传注之学兴，蔓词衍说，为经之害，愈降愈下。传注再变而为时文，数百年亿万人之心思耳目，俱用于揣摩剿袭之中，空华臭腐。人才阘茸，至于细民也皆转相模锓，以取衣食。遂使此物汗牛充栋，而先王之大经大法，兵、农、礼、乐，下至九流六艺，切于民生日用者，荡为荒烟野草。①

黄宗羲议论痛快，不傍人途辙，所谓二十分胆识。旧科举相对新朝的御用课题，真是小巫见大巫，不足道也。纷纷扬扬的课题遂使此物汗牛充栋，揣摩剿袭，空华臭腐，世不复知有书矣。“读书种子”有时而断绝，荡为荒烟野草，此是确论。黄宗羲的《七怪》曰：

> 昔之学者，学道者也；今之学者，学骂者也。矜气节者则骂为标榜，志经世者则骂为功利，读书作文者则骂为玩物丧志，留心政事者则骂为俗吏。接庸僧数辈则骂考亭为不足学矣；读《艾千子》定待之尾则骂象山、阳明为禅学矣；濂溪之主静，则曰盘桓于腔子中者也；洛下之持敬，则曰是有方所之学也；逊志骂其学误主；东林骂其党亡国。相讼不决，以后息者为胜，东坡所谓墙外悍妇，声飞灰火如猪嘶狗嗥者也。②

黄宗羲就不骂方孝孺“其学误主”，这令人起敬，不愧为大儒。唯有刚者能深识刚者，唯有大儒能理解大儒，而绝不胡骂。试问，黄宗羲眼里的方孝孺究竟是什么样的读书人？其《明儒学案》曰：

> 先生直以圣贤自任，一切世俗之事皆不关怀。朋友以文辞相问者，必告之以道，谓文不足为也。入道之路，莫切于公私义利之

① （清）黄宗羲著，吴光主编：《黄宗羲全集》（第十册），浙江古籍出版社 2012 年版，第 136 页。

② （清）黄宗羲著，吴光主编：《黄宗羲全集》（第十册），浙江古籍出版社 2012 年版，第 650 页。

辨；念虑之兴，当静以察之。舍此不治，是犹纵盗于家，其余无可为力矣。持守之严，刚大之气，与紫阳真相伯仲，固为有明之学祖也。先生之学，虽出自景濂氏，然得之家庭者居多。庸人论先生者有二：以先生得君而无救于其亡。夫分封太过，七国之反，汉高祖酿之；成祖之天下，高皇帝授之，一成一败。成祖之智勇，十倍吴王濞，此不可以成败而誉咎王室也。况先生未尝当国，惠宗徒以经史见契耳。又以先生激烈已甚，致十族之酷。夫成祖天性刻薄，先生为天下属望，不得其草，则怨毒倒行，何所不至，不关先生之甚不甚也。不观先生而外，其受祸如先生者。宁皆已甚之所致乎？此但可委之无妄之运数耳。蔡虚斋曰："如逊志者，盖千载一人也。天地幸生斯人，而乃不终佑之，使斯人得竟为人世用，天地果有知乎哉？痛言及此，使人直有追憾天地之心也。"乃知先正固自有定论也。①

黄宗羲把方孝孺与朱熹等量齐观，且以方孝孺作为"有明之学祖"，乃知方孝孺固自有定论也，特别是所引"痛言及此，使人直有追憾天地之心也"，令人心痛。又曰：

神圣既远，祸乱相寻，学士大夫有以生民为虑、王道为心者绝少，宋没益不可问。先生禀绝世之资，慨焉以斯文自任。会文明启运，千载一时。深维上天所以生我之意，与古圣贤之所讲求，直欲排洪荒而开二帝，去杂霸而见三王，又推其余以淑来祀，伊周孔孟合为一人，将旦暮遇之。此非学而有以见性分之大全不能也。既而时命不偶，遂以九死成就一个是，完天下万世之责。其扶持世教，信乎不愧千秋正学者也。考先生在当时，已称程、朱复出，后之人反以一死抹过先生一生苦心，谓节义与理学是两事，出此者入彼，至不得与扬雄、吴草庐论次并称。于是成仁取义之训，为世大禁，

① （清）黄宗羲著，吴光主编：《黄宗羲全集·明儒学集》，浙江古籍出版社2012年版，第333—334页。

而乱臣贼子将接踵于天下矣，悲夫！或言先生之忠至矣，而十族与殉，无乃伤于激乎？余曰："先生只自办一死，其激而及十族，十族各办其一死耳。普天之下，莫非王土，十族众乎？而不当死乎？惟先生平日学问，断断乎臣尽忠，子尽孝，一本于良心之所固有者。率天下而趋之，至数十年之久，几于风移世变，一日乃得透此一段精光，不可掩遏。盖至诚形著，动变之理宜然，而非人力之所几及也，虽谓先生为中庸之道可也。"①

合观并读以上引文可知，黄宗羲对方孝孺不但有真识，而且有真赏，够得上方孝孺的后世知音。方孝孺是天性纯刚的人，而又有德素，其学问志趣正是"以生民为虑、王道为心"，直面世道人心，因而其论理正是天下大道。方孝孺其学远法圣人，近接理学，古今通贯，因而大而正，可谓真得圣学真血脉者也。他维护的不是朱家人的天下，而是天下大道，即"遂以九死成就一个是"。谷应泰《明史纪事本末》记述，朱棣把方孝孺"系之狱"，让方孝孺的门生廖镛和廖铭去劝说自己的老师。方孝孺痛斥自己的弟子："小子从予几年所矣，犹不知义之是非!"② 钱士升《方孝孺》曰："廖镛，巢人。祖永忠，封德庆侯。父权，嗣封。镛以适子任散骑舍人，历官都督。建文中与议兵事，时宿卫殿廷。靖难后上以镛与弟铭尝受学方孝孺，令召之。孝孺怒曰：'汝读几年书，还不识个是字！'"③ 卢演《方正学先生年谱》记述："汝读几年书？还不识个'是'字，我头可断，笔不可执也。"方孝孺守护的这个"是"字究竟是什么？可参照本章第二节相关议论。这里再做一点申说。

程颐曰："人苟有'朝闻道夕死可矣'之志，则不肯一日安其所不安也。何止一日？须臾不能离"；"人不能若此者，只为不见实理。实理者，实见得是，实见得非也。凡实理，得之于心自别。若耳闻口道

---

① （清）黄宗羲著，吴光主编：《黄宗羲全集·明儒学集》，浙江古籍出版社 2012 年版，第 8—9 页。

② （清）谷应泰：《明史纪事本末》（第一册），中华书局 2018 年版，第 289—290 页。

③ 张常明编注：《逊志斋外集》，上海古籍出版社 2009 年版，第 114 页。

者，心实不见。若见得，必不肯安于所不安”；“古人有捐躯殒命者，若不实见得，则乌能如此？须是实见得生不重于义，生不安于死也。故有杀身已成仁者，只是成就一个是而已”[①]。朱熹曰：“学者工夫只求一个是，天下之理，不过是与非两端而已。从其是则为善，徇其非则为恶。事亲须是孝，不然，则非事亲之道；事君须是忠，不然，则非事君之道。凡事皆用审个是非，择其是而行之。圣人教人，諄諄不已，只是发明此理”；“困厄有轻重，力量有小大。若能一日十二辰点检自已，念虑动作都是合宜，仰不愧，俯不怍，如此而不幸填沟壑，丧躯殒命，有不暇恤，只得成就一个是处。如此，则方寸之间全是天理，虽遇大困厄，有致命遂志而已，亦不知有人之是非向背，惟其是而已”；“孟子所谓集义，只是一个‘是’字；孔子所谓思无邪，只是一个‘正’字。不是便非，不正便邪。圣贤教人，只是求个是底道理”[②]。

合观两大理学巨子之论，可体认方孝孺所殉之“道”，正是孔子所谓“杀身以成仁”和孟子所谓“舍生取义”之天下大道。朱熹说：“孟子言舍生取义，只看义如何，当死便须死。古人当此，即是寻常，今人看着著是大事。”[③] 当死便不死，坏了读书人太多的精神。人作为人的自由，就是有选择生死的权利。所谓“成就一个是”体现的正是一个觉醒了的人的自主抉择。“成仁取义”是人的前识行为，绝不是临时的盲目选择，因为圣学所谓“仁义”是属于真正的高质量的价值信仰系统，而一个人的价值信仰一定是深思熟虑的理性抉择，即实见的“实理”。“实理”即一个人安身立命的基石，所以方孝孺的殉道体现的正是人作为人的自由意志和独立的精神品质。圣学也是壁立千仞的有价值信仰的学问，故可以尽生死之道。黄宗羲把方孝孺的殉道理解为志士“成仁取义”的自主行为，而不是势激的情境性匹夫之勇，令人欣慨不已。方孝孺是有明一代读书人的新楷模，深刻地影响了有明一代的学

---

① （宋）程颢、程颐著，王孝鱼点校：《二程集》（上），中华书局1981年版，第147页。

② （宋）黎靖德编，王星贤点校：《朱子语类》（一），中华书局2015年版，第229、241—242、429页。

③ （宋）黎靖德编，王星贤点校：《朱子语类》（一），中华书局2015年版，第248页。

术、人心和世道。黄宗羲《明儒学案》把方孝孺标举为"有明之学祖"，可谓高瞻远瞩的特识，令人青山满目。方孝孺的《正学》曰：

> 古学务实，体立用随。始诸身心，验于设施。后世失之，攻乎文艺。观听是娱，道德是弃。王者之学，以古为师。穷理正心，固守勇为。法尧为仁，法舜尽孝。视民如伤，文王是效。简册所陈，善政嘉猷，取之自治，奚暇外求。圣贤立教，要而不烦。昧者溺心，疲惫空言。汉之贤王，东平称最。笃行为善，垂范百世。魏有陈思，徒事文章。德业无传，识者弗臧。圣明御世，好善崇德。鉴乎成宪，永康邦国。①

读此可确信，方孝孺真"不愧千秋正学者"也。正学即"务实"的、"穷理"的、"自治"的、"正心"的、"仁孝"的、"笃行"的、"垂范"的、"视民如伤"的、"好善崇德"的、"永康邦国"的"体立用随"之学。黄宗羲的《明儒学案·姚江学案》曰："有明学术，从前习熟先儒之成说，未尝反身理会，推见至隐，所谓'此亦一述朱，彼亦一述朱'耳。高忠宪云：'薛敬轩、吕泾野《语录》中，皆无甚透悟。'亦为是也。自姚江指点出'良知人人现在，一反观而自得'，便人人有个作圣之路。故无姚江，则古来之学脉绝矣。"② 黄宗羲把王阳明理解为相续圣学学脉的"读书种子"，而把方孝孺理解为备"伊周孔孟程朱"之美为一的"读书种子"，令人心悦诚服。黄宗羲真是方孝孺的后世知音，对方孝孺精神志趣的体察和领会，非他人所能望其项背。黄宗羲除了在《明儒学案》里论方孝孺以外，还撰写过一篇涉及方孝孺的大文，也堪称绝美。此处将全文转录如下，以资赏会。黄宗羲《破邪论·从祀》曰：

> 从来议从祀者，自七十二贤之外，有以经师入者，则左邱明以

① （明）方孝孺著，徐光大点校：《方孝孺集》（上），浙江古籍出版社 2013 年版，第 46 页。

② （清）黄宗羲著，沈芝盈点校：《明儒学案》，中华书局 1985 年版，第 178 页。

下二十人是也；有以传道入者，则周、程、张、朱以下是也，是固然矣。余以为孔子之道，非一家之学也，非一世之学也，天地赖以常运而不息，人纪赖以接续而不坠。世治，则巷吏门儿莫不知仁义之为美，无一物之不得其生、不遂其性；世乱，则学士大夫风节凛然，必不肯以刀锯鼎镬损立身之清格。盖非刊注《四书》、衍辑《语录》，及建立书院，聚集生徒之足以了事也。上下千古，如汉之诸葛亮，唐之陆贽，宋之韩琦、范仲淹、李纲、文天祥，明之方孝孺，此七公者，至公血诚，任天下之重，砘然砥柱于疾风狂涛之中，世界以之为轻重有无，此能行孔子之道者也。孔子曰："始吾于人也，听其言而信其行。"彼周、程、张、朱，不当事任，其行未大光，然由其言，而其行可信也。七公有其行矣，反不可信其人乎？七公不过学孔子之学，以有其行，岂别有所授受出于孔子之外，而自立一门户乎？抑孔子之学饾饤拘谨，止于自为，不与治乱相关，凡古今震动之豪杰，一概沟而出之欤？是故七公之不与从祀，甚可怪也。或曰："从祀者辨之于心性之微，不在事为之迹。"余应之曰："数公坚强一学，百折不回，浩然之气塞乎天地，其私欲净尽矣。若必欲闭眉合眼，朦憧精神，澄心于无何有之乡，此则释氏之学，从祀者从求之《传灯》之中矣。昔朱子、陈同甫义利王霸之辨，不能归一，朱子既不能绌同甫，同甫亦终不能胜朱子。同甫所以不能胜朱子者，必欲以天理全然付于汉唐之君，不以汉唐之臣实之也。汉唐之君不能如三代；汉唐之臣，未尝无三代之人物。以天理把捉天地，故能使三光五岳之气，不为庞裂，犹如盲者行路，有明者相之，则盲亦为明。朱子谓汉唐专以人欲行，其间有与天理暗合者。谓盲者为暗合则可，谓明者为暗合则不可。汉唐以下之人臣，明者无代无之，此七公者，则醇乎其醇者也。百炼之金，芒寒色正，而可谓之暗合乎？盖由后来儒者，视孔子门墙窄狭，行焉比迹，诵必共响，名节重于国事，莫肯硬着脊梁，肩此大担，徒以亢阳胜气，龃龉于事变之来，只讨便宜做去。此是许由、务光相传遁世之学，孔子之所谓逸民者，而吉凶同患之学亡矣。故视此七公者，皆等之为外道。嗟乎！七公之从祀为小。使弥纶天地之道，不归于孔子，其害可胜既乎！”①

黄宗羲斯文识议正大明澈！从上下千古中标举出诸葛亮、陆贽、韩琦、范仲淹、李纲、文天祥、方孝孺七公，作为躬行圣学的楷模。这些人都是素刚者，都有硬脊梁，因而能肩负圣道的大担。天性怯懦者，恐怕做不到。所以这七公即使遭遇惊涛骇浪，也不会被境遇夺志而变形。真是所谓物以类聚，人以群分。方孝孺也特别激赏这六位君子。可见，黄宗羲与方孝孺是气类相似之人。方孝孺其学不是“遁世之学”，而是与家国人民“吉凶同患之学”。此即圣学正脉。方孝孺《读朱子感兴诗》曰：“斯道也，亘万古而不亡，心会而得之，岂不在乎人哉！”② 美哉！是言。

黄宗羲真是了不起的人，这样的人，人世间也不多见。不过，大儒陈寅恪对黄宗羲有一个洞见，特附录于此，供其遐思。陈先生在《柳如是别传》中说：

> 黄梨洲乃明清之际博雅通儒之巨擘，然囿于传统之教训，不敢作怨怼司马氏之王伟元，而斤斤计较，集矢于圆海，斯殆时代限人之一例欤”；“后来永历延平倾覆亡逝，太冲撰《明夷待访录》，自命为殷箕子，虽不同于嵇延祖，但以清圣祖比周武王，岂不愧对‘关中大儒’之李二曲耶？惜哉！③

陈先生也是素刚的大儒，陈先生品鉴黄宗羲，令人深思不已。王充《论衡》曰：“古贤美极，无以卫身。故循性行以俟累害者，果贤洁之人也，极累害之谤，而贤洁之实见焉。立贤洁之迹，毁谤之尘安得不生？弦者思折伯牙之指，御者愿摧王良之手。何则？欲专良善之

---

① （清）黄宗羲著，吴光主编：《黄宗羲全集》（第一册），浙江古籍出版社2012年版，第192—194页。

② （明）方孝孺著，徐光大点校：《方孝孺集》（上），浙江古籍出版社2013年版，第144页。

③ 陈寅恪：《柳如是别传》（下），生活·读书·新知三联书店2001年版，第860—861页。

名，恶彼之胜己也。”[①] 此现象真无穷。黑格尔《小逻辑》曰：“有嫉妒心的人不能完成伟大事业，便尽量去低估他人的伟大，贬抑他人的伟大性使之与他本人相齐。”[②] 方孝孺诗曰：“道高固难合，流俗工媢忌。”[③]

第五节 “吾尽吾道”而已

王夫之（1619—1692），字而农，号姜斋，湖广衡州府衡阳县（今湖南衡阳）人。王夫之晚年隐居于湘西石船山，自署船山病叟，学者尊称其为船山先生。王夫之《观生居堂联》曰：“六经责我开生面，七尺从天乞活埋。”[④] 王夫之的兴趣也是“六经”，并以“六经开生面”为己任。

杜甫《丹青引赠曹将军霸》诗曰：“凌烟功臣少颜色，将军下笔开生面。”[⑤] 曹霸是唐玄宗时代的绘画大师。“凌烟”即“凌烟阁”。唐太宗为了褒奖开国功臣，命阎立本等在凌烟阁画了二十四功臣图。所谓“少颜色”是指功臣图像因年久而褪色，故命令曹霸重绘，而曹霸“下笔开生面”。那么，何为“生面”？

周汝昌在《千秋一寸心》里说：“‘生面’全是神采飞动的一片整

---

① （东汉）王充：《论衡》，上海人民出版社 1974 年版，第 6 页。

② ［德］黑格尔：《小逻辑》，贺麟译，商务印书馆 2009 年版，第 293 页。

③ （明）方孝孺著，徐光大点校：《方孝孺集》（下），浙江古籍出版社 2013 年版，第 901 页。

④ （明）王夫之：《船山全书》（第十五册），岳麓书社 2011 年版，第 921 页。马一浮《尔雅台答问续编·示张德钧》云：“临济云‘诸方火葬，我这里活埋’，乃是直下教人剿绝情尘意识耳。其后中峰自题居曰‘活埋庵’。船山心事又别，‘六经逼我’之言，在诗则为险语，也见船山气象为醇。六经道理平铺着，何为逼我？”参见《马一浮全集》（第一册），浙江古籍出版社 2012 年版，第 460 页。

⑤ 萧涤非主编：《杜甫全集校注》（六），人民文学出版社 2013 年版，第 3200 页。唐代封演《封氏闻见记》卷五载：“玄宗时，以（凌烟阁）图画岁久，恐渐微昧，使曹霸重摹饰之。”曹霸使凌烟阁图画起死回生，自然是大手笔。曹霸遭逢乱世，日暮穷途，艰难困苦。《丹青引赠曹将军霸》诗云：“即今漂泊干戈际……途穷反遭俗眼白。”

体景象，而非局部、片段的事情。”① “生面”即“活相”，与之相对的是“死面”即“死相”。“魂”死了的人所呈现的神情即“死相”，而“魂”活的人所流露的神采即“活相”。王夫之是为六经“开生面”的“读书种子”，那么，他是如何看“胸中六经粲星斗”的方孝孺的？他们是气类相似的知音吗？

王夫之《读通鉴论·惠帝》曰：“呜呼！方正学死，而读书之种绝于天下。”② 依据王夫之的判断，难道有明一代真没有方孝孺那样的“读书种子”了？难道王夫之是有明一代最能深识方孝孺的读书人？王夫之眼里的方孝孺究竟是什么样的“读书种子”？也许通过王夫之的价值视域，能有效地照亮其他价值视域造成的阴影，因为王夫之的学术精神和旨趣与方孝孺有一种深层的一致性，而非仅形迹相类也。

王夫之《读通鉴论·文帝》曰：“王安石之于谊，似矣，而谊正。谊之于方孝孺，似矣，而正学醇。”③ “谊”即贾谊（前200—前168）。又《宋论》断言：“所以王安石之允为小人，无可辞也。”④ 王夫之的理据是什么？王夫之认为王安石（1021—1086）是“奉尧、舜以为镇压人心之标的”的“伪儒”，其实是“舍道与德而言法”的自以为是的“小人”，其思想是“邪”，即以“法术文饰儒术”，而不是“正”，即儒家的仁义思想。贾谊的思想是儒家的道义思想，不过亦渗透了法家崇

① 周汝昌：《千秋一寸心》，中华书局2011年版，第24页。周汝昌《千秋一寸心》里鉴赏了杜甫的《丹青引赠曹将军霸》，故可以作参考。

② （明）王夫之著，舒士彦点校：《读通鉴论》，中华书局2013年版，第22页。“呜呼！方正学死，而读书之种绝于天下，则汉之犹有贾、董、臧、绾以存古道于百一者，非曹参有以养之乎？”

③ （明）王夫之著，舒士彦点校：《读通鉴论》，中华书局2013年版，第29页。“安石之经学不醇，然不能禁后世之醇，而能禁后世之非经。”（第49页）

④ （明）王夫之：《船山全书》（第十一册），岳麓书社2011年版，第155页。《宋论》云：“安石以申、商之名法，无不可曰尧、舜在是，吾甚为言尧言舜者危也。”（第153页）“舍道与德而言法，韩愈之所云‘传’，王安石之所云‘至简、至易、至要’者，此也。”（第154页）“故王安石之允为小人，无可辞也。安石之所必为者，以桑弘羊、刘晏自任，而文之曰周官之法，尧、舜之道；则固自以为是，斥之为非而不服。”（第155页）“夫君子有其必不可为者，以去就要君也，起大狱以报睚眦之怨也，辱老成而奖游士也，喜谄谀而委腹心也，置逻卒以察诽谤也，毁先圣之遗书而崇佛、老也，怨及同产兄弟而授人之排之也，子死魄丧而舍宅为寺以丐福于浮屠也。若此者，皆君子所固穷濒死而必不为者也。乃安石则皆为之矣。”（第156页）

尚法术的思想，即学术与权谋混为一区。而法术未有不戕害仁义而启祸者，故王安石、贾谊不是“醇儒”，而方孝孺则是“醇儒”。

何为“法术文饰儒术”？方孝孺《学辨》曰：“今之学经者吾疑焉。童而诵，剿其虚词以质利禄，有釜庾之入以养其家。则弃去而不省。问其名曰治经也，问以经之道，则曰吾未之闻也。或者谈治乱讲性命于平居之时，及登大位则惟法律权谋是行。问其所以，则曰经不足用也。于乎，是可以为学经者乎？经而无用，亦可以为经乎？然非经之过也，学之者之愚也。非学者之愚，教之者无其术也。虽学犹不学也。吾故曰人莫不学，而知所以为学者寡矣！”[①] 读此则可理解王夫之“舍道与德而言法”的说法。

何为“醇儒”？王夫之《读通鉴论·文帝》曰：“得醇儒以沃乃心，浸灌以道义之腴，建中和而兴王道，诸侯奚而不服，风俗奚而不移，廉耻奚而不崇？”[②] 此即王夫之标举的“醇儒”。班固《汉书·儒林传》曰：“古之儒者，博学乎《六艺》之文。《六艺》者，王教之典籍，先圣所以明天道，正人伦，致至治之成法也。”[③] 借此可明王夫之所谓“醇儒”即“明天道，正人伦，致至治”的真儒。用今天的话说，“醇儒”就是笃信和笃行圣统真理血脉的读书人。又《宋论·真宗》曰：“夫人之为心，至无定矣。无学以定之，则惑于多歧，而趋蹊径以迷康庄，固将以蹊径为康庄而乐蹈之。故君子不敢轻言术，而以学正其所趋”；“学也者，所以择术也，术也者，所以行学也。君子正其学于先，乃以慎其术于后。大学之道，正身以正家，正家以正天下。正身者，刚而不可挠，直而不可枉，言有物而不妄，行有恒而不迁，忠信守死以不移，骄泰不期而自远”[④]。又《宋论·宁宗》曰：“夫道之与术，其大辨严矣。道者，得失之衡也；术者，祸福之测也。理者，道之所守也；数者，术之所窥也。”[⑤] “醇儒”正是正身、正家、正天下的君子，忠信圣

① （明）方孝孺著，徐光大点校：《方孝孺集》（上），浙江古籍出版社2013年版，第214—215页。

② （明）王夫之著，舒士彦点校：《读通鉴论》，中华书局2013年版，第32页。

③ （汉）班固撰，王继如主编：《汉书今注》（五），凤凰出版社2013年版，第2111页。

④ （明）王夫之：《船山全书》（第十一册），岳麓书社2011年版，第100页。

⑤ （明）王夫之：《船山全书》（第十一册），岳麓书社2011年版，第301页。

道，而不以法术为务，而惑名祸世误民。法术以祸福、利害、富贵行道。学者贵知择术，笃道则为"醇儒"，信术则为"伪儒"。"醇儒"守理而不移，不以祸福、利害、富贵而行道，故"醇儒"即仁圣。又《读通鉴论》曰："甚哉，谊之不闻道而只为术也。"① 此即指贾谊阳与阴夺的法术，所以"醇儒"不是申韩之儒。

"醇儒"也不沾染道家和释家的气味。王夫之《读通鉴论·文帝》曰："江东为衣冠礼乐之区，而雷次宗、何胤出入佛、老以害道，北方之儒教醇正。"② 又《读通鉴论·和帝》曰："辟异端者，学者之任，治道之本。乃所谓异端者，诡天地之经，判先王之宪，离析六经之微言，以诬心性而毁大义者也。"③ 王夫之所谓"异端"，就是指道家、释家、法家。在王夫之眼里，王安石是惑于异端的"小人"，贾谊亦不是"醇儒"，而方孝孺则是有明一代真正的"醇儒"。王弘诲在《方孝孺先生祠堂碑》里亦说方孝孺的学问是"醇儒之学"④。依据王夫之的意见，朱棣杀了方孝孺，则有明一代的"醇儒"绝了。

《礼记·中庸》曰："文王之所以为文也，纯亦不已。"⑤ 王夫之在《四书训义》里这样解释："文王之德以宅心而制行也，为动为静，为成己为成物，纯一于善焉。夫文王之深仁大业，物皆被焉，而《诗》所言者，独称其纯，盖曰文王之所以为文者，唯此无二无杂，道自行焉，德自成焉，所以始终而一致也。"⑥ 所谓"宅心"即仁心。文王即纯德的楷模。圣道即纯道。"醇儒"就是心承圣道的楷模。又《读四书大全说》曰："所谓圣人者，尧、舜、文王、孔子而已矣。尧、舜之'惟精'，择善也；'惟一'，固执也；'问察'，择善也；'用中'，固执也。文王之'缉熙'，择善也；'不回'，固执也。孔子之'学而不厌'，择善也；'默而识之'，固执也。"⑦ 圣人即纯善者，"醇儒"即"择善

① （明）王夫之著，舒士彦点校：《读通鉴论》，中华书局2013年版，第35页。
② （明）王夫之著，舒士彦点校：《读通鉴论》，中华书局2013年版，第414页。
③ （明）王夫之著，舒士彦点校：《读通鉴论》，中华书局2013年版，第173页。
④ 张常明编注：《逊志斋外集》，上海古籍出版社2009年版，第80页。
⑤ （明）王夫之：《船山全书》（第七册），岳麓书社2011年版，第199页。
⑥ （明）王夫之：《船山全书》（第七册），岳麓书社2011年版，第205页。
⑦ （明）王夫之：《船山全书》（第六册），岳麓书社2011年版，第535页。

固执”者。孔子曰：“笃信好学，守死善道。”（《论语·泰伯》）圣学就是守死善道的学问，故信善是圣学的实质性传统。“醇儒”正是此传统的相续者。从如是的价值视域来看，方孝孺诚是一代“醇儒”，可谓醇乎醇者也。

王夫之的志业正是做“醇儒”。孔子曰：“人能弘道，非道弘人。”（《论语·卫灵公》）。“醇儒”正是自觉的弘道人。王夫之亦是以心承此传统为使命的大儒。

“醇儒”即“大儒”。王夫之《尚书引义·说命》曰：“夫惟备斯纯，惟纯乃大，是所以周子伸一而围之，以为太极。二殊五实、仁义中正之理，莫不一也，莫不备也”；“道一而已矣，一以尽道矣”①。“周子”即周敦颐（1017—1073）。圣道即纯道，纯道即大道，故“醇儒”即明体达用的“大儒”。王夫之不做浮屠之儒，不做老庄之儒，亦不做申韩之儒，而做君子儒即“醇儒”“大儒”。难怪方以智邀请他，他坚决不去。读王夫之全部作品，可以发现，他唯独推崇方孝孺为“醇儒”，并同意“道衍判断”，真可谓卓识。

大儒是圣道的真正直下承当者。可谓壁立千仞的稀有的圣贤豪杰，亦可谓世不易出的凤凰。大儒的道是大道即圣道，智慧是大智慧即圣智。圣智不是普通的知识，而是仁智勇本一的大智慧，亦可以说是德性的智慧。离开德性的智慧，皆是不明体而达用的私智小慧即智术而已。方孝孺《郑灵公》曰：“天下之事，成于大度之君子，而败于私智之小人。”② 如果用王夫之的语调说，那么“私智”的运用者可能亦是凶残的禽兽。

圣学即人道的智慧，体现的正是德性的自由。大儒正是圣学智慧的君子，而俗儒是圣学知识的仆人。“仆人”是没有力量把圣学的知识转化为圣学智慧的读书人。圣学亦是双刃剑。那些奴颜婢膝的圣学仆人，亦被圣学弄得遍体鳞伤。诽谤圣学者皆不脱离知识种子的习气。《儒林外史》中活现了许多被御用圣学弄得遍体鳞伤的仆人。仆人是在历史境

① （明）王夫之：《船山全书》（第二册），岳麓书社 2011 年版，第 270 页。

② （明）方孝孺著，徐光大点校：《方孝孺集》（上），浙江古籍出版社 2013 年版，第 150 页。

遇中不得不屈服圣学的人，也就是不笃信、笃行圣学义理的人。仆人即无精神定在性，最容易背叛或诽谤圣学的人。王夫之在《读通鉴论·隋文帝》中有精深的论议，他说：

> 苏威曰：“读《孝经》一卷，足以立身治世。”赵普曰：“臣以半部《论语》佐太祖取天下。”而威之柔以丧节，普之险以斁伦，不自知也，不自愧也。以全躯保妻子之术，为立身扬名之至德；以篡弑夺攘之谋，为内圣外王之大道；窃其形似，而自以为是，歆其荣宠者，众皆悦也。挟圣言以欺天下，而自欺其心，阉然求媚于乱贼而取容，导其君以欺孤寡、戕骨肉而无忌。呜呼！微有宋诸先生洗心藏密，即人事以推本于天，反求于性，以正大经、立大本，则圣人之言，无忌惮之小人窃之以徼幸于富贵利达，岂非圣人之大憾哉？普之于《论语》，以夺人为节用，以小惠为爱人，如斯而已，外此无一似也。威则督民诵五教，而谓先王移风易俗之道，毕于此矣。子曰：“乡原，德之贼也。”托于道，所以贼德也。正人心，闲先圣之道，根极于性命，而严辨其诚伪，非宋诸先生之极微言以立大义，《论语》《孝经》为鄙夫之先资而已矣。①

圣贤之学亦是人世间的利器，即“全躯保妻子”“立身扬名”“篡弑夺攘”“自欺其心”“洗心藏密”等的慧剑。圣贤之学会陶铸出智慧的君子，亦会开启小人的私智小慧。苏威、赵普体柔，根本不具有负荷圣道的美质，只不过是“挟圣言以欺天下”的智士而已。读书人用圣学之学自治者少，用其治人者多，古今皆然。圣学之学亦容易制造“乡原”，故繁华损枝的“乡原”不会绝矣；圣学之学难于成就“醇儒”“大儒”，故“醇儒”“大儒”容易绝矣。判断“醇儒”“大儒”的基础性标准是圣智圣慧，而不是小智小慧的法术。又《读通鉴论·梁武帝》曰：“蛾蚁之智，死之徒也，自取之也。”又《读通鉴论·光武》曰：

① （明）王夫之著，舒士彦点校：《读通鉴论》，中华书局2013年版，第521—522页。

“言权术以笼天下者，妾妇之智而已。”[①] 王夫之所谓“蛾蚁之智”“妾妇之智”，即方孝孺所谓“私智小慧”。朱熹曰：“论三代以下人品皆称子房孔明。子房今日说了脱空，明日更无愧色，毕竟只是黄老之学。及后疑戮功臣时，更寻讨他不著”；“子房分明是得老子之术，其处己、谋人皆是。孔明手写申韩之书以授后主，而治国以严，皆此意也”；“‘四皓’想只是个权谋之士”[②]。依据朱熹的意见，张子房即“阴谋”之士而已，诸葛亮即“儒表法里”的“循吏”而已，“商山四皓”即“权谋之士”而已。如果这样判断“醇儒”，试问，人世间曾有几人？

“醇儒”的“通德”。王夫之《俟解》曰：“吾尽吾道，不为人情爱憎起一波澜曲折”，“辱之不避，斥之不退，刑戮将加而不忧”，“已而以之穷困，以之躯不得全，妻子不保”，“而是非曲直原不于我一人而废天下之公”，“方孝孺之所守，此而已矣”[③]。方孝孺的风骨的确如此。此是“读书种子”的真格调、真精神。如果用王夫之的话说，那方孝孺的确是“刚而不可挠，直而不可枉，言有物而不妄，行有恒而不迁，忠信死守而不移、骄泰不期而自远”的“读书种子”，可谓是仁智勇本一的经典。王夫之绝对够得上方孝孺的后世知音。方孝孺《崔浩》曰：“君子之为学，必也本乎仁，由乎义，立乎其大者而用其智。智发乎仁义，天下之大智也。”[④] 依据王夫之的判断，有明一代仁智勇本一的“醇儒”绝矣，毫无媚态的“吾尽吾道”的“读书种子”没有了。孔子曰：“知者不惑，仁者不忧，勇者不惧。”（《论语·子罕》）智慧、仁爱、大勇便是所谓圣学“通德”。

司马迁在《史记·平津侯主父列传》里引用了公孙弘的高论：“智、仁、勇，此三者天下之通德。”[⑤] 圣学所谓“智”即仁智，所谓“勇”即仁勇。王夫之《读通鉴论·光武》曰：“善言诚者，必曰诚仁、

① （明）王夫之著，舒士彦点校：《读通鉴论》，中华书局2013年版，第475、126页。

② （宋）黎靖德编，王星贤点校：《朱子语类》（八），中华书局2015年版，第3221—3223页。

③ （明）王夫之：《船山全书》（第十二册），岳麓书社2011年版，第487页。

④ （明）方孝孺著，徐光大点校：《方孝孺集》（上），浙江古籍出版社2013年版，第188页。

⑤ 《史记》，中华书局1963年版，第3576页。

诚知、诚勇，而不但言诚”；“勇者，非气矜也，泊然于生死存亡而不失其度者也”。又《读通鉴论·光武》曰：“唯大勇者，为能以适然处变；不然，则如酒家之本不觉而固适然者也。”又《读通鉴论·敬帝》曰：“义以生勇，勇以成义，无勇者不可与立义，犹无义者不可语勇也”；“故曰：勇者天德也，与仁智并峙而三也。”又《读通鉴论·三国》曰：“图存社稷者，智深勇沉而谋之以渐。”[①]“醇儒”必是诚仁、诚智、诚勇者。“醇儒”的文化人格正是智深勇沉、深沉静定、规恢远大，所以“醇儒”的文化人格体现的正是古代文化人格的神品。圣学所谓“大勇”即“义理之勇”，或今日域中所谓“真理之勇”而已。

“醇儒”的“天命”。王夫之《读通鉴论·成帝》曰：“圣人之教也，是谓道统。”又《读通鉴论·成帝》曰：“若夫百王不易、千圣同原者，其大纲，则明伦也，察物也；其实政，则敷教也，施仁也；其精意，则祗台也，跻敬也，不显之临、无射之保也；此则圣人之道统，非可窃者也。败类之儒，恶能以此媚夷狄盗贼而使自拟先王哉？”[②]此即“醇儒”的“天命”。“醇儒”是信仰“道统”恒在的读书人，亦是不可多得的存道者，是孤行而负荷圣道者，故“醇儒”是“道统”真血脉的传承人。读书人要在“深怨”“深奸”“深仇”“忌深”“深责”“患深”“害深”“谋深”“深言”“深罪”“深求”的人世间心承“道统”，亦要“情深”“识深”“察深”“深知”“虑深”“深仁”，而不惑于“皮相”而流于“浅识”，甚而“害人”和“害已”。王夫之特别痛恨“孱柔”“痿痹”的读书人，鄙视媚软的俗儒，而强调大勇即天德。人世间最平常而亦最惊心动魄的事情永远是成人，而没有大勇是做不成人的。方孝孺《正伦》曰：“天以汝为人，而忍自绝，为禽兽之归耶？”[③]刘宗周《会录》曰：“人决有为人、不为禽兽之志，方克。”[④]

---

① （明）王夫之著，舒士彦点校：《读通鉴论》，中华书局2013年版，第115、124、186、272、495、496页。

② （明）王夫之著，舒士彦点校：《读通鉴论》，中华书局2013年版，第340页。

③ （明）方孝孺著，徐光大点校：《方孝孺集》（上），浙江古籍出版社2013年版，第38页。

④ （明）刘宗周著，吴光主编：《刘宗周全集》（第三册），浙江古籍出版社2012年版，第456页。

王夫之《思问录》亦曰："人之所以异于禽兽者，唯其志而已矣。不守其志，不充其量，则人何以异于禽兽哉！"[①] 王夫之的心志是做圣学"醇儒"，做方孝孺那样的"读书种子"。唯有如此的"读书种子"，才能为圣学开出所谓的"生面"。王夫之信仰圣学的力量来自心灵深层。信仰是大勇的根源。"醇儒"是有做人大勇的读书人，没有大勇就无法成就"醇儒"。王夫之真是方孝孺的同心人，可以相互映照。

关于"醇儒"的在世"风格"。王夫之《俟解》曰：

> 吝似俭，鄙似勤，懦似慎。吝者贪得无已，何俭之有！鄙者销磨岁月精力于农圃箪豆之中，而荒废其与生俱生之理，何勤之有！懦者畏祸而避之，躬陷于大恶而不恤，何慎之有！俭者，节其耳目口体之欲，节己而不节人。勤者，不使此心昏昧偷安于近小，心专而志致。慎者，畏其身入于非道，以守死持之而不为祸福利害所乱。能俭、能勤、能慎，可以为豪杰矣。[②]

此"豪杰"即"醇儒"。"能俭、能勤、能慎"是圣人的生活风格，故此亦是圣学重要的传统。无"欲"则"俭"，"俭"不等于"吝"，"吝"即"贪"；"心专而志致"即"持敬"，可谓"勤"。"勤"不同于"鄙"，"鄙"所谓"瞎忙"；"慎"即慎于行"道"，非"怯懦"。所以"能俭、能勤、能慎"者，就是安于圣道而岿然不动的"大儒"。又《读通鉴论·章帝》曰："君子之慎，慎以简，君子之勤、勤以敬其事。"[③] 又《尚书引义·舜典》曰："为君子者，勿但务为空言，以启后世凶人之实祸。尚慎之哉"；"言之所兴，事之所成；心之所操，天之所鉴；所以曰不可不慎也"。又《尚书引义·大禹谟》曰："子曰：'为仁由己。'志于为仁者，必由己也。殆乎仁之熟而圣焉，尤恻恻乎其惟恐不由己也。所以舜之戒禹曰：'无稽之言勿听，弗询之谋勿庸。'圣功之纯，帝道之盛，恻恻乎惟此之恐。呜呼！可不慎哉！"又《尚书引

---

① （明）王夫之：《船山全书》（第十二册），岳麓书社2011年版，第451页。

② （明）王夫之：《船山全书》（第十二册），岳麓书社2011年版，第479页。

③ （明）王夫之著，舒士彦点校：《读通鉴论》，中华书局2013年版，第163页。

义·皋陶谟》曰："不慎则亡国败家，陷于大恶而不知。"又《尚书引义·胤征》曰："君子盖慎之已"；"君子之言以动天地，而可不慎乎？"① 故"能俭、能勤、能慎"是"醇儒"的基础性生活方式，而此生活方式体现的正是圣学"毋不敬"的精神。慷慨激昂神似豪杰不难，谈笑举鼎貌似英雄亦不难，而能自拔于"穷奢极欲""好逸恶劳""醉傲狂肆"的习尚则难，在如此的习尚中"能俭、能勤、能慎"那就太难了。又《读通鉴论》曰："习尚之移人，特立不染者，伊何人邪？有之，则允为豪杰之士矣。"② "豪杰之士"即大儒。"能俭、能勤、能慎"是大儒生活的圣境。

"醇儒"不是"默贼"和"慎贼"。王夫之《张子正蒙注·中正篇》曰："张子之学所为壁立千仞，而不假人以游溢之便。先儒或病其已迫，乃诚伪之分，善恶之介，必如此谨严而后可与立。彼托于春风沂水之狂而陶然自遂者，未足以开来学、立人道也。"③ 王夫之以爱憎分明作为"醇儒"和"正学"的根本性原则。孔子曰："我未见好仁者，恶不仁者。好仁者，无以尚之；恶不仁者，其为仁矣，不使不仁者加乎其身。"（《论语·里仁篇》）张载（1020—1077）《正蒙》曰："恶不仁，所以不善未尝不知；徒好仁而不恶不仁，则习不察，行不著。是所以徒善未必尽义，徒是未必尽仁；好仁而恶不仁，然后尽仁义之道。"④ 此即说明"好仁而恶不仁，然后尽仁义之道"。李光地《榕村语录》曰："好仁，恶不仁，某意不欲分两人。好仁的人，即恶不仁的人。"⑤ 仁道岂容易哉！

刘梦溪在《读〈漫述庄禅〉致李泽厚》中说："我们中国人，尤其知识分子，太善于自我解脱了。当主观改变不了客观时，就离开客观，在主观上自行解脱，而不容易化作历史行动"；"说到底，中国知识分

① （明）王夫之：《船山全书》（第二册），岳麓书社2011年版，第258、267、270、286、287页。

② （明）王夫之著，舒士彦点校：《读通鉴论》，中华书局2013年版，第756页。

③ （明）王夫之：《船山全书》（第十二册），岳麓书社2011年版，第177页。

④ 章锡琛点校：《张载集》，中华书局1978年版，第29—30页。

⑤ （清）李光地撰，陈祖武点校：《榕村全集》（第五册），福建人民出版社2013年版，第75页。

子太爱惜自己了，太容易解脱了，追其原因，盖由于有庄禅给他们提供藏身之地。还有，在许多人那里，是非感淡漠，面对恶道和邪恶，不置一词"①。遭遇患难和险境，巧逃遂成读书人的通套。做人依然是人世间最惊心动魄的大问题。

王夫之、方孝孺惹人注目的风格正是能好仁，亦能恶不仁。方孝孺《杂诫》曰："处俗而不忤者，其和乎？其憋亦流而无立。"② 以巽顺为令，妾妇之道，何慎之有？又《杂诫》曰："己无不善，斯能恶人。"③己不善、己不仁而恶人，则为无耻小人。读书人做到能好仁不是太难，而同时能做到恶不仁就难多了。如果赞同张载"好仁而恶不仁，然后尽仁义之道"的大判断，那么，这样的读书人即使在传统社会里亦真的不多，敢于以身抗恶而行道的读书人绝对是圣学罕见的凤凰，就是面对丑恶现象敢于直言的读书人，亦不失圣学的精神格调。传统社会里的读书人亦有很多是伶俐的"默之贼"或"慎之贼"，所谓韬光养晦则是私智小慧而已，读书人生活在善恶混同的人世间，岂能韬光养晦哉？

王夫之《张子正蒙注·中正篇》曰："严以拒不仁而辨其恶之于微，然后所好者纯粹以精之理行，习之似是者不能乱也。"④ 王夫之绝不允许"小人"和"异端"混进圣门。所以严辨君子与小人的身份，圣学与异端的差异是王夫之基础性的学行风格。人世间做人只有诚与伪、善与恶、君子与小人、仁与不仁二途。所以，不诚必伪，不善必恶，不做君子，就必是小人，绝对没有中间的路可供选择。诚、善、仁皆是圣学的基础性价值，君子是这些圣学基础性价值的直下负荷者，而"醇儒"则是君子中的君子，确然的诚，诚然的善，确然没有散发小人的味道。

柴德赓赞美王夫之曰："明末遗民最干净，独学而无友，不孤陋寡

---

① 刘梦溪：《中国文化的张力》，中信出版社 2019 年版，第 183—184 页。

② （明）方孝孺著，徐光大点校：《方孝孺集》（上），浙江古籍出版社 2013 年版，第 24 页。

③ （明）方孝孺著，徐光大点校：《方孝孺集》（上），浙江古籍出版社 2013 年版，第 5 页。

④ （明）王夫之：《船山全书》（第十二册），岳麓书社 2011 年版，第 176 页。

闻。"① 此说甚好。壁立千仞绝是对醇儒文化性格特征的描述。只有毫不含糊地笃信和笃行圣学基础性价值的读书人，他的文化性格才是醇儒，他的学问才是正学，他相续的才是圣学的血脉，他才配得上"读书种子"名义。所以，不笃信和笃行圣学基础性价值的读书人，即使书读得好，经读得熟，也无缘"读书种子"的名义。如果从王夫之如是的绝对性原则评判有明一代的读书人，那么，方孝孺和王夫之绝对是醇儒和正学的楷模。王夫之、方孝孺是为君子儒而绝不为小人儒的读书人。

综上所述，王夫之所谓"醇儒"的基础性特征是：有独行其志的定识，有确乎不可拔的贞志，有死守不移的正道，有不随流俗而起倒的定情，有直言天下是非的精神，有终始一贯的定操。王夫之的"醇儒"不是以挟持英豪自现的狂士，亦不是任气的英雄，而是不随境遇而起倒的恒心人和行为冷静的意志人。醇儒是有独立特行生活风格的人。王夫之所谓"醇儒"，其实就是指仁精义熟而做人纵横自得的人，与"天地人"和谐生活，是幸福的人生即人和他的存在相一致的人，是成就了自性的人生，故他们的人生可谓圣神的人生。王夫之清刚岳立、学行醇谨、风骨戌削，可谓醇儒的经典。

赵园在《明清之际士大夫研究》中说："自虐式的苦行以及自我戕害，更是明遗民的生存方式。"② 此何言也？读书求益，这样读书又有何益？晚明读书人不要说行善了，就是语善也不容易做到。说和不说亦是仁和不仁的大界。陈寅恪、马一浮绝不会这样说，因为他们皆是大儒，立身忠厚。即使钱锺书，也不会说破。王夫之《读通鉴论·代宗》曰："苟有恻隐之心者，谁忍言此哉？"③ 又《宋论·光宗》曰："呜呼！是岂仁人君子所忍言乎？"④ 方孝孺曰："不宜言而言，是佞之徒。"⑤ 知此，有助于领悟圣学说与不说的立言原则。

---

① 柴德赓：《清代学术史讲义》，商务印书馆 2013 年版，第 72 页。

② 赵园：《明清之际士大夫研究》，北京大学出版社 1999 年版，第 13 页。

③ （明）王夫之著，舒士彦点校：《读通鉴论》，中华书局 2013 年版，第 678 页。

④ （明）王夫之：《船山全书》（第十一册），岳麓书社 2011 年版，第 277 页。

⑤ （明）方孝孺著，徐光大点校：《方孝孺集》（上），浙江古籍出版社 2013 年版，第 33 页。

王夫之《读通鉴论》曰："呜呼！盖至是而所以处此者诚难，论者设身处此，又将何以处之与？"① 读此，理应自警而慎言。魏禧(1624—1681)《日录》中所论待人诸条，有极警醒者，如云："事后论人，局外论人，是学者大病。事后论人，每将知人说得极愚；局外论人，每将难事说得极易。二者皆从不忠不恕生出。盖事后则其人之首尾尽露，局外则其人之四面俱见，但须替他设身处，从事里局中想耳。"② 这都是前贤立言论古人所坚持的基本原则，理应成为后人研究学问的第一准则。马一浮云："彼自以为天眼通，实则离魂病耳。"③ 马先生是仁者，不妄论人。这是与一位客人谈话，在那位客人走后，马先生对他的弟子说的，也是借此明理而已，无有它意。评判古人，亦能折射出人心性的仁与不仁，善与不善。用君子之道认识君子的读书人，必然是君子，似乎从来都是如此。

王夫之可谓以清刚起正学的特立独行的读书人。他在《读通鉴论·梁武帝》里说："圣王之教，绝续之际大矣哉！醇疵之小大，姑勿苛求焉，存同异于两间，而使人犹知有则，功不可没已。其疵也，后之人必有正之者矣。所以君子弗患乎人之议己，而患其无可议也"；"所以患其绝也，非患其疵也，疵可正而绝则不复也"；"有能为功于此者、略其疵可也"；"而嗣者其谁邪？"④ "疵"之小大，姑勿苛求焉。又《四书训义》曰："不可继之绝学，自我嗣之，不可成之功业，自我成之，而恶可狎也？"⑤ 又《读通鉴论·安帝》曰："呜呼！士不幸而处乱世，不屈于邪，而抑未可以死，缓急固时有矣，而可不慎所依乎！"⑥ 又《读通鉴论·宪帝》曰："夫君子之道，所以合天德、顺人心、而非异端之所可与者，森森鼎鼎，卓立于祸福之外"；"唯曰义所当然，不得

---

① （明）王夫之著，舒士彦点校：《读通鉴论》，中华书局 2013 年版，第 695 页。

② （清）梁章鉅：《退庵随笔》，文物出版社 2019 年版，第 33 页。

③ 马一浮著，吴光主编：《马一浮全集》（第一册下），浙江古籍出版社 2012 年版，第 684 页。

④ （明）王夫之著，舒士彦点校：《读通鉴论》，中华书局 2013 年版，第 468—469 页。

⑤ （明）王夫之：《船山全书》（第七册），岳麓书社 2011 年版，第 588 页。

⑥ （明）王夫之著，舒士彦点校：《读通鉴论》，中华书局 2013 年版，第 186 页。

不然也。饥寒可矣，劳役可矣，褫放可矣，囚系可矣，刀锯可矣"①。王夫之遭遇世变而隐遁著述为往圣继绝学，绝不是韬光养晦的默慎之贼，而是圣贤豪杰，可谓方孝孺之后劲。

马一浮的弟子问顾炎武，马先生说了他对明末清初三大思想家文化人格的判断："三人者，顾（顾炎武）为上，王（王夫之）次之，黄（黄宗羲）又次之，文辞亦当推亭林较为修饬，船山著书太多，梨洲亦失之粗。品格均高，然终似有霸气，未及于醇儒也。"② 要做醇儒不容易。有些话，只有有些人说，才有现实的力量。马先生是旷世大儒，人格光明俊伟，思想纯正明通，他说王夫之"终似有霸气"，真是洞见肺腑的判断。王夫之质地近刚，而"霸气"是质地近刚者最难以根除的习气。终其一生，王夫之没有刊落其"霸气"，而方孝孺则没有"霸气"。可见，人要成为"醇儒"其实是件很难的事情。究其根源，王夫之不是礼士，而方孝孺则是经典的礼士，而礼的精神是诚敬，方孝孺的自治是"以敬蓄德"。"敬胜百邪"，真不是一句空话，而是活生生的实理。马先生是礼乐君子，深通礼乐的本末大用，因而在识人上也能登峰造极。有明一代流失最为严重的圣学实质性传统正是敬德和谦德。谦敬之道，硕大光明，无有流弊，可以致福，然知此者，真不多矣。

清人梁章鉅在《退庵随笔》中说："圣人以身教人，不过曰'好古'，曰'好学'，曰'不如学'。其屡称颜子，亦不过称其好学。而颜子之好学，不谓其能读三坟五典，而只称其'不迁怒，不贰过'而已。可知圣人之教，莫切于好学，而好学之要，莫重于变化气质也。"③ 说起来容易，做起来难。所以"敬胜百邪"，真是有利于世道人心的至理名言，非有大阅历者不能言，言了也不亲切。"持敬"是通向圣域的通道。笔者读《汉书》《后汉书》《三国志》《资治通鉴》《明史》可深有体会，"不"敬真是凶德和祸源，而"敬"则是人性的土壤、气候和风景。笔者体会方孝孺，也发现了敬德的大用，受益无穷。读书求益，没

① （明）王夫之著，舒士彦点校：《读通鉴论》，中华书局2013年版，第751页。

② 马一浮著，吴光主编：《马一浮全集》（第一册下），浙江古籍出版社2012年版，第600页。

③ （清）梁章鉅：《退庵随笔》，文物出版社2019年版，第49页。

有想象的那么容易。王夫之《读通鉴论·武宗》感慨道："呜呼！士生无道之世，而欲自拔于流俗，盖亦难矣。"①

第六节　"斯为圣贤素位之学"

钱大昕（1728—1804），字晓征，号辛楣，晚年自署竹汀居士，江苏嘉定（今属上海市）人。他是乾嘉学派的巨子，学问登峰造极。阮元（1764—1849）在《十驾斋养新录》序中激情洋溢地说道：

> 我朝开国，鸿儒硕学，接踵而出，乃远过乎千百年以前。乾隆中，学者更习而精之，可谓难矣，可谓盛矣。国初以来，诸儒或言道德，或言经术，或言史学，或言天学，或言地理，或言文字音韵，或言金石诗文，专精者固多，兼擅者尚少。惟嘉定钱辛楣先生能兼其成。由今言之，盖有九难。先生讲学上书房，归里甚早，人伦师表，履蹈粹然，此人所难能一也。先生深于道德性情之理，持论必执其中，实事必求其是，此人所难能二也。先生潜研经学，传注疏义，无不洞彻原委，此人所难能三也。先生于正史杂史，无不讨寻，订千年未正之讹，此人所难能四也。先生精通天算，三统上下，无不推而明之，此人所难能五也。先生校正地志，于天下古今沿革分合，无不考而明之，此人所难能六也。先生于六书音韵，观其会通，得古人声音文字之本，此人所难能七也。先生于金石，无不编录，于官制史事，考核尤精，此人所难能八也。先生诗古文词，及其早岁，久已主盟坛坫，冠冕馆阁，此人所难能九也。合此九难，求之百载，归于嘉定，孰不云然！②

这"九难"，的确是有些难，令很多读书人望尘莫及，但与做方孝

① （明）王夫之著，舒士彦点校：《读通鉴论》，中华书局2013年版，第775页。

② （清）钱大昕：《十驾斋养新录序》，载《嘉定钱大昕全集（增订本）》（七），凤凰出版社2016年版，第5页。

孺那样的“读书种子”来说，就有些不太难了。毕竟读书做学问容易，而做能好仁而恶不仁的大丈夫、真豪杰，就太难了。钱大昕是学问不得了的人，那么，这位乾嘉学派的巨子是如何看待“读书种子”的楷模方孝孺的？这个人对他而言又意味着什么？

钱大昕诗云：“读书种子汝埙篪，弱族何堪一个萎！拾芥科名虚到手，寒毡仕宦未伸眉。三篇注补龙驹阙，六律元从凤管推。呕尽心肝搜奥窔，千秋绝业欲传谁？”① 这首诗里的“读书种子”是指钱坫。钱坫(1744—1806)，字献之，号十兰，是钱大昕的侄儿。钱坫精训诂和舆地之学，工刻印，亦善画。著述有《十经文字通正书》《汉书十表注》《圣贤冢墓志》《尔雅释义》《说文解字斠诠》《新斠注地理志》等。“三篇注补龙驹阙，六律元从凤管推”说的是他的另外一个侄子钱塘。钱塘（1735—1790)，字学渊，一字禹美，号溉亭，精音韵、文字、律吕、历算之学。著述有《史记三书释疑》《律吕正义》《淮南天文训补注》《泮宫雅乐释律》《说文声系》《述古编》等。如果从“呕尽心肝搜奥窔，千秋绝业欲传谁”的价值视域来看，那么钱坫、钱塘皆是钱氏真“读书种子”。不过，方孝孺显然不是“呕尽心肝搜奥窔”的考据式读书人，其心志真不在这方面。

方孝孺在《戆窝记》中直言：“士之可贵者，在气节，不在才智。”② 钱大昕自然知道方孝孺的精神和志趣。作为考据学的巨擘，他眼里的“读书种子”楷模方孝孺，究竟是什么样的“读书种子”？方孝孺传的是什么样的“千秋绝业”？钱大昕《方正学祠》诗曰：

> 噀尽常山舌血红，读书种子果推公。一门都入全归录，五尺羞称靖难功。煮海久知刘濞志，劳军难得亚夫忠。长陵金碗今零落，尸祝何如老秃翁？③

① 陈文和主编：《嘉定钱大昕全集（增订本）》（十），凤凰出版社2016年版，第323页。

② （明）方孝孺著，徐光大点校：《方孝孺集》（中），浙江古籍出版社2013年版，第610页。

③ 陈文和主编：《嘉定钱大昕全集（增订本）》（十），凤凰出版社2016年版，第301页。

钱大昕此诗中的“噀尽常山舌血红”是指什么？颜杲卿（692—756），字昕，世家子。曾为常山太守，因而又称颜常山。杲卿其性刚直，有劲节。《新唐书·彦杲卿传》如是记载：

> 杲卿至洛阳，禄山怒曰：“吾擢尔太守，何所负而反？”杲卿瞋目骂曰：“汝营州牧羊羯奴耳，窃荷恩宠，天子负汝何事，而乃反乎？我世唐臣，守忠义，恨不斩汝以谢上，乃从尔反耶？”禄山不胜忿，缚之天津桥柱，节解以肉啖之，詈不绝，贼钩断其舌，曰：“复能骂否？”杲卿含胡而绝，年六十五……杲卿宗子近属皆被害。①

颜杲卿与方孝孺在精神气质方面确有神似的地方。依据《方正学祠》诗，可知钱大昕判断“读书种子果推公”的标准正是“劲节”。如果用钱大昕的诗句来说，那“读书种子”就是“仙肌自识能离垢，素节何妨独傲霜”②。此即判断“读书种子”的实质性标准，而学博则尚在其次。方孝孺《溪喻》曰：

> 夫人之患莫过于自高，莫甚于自狭，而莫难乎不得其源。源乎周公孔子之道，则固终身资之而无穷，用之生民而有余矣。苟他求焉，吾未见其不涸也。广其中惟众之容，充其内不拒乎细，于学庶乎有得矣。自贵而贱人，自盈而拒物，吾未见其善学也。歉然而若虚，凝焉而若愚，戚戚焉如恐不及，而失其途，学而有得焉，庶乎可守矣。嗜名而务耀，炫智而自材，吾未见其能至也。③

这就是方孝孺读书治学的基本信念，也就是传统社会里大儒所秉持

① 《新唐书》卷一九二《颜杲卿传》，中华书局 1975 年版，第 5531 页。

② 陈文和主编：《嘉定钱大昕全集（增订本）》（十），凤凰出版社 2016 年版，第 82 页。

③ （明）方孝孺著，徐光大点校：《方孝孺集》（上），浙江古籍出版社 2013 年版，第 217 页。

的所谓“通经之用”的价值理念。主要有三个原则：“知学之不可无源也”“知学之不可自狭也”“知学之不可自高也”，并断言：“虽孔子之道，亦若是而已矣。”① 钱大昕特别赞赏此种读书教人的理念，他认为此“三语真有得乎圣贤教人自为之心法也”。他在《跋正学溪喻草稿摹本》中有非常优美的推阐释义：

> 正学先生风节似常山、平原昆第，此帖纵逸如意，不减《争坐位稿》。覃溪所摹，固已得其神似矣。予独爱其论人之患，莫过于自高，莫甚于自狭，莫难于不得其源，三语真有得乎圣贤教人自为之心法也。夫儒之为世诟病者，自贵而贱人，自盈而拒物；一旦临难，茫然失其所守，向所讲求性命，如小儿学舌，盲人说书耳，恶睹所为本原哉！读《溪喻》而知先生之学之源，正以未尝自高，而所得益深也。世徒见其舍生取义，浩然与日星河岳争光，而不知至大至刚之气，直养无害，如水之有源，自在流出，非有所矫强愤激而为之。斯为圣贤素位之学，与侠士武夫慷慨于一时者，气象大不侔矣。②

颜杲卿的昆弟即颜真卿（709—784），做过平原太守，因而世称颜平原。钱大昕为何独独选择这两位人物作为参照系来说明方孝孺是什么样的人？钱大昕是何样人物，精通历史，难道真是随随便便的比拟？方孝孺《后正统》曰：

> 夫中国之为贵者，以有君臣之等，礼仪之教，异乎夷狄也。无君臣则入于夷狄，入夷狄则与禽兽几矣；夫所贵乎中国者，以其有人伦也，以其有礼文之美，衣冠之制，可以入先王之道也。彼篡臣、贼后者，乘其君之间，杀而夺其位，人伦亡矣，而可以主天下

① （明）方孝孺著，徐光大点校：《方孝孺集》（上），浙江古籍出版社 2013 年版，第 217 页。

② 陈文和主编：《嘉定钱大昕全集（增订本）》（九），凤凰出版社 2016 年版，第 524 页。

乎？苟从而主之，是率天下之民无父无君也；吾尝妄论之曰：有天下而不可比于正统者三：篡臣也，贼后也，夷狄也。何也？夷狄恶其乱华，篡臣、贼后恶其乱伦也；此百世不易之道，《春秋》之大法也；呜呼！其亦不察乎《春秋》之义，而甘为篡贼之归也。①

钱大昕自然知道什么是春秋大法，可他生活在不能说春秋大法的时代。他为何说方孝孺风节似颜杲卿和颜真卿？难道二者仅仅局限于素节相同？难道钱大昕真有时代限人的苦闷？确有所谓对汉族名士仕清者寓痛惜之意哉？这难道是钱大昕讲学上书房而归里甚早的心事底蕴？

我们不能断定这位大历史学家深隐的心志。知人，天下之至难，由人之言观人，至难之尤也。不过，钱大昕真赏方孝孺的议论可谓不同凡响，一个字也不胡说，其识人的能力，令人叹为观止，望尘莫及，可谓读书人中稀有的明眼人，即心目俱醒的人。依据他的判断，方孝孺是深得圣贤学脉真意的读书人，即“斯为圣贤素位之学”的真“读书种子”，而不是临难而茫然失其所守的懦夫，或本末倒置的所谓腐儒，也不是“感慨以就戮”的“侠士”“武夫”，所行之事更不是乳犬攫虎，伏鸡搏狸的幼稚行为。也就是说，方孝孺这类学圣贤的读书人，完全有自由志意达到自己作为人的真理性存在。钱大昕的议论与《明史》的赞论可相互发明，相得益彰。《明史》赞曰：

“靖难”之役，朝臣多捐躯殉国。若王艮以下诸人之从容就节，非大义素明者不能也。高巍一介布衣，慷慨上书，请归藩服；其持论甚伟，又能超然远引，晦迹自全，可称奇士。若夫行遁诸贤，虽其姓字杂出于诸家传纪，未足征信，而忠义奇节，人多乐道之者。《传》曰：“与其过而去之，宁过而存之。”亦足以扶植纲常，使懦夫有立志也。②

① （明）方孝孺著，徐光大点校：《方孝孺集》（上），浙江古籍出版社 2013 年版，第 72—74 页。

② 《明史》卷一四三《牛景先传》，中华书局 1974 年版，第 4065 页。

钱大昕对《明史》有这样的评论和赞誉:"议论平允,考稽详核,前代诸史莫能及也。"[①]《明史》赞语用"大义素明",而钱大昕用"圣贤素位之学"说遭遇"靖难"而捐躯的奇士,可谓议论平允,实事求是。方孝孺非势激而慷慨于一时的"狂士"或"侠士",而是"大义素明"的"志士""奇士"。方孝孺有深静的性格,有稳定的价值取向,有清晰朴实的思想,有严肃纯洁的道德信念,有坚如磐石的意志,没有境遇性的激情和任性的情绪,所以,他所有的言行皆是意志和理性的流露,没有丝毫的任性意思在,体现了无与伦比的意志的真实,没有任何多余的外饰。德国社会学家马克斯·韦伯(1864—1920)在《学术与政治》中说:

> 政治是靠头脑产生的,但肯定不是仅仅依靠头脑。就此而言,信念伦理的信徒完全正确。谁也不能教导某个人,他是该按信念伦理还是该按责任伦理行动,或者他何时该按此行动,何时该按彼行动。……那么我得坦率声明,我要做的就是去搞清楚,支撑着这种信念伦理的内在力量大到什么程度。我的印象是,我十有八九是在同一些空话连篇的人打交道,他们并没有真正认识到自己在承担着什么事情,不过是陶醉在一种浪漫情怀之中而已。从人性的角度看,这种表现既引不起我的兴趣,也不会把我深深打动。能够深深打动人心的,是一个成熟的人(无论年龄大小),他意识到了对自己行动后果的责任,真正发自内心地感受着这一责任,然后他遵照责任伦理采取行动,到了某个时刻,他说:"这就是我的立场,我只能如此。"这才是真正符合人性的,令人感动的表现。我们每一个人,只要精神尚未死亡,就必定有可能在某时某刻置于这样一个处境。就此而言,信念伦理和责任伦理便不是截然对立的,而是互为补充的,唯有将两者结合在一起,才构成一个真正的人,一个能

① 陈文和主编:《嘉定钱大昕全集(增订本)》(七),凤凰出版社 2016 年版,第 269 页。

够担当“政治天职”的人。①

借此文可体究“圣贤素位之学”的本末大用。方孝孺的道义之勇，源于素养，非一朝一夕之力。他的学术旨趣是礼乐政教，用今天的话说，他就是社会学家和政治哲学家，而且是献身于实践的社会学家和政治哲学家。此即其素志。所以，他是一个能够担当政治天职的人，其行动皆思之熟矣，而不是境遇性的势激行为。中国古代的圣学及其传统是家国一体之学，那么其观照的主要问题便是人与人的关系，即所谓人道。用今天的话说，就是文化秩序、社会秩序、伦理秩序。所以，圣学及其传统是社会化智慧，因而其信仰者，特别是有机缘事君者，其实就是文化秩序、社会秩序、伦理秩序的主要建构者和守护者。所以，真儒用世或通经致用是家国之学的本质要求，可以说是其天职。而三纲六纪就是这种秩序的集中而具体的体现，即外衣，仁义礼智信等“信念伦理”皆建基于此秩序之上。家国之学是信念伦理和责任伦理合一的学问，也需要信仰者献出忠诚、做出牺牲，即为道舍身。传统社会所谓真儒、志士、豪杰等皆是笃信笃行此价值信念的典范。所以，笃信笃行此学者也预知了其艰难险阻，而真正发自内心地感受着这一责任。所以，到了某个时刻，他也会说：“这就是我的立场，我只能如此，而从容毕命。”这就是方孝孺的素志本怀。今人必须把方孝孺所代表的思想文化与他生活时代的社会制度等区分开，因为社会制度等具有时效性，但不具有恒在的价值及意义，而文化思想及其传统则有相续的特性，有恒在的价值及意义。方孝孺不仅仅是臣子，而是圣学及其圣统的负荷者。我们对他用圣学思想和儒家纲常伦理陶铸出来的伟大文化人格表示深深的敬仰，对他表现出为道舍身的人类罕见的大勇表达至诚的礼赞，对他遭遇的惊心动魄的人祸怀有深切的同情，跟他学读书和做人。从人性的角度看，方孝孺是把信念伦理和责任伦理两者结合在一起的一个真正成熟的人。

---

① ［德］马克斯·韦伯：《马克斯·韦伯社会学文集》，阎克文译，人民出版社2010年版，第125页。

方孝孺《苏威》曰："可以生可以死，可以贵可以贱者，君子也。恶死而慕生，贪富贵而戚贫贱者，小人也。以死为可恶，宁知死有善于生者乎？以贵为可乐，宁知贱有安于贵者乎？君子之于世，视生死贵贱如手之仰俯，不以动其意而一以义裁之。义宜死也，虽假之以百龄之寿，不苟生也。义宜贱也，虽诱之以三公之爵，不苟贵也。"[①] 又《斥妄》曰："故不能尽人道，虽不死而无益，尽人之道虽不得其死，犹不死也"；"圣人之于生死，宜先知之"[②]。又《唐》曰："有志非常之功者，必有非常之祸。"[③] 又《云敞赞》序曰："古之仁人义士，视刀锯如饮食，恬然就之而不辞者，其好恶宁独异于人哉？见义明而虑道远，如是而死则安，如是而生则辱；如是而富贵则足耻，如是而贫贱则可乐。故其取舍之际，断乎其不苟也。"[④] 又《贞义处士郑君墓表》曰："倘所为合乎义，而遭逢其事变，陨身于难，得命之正也，孰加焉"；"苟不由义而负耻贪垢以全其身，纵登上寿、殁牖下，君子视之犹狐鼠之毙腐，曷足谓之正命乎？"[⑤]

由以上引证材料可知，方孝孺与古今仁人志士一样，也是经典的前识生死者即前死者，清楚地知道如何生和如何死，不是做白日梦的读书人。他早早就预知了自己的死亡，并预演了其死法。他对他的言行皆有清醒而不含糊的理性认识，可以说是冷静的行为人即识明而刚，其言行流露着理性的沉静和圣学的祥和之美。笃信、笃行圣学义理是其素志本怀，所以岿然不动，自始至终，依然如故。富贵利禄不能诱惑，威虐死亡也奈何不了。志既已定，更不可易，故虽死生许大事，也动他不得。方孝孺是真志士，用他自己的话说，就是人中"铁汉"。马克思·舍勒

① （明）方孝孺著，徐光大点校：《方孝孺集》（上），浙江古籍出版社 2013 年版，第 193 页。

② （明）方孝孺著，徐光大点校：《方孝孺集》（上），浙江古籍出版社 2013 年版，第 207 页。

③ （明）方孝孺著，徐光大点校：《方孝孺集》（上），浙江古籍出版社 2013 年版，第 195 页。

④ （明）方孝孺著，徐光大点校：《方孝孺集》（下），浙江古籍出版社 2013 年版，第 714 页。

⑤ （明）方孝孺著，徐光大点校：《方孝孺集》（下），浙江古籍出版社 2013 年版，第 844 页。

《世界观与政治领袖》说："英雄是意志人。"[①] 又《哲学与现象学》说："冷静的行为人，例如从事大事业的人的特别姿态，英雄特征的最高形式。"[②] 马克思·舍勒所谓"意志人"的经典特征正是意志确定、意志集中、意志恒久、行动有力，绝少受境遇的影响而转移其心志。"意志人"几乎是不可战胜的。方孝孺所谓"铁汉"与马克思·舍勒所谓"意志人"，在精神气质层面神似，因而可以合观领会。

人最大的问题就是无意志或意志孱弱。方孝孺是经典的"铁汉"，也可以说是名副其实的"意志人"，所以他的极大贡献和存在的意义正是给人类提供了非凡意志力的证据。一个人竟然能用内在的自由意志，把其自身的精神提高到如此的高度，真是令人叹为观止。人的精神力量竟然这样不可思议！难怪大儒不断说唤醒人是关键，西哲哲学也是唤醒人的哲学。方孝孺是天醒者，不用唤醒，这样的人实属罕见，难怪道衍说："杀孝孺，读书种子绝矣。"方孝孺拒写诏书，是其自由意志的素定呈现，非势激的意兴，更不是所谓"乳犬攫虎，伏鸡搏狸"，而是"大义素明"的大勇，即仁者的大勇，也是智者之勇，即见义明而虑道远的抉择。方孝孺是自主选择了圣学，所以重担子就不能把他压倒，为圣学献出自己的理想和忠诚，就是素志本怀，与情景性势激无关。他遭逢背礼乱伦的篡贼，绝不负耻贪垢以全其身，视刀锯如饮食，恬然就之而不辞，知义之重于死也，绝不会自辱、自污其笃信笃行的圣学礼义，到了应死的时候，绝不找寻各种理由，无耻苟活。这就是方孝孺，即愿意为自己的崇高的价值理念献出自己的生命。他死得其所，死得其所矣。无论在任何时代，方孝孺这样的言行即绝不屈服、绝不俯首听命、绝不自己践踏自己恪守的价值理念，都是名副其实的崇高品德。如此勇敢，从胸膛里腾起生命的烈焰；如此理性，为自择的价值信仰而献身；如此忠诚，表里如一，做的就是说的，说的就是做的，意志竦拔，不可撼动，方孝孺的死是精神本体自由的呈现，是高度自觉的理性意志行

---

① ［德］马克思·舍勒：《世界观与政治领袖》，曹卫东等译，北京师范大学出版社2017年版，第151页。

② ［德］马克思·舍勒：《哲学与现象学》，倪梁康等译，北京师范大学出版社2014年版，第21页。

为。所以，方孝孺与佛门肯舍头的狮子尊者可等量齐观，其尊严和崇高精神，令人敬仰。只有真正的圣学信徒才能有如此纯粹的道德价值，有忠诚、勇敢、正直、殉道的精神气质。

叔本华在《作为意志和表象的世界》中说："在人的行为中，我们有理由给予某些东西高于一切的评价，如自觉的正义行为和由心性出发的高贵情操。"① 借这句话评价方孝孺和解释钱大昕真赏方孝孺的意义，真是再好不过。人遭遇险境而能勇敢面对，不容易。受辱而苟活，不肯决断死，其精神人格土崩瓦解，反为生所累，其生活的意义何在？方孝孺《苏威》曰："无耻之人，气不足以有为，节不能以自守，其屈身于盗贼，固势使之然，岂足深怪哉？"② 屈膝苟活，委曲求全，生活的意义丧失殆尽，哪有浩然正气？心性被污染，资质受损坏，哪有清刚之体？福柯说："自由是伦理的本体论状态。我们通过反思得知，伦理是自由所采取的深思熟虑的形式。"③ 借此可领会圣学杀身成仁和舍生取义的真谛。方孝孺是能处其身于礼义的真君子，是挺直脊梁堂堂正正做人的读书人，是有礼义之勇的志刚气烈的奇士。不笃信笃行圣学礼义的读书人，即驰骛辩说而忽于躬行的读书人，即使遭遇残酷境遇的胁迫，恐怕也没有浩然舍生取义的至大至刚的天地元气。方孝孺按照自己的心志，做出自己的决断，早早就预见了自己的必然结局，所以他极其冷静地执行他生命中最重要的，也是最可怕的决定。他有一颗钢铁般的心，他的舍生取义是自由意志所采取的深思熟虑的形式，流露的是中国传统社会里圣贤素位之学的真精神和真格调，是大义素明者的从容就节，非所谓势激式的乳犬攫虎、伏鸡搏狸的激愤。此可大明矣，此可大明矣。

陀思妥耶夫斯基（1821—1881）写有这样一本书，即《被侮辱和被损害的》，带给笔者沉重的忧惧，时至今日，也无法彻底规避。有鉴于此，有良知者应拒绝以任何理由诽谤方孝孺这样的读书人。方孝孺享

① ［德］叔本华：《作为意志和表象的世界》，石冲白译，商务印书馆 1982 年版，第 72 页。

② （明）方孝孺著，徐光大点校：《方孝孺集》（上），浙江古籍出版社 2013 年版，第 194 页。

③ ［法］米歇尔·福柯著，汪民安编：《自我技术：福柯文选Ⅲ》，北京大学出版社 2016 年版，第 54 页。

有最充分的人的尊严，从不被侮辱和不被损害这个价值视域看，他也是最幸福的人。方孝孺《袁粲》如是说："后世好为言论者，持法太刻，而责人太备。或以己之不及，而意人之皆然，极排曲诋，使义夫智士不获自全乎世，此大患也。"[①] 方以智《曼寓草中·幼安论》曰："士不幸生乱世，既已幸全于当时，而犹不得全于后世之论。"[②] 爱憎之议，可不畏哉！可不畏哉！

纵观方孝孺的一生，其人早慧，因而闻道甚早。天性高明而纯刚，因而少年负奇志。秉承家学，以礼修身，勇于自治，主敬立诚，力行不怠，因而志行端洁，气象崇高，可谓绝世风姿不受尘。其学术有渊深，皆本诸身心，因而学术与心身未尝有二。发为词章，表里如一，花实相符，字字出肺腑，浩乎若秋江之涛，鼓荡不常；霭乎若春空之云，变化莫测，读之令人深快。方孝孺大义素明，为国家真肝胆，出于天性，其于生死，已先知之，坦然而生，淡然而死，死得其所。方孝孺是一个真正领悟了内在自由的人，因而对做人有信仰。呜呼！奇材伟人世不作，太息斯人付冥漠。其《次郑好义纪梦韵》中有这样一首诗："公之神明在宇宙，陟降照临焉可度。或乘鸾凤骖麒麟，或奏韶夏陈羽钥。钧天清都足豪俊，讲道论文恣欢谑。应悲我辈混世尘，俯首颦眉语咿喔。"[③] 读此可警醒。叔本华在《作为意志和表象的世界》中说："他，充满着这个深刻形象的生命，拥有最高的、诗意的真理和最重大的人生意义，在具备完美的德性、神圣性、崇高性的同时，又在无比的受难状况中矗立在我们面前。"[④] 借此移品方孝孺，真是最美的陈述。道衍的《腊梅》诗曰："南枝花放腊新镕，绝与罗浮种不同。澹影寒香殊可爱，品题何不遇逋翁。"[⑤] 方孝孺真是"澹影寒香殊可爱"的一树梅花，唤起一世

---

① （明）方孝孺著，徐光大点校：《方孝孺集》（上），浙江古籍出版社 2013 年版，第 191 页。

② （明）方以智：《浮山文集》，华夏出版社 2017 年版，第 164 页。

③ （明）方孝孺著，徐光大点校：《方孝孺集》（下），浙江古籍出版社 2013 年版，第 931 页。

④ ［德］叔本华：《作为意志和表象的世界》，石冲白译，商务印书馆 1982 年版，第 143 页。

⑤ （明）姚广孝著，乐贵明编：《姚广孝集》（第一册），商务印书馆 2016 年版，第 124 页。

精神，真是与道衍"种不同"！

钱大昕的《黄忠节公年谱序》曰："从容毕命，盖斟酌于平日，非感激于一时，此道义之勇所由，异于豪侠之勇也。"① 方孝孺便是如此。有鉴于此，笔者对钱大昕真赏方孝孺表达由衷的敬意，乾嘉学派的大师，在相人层面，也不可及矣。真可谓千古知己，万世生色。

钱大昕有一个很重要的关于读书做人的价值理念，与我们时代主流治学信念有所不同。他在《廿二史考异序》中说："桑榆景迫，学殖无成，唯有实事求是，护惜古人之苦心，可与海内共白。"② 又《答王西庄书》曰："愚以为学问乃千秋事，订讹规过，非以訾毁前人，实以嘉惠后学。但议论须平允，词气须谦和。一事之失，无妨全体之善，不可效宋儒所云'一有差失，则余无足观'耳。"③ 实事求是的理解是真了解，是无隔阂肤廓的体认，真护惜。不过，要做到实事求是地"护惜古人"，不仅需要学博，还需要心术贞纯。钱大昕护惜方孝孺，不是缘于博学，而是缘于心术贞纯。如果心术不贞纯，议论就很难平允，词气也不容易谦和，更谈不上真赏。

程颐曰："善观人者必有见于己。"④ 可谓真言！德国著名哲学家伽达默尔在《哲学解释学》中说："理解一个文本就是使自己在某种对话中理解自己。"⑤ 借此可领会程颐"善观人者必有见于己"的理学意义。人对文化英雄的理解包含着自我的理解，也就是一种想象性的自我投射。钱大昕能真赏方孝孺，他自己究竟是什么样的"读书种子"？他和他心赏的方孝孺气类相似吗？他在学问领域，登峰造极，难于匹敌，可是方孝孺认为士之可贵者，在气节，不在才智。钱大昕是志士吗？他可

① 陈文和主编：《嘉定钱大昕全集（增订本）》（十一），凤凰出版社 2016 年版，第 198 页。

② 陈文和主编：《嘉定钱大昕全集（增订本）》（九），凤凰出版社 2016 年版，第 378 页。

③ 陈文和主编：《嘉定钱大昕全集（增订本）》（九），凤凰出版社 2016 年版，第 569 页。

④（宋）程颢、程颐著，王孝鱼点校：《二程集》（上册），中华书局 1981 年版，第 167 页。

⑤［德］汉斯-格奥尔格·伽达默尔：《哲学解释学》，夏镇平、宋建平译，上海译文出版社 2016 年版，第 58 页。

生活在一个不容志士的特殊历史境遇中，给人的印象不就是在钻研故纸堆吗？难道也是方孝孺那样的志士不成？他在《十驾斋养新录·党籍》中说道：

> 元祐党籍三百九人，不皆粹然正人也，而至今与马、吕并传者，蔡京挤毁以成其名也。建文奸党，非皆凛然忠臣也，而至今与方、练俱传者，成祖肆刑以成其名也。奸臣暴君，快意于一时，而被其毒者，流芳于百世。心愈狠而计愈拙，当时无恻隐羞恶之心，后世岂无是非之心哉！徐健庵云“做官时少，做人时多；做人时少，做鬼时多”。此辈惜未闻斯语。①

钱大昕这是在说哪个时代？难道这里没有些许钱大昕对他生活时代的感受？难道真没有弦外之音和指桑骂槐之意味？钱大昕生活在大兴文字狱的时代呀！读书人动辄得咎，噤若寒蝉，哪敢轻狂！反复阅读此段材料，是不是觉得钱大昕确有书生的狂味？也敢陈胸中磊磈之蕴？钱大昕在同书《荐贤》里对那些“身家之念重，而忠爱之意薄”② 的读书人，也公开表达了自己的不满。方孝孺正是“身家之念薄而忠爱之意重”的“凛然忠臣”。据此，是否可以说钱大昕没有人想象得那样彻底地埋头于故纸堆，只做考证的文字而对圣学义理无动于衷？他在《十驾斋养新录·义利》中说道：

> 古之士无恒产而有恒心，今之士即有恒产，独不能保其有恒心也，况无恒产乎？临财苟得，临难苟免，好利而不好名，随在庠序，其志趣与市井胥徒何以异哉！王伯厚云：“尚志谓之士，行己有耻谓之士，否则何以异乎工商？特立独行谓之儒，通天地人谓之儒，否则何以异乎老释？无其实而窃其名，可以欺其心，

① 陈文和主编：《嘉定钱大昕全集（增订本）》（七），凤凰出版社 2016 年版，第 483—487 页。

② 陈文和主编：《嘉定钱大昕全集（增订本）》（七），凤凰出版社 2016 年版，第 483 页。

不可以欺其乡。"①

王伯厚即王应麟（1223—1296），字伯厚，也是宋末元初的大儒。鼎革之后，其人劲节，隐居不仕，是方孝孺的同里前辈，其所著《困学纪闻》是罕其伦比的考证学的经典，也蕴含其人之心志深痛。钱大昕的《十驾斋养新录》是纯粹的考证学著作，在这样纯粹的考证学著作中，征引王应麟的这段论志士的言论，自然没有丝毫的考证学的价值。细思深究，这流露的正是钱大昕心中暗藏的心志。钱大昕有思想，有眼光，有心志，因而要比我们更懂方孝孺其人其学。不然，他就不会说"读书种子果推公"即把方孝孺标举为"读书种子"的楷模。只不过，钱大昕生活的时代，不易谈义理和心志，何况心性近中和而远刚烈，加之学养深厚，不喜高言空论，因而读其书不易知其人。如果把上述所征引的关于他的材料合观参究，就会深知钱大昕也有志士的风骨，有深刻而稳定的价值信仰。依据钱大昕的高见，方孝孺舍生取义，流露的是"圣贤素位之学"的真精神，即"志不可夺"，而不是所谓势激的慷慨。刘宗周提醒读书人："不要错看了豪杰。古人一言一动，凡可信之当时，传之后世者，莫不有一段真至精神在内。此一段精神，所谓诚也。惟诚故能建立，故足不朽。若稍涉名心，便是不诚。不诚则无物，何从生事业也？"② 读此令人感慨万千。钱大昕的学问自有一段真挚精神在内，非所谓纯粹"断情感"式的考据学，此可明矣。钱大昕说："人不易知，知人亦未易。"③ 诚哉！是言。方孝孺的《晋论二首》曰：

> 书不可尽信也，而记载之词为尤甚。同时而仕，同堂而语，十人书之，则其事各异。盖闻有详略，辞有工拙，而意志所向，好恶

---

① 陈文和主编：《嘉定钱大昕全集（增订本）》（七），凤凰出版社 2016 年版，第 473—474 页。

② （明）刘宗周著，吴光主编：《刘宗周全集》（第三册），浙江古籍出版社 2012 年版，第 458 页。

③ 陈文和主编：《嘉定钱大昕全集（增订本）》（七），凤凰出版社 2016 年版，第 482 页。

不同。以好恶之私，持不审之论，而其词又不足以发之，能不失其真者，鲜矣。况于世之相远或数百年，耳不闻其言，目不睹其事，身不预当时之得失，意揣心拘，以补其不足，而增其所未备；或有所畏而不敢直书，或有旧恩故怨而过为毁誉，或务奇炫博而信传闻之辞，或欲骇人之视听而驾为浮辨。自左氏、司马迁不能免乎此弊，况世之庸史，其能传信而不误哉！苟不因人君之贤否，以考其政之治乱，因行事之忠诈，以定其人之功罪，而欲尽信史之言，则奸邪或有幸而无所惩，豪杰之士咸有遗恨。①

最后，借钱大昕“桑榆景迫，学殖无成，唯有实事求是，护惜古人之苦心，可与海内共白”之言而自警和自励。堂堂大丈夫，俯仰宇宙间，宁无圣贤心？

第七节　“圣贤血脉人得真”

马一浮（1883—1967），幼名福田，后改名浮，原籍浙江会稽（今浙江绍兴）人，出生于四川成都，是20世纪的鸿儒硕学，求之百载，也不多见。

笔者年复一年地咀嚼式阅读方孝孺、马一浮主要是在逐渐廓清自己心性的污染，从而拯救自己。方孝孺曰：“呜呼！不以毁誉观人者，吾弗得见之矣！能不变屈于毁誉，于道也其庶矣乎。”笔者从小就浸染了胡骂古人的恶习，竟然遗忘了成人，现在不想胡骂古人，然习惯若天性，刮骨疗毒，谈何容易。因而今日最迫切最沉重的任务是提升自己对古今仁人志士的敬意和温情，踏上见贤思齐和观人修己的读书之路。

为何选择马一浮作为体究方孝孺其人的参照系？马先生说：“学者第一要识病，第二肯服药，方能起沉痼。识病而不求医，有药而不肯

① （明）方孝孺著，徐光大点校：《方孝孺集》（上），浙江古籍出版社2013年版，第176页。

服，则终身无痊愈之日矣。不知人本来是个健康的，病皆后起，及药到病痊，还是本来健康，完全恢复本来健康，即是圣人。"[①] 此即原因一。原因二，马先生说："如不善学，则醍醐反成毒药。"[②] 方孝孺也说，"巍巍然善学之君子"。方孝孺、马一浮绝对是"善学"中华文化的君子，这与古今境遇没有什么关系。马先生有一次对他的学生说："吾自知于圣贤血脉认得真，有所撰述，辄有精力注于其间，必不磨灭。"[③] 方孝孺所谓"巍巍然善学之君子"，道衍所谓"读书种子"，用马先生所谓"吾自知于圣贤血脉认得真"释义，堪称绝美。清人刘然《遏方正学先生祠》诗曰："书种芒芒留圣脉，麻衣寸寸结君恩。"[④] 方孝孺、马先生这类"读书种子"正是对"圣贤血脉认得真"的"善学之君子"，即所谓"留圣脉"的读书人。古今"读书种子"楷模，比类而观，彼此映照，互相发明，真个绝矣。

马先生对他的弟子说：

> 庶几或有明眼人，可以留下几许种子[⑤]；古之教人，所以使学者长善而救其失。今则不然，率皆陷溺其心，实为致乱之源。汝在学校执教，须识得教学相长之义。正因为学风败坏，人心丧溺，更应切己用工，不可随俗浮沉下去。果能教人以诚，告之以正，在目前虽不必期其有效，然总有几个感受启发的。如此留下少许种子，待他发荣滋长，便是济众之事。[⑥]

① 马一浮著，吴光主编：《马一浮全集》（第一册下），浙江古籍出版社 2012 年版，第 772 页。

② 马一浮著，吴光主编：《马一浮全集》（第一册下），浙江古籍出版社 2012 年版，第 743 页。

③ 马一浮著，吴光主编：《马一浮全集》（第一册下），浙江古籍出版社 2012 年版，第 694—695 页。

④（明）方孝孺等著，张常明编注：《缑城正气集》，上海古籍出版社 2003 年版，第 128 页。

⑤ 马一浮著，吴光主编：《马一浮全集》（第一册下），浙江古籍出版社 2012 年版，第 680 页。

⑥ 马一浮著，吴光主编：《马一浮全集》（第一册下），浙江古籍出版社 2012 年版，第 752 页。

依据“读书种子”的信念，只有“明眼人”，方能对“圣贤血脉认得真”。何为“明眼人”？唐代诗人寒山子有这样一首诗：

有人笑我诗，我诗合典雅。
不烦郑氏笺，岂用毛公解。
不恨会人稀，只为知音寡。
若遣趁宫商，余病莫能罢。
忽遇明眼人，即自流天下。①

马先生所谓“明眼人”正是唯能见传统文化异彩的知音。唯有如此的人，可以培植接续中华文化血脉的“几许种子”。马克思·舍勒说：“只有有爱心的人眼睛是睁开的—眼睛的明亮取决于他们爱的程度。”② 借此可领悟马先生所谓“明眼人”的真意。马克思·舍勒所谓“爱心”其实就是圣贤之学所谓“仁心”，所以唯有此“爱心”者，方能对圣贤之学的血脉彻上彻下认得清。

方孝孺、马先生正是“明眼人”，能见固有学问的异彩，他们做的正是“明眼人”不得不做的事情，即培植接续圣贤之学血脉的“几许种子”。马先生在《告书院学人书五》中说：“时方危难，中土圣贤之学晦而不明久矣。吾以炳烛余年，犹与诸君一日共学，虽其言未足以为益，其属望诸君负荷斯道之心实无有尽。”③ 又《泰和会语·横渠四句教》中说：“为往圣继绝学，在横渠绝非夸词。今当人心晦盲否塞，人欲横流之时，必须研究义理，乃可以自拔于流俗，不致戕贼其天性。学者当知，圣学者即是义理之学。切勿以心性为空谈，而自安于卑陋也。”④ 横渠即张载，其著名的四句教是：“为天地立心，为生民立命，

① （清）彭定求等编：《全唐诗》（第十二册），中华书局 2003 年版，第 9186 页。

② ［德］马克思·舍勒：《爱的秩序》，孙周兴等译，北京师范大学出版社 2017 年版，第 155 页。

③ 马一浮著，吴光主编：《马一浮全集》（第一册下），浙江古籍出版社 2012 年版，第 559 页。

④ 马一浮著，吴光主编：《马一浮全集》（第一册上），浙江古籍出版社 2012 年版，第 6 页。

为去圣继绝学，为万世开太平。”① 方孝孺诗曰：“著书倘可寓王制，未死尚期明圣学。”② 又曰：“如仆之鄙陋，既无可用于时”，“庶几复见古人之盛，使圣贤之学衣被海内，固有志者之所乐闻也”③。此即“读书种子”的心志及精神。

依据上文所述，可知道衍所谓“读书种子”，方孝孺所谓“善学君子”，马一浮所谓“留下几许种子”，正是指特立独行地“负荷斯道”即“中土圣贤血脉”的读书人，也就是“自拔于流俗”而“为往圣继绝学”的豪杰之士。如此的“读书种子”，皆发自肺腑地护惜实质性的传统，因而具有一种真正的传统价值。

马一浮说：“譬如播种，但有嘉种下地，不失雨露培养，自能发荣滋长。”④ 看来培植相续“中土圣贤之学”的种子，既要有“明眼人”，也要有“嘉种”，还要“不失雨露培养”。这样的机缘真不多，所以马先生才说“留下少许种子”，道衍才敢断言“杀孝孺，天下读书种子绝矣”。

试问，“读书种子”究竟要相续什么样的学问？马先生有酣畅淋漓的论议，读来令人动魄悦魂至极矣。马先生如是说：

> 学者当知六艺之教，固是中国至高特殊之文化：唯其可以推行于全人类，放之四海而皆准，所以至高；唯其为现在人类中尚有多数未能了解，“百姓日用而不知”，所以特殊。故今日欲弘六艺之道，并不是狭义的保存国粹，单独的发挥自己民族精神而止，是要使此种文化普遍的及于全人类，革新全人类习气上之流失，而复其本然之善，全其性德之真，方是成己成物，尽己之性，尽人之性，方是圣人之盛德大业。若于此信不及，则是于六艺之道犹未能有所

① 章锡琛点校：《张载集》，中华书局1978年版，第321页。

② （明）方孝孺著，徐光大点校：《方孝孺集》（下），浙江古籍出版社2013年版，第931页。

③ （明）方孝孺著，徐光大点校：《方孝孺集》（中），浙江古籍出版社2013年版，第395页。

④ 马一浮著，吴光主编：《马一浮全集》（第一册上），浙江古籍出版社2012年版，第3页。

入，于此至高、特殊的文化尚未能真正认识也。诸君勿疑此为估价太高，圣人之道，实是如此。世界无尽，众生无尽，圣人之愿力亦无有尽。人类未来之生命方长，历史经过之时间尚短，天地之道只是个“至诚无息”，圣人之道只是个“纯亦不已”，往者过，来者续，本无一息之停。此理决不会中断，人心决定是同然。若使西方有圣人出，行出来的也是这个六艺之道，但是名言不同而已；吾敢断言，天地一日不毁，人心一日不灭，则六艺之道炳然常存。①

马先生推阐圣贤之学的本末大用，真个精彩超群伦！真够得上其千载难逢的知音。方孝孺正是“胸中六经粲星斗”的“读书种子”，能与圣贤之学生死契阔。所谓圣贤之学就是以“六艺”为中心的成人之学。何谓“六艺”？

马先生如是说道：“六艺者，即是《诗》《书》《礼》《乐》《易》《春秋》也。此是孔子之教，吾国二千余年来普遍承认一切学术之源皆出于此，其余都是六艺之支流。故六艺可以该摄诸学，诸学不能该摄六艺”②；“今依《汉书·艺文志》以六艺当六经。经者，常也，以道言谓之经；艺犹树艺，以教言谓之艺”③。此即所谓“六艺之学”，是我国学术思想和立国做人之源。试问，这“六艺之学”究竟是什么样的学问系统？马先生曰：

人人皆习言学问，却少有于此二字之义加以明晰之解说者。如见人读书多、见闻广，或有才辩、能文辞，便谓之有学问。古人所谓学问，似乎不是如此。此可说是有知识、有才能，若言学问，却别有事在。知识是从闻见得来的，不能无所遗；才能是从气质生就的，不能无所偏。今所谓专家属前一类，所谓天才属后一类。学问

① 马一浮著，吴光主编：《马一浮全集》（第一册上），浙江古籍出版社 2012 年版，第 19—20 页。

② 马一浮著，吴光主编：《马一浮全集》（第一册上），浙江古籍出版社 2012 年版，第 8 页。

③ 马一浮著，吴光主编：《马一浮全集》（第一册上），浙江古籍出版社 2012 年版，第 10 页。

> 却要自心体验而后得，不专恃闻见；要变化气质而后成，不偏重才能。知识、才能是学问之资藉，不即是学问之成就。唯尽知可至于盛德，乃是得之于己；尽能可以为大业，也必有赖于修。如此，故学问之事起焉。是知学问乃所以尽知尽能之事，而非多知多能之谓也。①

依据马先生给出的学问范畴，可知圣贤之学有两个系统：一是学问系统，二是知识系统。这两个系统并不是特别的泾渭分明，而是你中有我，我中有你。不过，在特殊的历史境遇时刻，时而偏重学问系统，例如宋明理学，时而则偏重知识系统，例如乾嘉朴学。所谓"圣学知识系统"主要是指琐碎繁重的名物、制度、礼节等可以证实的知识；所谓"圣学学问系统"主要是指义理系统。而马先生所谓"读书种子"是指相续圣学学问系统的读书人，可称为"学问种子"。同理，可以把接续圣学知识系统的读书人称为"知识种子"。知识种子偏重才能，其特征是读书多、见闻广或有才辩、能文辞；而学问种子读书则自心体验，变化气质至于盛德。此即区别学问种子和知识种子的核心指标。借此可明白方孝孺相续的正是圣学学问系统的正学脉。金岳霖（1895—1984）在《论道·绪论》中说：

> 关于道的思想我觉得它是元学底题材。我现在要表示我对于元学的态度与对于知识论的态度不同；研究知识论我可以站在知识论底对象范围之外，我可以暂时忘记我是人，凡问题之直接牵扯到人者我可以用冷静的态度去研究它，片面地忘记我是人适所以冷静我底态度。研究元学则不然，我虽可以忘记我是人，而我不能忘记"天地与我并生，万物与我为一"，我不仅在研究底对象上求理智的了解，而且在研究底结果上求情感的满足。虽然从理智方面说我这里所谓道，我可以另立名目，而另立名目之后，这本书底思想不

① 马一浮著，吴光主编：《马一浮全集》（第一册上），浙江古籍出版社 2012 年版，第 47—48 页。

受影响；而从情感方面说，另立名目之后，此新名目之所谓也许就不能动我底心，怡我底情，养我底性。知识论底裁判者是理智，而元学底裁判者是整个的人。①

合观马先生和金先生的论理，可方便澄清“知识种子”与“学问种子”范畴的要义。所谓知识种子就是以知识论的态度裁判圣贤之学的人。知识论的裁判就是忘记自己是“人”的裁判。知识论的裁判，既没有人格参与的存在，也就没有成就这个人的问题，因而知识种子可以成为博学的楷模，而不可能成为学问的楷模。而学问种子就是以元学的态度体取圣贤之学的人。元学的裁判就是整个人的裁判，也就是自心体验的裁判，有人格的深度参与。可见，学问种子具有文化人格楷模的价值，即具有真实人性的魅力。而知识种子则主要是以解决圣贤之学的知识问题为能事的读书人，所以不具有文化人格楷模的价值。而学问种子则是用圣贤之学来“动我的心，怡我的情，养我的性”；或可以说学问种子是与圣贤之学并生为一的读书人，即以切己体究圣学义理成人成圣贤为志趣的读书人；或可以说，学问种子接续的是圣贤之学的血脉，而知识种子相续的仅仅圣学学脉而已。所以，二者还是有实质性的差异，尽管看起来很相似，也只是相似而已。所以前者少，而后者多；前者可绝矣，而后者滔滔皆是，不可能绝也。马先生要留的是接续圣贤之学的学问种子，方孝孺正是这样的“读书种子”。如果用马先生的话说，那么学问种子就是“六艺之人”。马先生说：“有六艺之教，斯有六艺之人。”② 原来，学习圣学义理就是为了成就“六艺之人”。

何谓“六艺之人”？刘梦溪在《马一浮和“六艺论”》中给出的定义是：

何谓“六艺之道”？六艺的义理内涵和道德规范就是“六艺之道”。以“六艺”的义理内涵和道德规范来教人，即为“六艺之

① 金岳霖学术基金会编：《金岳霖全集》（第二卷），人民出版社2013年版，第21页。

② 马一浮著，吴光主编：《马一浮全集》（第一册上），浙江古籍出版社2012年版，第9页。

教”。经过“六艺”义理精神的教化、濡染、熏陶，而成为敦厚、知远、良博、庄敬以及懂礼貌、知分际的理性自足之人，或不能尽其全而得其一二者，就可以称为“六艺之人”。①

方孝孺、马一浮就是“六艺之人”的典范。既然圣学学问种子以成就这个“六艺之人”为目的，那么治经就需要切己体究圣学义理，即进德修业，而不是劳精疲神地纠结于琐碎繁重的名物知识，以至于忘记这个需要成人的人。

我们生活的时代由于受到实证治学信念的强力支配，即是治经，走的是解决圣学知识系统的路，而对成就这个人似乎没有多少兴趣。这类人可以说是圣学的知识种子，或研究圣学知识的专家。我们生活在这样一个与传统的圣贤及其理想相偏离的时代，要理解马先生和方孝孺这样的读书人其实很难，毕竟风味不相似，以己观马先生和方孝孺时，往往不能见其真善美，甚至陷入本末倒置的牢笼而不能自拔，时时出现价值判断的混乱和迷失，因而不能笃信马先生和方孝孺的论理，主要是心智暗弱，不能与道相应。如果用今天的学术思想表达圣贤之学的性质，那应该如何转述才不至于流失其实质性意蕴？马克思·舍勒在《哲学人类学》中说道：

如果说，迄今为止，各大文化圈都片面地发展了某种知识：印度的拯救知识和控制人自身的生命心灵技艺，中国和希腊的教养知识，12 世纪以来西方的实证专业科学的劳动知识；那么，现在，世界史上实现这种片面发展的精神生活的相互平衡和相互补充的时刻已经来到了。只有实现这种相互平衡和相互补充，而不是某种知识片面地从属于其他知识，也不是只关注各文化圈历史中的‘固有财富’，人类文化史才有未来。②

① 刘梦溪：《学术与传统》（中卷），北京时代华文书局 2017 年版，第 596 页。

② ［德］马克思·舍勒：《哲学人类学》，魏育青等译，北京师范大学出版社 2014 年版，第 226 页。

依据马克思·舍勒的知识观，人类的知识有三种不同的类型，即所谓“拯救知识”“教养知识”和“实证知识”，而这些不同类型的知识可以实现相互平衡和相互补充。如果依据马克思·舍勒对各大文化圈固有财富的划分，那么圣贤之学主要是“教养知识”，也就是服务于精神教养过程的知识，也可以说是使人成为人的知识。所谓“教养知识”，用今天的说法，就是修身知识。方孝孺就是修身成人的楷模。西哲东圣，所见大道，其实没有什么不同。马先生所谓“嘉种”正是心承固有“教养知识”系统者。这与用实证视野研究“教养知识”者，可谓貌合神离，因而不能等量齐观。马克思·舍勒《哲学人类学》说：“确实，即使实证科学处于理想性的完善过程中，人作为精神生物仍然可能会绝对空虚，人也会倒退到野蛮中去。”① 这就是纯粹实证知识种子的宿命。“教养知识”和“实证知识”是不同的知识类型，其功能亦不同，故不能互相替代，亦不能错用。“教养知识”不能直接地解决衣食住行等迫切的问题，同理，“实证知识”也不能直接地解决精神的空虚和苦闷。依据现代学术精神，解决衣食住行的实际问题自然要用“实证知识”，而解决精神的空虚和苦闷自然要用“教养知识”。如果用“教养知识”解决衣食住行的实际问题，那真有点非愚即妄。如果就此说“教养知识”没有用处，那恐怕亦是本性的失明。再说，用“实证知识”解决衣食住行实际问题的还是人。如果让一个没有廉耻心的人去解决衣食住行的实际问题，结果会如何呢？

马克斯·韦伯在《新教伦理与资本主义精神》中直言：“专家们失去了灵魂，纵情声色者丢掉了心肝；而这种空壳人还浮想着自己已经达到了一种史无前例的文明高度。”② 法国学者巴斯卡尔·博尼法斯在《造假的知识分子》中痛斥知识分子“依靠无耻地操弄谎言而造就其生涯”③。

① ［德］马克思·舍勒：《哲学人类学》，魏育青等译，北京师范大学出版社 2014 年版，第 227 页。

② ［德］马克斯·韦伯：《新教伦理与资本主义精神》，马奇炎、陈婧译，北京大学出版社 2012 年版，第 184 页。

③ ［法］巴斯卡尔·博尼法斯：《造假的知识分子——诺言专家们的媒体胜利》，河清译，商务印书馆 2013 年版，第 127 页。

理学家程颢、程颐说："人材不成，虽有良法美意，孰与行之？"① 钱锺书先生说："盖良法美意，布在方策，而见诸行事，则虽典章所定，难保奸黠者之不曲解便私，虽规矩可循，亦难保蚩愚者之无误会妄作也。"② 这些智者真是一点也不含糊的大思想家，极其重视人和人的价值。依据他们的思想，其他类型的知识，最终应该服务于"教养知识"，服务于使人成为人的知识，而绝不能反过来由它来任意支配。马克思·舍勒在《哲学人类学》中说："否则，这种系统地以科学为基础的野蛮甚至可能是一切可想象的野蛮中最可怕的。"③ 当下时代实证知识的阳光太明亮，而造成的教养知识的阴影显得更大，亦没有引起足够的重视。人极容易被境遇所蔽，心性晦暗而不明；人亦极容易被所知自限，陷入自蔽而本性迷失。

既知此，可深悟马先生所谓"如此留下少许种子，待他发荣滋长，便是济众之事"的心志及其前识；也可深识方孝孺勇于自治的心志及其精神的永恒意义。马先生还说："圣人往矣，百世之下，闻风犹有兴起者，则圣人固未尝往也。"④ 试问：如何闻风兴起？难道终身读书吗？博闻强记吗？马先生如是说："吾见有人终身读书，博闻强记而不得要领，绝无受用，只成得一个书库，不能知类通达，如是又何益哉？"⑤ 此即知识种子的画像。

那么，应该如何学习圣贤书籍？马先生说："今欲治六艺，以义理为主。义理本人心所同具，然非有悟证，不能显现。悟证不是一时可能，根气有利钝，用力有深浅。但知向内体究，不可一向专恃闻见，久久必可得之。体究如何下手？先要入思维。体是反之自身之谓，究是穷

① （宋）程颢、程颐撰，潘富恩导读：《二程遗书》，中华书局2020年版，第69页。

② 钱锺书：《管锥编》（第一册），生活·读书·新知三联书店2015年版，第35页。

③ ［德］马克思·舍勒：《哲学人类学》，魏育青等译，北京师范大学出版社2014年版，第227页。

④ 马一浮著，吴光主编：《马一浮全集》（第一册下），浙江古籍出版社2012年版，第669页。

⑤ 马一浮著，吴光主编：《马一浮全集》（第一册上），浙江古籍出版社2012年版，第14页。

尽其所以然之称。亦云体认，认即审谛之意，或言察识，或言体会，并同。”[①] 此即说明圣学义理需要切己悟证，所以向内体究是学习圣贤之学的根本法门，也就是说人必须依靠自治才能领有存在的可能性。马先生在《答张君》中说：“从上圣贤，唯有指归自己一路是真血脉。”[②] 又《答黄君》中说：“唯有指归自己一路是真血脉。”[③] 又《答袁竹漪》中说：“反身修德，无汲汲以撰述为事。”[④] 此即“读书种子”的画像。学圣贤之学，就是要成为方孝孺所谓“心中六经粲星斗”的生活者，成为马先生所谓独立特性的“六艺之人”，言行散发“六艺”的精神异采。马先生如是说道：“信吾国古先哲道理之博大精微，信自己身心修养之深且而必要，信吾国学术之定可昌明，不独要措我国家民族于磐石之安，且当进而使全人类能相生相养而不致有争夺相杀之事。”[⑤] 这正是“读书种子”的精神信仰、价值理念和生活风格。与方孝孺契合无间。马先生热情洋溢地说：“圣人以何圣？圣于六艺而已。学者于何学？学于六艺而已。大哉，六艺之道！大哉，一心之为德！学者于此可不尽心乎哉？”[⑥] 这是真正的文化自信。

依据以上引证可说明马先生、道衍所谓“读书种子”即有学问的读书人，其学问是有价值有信仰的学问，而不是纯粹的外在于己的知识。单纯的知识构不成价值信仰。学问却要自心体验而后得，要变化气质而后成。所以“读书种子”的学问是达道的学问，而知识种子的知识是单纯的知识而已。能解决很多知识问题的人不一定有马先生所谓的

---

① 马一浮著，吴光主编：《马一浮全集》（第一册上），浙江古籍出版社 2012 年版，第 30—31 页。

② 马一浮著，吴光主编：《马一浮全集》（第一册下），浙江古籍出版社 2012 年版，第 421 页。

③ 马一浮著，吴光主编：《马一浮全集》（第一册下），浙江古籍出版社 2012 年版，第 547 页。

④ 马一浮著，吴光主编：《马一浮全集》（第一册下），浙江古籍出版社 2012 年版，第 398 页。

⑤ 马一浮著，吴光主编：《马一浮全集》（第一册上），浙江古籍出版社 2012 年版，第 3 页。

⑥ 马一浮著，吴光主编：《马一浮全集》（第一册上），浙江古籍出版社 2012 年版，第 15、17 页。

学问。所以知识种子要理解学问种子是极不容易的事情。有道的学问和无道的知识不能等量齐观。人的知识观也是阻挡人与人理解的隔离墙。只要固执地站在知识人的意志立场上，就不能很好地理解学问人。马先生、方孝孺皆是与古人相亲的人，与他生活时代的精神气质不合，因而是其生活时代的异人。马先生在《复性书院缘起叙》中写道：

> 窃惟国之根本，系于人心；人心之存亡，系于义理之明晦；义理之明晦，系于学术之盛衰。中土圣贤道要，尽在六经，唯六经可以统摄一切学术，一切学术莫能外之。故必确立六经为道本，而后中土学术之统类可得而明，文化之原流可得而数，即近世异域新知，亦可范围不过。若舍己而徇物，逐末而遗本，是今日学者之大患也。六经者，圣人之权度，将以明伦察物，彰往知来。别是非，辨义利，正人心，厚风俗，其必由斯。尝谓乐正崇四术，顺先王以造士，为学官之守，此教之在上者也。孔子定六艺、明圣道以俟后，乃素王之业，此教之在下者也。二者古并行而不悖也。①

又《告书院学人书八》中说：

> 书院以义理为宗，当思接续圣贤血脉，既绝禄利之途，亦非要誉之地。若浮慕虚声，不知切己用力，则在难与共学之列。②

合观这两则引言可知，马先生当年创办复性书院就是要留下“接续圣贤血脉”的“少许种子”，也就是用圣贤之学“造士”，“待他发荣滋长，便是济众之事”，即“将以明伦察物，彰往知来。别是非，辨义利，正人心，厚风俗”。马先生直言：“圣贤血脉，人心根本。”③ 马先

① 马一浮著，吴光主编：《马一浮全集》（第四册），浙江古籍出版社 2012 年版，第 329—330 页。

② 马一浮著，吴光主编：《马一浮全集》（第一册下），浙江古籍出版社 2012 年版，第 567 页。

③ 马一浮著，吴光主编：《马一浮全集》（第一册上），浙江古籍出版社 2012 年版，第 44 页。

生和方孝孺这类大儒真是圣者，对圣贤之学的本末大用有理性的、清楚的爱和充满理解的认识，在他们的眼里，中土圣贤之学为无上的家珍。

马先生专门为培植“接续圣贤血脉”的“少许种子”而写有一篇《读书法》，用心良苦，令人温暖。其《读书法》要点可归纳如下：

第一，“趣向既定，可议读书”。也就是读书先要立志，方可读书，否则误入歧途，不但不能成就自己，而且成为正义和良知之贼，害人害已。

第二，“欲读书，先需调心，心气安定，自易领会。若以散心读书，博而寡要，劳而少功，必不能入。以定心读书，事半功倍。随事察识，语语销归自性。然后读得一书，自有一书之用。不是泛泛读过”。

第三，“须知读书，即是穷理博文之一事。然必资于主敬，必赖于笃行。不然，则只是自欺欺人而已”。读书的目的是“穷理”，而要达此目的，非“主敬”和“立诚”不可，而“主敬”和“立诚”则必“笃行”所“穷”之理，否则“只是自欺欺人而已”。

第四，“记得许多名相，执得少分知解，便傲然自足，顿生狂见，自己无一毫受用，只是增长习气”。又《尔雅台答问·答周君》中说：“评骘古今，出语豪恣，满腹知解，颇有当仁不让之概。然实无一语收敛向内，言不可若是其易也。与自己的心身了无干涉。”① 又《复性书院学规》中说：“学问之道无他，在变化气质，去其习染而已。”② 可合观领会“向内体究”读书之法的魂魄。

第五，“慎勿以成见读书，轻言批评，此最为穷理之碍，切需诫绝也”。

第六，“不信六经，更信何书？不信孔子，更信何人”；“尊崇先圣，所以尊崇道理，并非有阿附私意存乎其中。若后世尊师，遂立门户，互相标榜诋毁，全与此意相违”；“自信而不信古人，是用私；信古人而不自信，是逐物。用私必流为狂妄，逐物必陷于支离，其弊相

---

① 马一浮著，吴光主编：《马一浮全集》（第一册下），浙江古籍出版社 2012 年版，第 435 页。

② 马一浮著，吴光主编：《马一浮全集》（第一册上），浙江古籍出版社 2012 年版，第 87 页。

当。不知信古人与自信实是一事，信古是信先圣所言之义理，自信乃信吾心本具之义理。若见得确切，则知信先圣即是自信。盖先圣义理之言，即吾心所固有，先圣不过觉悟早，先我而言之耳”①。笃信和笃行先圣义理是读书的核心。

第七，“读书非徒博文，又以蓄德，然后能尽其大”；“私智不可以为德，小慧不可以为道。私智、小慧与孟子言‘德慧’‘术智’觌体相反。术即道也，由德而生，故曰德慧，与道相应，故曰术智。必须绝去私小，方有德智，方名为道德。无私方是德，能大方是道”②。大智大慧，由德而生，万古如是。

第八，读书之道，“一曰通而不局。二曰精而不杂。三曰密而不烦。四曰专而不固。局与杂为相违之失，烦与固为相似之失。执一而废他者，局也；多歧而无统者，杂也；语小而近琐者，烦也；滞迹而遗本者，固也。通则曲畅旁通而无门户之见，精则幽微洞彻而无肤廓之言，密则条理谨严而无疏略之病，专则宗趣明确而无泛滥之失。不局不杂，知类也；不烦不固，知要也。类者辨其流别，博之事情也；要者综其指归，约之事也。”③ 读书之道尽于此矣。

马先生解释推阐中土圣贤之学的读书之道，可谓精彩绝伦。此也可以用来作为方孝孺“巍巍然善学之君子”的解释，再好不过了。总而言之，读书所以“穷理”，亦所以“蓄德”，终归成就“六艺之人”，这才是接续圣贤之学的正路。马先生曰：不可令中土圣贤之学的种子断绝。钱锺书先生在《谈艺录》中说：“僧达观撰惠洪《石门文字禅序》曰：‘禅如春也，文字则花也。春在于花，全花是春。花在于春，全春是花。而曰禅与文字有二乎哉。’余因悟黑格尔所谓实理（Idee），即全春是花、千江一月、‘翠竹黄花皆佛性’。”“黑格尔以为事讬理成，理

① 马一浮著，吴光主编：《马一浮全集》（第一册下），浙江古籍出版社 2012 年版，第 747、764 页。

② 马一浮著，吴光主编：《马一浮全集》（第一册上），浙江古籍出版社 2012 年版，第 191 页。

③ 马一浮著，吴光主编：《马一浮全集》（第一册上），浙江古籍出版社 2012 年版，第 102—106 页。

因事著，虚实相生，共殊交发，道理融贯迹象，色相流露义理。”①

此即方孝孺所谓“心中六经粲星斗”和马先生所谓“六经本自粲然”的圣境。难怪方孝孺志不可夺，原来他的存在就是义理本身。马先生所谓人的本然性德，也是如此春在于花，全花是春。花在于春，全春是花。天道如此，地道如此，人道亦是如此，没有什么力量能阻挡得住。孔子曰：“为仁由己，而由人乎哉?”荀子曰：“上为圣人，下为士君子，孰禁我哉!”② 陆九渊曰：“此理在宇宙间，何尝有所碍?是你自沉埋、自蒙蔽、阴阴地在个陷阱中，更不知所谓高远底。要决裂破陷阱，窥测破个罗网。”③

第八节　“天赋迂儒自圣狂”

笔者阅读陈寅恪先生的论著，印象最深的就是那些“名儒”“大儒”“硕儒”“通儒”“儒宗”“儒英”等美好称谓。陈先生在《王观堂先生挽词并序》中说：“鲁连黄鹞绩溪胡，独为神州惜大儒。”④ 此即陈先生著述时用那些敬称的心意。陈先生说王国维是神州大儒。陈先生是王先生的忘年交与知音。吴宓（1894—1978）在《吴宓日记》中说：“但在我辈个人如寅恪者，则仍确信中国孔子儒道之正大，有裨于世界，而佛教亦纯正。我辈本此信仰，故虽危行言殆，但屹立不动，绝不从时俗为转移。”⑤ 此即陈先生所谓“天赋迂儒自圣狂”的表现。陈先生是神州大儒，方孝孺也是。古今大儒有实质性的相似性，所以可以以此明

---

① 钱锺书：《谈艺录》，商务印书馆 2011 年版，第 556 页。

② （清）王先谦撰，沈啸寰、王星贤点校：《荀子集解》，中华书局 1988 年版，第 125 页。

③ （宋）陆九渊著，钟哲点校：《陆九渊集》，中华书局 2020 年版，第 452 页。

④ 陈寅恪：《陈寅恪集·诗集》，生活·读书·新知三联书店 2015 年版，第 16—18 页。陈先生自注云：“昌黎集朝鲁连子诗：‘鲁连细而黠，有似黄鹞子。田巴兀老苍，怜汝矜爪觜。’盖王先生之人清华，胡所荐也。”胡适是绩溪人。王国维应聘清华，系胡适所推荐。胡适托人说动溥仪，溥仪下“诏书”，王国维才前往就聘。

⑤ 吴宓：《吴宓日记续编》（第五册），生活·读书·新知三联书店 2006 年版，第 160 页。

彼，互映相发。有鉴于此，本书将陈先生的学问也作为体究方孝孺其人的参照系。

我们虽然生活在没有了君主的时代，不过，面对权势胁迫时，是低头吃饭，还是会大义凛然，如同方孝孺那样自择其善恶的标准呢？时至今日，笔者依然回答不了这个问题。所有的历史问题，都有一种当下的现实性。钱锺书说："人之惧祸过于畏病，而处世难于摄生。"① 人之惧祸似乎与历史进步没有多少关系。看来成人的勇气，古今都是稀缺的品质，似乎没有什么实质性的进步。依据古今中外群圣的看法，无勇是成不了任何人的。学一点小智小慧，什么人也成不了，而方孝孺可以说是成人的人，即所谓"尽己之性"的真正存在者。康德在《答复这个问题："什么是启蒙运动？"》中说：

> 我回答说：必须永远有公开运用自己理性的自由，并且唯有它才能带来人类的启蒙。私下运用自己的理性往往会被限制得很狭隘，虽则不致因此而特别妨碍启蒙运动的进步。而我所理解的对自己理性的公开运用，则是指任何人作为学者在全部听众面前所能做的那种运用。一个人在其所受任的一定公职岗位或者职务上所能运用的自己的理性，我就称之为私下的运用。②

康德所谓私下的运用即方孝孺所谓"小智私论"。方孝孺算不算为天下公开运用自己理智的君子？他拒写诏书，至少绝不是站在自己利益的价值视野出发运用自己的理智，这应该没有什么异议。方孝孺算不算像鲁国卞庄子那样的勇士？康德曾经直言：

> "要有勇气运用你自己的理智，这就是启蒙运动的口号"③；"带着思考去承担危险的心灵镇定就是勇气"；"有勇气的，就是考

① 钱锺书：《管锥编》，生活·读书·新知三联书店 2015 年版，第 42 页。

② ［德］康德：《历史理性批判文集》，何兆武译，商务印书馆 1996 年版，第 24—25 页。

③ ［德］康德：《历史理性批判文集》，何光武译，商务印书馆 1996 年版，第 23 页。

虑到危险而不退避的人"；"勇气则基于原理和某种德性"；"勇气可也可以通过理性来唤起，这样就是真正的勇敢（德性的强大）"；"坚定地遵循自己的道路，这是一种道德的勇气"；"缺乏勇气就是怯懦"；"装出一副有勇气的外表，即与别人相比在受尊敬上毫不逊色，这种体面就叫张狂"；"但给人以不在乎别人对自己的评价的外表的那种体面上的张狂，却是狂妄无知、厚脸无耻，温和点儿说也是不谦虚；因此，这种张狂并不属于道德词义上的勇气。"①

借此西哲之慧光，可体究方孝孺的义理之勇。美国学者狄百瑞在《中国的自由传统》里认为，如方孝孺这样的道统追随者，他们捍卫了士大夫的尊严、诚笃和独立。他们树立了人的道德及精神富源的高标准。明代专制的擅权时刻遭到新儒家英雄式的抵抗。方孝孺就是一例。这充分显示出新儒家的教诲确实能够在个人当中，启发英雄的决心和牺牲自我的勇气。这就是一种自由思想。个人在这种思想的启发中表现得很勇敢，并认为这种自由思想，是中国文化传统中固有的观念，非舶来品。如果将所有的价值都看作是西方的，或将所有的价值都以将来为目标，而不扎根他们的过去，这种态度会使中国人无法从他们的本性中找到"道"的真理。②

狄百瑞是我国"读书种子"的后世知音哉？真是人分东西，学不分东西呀！怯懦乃是天下的顽疾。方孝孺是有大勇的读书人。想想他当着朱棣的面在诏纸上写"燕贼篡位"四个字，是何等的胆量！成为人真是人世间最凶险的事业。方孝孺当年真是铁胆震乾坤！历史问题即自己的问题，研究历史就是研究自己命运的问题。从文化哲学视域来看，历史人物的遭遇其实就是自己的遭遇，理解他们其实就是在做自我理解，自我把握，而不是纯粹的远距离的审美鉴赏。陈确（1604—1677）说：

① ［德］康德著，李秋零主编：《康德著作全集（典藏本）》（第七册），中国人民大学出版社 2013 年版，第 251—253 页。

② ［美］狄百瑞：《中国的自由传统》，李弘祺译，中华书局 2016 年版，第 88—118 页。

> 俗指妄言者为乱说，此“乱”字所包甚广，盖非止以无为有也。凡言之杂乱而无序者，是乱说也；浮游不着事者，是乱说也；道听而涂说，是乱说也；在野言朝，忘己议人，是乱说也；凡非极切实当理之言，皆乱说也；言虽极切实当理，而能言之不能行之者，是乱说也。学者能承当得“不乱说”三字，亦非容易。充之尽，即是至诚无妄，即是圣人。①

读几本书而要做到不乱说，不那么容易，因为不乱说需要性德大明。方以智说：“浅见之人，两片皮就忍不住”；“知道易，勿言难”②。顾炎武说：“世之君子，不学而好多言也。”③ 圣学耻多言也。不恣肆妄论古人，不胡说，还真不容易做到。

试问，方孝孺这样的言行，是不是时流所谓“愚忠”呢？还是看看他自己是如何理解“愚”字。方孝孺在《答胡怀秀才》中说：“惟愚不足达世之机变，甘以钝拙自守，人见其如此，亦多窃笑之。又素伉直，不耐与富贵人仰俯，有势位者或欲招致，闻其不善谗屈，往往不合。”④ 又《答俞敬德二首》其二曰：“某鄙朴戆讷，言行不能及古人，器识不足以达时务。然守其愚，孑然莫与徒。望望然高顾遐视，而不合于时。此固流俗之所笑且讪，士君子之所不敢自是者也。”⑤ 又《王彪之》曰：“君子有时而智，有时而愚。愚，皆以适夫义而已，焉可苟乎？”面临篡杀“于斯之时，立朝之士才足以任天下之重，力抗大义而拒之，使犬鼠之徒无所肆其噬啮之奸，则善矣。不然则奉身以死之，亦可以明事君之节，又不能然，则佯狂称疾，勿预其事焉，或可也。”“方若锋刃之迫肤，而能处之从容，正色厉声决以大事，非勇者不能

---

① （清）陈确：《陈确集》，中华书局2009年版，第414页。

② （明）方以智著，张永义、邢益海校点：《药地炮庄》（修订版），华夏出版社2011年版，第351、452页。

③ （清）顾炎武撰，（清）黄汝成集释，栾保群校点：《日知录集释》（第四册），第1123页。

④ （明）方孝孺著，徐光大点校：《方孝孺集》（中），浙江古籍出版社2013年版，第409页。

⑤ （明）方孝孺著，徐光大点校：《方孝孺集》（中），浙江古籍出版社2013年版，第415页。

也。”真可谓“刚正不屈之大臣”。反之若“助强臣以废其主，作其声势成其奸谋”，其罪大矣。“然于废兴之际能全乎义”，此“孔子所谓其愚不可及者”①。

合观这三则材料可知，方孝孺是素忠直者，而不是谈说之士，因而可以说是素愚的经典，秉志确然，坚如磐石，不会委曲求全而媚世，也不会无耻而苟活。刘劭《人物志》曰：“大智，似愚而内明。”② 如是理解“愚”，方孝孺亦是“愚”不可及者，可谓具有圣愚生活风格的读书人。一个坚定不移的圣学价值信仰者，有彻底的献身精神，有清醒的立人原则，有独立性的品格，有严于律己、忠实于自己的信念，岿然不动以陈其朴愚。可见，朴愚正是方孝孺可爱的地方，虽意志顽强，但诚实不欺，有智慧，却不玩阴谋，亦不专断，不暴虐，而自性庄严，行己有耻，不怯懦，行为冷静，所做出的影响自己命运的实质性的选择，皆是素明于心的理性行为，而不是情境性的势激反应。人有很多事情，自己坦诚做不了，没有那个本事，也就是承认自己能力的有限性。其实识人也一样，要心赏方孝孺这样的读书人，也不是人人皆能胜任的事情。王夫之曰：“伤载！言之而无能知也，知之而无能信也，信之而无能从也。”③ 此即实情。孔子曰：“古之愚也直，今之愚也诈而已矣。”（《论语·阳货》）圣者心赏愚者，而不圣者则不赏，或快意贬之。这就是心性的差距。李颙曰：

> “大凡聪明自用者，必不足以入道，颜子唯其如愚，所以能于仁不违。大聪明似愚，愚而不愚”；“小聪明不愚，不愚而愚。大聪明黜聪堕明，知解尽忘，本心既空，受教有其地”；“小聪明矜聪恃明，知解纠缠，心体未空，入道无其几”；“吾人生二千载之下，不获亲炙颜子，玩‘不违如愚’一语，恍若睹其遗像，不觉口耳尽丧，心形俱肃，然后知平日之所以喋喋论辨、孜孜发明者，

① （明）方孝孺著，徐光大点校：《方孝孺集》（上），浙江古籍出版社2013年版，第182—183页。

② 梁满仓译注：《人物志》，中华书局2014年版，第133页。

③ （明）王夫之著，舒士彦点校：《读通鉴论》，中华书局2013年版，第637—638页。

特浅乎小慧，道听途说，视颜之潜体默会、不言而喻，贤不肖之相去何啻天渊！此不愚正所以为愚也"①。

由此可见，理解"愚忠"，不仅需要知解，还需要自觉摆脱小聪明、小智慧的障碍，且要心术纯正、心体空明，即有本然善德，还要发自性德的勇气，才有可能真赏"愚忠"。小聪明而误于自是，机心横生，知解纷纭，恐怕不是福源，而是祸胎，可谓不愚而愚；大聪明朴雅，心体宽明，死守善道，可谓愚而不愚。心赏"愚忠"，说明天良未尽亡失。"小人"和"乡原"视恶、语恶、行恶，必不能心赏"愚忠"，还有，生性怯懦者绝无欣赏"愚忠"的可能性。圣愚程露的正是守护生活世界真理与正义的清直精神，岂庸俗者所敢奢望哉！

方孝孺曰："人之度量相去亦殊悬矣，世有弃万金如涕唾者，亦有吝杯羹而不肯与人者。自弃万金者言之，则己之所处者大，而他人为愚。自吝者言之，未必不以己为智，而笑他人之妄也。"② 识量不同，价值视域也不同。愚不愚，要看观者采用什么样的价值视域，而不是人的视听言动真有所谓愚与不愚的质的规定性。

认识做人的真理，也不是谁都能随便胜任的事情。生活的真理，不是路旁的野花，不用艰苦卓绝的攀登就可以任意采摘。生活的真理沸腾在鲜活的生命体里，流露在情感里、意志里、表象里、历史的情景里，而要从中体认出真理的面目，抓住其纯粹的思想的理念，也是非常不容易的事情。古人的"忠君"，不过是表象的外衣而已，也是历史的情景罢了，不是纯粹的思想观念，其实不肤浅地看，古人的忠君只是忠于一种抽象的价值理念而已。何况，忠君与爱国，在传统社会里并不是截然分开的言行，这就是历史的规定性。从明道的层面看，人活着不都得有崇高的价值信仰吗？价值信仰在不同的时代只不过有不同的表象而已，而其精神实质其实没有什么差别，即忠于理念。

方孝孺生活在朱明一代，难道让他忠国家，而不忠朱家？让他不要

---

① （清）李颙撰，陈俊明点校：《二曲集》，中华书局 1996 年版，第 434 页。

② （明）方孝孺著，徐光大点校：《方孝孺集》（上），浙江古籍出版社 2013 年版，第 150 页。

为朱家的家事而耗尽聪明才智，献出理想、忠诚？那他应该是个什么活法？难道朱棣让他写诏书，他就欢天喜地地写诏书，反正谁做皇帝皆没有本质的区别，然后心安理得地侍奉朱棣。钱谦益、吴梅村等降了清，也没有说“反正谁做皇帝皆没有本质的区别”，这样没有是非又毫无羞耻的混账话，相反他们还没有泯灭人之为人的那点羞耻心，而内心有所羞愧和悔恨，并未有谁做皇帝皆无所谓的心安理得，他们知道天下自有公论，即颠扑不破的真理。方孝孺在《论许邵》中说：“夫能臣者，以义处其身，以道事其君，惟以忠国家、成事功为职，而身之祸福用舍不与焉。”① 方孝孺认为能臣不是为皇帝家事操心，而是为国家耗尽聪明才智，献出理想、忠诚者。生活在有皇帝的时代，方孝孺的忠君就是忠国家。

方孝孺是有真实人格的人。马克思·舍勒说：“人格越来越多地成为历史发生的鼎盛和意义。甚至还可以多说一些：在人身上是真实人格的和精神的东西，在历史的进程中它会在一个无限的过程中越来越深入地摆脱权力以及由历史造成的束缚；它在时间的进程中就越会是无时间的；它在历史的进程中就越会是超历史的；就越会从历史因果性以内的单纯原因和结果的这个角色中解脱出来。”② 借此可深刻理解方孝孺自我牺牲的价值及其意义。文化英雄的真实人格的价值和真实精神的价值具有相对独立性，可以从历史现象中剥离出来，作为精神资源来体验和领悟，以便成就任何历史时期的这个人。方孝孺献出理想和忠诚所体现的正是人之为人的德行价值，而此价值具有恒在的意义。

读书人能自拔于流俗恶习而不沾染自己时代的各种平庸的习气，盖亦难矣。因为没有习气，就近道了。道远乎哉？不远也。方孝孺从古人那里领有了自己的存在，这就是他不同凡响的地方。他的诗云：“九经

① （明）方孝孺著，徐光大点校：《方孝孺集》（上），浙江古籍出版社 2013 年版，第 172 页。

② ［德］马克思·舍勒：《伦理学中的形式主义与质料的价值伦理学》，倪梁康译，商务印书馆 2011 年版，第 726—727 页。

治国本修身，身正方能鉴别人。辩佞要知驽异骥，任贤莫指玉为珉。"[①]分辨驽马和骐骥，美玉和珉石，不仅需要眼明，亦需要身正，指鹿为马，不全是眼瞎，所以唯有君子才能理解君子。魏明帝时的黄门侍郎杜恕曰："若使法可专任，则唐、虞可不须稷、契之佐，殷、周无贵伊、吕之辅矣。"司马光曰："为治之要，莫先于用人"；"苟为不公不明，则考课之法，适足为曲私欺罔之资也。"[②] 方孝孺《治要》曰："无法不足以治天下，而天下非法所能治也。"[③] 古人的论理言简意赅，现代人不容易理解透彻，此处可引俄罗斯思想家别尔嘉耶夫的相关论述，以大明杜恕、司马光和方孝孺之论理。有时候言简意赅的论理，不如酣畅淋漓的论说能激动人心。别尔嘉耶夫（1874—1948）《俄罗斯的命运》云：

> 任何一种社会制度都可能是如此形式主义的和如此徒有虚名的。这就是为什么必须把自己的意志集中到存在的自由、社会网络的复活、更高的内在生活的价值实现上。
>
> 重要的和实在的是，什么样的人和什么样的民族，而不是他的标语口号和抽象的政治概念。
>
> 整个生活应该由内在，而非外在来界定，从意志深处而非表面环境来界定。
>
> 民主制经常被理解为里子朝外翻，人们并不把它与自治的内在能力、与民族和个性的特征联系起来。对于我们的未来而言这是现实的危险。俄罗斯民族应该转向真正的自治。但这种转向有赖于人才质量的提高、有赖于我们大家自我管理的能力。它要求我们对人、对个性、对个性的权力、对它的精神上的自我管理本性的特别尊重。没有任何人可以为它的狂热而造就自我管理的能力。被贪婪

① （明）方孝孺著，徐光大点校：《方孝孺集》（下），浙江古籍出版社 2013 年版，第 959 页。

② 《资治通鉴》（第五册），中华书局 1956 年版，第 2372—2373 页。

③ （明）方孝孺著，徐光大点校：《方孝孺集》（上），浙江古籍出版社 2013 年版，第 95 页。

和邪恶的本能所控制的狂怒的人群，既控制不了自己，也控制不了别人。人群、大众不是民主制。民主制是把混乱的数量转向某种自律化了的质量。首先，人，像民族一样，应该能做自己的主人。①

借助别尔嘉耶夫痛快的议论，可以透彻领悟杜恕、司马光、方孝孺之论理，也能深识古今那些抛头颅，洒热血的志士仁人的价值及其意义，一扫习气之论。所有的社会问题，最终是人的问题，而人的问题最重要依然是成为什么样的人的问题。殉道守护的正是人的精神价值，这是无比崇高的价值行为！人格的价值，德行的价值，皆高于事实的价值。唯历史推动论价值者，相信谎言犹如相信真理，人格和德行的问题，不是推动历史就能解决。在任何历史阶段，人都存在着走向事与愿违的可能性。人与非人的问题，似乎与历史的进步不大。时至今日，人并没有生活在比古人更人道的人世间。人无自重羞耻立廉之心，而彻底沦落为以自我为中心的偏狭的陷阱，虽有完备的法，何足以制之？

凯伦·阿姆斯特朗《轴心时代》说："轴心时代的贤哲们也许会提示我们，变革必须始于自我"；"贤者们的目的是创造一种完全不同的文化人格"②。自我牺牲或为道舍身，不是外在的活动，而是内在的活动，体现的是人的尊严和人的精神力量，即意志自由。人是有尊严的存在者，这是问题的核心。奴颜婢膝在任何时代都不会受到褒奖，其根源是丧失了人格的价值，而人格的价值是人最本己的价值，因为人格是一个人一切活动的建基者。人格的独立性就是人格自身的价值。真正自由的人，皆有独立的人格，皆对自己的言行有崇高的道德担当，不能因为世人不值得爱而堕落为行己无耻的人，此即精神的真理，人格的真理。人格是人精神的花朵。贺麟在《论意志自由》中说："因为道德上的意志自由，乃是出发于内心的深处及性格的发展，是自觉的、理性的、自

① ［俄］尼古拉·别尔嘉耶夫：《俄罗斯的命运》，汪剑钊译，译林出版社2011年版，第188、189、191、196页。

② ［英］凯伦·阿姆斯特朗：《轴心时代》，孙艳燕、白彦兵译，海南出版社2010年版，第453、4页。

主的努力争得的成绩，而不是盲目的、偶然的外界赐予的恩惠。"① 此即说明，方孝孺维护的颠扑不破的真理，就是自由人格的价值和自由意志的价值。没有这样的人，任何的所谓合情合理的制度等都会走向其反面，徒有虚名，"适足为曲私欺罔之资也"，反过来亦会成为人的枷锁，戕害人心和世道。可见，成为"能做自己的主人"的人，才是关键。

康德在《历史理性批判文集》中论法国大革命之自我牺牲精神时说："人类史上的这样一种现像是不会再被遗忘的缘故，因为它揭示了人性中有一种趋向改善的禀赋和能量；这一点是没有一个政治家从迄今为止的事物进程之中弄清楚了的。"② 也就是说，"自我牺牲"具有道德实践自由的意义，而道德实践自由的核心是意志自由。意志自由的问题就是自由人格的问题。所以，自我牺牲就具有自由人格展现的意志自由的价值。圣学所谓道即绝对的道德律。只有德性大明的人才能有自由担当的意志。德性就是德性的目的，除此以外，它什么也不是。方孝孺可谓雄才劲节的人豪，从他的言行可直观感受到人作为人的意志力是何等的灿烂光辉。

爱因斯坦在《自由与科学》中论说："这种内在的自由是大自然难得赋予的一种礼物，也是值得个人追求的一个目标。"③ "外在的自由"不一定有，而"内在的自由"则可以自守。守护内在的自由就是守护存在的意义。尤西林先生《阐释并守护世界意义的人》说："在这种如此普遍以至于成为人类特性之一的自我牺牲现象中，那些为了公众普遍利益、特别是为了某种意义信念而以生命殉道者，具有更高的形上意义。这就是，他们不是为着局部特定的涵义利益而牺牲，而是为着普遍的意义并以履行使命的历史意识从容赴难的。"④ 也就是说，以生命殉道者是守护世界意义的人。道衍所谓"读书种子"正是守护独立之精神，自由之思想的儒英。所以，"读书种子"的精神特质就是文化传统

① 贺麟：《近代唯心论简释》，商务印书馆 2011 年版，第 187 页。

② ［德］康德：《历史理性评判文集》，何兆武译，商务印书馆 1996 年版，第 156 页。

③ ［美］爱因斯坦：《爱因斯坦文集》（第三卷），商务印书馆 2010 年版，第 213 页。

④ 尤西林：《阐释并守护世界意义的人——人文知识分子的起源及其使命》，华东师范大学出版社 2017 年版，第 116 页。

的光源，亦是人类照亮自身精神的灵光，人生的意义必须借助此光源，从人自身中寻找。

笔者读《资治通鉴》，则会发现，立人即成为人的历程，一直是人世间最惊心动魄，也是最凶险无比的事业。真是古今皆血。志士仁人，不可驾驭，自然废弃，或杀戮，或监禁，又有何怪？方孝孺那样的志士，命运已是素定的。黑格尔《法哲学原理》说："人间最高贵的事就是成为人。"[①] 可是，如何成为人呢？司马光《资治通鉴》曰："教化，国家之急务也，而俗吏慢之；风俗，天下之大事也，而庸君忽之。夫惟明知君子，深识长虑，然后知其为益之大而收功之远也。"[②] 方孝孺《正俗》说："元之俗贪鄙暴戾。"[③] 这其实在说自己的时代。"俗之不美，至此甚矣"，"以是知风俗之至急也"[④]。笔者读《资治通鉴》，最深的印象，就是"不听"或"不从"现象。做事情不容易，说话也不容易，其实听话更不容易。"勇于听受"，从来都是稀缺的品质。这也是圣者的价值视域。方孝孺就是"勇于听受"的人。刘梦溪说："方氏的是了得的人物，气秉、肺肝、节持、学品、固少有其匹也。"这是刘先生通过微信发给笔者的话，笔者一直珍藏着。方孝孺和刘先生都是笔者生命中相遇的重要的人，他们深层地参与了笔者文化性格的构建，并帮助笔者确立起独立的价值信仰，所以笔者深深地敬重他们，对他们心存感激。

马丁·布伯在《我与你》中说道：

> 教育的目的非是告知后人存在什么或必会存在什么，而是晓喻他们如何让精神充盈人生，如何与'你'相遇。此即是说，要随时准备为人而转成'你'，向他们敞开'你'的世界；不，不只是准备，要反复不断地亲近他们、打动他们。然而，人们却不愿也无

---

① ［德］黑格尔：《法哲学原理》，范扬、张企泰译，商务印书馆1961年版，第46页。

② 《资治通鉴》（第五册），中华书局1956年版，第2217页。

③ （明）方孝孺著，徐光大点校：《方孝孺集》（上），浙江古籍出版社2013年版，第107页。

④ （明）方孝孺著，徐光大点校：《方孝孺集》（上），浙江古籍出版社2013年版，第107页。

力践行这敞开世界的活泼交流，他们为见闻学识所蔽，把人格囚禁于历史，把他的话语变成僵死的文字。

同样，他们把法则的实现或者破除也程序化，律令化，无节制地顶礼膜拜，建树偶像，并掺杂以繁芜的心理学论据以适应现代人的胃口。啊，黑暗中若惨淡孤星的寂寞圣容！啊，多情手指却触及麻木额角！啊，逐渐消失的足音！①

借助马丁·布伯的理论，可领悟真正学问的体用。见贤思齐即修身，修身即实学。圣人不是神，亦不是庶民即平凡的人。修身的圣人和不修身的庶民不能等同。论古必先拆除角色的隔离墙，才有可能换位思考，才能有效地彼此理解。唯有如此，才能处于理解的真性活动中，而远离了本性的失明状态。否则只是任性固执意见而已，是无效理解。论古是与古人相遇，与君子、圣人游，陶铸自己的性情，变化自己的气质。论古者把古人理解为你，理解为面对面的充满意义的交流者，而不是理解为无生命而无须尊重的它，把古人的人格囚禁于历史，把古人的话语变成僵死的文字。论古者须走出以自我为中心的我与它的关系，而进入以互为主体的我与你的关系，唯有如此，论古者才能敞开自己的世界，反复不断地亲近古人、理解古人，与古人进行深入的交流，即“尚与古人亲”“心融古人”。唯有在如此的赤诚亲近中，才能伫立在与古人互为主体之活泼而滔滔不绝的真性的对话之中。唯有在如此的对话中，才会真切地感知古人的性情与风骨、信仰与精神。唯有在如此的真性活动中，才会得到一种心灵的充实、一种秉性的增益、一种前所未有的精神光耀，发生一种极其深刻的精神转变，气质因此而变化，心源因而莹澈，人格因而光明。如果我们能在心性上与古人神理相接，那么他们馈赠我们的是存在的意义。这就是他们能给予我们的最高奖赏。

德国哲学家卡西尔在《人论》的开篇就说道：“认识自我乃是哲学探究的最高目的—这看来是众所公认的。在各种不同哲学流派之间的一切争论中，这个目标始终未被改变和动摇过：它已被证明是阿基米德

① ［德］马丁·布伯：《我与你》，陈维纲译，商务印书馆 2013 年版，第 41—42 页。

点，是一切思潮的牢固而不可动摇的中心。"① 借此可明，认识自我自然包含成就自我，即进德修业。马克思·舍勒说：人"必须寻找与自己相当的楷模，对灵魂起塑造、成型作用和并非普遍有效的抽象道德规定，而只能是直观的楷模。"② 此论可与孟子之理相互发明。孟子曰："圣人，百世之师也，伯夷、柳下惠是也。故闻伯夷之风者，顽夫廉，懦夫有立志。闻柳下惠之风者，薄夫敦，鄙夫宽。奋乎百世之上，百世之下闻者莫不兴起也。非圣人而能若是乎？而况于亲炙之者乎？"③ 传统社会的仁人志士不是我们所能模仿和盲从的对象，而是我们认识自己从而塑造自己的文化楷模，更是激发我们伟大使命感和责任感的指路明灯。马克思·舍勒说：楷模是"我们个人良心和法律的晴天的朝霞。任何的楷模人物应该使我们自由，并且使我们自由，使我们自由地完成自己的使命、充分地发挥我们的力量；这样他们本身就是自由，而不是奴隶"。④ 方孝孺就是我们自由的楷模，朱棣绝没有这样的体用。传统社会的仁人志士是照亮我们心门的朝霞，是我们充分发挥自我成人的伟大力量的源泉，我们从他们那里直观感受到了人的本质价值及意义，因此传统社会的仁人志士是我们认识自己的一面多面镜。

综上所述，方孝孺的文化人格，无论在何时何地，都可以做人类的楷模。我们作为他的后学，若不能受他这点精神的感化，真是自己辜负自己了。他那俊伟刚毅的气魄，我们不可不追寻其脚步。方孝孺诗云：朝餐浆一盂，莫食蔬一盘。胸中六经粲星斗，笔底万卷驰波澜。人笑先生穷不耻，先生叹人愚可鄙。终朝醉饱百不知，何异腥膻饫蝼蚁。世上群儿昧重轻，每是蝼蚁非先生。纵令先生穷至老，犹与日月争光明。读此诗，笔者能得其魂。明代有个喜欢读书的人，叫康海，他对山曰："经籍，古人之魄也，有魂焉，吾得其魂而已。"⑤ 最后，用诵读陈寅恪

---

① ［德］卡西尔：《人论》，甘阳译，上海译文出版社 2004 年版，第 3 页。

② ［德］马克思·舍勒：《世界观与政治领袖》，曹卫东等译，北京师范大学出版社 2017 年版，第 74 页。

③ （清）焦循：《雕菰楼经学九种》，凤凰出版社 2015 年版，第 1943 页。

④ ［德］马克思·舍勒：《哲学人类学》，魏育青等译，北京师范大学出版社 2014 年版，第 207 页。

⑤ 吴肃公：《语林》，黄山书社 1999 年版，第 29 页。

《北大学院己巳级史学系毕业生赠言》诗结束此节："天赋迂儒自圣狂，读书不肯为人忙。平生所学宁堪赠，独此区区是秘方。"①

第九节 "古今仁圣同殉精义"

方孝孺维护的究竟是什么？是朱元璋的孙子还是另一个儿子当皇帝，这里面有什么颠扑不破的真理吗？于国于民究竟有什么价值？对此，朱棣说得坦率："此本朕家事"，就是说你姓方的管不着。真的是这样吗？如果真是这样，朱元璋为何不把皇位直接传给朱棣，还顾忌什么呀？

如此的问题及看问题的方式，其实就是我们从小到大所接受的启蒙式教育。世人皆说读书明理，恐怕也不尽然。有时候，读书不但明不了理，反转增迷惘，终成糊心工具者，数不胜数。

试问，古人认为方孝孺维护的是什么真理？方孝孺的异母弟方孝友的《临刑》诗曰：阿兄何必泪潸潸？取义成仁在此间。明人陈子龙的《过宁海吊方正学先生缑城故里》诗曰：千古君臣终不改，莫将兴废问乾坤。明人邬良佐的《正学先生祠》诗曰：生也非徒然，生为纲常崇。死也非徒然，死为纲常终。纲常一振立，身殁道愈隆。清人阮元鋐的《方正学故里》诗曰：书种高前代，忠魂下大荒。清人章之芳的《吊方逊志先生》诗曰：舌血已干天地冷，纲维千古见真吾。清人齐图南的《怀方正学先生》诗曰：生死一瞬移，纲常万古系。《谒方正学先生祠》诗曰：卓哉方先生，纲常万古系。清人李赓芸的《宁海》诗曰：此是前明正学乡，读书种子系纲常。这充分说明，"取义成仁""死为纲常""忠魂"，即方孝孺维护的真理。

那么，"读书种子"所维护的颠扑不破的"纲常"究竟是什么真理？若使方孝孺在，当如何回答这样的现代性问题？其《斥妄》曰：

① 陈寅恪著，陈美延、陈流求编：《陈寅恪诗集》，清华大学出版社 1993 年版，第 18 页。

> 孔子曰："穷理尽性以至于命。"斯圣贤所以为教，而人所当为者也。穷天下之理，而见之于躬行，尽乎三纲六纪，而达之于天道，尧舜禹汤周公孔子之所传。人之为人不过学此而已。生者知此而后可生，死者明此而后可死。入乎此则为人，出乎此则为夷狄鸟兽，不可毫发去也。①

又《宗仪九首·谨行》曰：

> 君臣、父子、兄弟、夫妇、朋友五者，天伦也。斁天伦者，天之所诛，人之所弃。生不齿，死不服，葬不送，主不入祠，谱不书其明。②

又《鬻拳》曰："若君臣父子之分，天下之大经也"，"事暴君而不敢失人臣之理"，"知君臣之大经重于社稷也"③。

此即方孝孺维护的颠扑不破的真理。古人所谓"社稷"某种程度上相当于今天所谓"国家"。依据方孝孺的理念，国家也是事项，具体的，可生可灭的，而"纲常"却是常道，因而要顺其常，守其法，所以"纲常"重于社稷。试问，方孝孺为之生为之死的天伦大经究竟是什么真理？他的后学回答过这个问题。明人张诩（1456—1515）的《全节庙碑》曰：

> 其死也，为社稷死，为国家死，为纲常死，为谨内外辨华夷死，所谓死有重于泰山者也，其有功于世教也大矣。岂非处变而不失其正者，尤不易乎？是虽丈夫子读书说道理者，事君则欺其君，相国则卖其国，专城则弃其城，贼至则或闭门、或迎降，甘心臣犬

① （明）方孝孺著，徐光大点校：《方孝孺集》（上），浙江古籍出版社2013年版，第207页。

② （明）方孝孺著，徐光大点校：《方孝孺集》（上），浙江古籍出版社2013年版，第62页。

③ （明）方孝孺著，徐光大点校：《方孝孺集》（上），浙江古籍出版社2013年版，第149页。

羊而服左衽，平时君以高爵厚禄待之，谓何？一旦视弃其君父如弃弁髦者，盖亦多矣。

无事则雍容委蛇，至于小小得丧厉害临之于前，而不丧志失守者或寡矣，况死生之际乎？欺君卖国之流是已。①

张诩此论绝美！令人拍案叫绝，一扫心性天宇的雾霾，赤县神州皆春风。以下引陈寅恪之论理，以畅张诩论说的意蕴，最为精确透彻，可摧陷廓清纷纷之俗论。陈先生的《王观堂先生挽词》之序说：

吾中国文化之定义，具于白虎通三纲六纪之说，其意义为抽象理想最高之境，犹希腊柏拉图之所谓 Eidos 者。若以君臣之纲言之，君为李煜亦期之以刘秀；以朋友之纪言之，友为郦寄亦待之以鲍叔。其所殉之道，与所成之仁，均为抽象理想之通性，而非具体之一人一事。夫纲纪本理想抽象之物，然不能不有所依托，以为具体表现之用；其所依托以表现者，实为有形之社会制度，而经济制度尤其重要者。故所依托者不变易，则依托者亦得因以保存。吾国古来亦尝有悖三纲违六纪无父无君之说，如释迦牟尼外来之教者矣。然佛教流传播衍盛昌于中土，而中土历世遗留纲纪之说，曾不因之以动摇者，其说所依托之社会经济制度未尝根本变迁，故犹能借之以为寄命之地也。②

从来说三纲六纪者，莫如陈先生此论之深切著明。陈先生才高智深，明通而多特识，所发明推阐的论述，可谓洞彻中国文化精神的实质性意蕴。何为“三纲六纪”？《白虎通义·三纲六纪》曰：“三纲者，何谓也？谓君臣、父子、夫妇也。六纪者，谓诸父、兄弟、族人、诸舅、师长、朋友也。”③ 如果用今天的价值范畴来说，那么“三纲五常”就

① 张诩：《张诩集》，上海古籍出版社 2015 年版，第 139 页。

② 陈寅恪著，陈美延、陈流求编：《陈寅恪诗集》，清华大学出版社 1993 年版，第 12—13 页。

③ （清）陈立撰，吴则虞点校：《白虎通疏证》（上），中华书局 1994 年版，第 373 页。

是伦理秩序，亦可说是社会秩序或文化秩序。相对于幻生幻灭的各个具体的朝代，文化秩序就是常经大法。如不从肤浅的表面看，纲纪本理想抽象之物，所以志士仁人所殉之道，与所成之仁，均为抽象理想之通性，而非具体之一人一事。此即方孝孺所维护的颠扑不破的真理。依据陈先生的论述，方孝孺与布鲁诺在精神的崇高层面就没有什么区别，皆是为至高的理念而献身的古今豪杰。科学真理和道德真理，皆是至高的理念或真理。

李煜非素刚之人，而是素懦者，所以李煜作为皇帝，可谓软熟；而刘秀却是素刚之人，作为皇帝，确有大本领，亦有大业绩，即中兴汉室。君臣遇合，亦是因缘，非算计所能造就。臣子遇到李煜这样的君主，依据传统社会的礼数，臣子依然要献出理想、忠诚，而不是喋喋不休地泄怨，甚至弃之不顾。此即方孝孺所谓“事暴君而不敢失人臣之理”的意蕴。管仲和鲍叔是朋友的楷模。同理，遇到郦寄这样的买友者，作为朋友，依然要有鲍叔的情谊。这在流俗看来确实有些呆愚。而这种呆愚，亦可以说具有圣愚的品质。这种圣愚的态度及精神究竟有什么意义？让我们的哲学家来回答这个问题。贺麟（1902—1992）的《五伦观念的新探讨》畅论：

> 五常之德就是维持理想上的常久关系的规范。不论对方的生死离合，不管对方的智愚贤不肖，我总是应绝对守我自己的位分，履行我自己的常德，尽我自己应尽的单方面的义务。不随环境而改变，不随对方为转移，以奠定维持人伦的基础，稳定社会的纲常。这就是三纲说所提出来的绝对的要求。可以说历史上许多忠臣孝子，苦心孤诣，悲壮义烈的行径，都是以三纲说为指导信念而产生出来的。所谓常德就是行为所止的极限，就是柏拉图的理念或范型。也就是康德所谓人应不顾一切经验中的偶然情况，而加以绝对遵守奉行的道德律或无上命令。这种绝对的纯义务的单方面的常德观，也在汉儒董仲舒那里达到了极峰，所谓“正其谊不谋其利，明其道不计其功”。“谊”和“道”就是纯道德规范，柏拉图式的纯道德理念。换言之，先秦的五伦说注重人对人的关系，而西汉的三

纲说则将人对人的关系转变为人对理、人对位分、人对常德的单方面的绝对的关系。故三纲说当然比五伦说来得深刻而有力量。举实例来说，三纲说认君为臣纲，是说君这个共相，君之理是为臣这个职位的纲纪。说君不仁臣不可以不忠，就是说为臣者或居于臣的职分的人，须尊重君之理，君之名，亦即是忠于事，忠于自己的职分的意思。完全是对名分、对理念尽忠，不是作暴君个人的奴隶。唯有人人都能在其位分内，单方面地尽他自己绝对的义务，才可以维持社会人群的纲常。最奇怪的是，而且使我自己都感到惊异的，就是我在这中国特有的最陈腐、最为世所诟病的旧礼教核心三纲说中，发现了与西洋正宗的高深的伦理思想和与西洋向前进展向外扩充的近代精神相符合的地方。就三纲说之注重尽忠于永恒的理念或常德，而不是奴役于无常的个人言，包含有柏拉图的思想。就三纲说之注重实践个人单方面的纯道德义务，不顾经验中的偶然情景言，包含有康德的道德思想，我已约略提到过。康德的意思是说，事实上也许大多数人都很坏，都不值得爱，但我们应爱人以德，以尽我们自己的道德责任。譬如，阿斗就是庸劣不值得爱的君，而诸葛武侯仍鞠躬尽瘁、死而后已，以尽他单方面的纯义务的忠道，以履践三纲中的“君不仁臣不可以不忠”的训条。而康德的学说，却正好是诸葛亮式的德行写照。而那稣伦理思想的特色，也是认爱为本身目的，尽单方面的纯义务，而超出世俗一般相互报酬的交易式的道德，实与三纲说之超出相对的自然往复的伦常关系，而要求一方尽绝对的单方面的义务，颇有相同的地方。三纲就是把“道德本身就是目的而不是手段”“道德即道德自身的报酬”等伦理识度，加以权威化、制度化，而成为礼教的信条。至于三纲说的本质有与西洋近代精神相符合的地方，可任意拈取例证。譬如，西洋近代浪漫主义者之爱女子，即是竭尽其单方面的爱，纵为女子所弃，而爱亦不稍衰（不过，在西洋是男子对女子尽单方面之爱，而三纲之教，则要求女子对男子尽单方面之爱）。又如西洋近代革命家之忠于主义，对于人民竭尽其片面的宣传启导之责，虽遭政府压迫，群众反对，而不失其素守。又如西洋那教徒近代的宣传事业，所以

> 能普及环宇，亦是因为许多传教士能忠于其信仰，竭尽其单方面的义务，以播扬教义，虽一再遭异教异族之人的杀害，而不渝其志，不改其度。总之，我认为要人尽单方面的爱，尽单方面的纯义务，是三纲说的本质。而西洋人之注意纯道德纯爱情的趋势，以及尽职守、忠位分的坚毅精神，举莫不包含有竭尽单方面的爱和单方面的义务之忠忱在内。所不同者，三纲的真精神，为礼教的桎梏、权威的强制所掩蔽，未曾受过启蒙运动的净化，不是纯基于意志的自由，出于真情之不得已罢了。学术的启蒙，真情的流露，意志的自主为准，自己竭尽其单方面的爱和单方面的义务，贞坚屹立，不随他人外物而转移，以促进民族文化，使愈益发扬，社会秩序，使愈益合理，恐怕就是此后儒家的人所须取的途径了。①

陈先生之论述与贺先生之论说可合观并思，有助于深识古今仁人志士的精神志趣。两位博雅君子皆不受时代价值兴趣视角的污染，而有真正的发现。这里之所以繁引贺先生的论述，还有另外一个目的，即亲切理会义理，启蒙自己，并克服自己沾染的俗学习气，而成就自己这个人而已。陈寅恪在《清华大学王观堂先生纪念碑铭》中说道：

> 士之读书治学，盖将以脱心志于俗谛之桎梏，真理因得以发扬。思想而不自由，毋宁死耳。斯古今仁圣同殉之精义，夫岂庸鄙之敢望。先生以一死见其独立自由之意志，非所论于一人之恩怨，一姓之兴亡。呜呼！树兹石于讲舍，系哀思而不忘。表哲人之奇节，诉真宰之茫茫。来世不可知者也，先生之著述，或有时而不彰。先生之学说，或有时而可商。惟此独立之精神，自由之思想，历千万祀，与天壤而同久，共三光而永光。②

陈先生这里说的正是方孝孺这类仁人志士的殉道意义。陈先生从如

---

① 贺麟：《文化与人生》，商务印书馆 2015 年版，第 63—66 页。

② 陈寅恪：《金明馆丛稿二编》，生活·读书·新知三联书店 2001 年版，第 246 页。

是的价值视域看问题，自然是就自家得力处说，自有真精神，非泛泛而谈，其论述纯诚明大。古今仁圣同殉的正是这样的真理，即思想自由。唯此可歌可泣的真精神长流天壤，不可埋没。传统社会里的仁人志士对真理的献身精神，时至今日，仍然无与伦比！

古人生活在有君主的时代，他们究竟是如何看待君主的？司马光曰："天生拯民，其势不能自治，必相与戴君以治之。苟能禁暴除害以保全其生；赏罚善恶使不至于乱，斯可谓之君矣。"① 原来如此。不过，有些君主的确把天下看成是自家的事情，"呜呼，岂设君之道固如是乎？"② 君主以天下为家，这其实也是一厢情愿的怪念头，并不是古人都认可的真理。

方孝孺就没有这样的怪念头。他不认为朱元璋的孙子还是另一个儿子当皇帝，皆是一样的，不关自己的事。如果方孝孺真有这样的怪想法，那么朱棣让他写诏书，他就写了，根本用不着抵抗。他拒绝写诏书，恰好说明他有自己独立的价值判断，即认为朱元璋的孙子还是另一个儿子当皇帝，不是朱家事，而是天下事，所以他才献出理想和忠诚，以明其是非，立天下之大法，为万世劝诫。他当着朱棣的面在诏纸上写下"燕贼篡位"四个字，显然不是以朱家家事为其标准的。知此，就能明白方孝孺绝不会为朱棣写诏书的原因。这是其素已定于心的标准，利害境遇不能剥夺和摧毁，这与朱棣是不是朱元璋的儿子恰好无关。

方孝孺的自我牺牲推动历史前进了吗？如果让维特根斯坦来回答这个问题，他必定沉默，因为他认为不合法的问题，用不着回答。中国实行帝制的历史很长，改朝换代很平常，从政治体制来看，确实没有什么变化。本书想从多元的价值视域看古人存在的意义。方孝孺不仅是臣子，也是礼士、真儒，是负荷圣统的读书人，具有多元价值。用唯历史推动论的价值标准去论古人，是否说明研究者在时代显学视角的迷雾笼罩下，存在心性失明？而将自己时代某一学派的价值原则尊奉为唯一的标准，是否说明研究者陷入时代价值判断原则的欺罔之深渊，丧失了价

① 《资治通鉴》（第五册），中华书局1956年版，第2230页。

② （清）黄宗羲著，吴光主编：《黄宗羲全集》（第一册），浙江古籍出版社2012年版，第3页。

值体验的独立品格和多元视角？是否说明研究者有可能充满了自己时代显学价值评估视角的傲慢与偏见？陈先生在《冯友兰中国哲学史下册审查报告》中说道：

> 南北朝时，即有儒释道三教之目，至李唐之世，遂成固定之制度。如国家有庆典，则召集三教之学士，讲论于殿廷，是其一例。故自晋至今，言中国之思想，可以儒释道三教代表之。此虽通俗之谈，然稽之旧史之事实，验以今世之人情，则三教之说，要为不易之论。①

既然“中国之思想，可以儒释道三教代表之”，那么儒学在中国文化系统中地位如何？陈先生在《冯友兰中国哲学史下册审查报告》中说道：

> 儒者在古代本为典章学术所寄托之专家。李斯受荀卿之学，佐成秦治。秦之法制实为儒家一派学说之所附系。中庸之“车同轨、书同文、行同伦”（即太史公所谓“至始皇乃能并冠带之伦”之“伦”）为儒家理想之制度，而于秦始皇之身，而得以实现之也。汉承秦业，其官制法律亦袭用前朝。遗传至晋以后，法律与礼经并称，儒家周官之学说悉采入法典。夫政治社会一切公私行为，莫不与法典相关，而法典实为儒家学说具体之实现。故两千年来华夏民族所受儒家学说之影响，最深最巨者，实在制度法律公私生活之方面，而关于学说思想之方面，或转有不如佛道二教者。②

以上这段材料，特别能说明陈先生所秉持的儒家学说观。陈先生此儒家学说价值观念与其生活时代时流集中于儒学学说思想的兴趣不同。正因为陈先生有这样迥异于时流的儒家学说观，所以他治儒学的

---

① 陈寅恪：《金明馆丛稿二编》，生活·读书·新知三联书店2001年版，第283页。

② 陈寅恪：《金明馆丛稿二编》，生活·读书·新知三联书店2001年版，第282—283页。

精神旨趣就集中于儒家学说的文物制度及其渊源流变和儒家学人自身，即儒英，也就是他所谓制度法律公私生活之方面。其《隋唐制度渊源略论稿》和《唐代政治史论稿》就是证明儒家学说是如何实质性地影响了制度法律公私生活之方面的，廓清"学术无利于世道人心"之谬论。陈学先生所谓"制度法律"，用今天的话说，就是社会制度和文化秩序。陈先生所谓"儒英"就是典章学术所寄托之专家。正是这些典章学术所寄托之专家成为华夏社会制度和文化秩序的实际建构者。儒家所谓通经致用，岂虚言哉？儒家是世间法，其本末大用正是制度法律公私生活之方面。陈先生所欣赏的那些河西儒英正是保存乡里土风国粹之人物。而陈先生所谓"国粹"正是指华夏民族的文化秩序和文化制度。陈先生之所以称其为国粹，正是含蓄地说明以儒家学说为中心的文化秩序和社会制度是中国文化的正脉。

既知此，可知方孝孺的精神旨趣正在"制度法律公私生活之方面"，而不是在天道太极方面。他特别醉心于《周官》就是明证。如果从纯粹的儒学学术思想的学脉来理解方孝孺，那么他的确没有贡献多少独创性的思想学说，这是显而易见的事实。方孝孺是圣学的躬行君子，醉心于修身齐家治国，即成就这个人和建立一个美好社会，或可以说，他赋予这些观念极端的重要性。这在他的文字里有清晰、诚实的多重表达。所以，可以说修身齐家治国构成了方孝孺最深刻最稳定的价值信念，他也为自己所秉持的如此的价值信念而英勇献身，呈现了一个言行统一的大儒的尊贵和崇高。

综上所述，方孝孺表征着华夏文化的正脉，是当之无愧的华夏文化的"读书种子"，真是"喧啾百鸟中"的"孤凤凰"，翱翔在光华灿烂的圣域，向未来辐射神秘莫测的光源。他在《蜀汉本末序》中有这样的正论：

> 事固有晦塞于一时，而较著于后世者。时之人以为贵，后之论者或贱之。私媚者之所毁，大贤君子或尊之。盖爱恶取舍，出乎恒情者，或汩于流俗之见，或眩于强弱之势，或以事功成败为贤否，是以往往不能合乎大公。及夫时世远而爱恶销，大贤君子作而正论

起。鄙夫憸人卑陋嵬琐之说，譬如白日出而魑魅亡，严霜降而虫虺蛰，自无所容于天地之间，而是非正伪粲然昭布于万世，是岂人为也哉！斯理之在人心，穷宇宙而不可磨灭者，天之道也。天道必久而后定，固有必然者矣。①

“读书种子”此论甚美，反复读之令人心开意朗，顿觉宇宙清美，豪杰之气，油然而生。真是物以类聚，只有知大道者，方能相知深，敬爱笃，古今从来都是如此。方孝孺诗云：故人一去不复返，徒有血泪如春波。不须闻此意惨怆。邹福保（1852—1915）曰：“嗟乎！时至今日，儒术衰微，卮言纷纷遍华夏，几不知正学为何事。有心世道者，侧身环顾，愀然有忧思焉，以为当世不见先生，亦不复知有先生矣。”②这里所谓“先生”即顾炎武。方孝孺曰：“学失其统，骛于空言，饰外以欺，几忘本源。”③清人灵睿诗曰：是非两字糊涂久，且喜先生认得真。读以上内容，可体会“读书种子”精神。方孝孺诗云：凤随天风下，暮息梧桐枝。群鸱得腐鼠，笑汝长若饥。举头望八荒，默与千秋期。一饱亮易得，所存终不移。

---

① （明）方孝孺著，徐光大点校：《方孝孺集》（中），浙江古籍出版社 2013 年版，第 445 页。

② （清）顾炎武著，黄汝成集释，栾保群、吕宗力校点：《日知录集释（校注本）》（第六册），浙江古籍出版社 2013 年版，第 1922 页。

③ （明）方孝孺著，徐光大点校：《方孝孺集》（下），浙江古籍出版社 2013 年版，第 850 页。

第九章　方孝孺与圣学取象传统

黑格尔在《哲学史讲演录》中说道："比喻不能完全适当地表达思想，它总附加有别的成分。由于缺乏能力把思想表达成思想，于是乃借助于感性的形式来表达"；"因为用感性的方式去表达概念总是包含有不相适合的成分的，在想象的基础上是不能很真实到地表达理念的"；"谁把思想掩蔽在象征中，谁就没有思想"①。又说："柏拉图也常常采取表象的方式。一方面这是很通俗，但另一方面也有其不可避免的危险，这种危险就在于人们会把仅仅属于表象而不属于思想的成分当作是本质的东西。"② 此一情状。马一浮曰："罕譬曲喻，欲以解流俗之蔽，非为戏也。"③ 又曰："大凡世界哲人，无论古今，其言足以感人者，必有其独到之处。但其所用诠表之名言，各因其所习，不能无异，是在有以观其会通。"④ 此另一情况。钱锺书《管锥编》云："穷理析义，须资象喻，然而慎思明辨者有戒心焉。游词足以埋理，绮文足以夺义，韩非所为叹秦女之媵、楚珠之椟也"；"理赜义玄，说理陈义者取譬于近，假象于实，以为研几探微之津逮，释氏所谓权宜方便也。古今说理，比比皆然。甚或张皇幽渺，云义理之博大创辟者，每生于新喻妙譬，至以

① ［德］黑格尔：《哲学史讲演录》（第一卷），贺麟、王太庆译，商务印书馆 2004 年版，第 81、82、87 页。

② ［德］黑格尔：《哲学史讲演录》（第二卷），贺麟、王太庆译，商务印书馆 2009 年版，第 170 页。

③ 马一浮著，吴光主编：《马一浮全集》（第二册上），浙江古籍出版社 2012 年版，第 385 页。

④ 马一浮著，吴光主编：《马一浮全集》（第二册下），浙江古籍出版社 2012 年版，第 679 页。

譬喻为致知之具、穷理之阶，其喧宾夺主也？”① 钱先生说得周全。维特根斯坦说：“我们语言的约定是异常复杂的。在每个命题中都有很多要思而未说的东西。”② 的确如此。我国圣典取象，比比皆是，特别是《易》，取象尤为精美，令人眼花缭乱。有鉴于此，笔者也给“读书种子”在圣学取象传统中取象，创建“读书种子”的形象概念。

第一节 圣学之取象传统

如果阅读经籍，纷至沓来的是一个又一个活色生香的物象，似乎一下子进入了一座百花园，那里群花盛开，莺歌燕舞，清泉溪流，和若琴瑟。例如《诗》曰：“桃之夭夭，灼灼其华”；“瞻彼淇奥，绿竹猗猗”；“燕燕于飞，差池其羽”；“雄雉于飞，上下其音”；“日之夕矣，牛羊下来”；“风雨如晦，鸡鸣不已”；“习习谷风，以阴以雨”；“我行其野，芃芃其麦”；“河水洋洋，北流活活”；“绵绵葛藟，在河之浒”；“彼美人兮，西方之人兮”；“有美一人，婉如清扬”；“昔我往矣，杨柳依依”；“昔我往矣，黍稷方华”等，美不胜收。例如《易》曰：“飞龙在天，利见大人”；“密云不雨，自我西郊”；“羝羊触藩，不能退，不能遂”；“明夷于飞，垂其翼”等，美丽无比，不可胜举。不要忘记，《诗》是经，不仅是诗。群经里有了《诗》，就什么也不缺了。

《易》系辞曰：“古者包牺氏之王天下也，仰则观象于天，俯则观法于地，观鸟兽之文与地之宜，近取诸身，远取诸物，于是始作八卦，以通神明之德，以类万物之情。”观物取象是圣典的一个优美传统。方孝孺是如何看待圣学观物取象传统的？方孝孺曰：

> 予尝观乎大泽之陂，而知《易》中孚之义矣。方其一碧千顷，

① 钱锺书：《管锥编》，生活·读书·新知三联书店 2015 年版，第 21、20 页。

② ［奥］路德维希·维特根斯坦著，涂纪亮主编：《维特根斯坦全集》（第一卷），河北教育出版社 2002 年版，第 148 页。

涵山浸空，清恬静帖，鳞介呈露。已而风蓬蓬焉生，拂林动谷而加乎泽也。恬者沸，帖者震。丝萦縠动，涛回浪喷，万皱相因，变怪莫尽。则仰而叹曰："斯所以为中孚也乎？圣人之取象精矣。夫泽至静物也，孰得而感之？苟以石则石沉矣，泽何能感？以火则火灭矣，泽何能感？以雷则虚声而不动物，泽何能感？天之高也，地之厚也，有生成之力，而欲一感之，不可得也。必也其风乎？风动则泽应，有不待逾时而感者矣。若此者，以其中固有相孚之理也。而斯卦也，巽悔而兑贞，巽风而兑泽，于象为中孚。又巽顺也，兑说也，以顺感民则民说而信矣。于义为中孚，又二体之中画皆阳，有诚之义，全体中虚，有虚之道，斯圣人之取义又精也。"①

"圣人之取象精矣！"生活世界里的普通物象，圣人之取象精矣。如上举证可知。那么典籍中那些吉祥物象，方孝孺又是如何看待的？

方孝孺《灵芝甘露论》曰："露而有甘露焉，草而灵芝焉，沛然而降莫测其源；烨然而华，莫究其根；或莹洁圆净，而其味如饴，或敷为七茎九茎，而质备五色，此岂可以易致哉"；"而二物未足以尽之，则又为鸟之凤，兽之麟，鳞而为龙，介而为龟"②。又《策问十二首》曰："麟、凤、龟、龙，记礼者以为四灵，祥之尤也。《春秋》以麟终篇，圣人之书之也，以为祥乎？"③ 又《蒋氏异瓜辨》曰："其异乎类者曰麟，麟不可多得也，人贵焉，故麟谓之祥。羽翮而飞者，充天下人不贵之者，必其多者也。其不可见者曰凤，故凤谓之祥。萌而生者众矣，而独贵乎朱草；涌而出者众矣，而独贵乎醴泉，岂非以其寡哉！"④

① （明）方孝孺著，徐光大点校：《方孝孺集》（上），浙江古籍出版社 2013 年版，第 275 页。

② （明）方孝孺著，徐光大点校：《方孝孺集》（上），浙江古籍出版社 2013 年版，第 244 页。

③ （明）方孝孺著，徐光大点校：《方孝孺集》（上），浙江古籍出版社 2013 年版，第 242 页。

④ （明）方孝孺著，徐光大点校：《方孝孺集》（上），浙江古籍出版社 2013 年版，第 276 页。

依据以上材料，就可粗知方孝孺提到的祯祥物主要有："甘露""灵芝""凤""麟""龙""龟""朱草""醴泉"等。他认为人独贵这类东西，也许是特别稀少的缘故。不过，据此也可知，圣人是祥和的人，圣学是吉祥的学问。方孝孺《考祥文》曰：

> 孰为祥乎？匪物由人，子孝臣顺，父正君仁，是之谓祥。数者咸备，虽星殒地裂，不足以为殃。苟失其道，上下易职，尊卑乖序，虽芝生宫寝，麟凤在郊，于祥何取？世之人弗思，求祥于物，不知己之躬，有祥攸出。为善于家，祥实基之，不勉己而循物，祸之所随。①

方孝孺所谓"子孝臣顺，父正君仁"；"上下易职，尊卑乖序"，用今天的话说，就是文化秩序。也就是说一个国家的文化秩序不紊乱，则祥；否则，则不祥。同理，一个家庭也是如此。所以文化秩序和伦理秩序非常重要，是关系到人生死的大题目。而文化秩序和伦理秩序出现问题，源于人而不源于天。方孝孺的"世之人弗思，求祥于物，不知己之躬，有祥攸出。为善于家，祥实基之，不勉己而循物，祸之所随"的议论，真得圣人之用心。又《戒妖文》曰：

> 人知物之妖，而不知人之妖；知人之妖，而不知妖自己招。山崩川竭，虽为可畏，嬖庸贤遁，尤为可惧。牝晨豭乳，人以为异，斁伦败俗，其祸尤著。嗟乎！今之人乐妖为祥，行如踸踔，喜色扬扬，哲夫旁观，股栗心掉。彼谓无忧，酣喜哗笑。天纵汝为妖，吾则莫知。苟自人兴，汝宁不思！②

方孝孺所谓"斁伦败俗"说的就是伦理秩序的失范，则"其祸尤

---

① （明）方孝孺著，徐光大点校：《方孝孺集》（上），浙江古籍出版社 2013 年版，第 278 页。

② （明）方孝孺著，徐光大点校：《方孝孺集》（上），浙江古籍出版社 2013 年版，第 278 页。

著"。"嗟乎！今之人乐妖为祥，行如蹠跷，喜色扬扬，哲夫旁观，股栗心掉。"方孝孺真是圣哲，心性干净至诚，能洞彻问题的根源。时至今日，时代精英未必具有方孝孺这样明澈而理性的认识。今日域内文化秩序的问题、伦理秩序的问题，依然是没有解决的大问题和大题目。不过，笔者关心的不是这些问题，而是究竟选择哪一种物象作为"读书种子"的吉祥符号？方孝孺最喜欢的吉祥符号是什么？

方孝孺《李太白赞》云："唐治既极，气郁弗舒。乃生人豪，泄天之奇。矫矫李公，雄盖一世。麟游龙骧，不可控制。"① 又《祭太史公》其六曰："兹君子所以异乎众人，不啻若麒麟之于狐兔也。"② 《宋书》曰："麒麟者，仁兽也。"③ 又《祭太史公》其六曰："凤飞赤霄，百鸟朝之，或集于枯，鸩雀嘲之。蛟龙天游，雷雨九土。一或泥蟠，蛙蚓献侮。"④《宋书》曰："凤凰者，仁鸟也。"⑤ 又《华歆》曰："幼安（管宁）百世之士，清介之行老而不衰，与其初志正称。以歆（华歆）比之，不啻犬豕之于神龙，悬绝甚多。"⑥ 又《重告胡先生墓》曰："宋元之隆，天下大同。荐绅硕儒，皆人中龙。"⑦ "龙"即"神龙"。又《蒋氏异瓜辨》曰："谓之祥者是也，谓之非祥者亦是也。君子之道大极乎天地，微通乎鬼神。能充其用，雨旸寒暑，自我而施，况一草之异乎？故有以致之，则谓之祥可也。苟无以致之，虽使禾颖同乎陇，木理连乎庭，灾害之来犹有莫止者，祥乌可恃乎？"⑧ "禾颖"即"嘉禾"。《宋

---

① （明）方孝孺著，徐光大点校：《方孝孺集》（下），浙江古籍出版社 2013 年版，第 717—718 页。

② （明）方孝孺著，徐光大点校：《方孝孺集》（下），浙江古籍出版社 2013 年版，第 742 页。

③ 《宋书》卷二八《符瑞志中》中华书局 1974 年版，第 791 页。

④ （明）方孝孺著，徐光大点校：《方孝孺集》（下），浙江古籍出版社 2013 年版，第 743 页。

⑤ 《宋书》卷二八《符瑞志中》，中华书局 1974 年版，第 792 页。

⑥ （明）方孝孺著，徐光大点校：《方孝孺集》（上），浙江古籍出版社 2013 年版，第 172 页。

⑦ （明）方孝孺著，徐光大点校：《方孝孺集》（下），浙江古籍出版社 2013 年版，第 745 页。

⑧ （明）方孝孺著，徐光大点校：《方孝孺集》（上），浙江古籍出版社 2013 年版，第 277 页。

书》曰："嘉禾，五谷之长，王者德盛，则二苗共秀。"[①] "木理"即"木连理"。《宋书》曰："木连理，王者德泽纯洽，八方合为一，则生。"[②]

如果从方孝孺所谓"龙""麒""麟""凤""嘉禾""木连理"等的祯物象征符号中，选择一个作为"读书种子"的形象美号，应该选择什么吉祥物象呢？

第二节　"凤凰"不是"野鸟"

如果给"读书种子"和"习气种子"选择象征符号，那么选择什么意象比较好？方孝孺的老师宋濂说：

> 古者重德教，非惟子弟子之求师，而为师者得一英才而训饬之，未尝不喜动颜色。此无它，天理民彝之不能自已也。予以一日之长，来受经者每有其人，今皆散落四方。黍稷虽芃芃，不如稊稗之有秋者多矣。晚得天台方生希直，其为人也凝重，而不迁于物，颖锐有以烛诸理，间发为文，如水涌而山出。喧啾百鸟之中，见此孤凤凰，云胡不喜！[③]

又《孙伯融诗集序》云：

> 呜呼，道隐民散久矣！朝执经于讲帷，暮反眼相视若途人者有之，有如行间之不忘其师，非纷纭百鸟中间此孤凤凰欤？[④]

---

① 《宋书》卷二八《符瑞志下》，中华书局 1974 年版，第 827 页。

② 《宋书》卷二八《符瑞志下》，中华书局 1974 年版，第 853 页。

③ （明）方孝孺著，徐光大点校：《方孝孺集》（下），浙江古籍出版社 2013 年版，第 975 页。

④ （明）宋濂著，黄灵庚编辑点校：《宋濂全集》（第二册），人民文学出版社 2014 年版，第 628 页。

宋濂初见方孝孺，称其为“孤凤凰”，主要是激赏其“凝重”和“颖锐”，而说孙伯融是“孤凤凰”，主要是称赞其“不忘其师”的德品。宋濂以“孤凤凰”为喻，主要取“凤毛麟角”的意思，不是很高的标准。他的门下就有两个“孤凤凰”，所以他所谓“孤凤凰”其实不孤。方孝孺的弟子用“凤凰”美称其师，而方孝孺则直言：“凤之为祥，自周至今三千余年无继者，至若前代所称，皆指野鸟之罕见者，非真凤也。其不易出如此，今足下乃以喻仆，仆何人而敢居之。”① 方孝孺不敢承当此喻。他断言“真凤”早就绝了，后世所说的“凤凰”皆是神似凤凰的“野鸟”而已。他的“凤之为祥，自周至今三千余年无继者，至若前代所称，皆指野鸟之罕见者，非真凤也”的判断是个惊心动魄的大判断。“道衍判断”是否受其智慧启迪，不得而知。“正学判断”与“道衍判断”，何其神似！此两个判断皆是对传统社会文化大传统的大判断。“正学判断”说明圣统即正统绝了，而“道衍判断”说明“圣种”即圣人绝了。依据“正学判断”，纷纷“野鸟”不是“真凤”。方孝孺《二禽咏》诗曰：

> 鹊噪未足喜，鸦鸣未须忧。天道神且远，微物徒喧啾。翰音善司晨，不免供肴羞。鹳鹤至高洁，所识惟林丘。鸿鹄隘八荒，但为稻粱谋。文彩美孔鸾，缯缴或暗投。况彼鸦与鹊，志非众鸟俦。质陋羽翮短，云霄非所游。性贪嗜饮啄，逐逐不自休。饥则摇口吻，向人如有求。何能洞先几，兆与天心侔？祸福有定命，所致各有由。人理固坦夷，鬼神良昧幽。苟中存仁义，自可无愆尤。何须浪悲喜，为禽鸟诳诱。来寅慰韩愈，恶声感黄州。好怪失所守，二子非英流。吾方友千古，远法孔与周。考祥视素履，乐道以夷犹。②

从方孝孺这首诗里，可以归纳出他所谓“野鸟”的一些基础性特

① （明）方孝孺著，徐光大点校：《方孝孺集》（中），浙江古籍出版社 2013 年版，第 403 页。

② （明）方孝孺著，徐光大点校：《方孝孺集》（下），浙江古籍出版社 2013 年版，第 895 页。

征。例如，“质陋”“性贪”。因为“质陋羽翮短，云霄非所游”，所以无千载心；因为“性贪嗜饮啄，逐逐不自休”，所以活在当下；因为“饥则摇口吻，向人如有求”，所以无定操。总之，徇欲逐物是“野鸟”的在世特性。“野鸟”皆随时利身，深思熟虑地谋一己之安，才合流俗，不详思千载之得失，也不“远法孔与周”。纷纷“野鸟”皆是“当世士”和“名利客”。生活世界里的鹊和鸦是普通“野鸟”，辨识自然容易，如果是色彩斑斓的“五色雀”，神似“真凤”，那就不容易识别了。

试问，道衍是什么“鸟儿”，竟然有“杀孝孺，天下读书种子绝矣”如此绝大判断？《明史》如是记载：“姚广孝，长洲人，本医家子。年十四，度为僧，名道衍，字斯道。事道士席应真，得其阴阳术数之学。”① 席应真（1301—1381）字心斋，号子阳子，通阴阳术数、兵略、占候诸学。道衍非世家种子，因而无因袭的家学和德业。他在《相城妙智庵姚氏祠堂记》中自叙：“姚氏之先，汴梁人。世为人民，家寒微，无风望显达者”；“祖某，业医养亲”；“然世事佛积善”，“广孝尚幼，不愿习医，而白于父曰：‘某不乐于医，但欲读书为学，有成则仕于王朝，显荣父母，不就则从佛，为方外之乐’”；“年十四即从佛”，“十八剃发为僧”，“读古今圣贤书，研究道理”②。由此可知，道衍的精神志趣本就不在儒家的成人和释家的方外之乐，而是慕当世荣名，所以从佛不发弘法之心，读古今圣贤书也不立志成圣成贤。二程曰：“阅机事之久，机心必生。盖方其阅时，心必喜，则如种下种子。”③ 即习与性成，不觉弥深。道衍早早就种下仕于王朝的种子，因而有绝大的耐心等待时机的到来。用他的话说，他就是“待时士”；用他的诗说，他就是“愿学鸡鸣不失时”④。所以道衍是巧者，不是拙者。

明太祖洪武四年（1371），朝廷诏取高僧，道衍因病没有赴京。不

---

① 《明史》卷一四五《姚广孝传》，中华书局1974年版，第4079页。

② （明）姚广孝著，乐贵明编：《姚广孝集》（第一册），商务印书馆2016年版，第281—282页。

③ （宋）程颢、程颐著，王孝鱼点校：《二程集》（上），中华书局1981年版，第65页。

④ （明）姚广孝著，乐贵明编：《姚广孝集》（第一册），商务印书馆2016年版，第131页。

过，在前一年即1370年，他在《五色雀》诗序中如是说道：

> 洪武三年春正月六日，余病才起，试步庭除，小憩晴檐下。俄有雀身被五色，飞鸣于前，坐客咸奇之。而谓余曰：'此雀五色，文明之象，子病起而遇之，异日文章当有大进矣。'余因笑而赋是诗云。"其《五色雀》诗："五彩全彰欺众鸟，肯求燕伴离云表。斐然自喜不同群，何虑此身盈握小。日暖风轻长戢翼，耻向篱根鸣唧唧。衔书呈异漫夸朱，却火蒙恩徒羡黑。绮翰曾佛瑶池水，未尝生子空城里。形微敢并丹丘莺，文明已似山梁雉。午出庭除幸相遇，烨烨光辉来又去。野田饱粟纵高飞，他年伫看栖琼树。①

此岂释子诗耶？此诗活现的正是道衍心志的镜像。道衍是有大机心的读书人，真可谓色彩斑斓的"五色雀"。"五色雀"神似"凤凰"，因而能"五彩全彰欺众鸟"。一个"欺"字，境界全出矣。道衍曰："仁者必智，而智者岂必仁乎？"②"智谋之士"即言行不必仁的读书人。范晔（398—445）《后汉书·仲长统传》说："以才智用者谓之士。"③道衍正是学术权谋，混为一区的智谋之士。故既无定节，也无定操，随境遇用智自肥是其显著的在世风格。

明太祖洪武八年（1375），朝廷又诏通儒学僧出仕。道衍赴京师参加礼部考试，缘会了高僧宗泐。宗泐（1318—1391），本姓周，字季潭，号全室，浙江临海人。不过，道衍说他不愿出仕，因而得钦赐僧服还山。大欲炽烈而言行冷静，进以时即赴京师"五彩全彰欺众鸟"，退以时即不愿出仕，"斐然自喜不同群"。真可谓理无碍，事无碍，而处处通脱。

呜呼！道衍岂普通"野鸟"所能望其项背哉！荀子曰："利心无足

① （明）姚广孝著，乐贵明编：《姚广孝集》（第一册），商务印书馆2016年版，第37页。

② （明）姚广孝著，乐贵明编：《姚广孝集》（第一册），商务印书馆2016年版，第153页。

③ 《后汉书》卷四九《仲长统传》，中华书局1965年版，第1654页。

而佯无欲者也，行伪险秽而强高言谨悫者也。”[①] 道衍是也。王夫之曰：“外矜廉洁而内贪荣宠，位高则就之，位下则辞之。”[②] 此即道衍这类高级智士在世的风格。道衍不是不愿出仕，而是在耐心等待时机的成熟。

明太祖洪武十五年（1382），道衍在《相城妙智庵姚氏祠堂记》中说：“十五年壬戌秋八月，孝慈高皇后崩，列国亲王各奏取名僧，归国修崇斋会。于是，僧录司左善世宗泐举道衍等三名。九月二十四日引至奉天门早朝，太祖高皇帝亲选道衍住持北京庆寿寺。”[③] 读此可知道衍上次抓住机缘结识了宗泐，因而这次得其荐举。道衍用心之深远，真不可测识。朱元璋能深识方孝孺是什么样的读书人，却不能深识道衍的心事底蕴。邪正难辨，相人岂容易哉！用道衍的诗句“五彩全彰欺众鸟”来形容他自己，真绝美！

方孝孺曰：“祸乱之端神藏而鬼伏，常发于人所不疑之地，而起于世所依赖之人，虽知者何由而尽备哉？”[④] 辨识道衍这样苦心经营自己的智士太难了。《明史》曰：“高皇后崩，太祖选高僧侍诸王，为诵经荐福。宗泐时为左善世，举道衍。燕王与语甚合，请以从。”[⑤] 又是宗泐的荐举。道衍如此苦心经营谋划前途，而又了无痕迹，真不是凡鸟矣！道衍能认得朱棣是什么样的人。道衍这个人够得上传统社会里所谓能人的美称。道衍随朱棣到北京，任庆寿寺住持，自由出入燕王府。明太祖洪武三十一年（1398），朱元璋死。第二年即1399年朱棣举兵，到1402年篡位，可谓神速。道衍是朱棣的主要智士，故在永乐朝位势显赫，果然“野田饱粟纵高飞，他年伫看栖琼树”。道衍真是世不易出的人物！随缘任运而行，手里素珠一百八。呜呼！人心多么难于测识，几乎没有什么可资利用的工具。方孝孺曰：

---

① （清）王先谦撰，沈啸寰、王星贤点校：《荀子集解》，中华书局1988年版，第100页。

② （明）王夫之著，舒士彦点校：《读通鉴论》，中华书局2013年版，第80页。

③ （明）姚广孝著，乐贵明编：《姚广孝集》（第一册），商务印书馆2016年版，第281—283页。

④ （明）方孝孺著，徐光大点校：《方孝孺集》（上），浙江古籍出版社2013年版，第164页。

⑤ 《明史》卷一四五《姚广孝传》，中华书局1974年版，第4079—4080页。

人心之深微隐密者，不易测识，而其大略亦易见。言温而有理，与人交，恭逊而下人，不妄不诈，不苟取，不苟訾，好学不倦，不自夸伐，吾虽未能必其为君子，而必君子之徒也。乖戾而好忿疾，自以为才，伐己而侮人，言无可爱，行无可喜，阴诡僻违，使人恶见而厌视，虽未必其为小人，而必小人之徒也。①

此岂能辨识道衍这样的高级智士哉？人类积累的各种知识，也可以使人的饰伪登峰造极，出神入化，而难于测识。道衍说：“我性如野鹤，好入云林游”；“我本崖壑人，不乐城市住”；“所以古君子，安命乃为贵”；“堂堂美丈夫，宁肯事干遏”；“尝咏既自适，宁慕世上名”；“忘彼区中缘，乐此尘为境”；“大哉弘法心，吾徒可为则”；“不同世内人，皎皎如冰雪”；“功名草头露”，“荣华何足顾”；“惟竹本清物，俗状竹亦耻”② 又在《仰山竹房记》中说他“酷爱”竹。他住的地方无不种竹子即“绕屋皆竹”；他说他唯竹之是亲而朝夕不相舍即“伴侣”；说竹子令他“脱俗”，观竹“悟道”；又说竹子“天然性直不能曲”，“有贞劲之节”而“似乎古君子”③。又在《五月寿椿堂独坐想长洲旧业之竹漫成绝句》中激越地说：竹子“凌霜劲节不同群”④。道衍和竹子亲密无间，死生契阔。他说兵也云“劲卒”，说书法也云“端劲”，说人也云“峭劲”。可见道衍激赏劲节的人物。

呜呼！“五色雀”神似“真凤”，人世间能辨识者，又有几人。方孝孺曰：“大度之士其计谋画策未必过于私智之人”；“小人谋害君子，其为心忍，为虑周，为计决，故君子多不能免。君子之诛小人，持以不忍之心，行以疏略之计，而不虞其足以为害，故反受其祸者甚众。此天

---

① （明）方孝孺著，徐光大点校：《方孝孺集》（中），浙江古籍出版社 2013 年版，第 432—433 页。

② （明）姚广孝著，乐贵明编：《姚广孝集》（第一册），商务印书馆 2016 年版，第 2、7、9、18、22、24、32、223 页。

③ （明）姚广孝著，乐贵明编：《姚广孝集》（第一册），商务印书馆 2016 年版，第 176 页。

④ （明）姚广孝著，乐贵明编：《姚广孝集》（第一册），商务印书馆 2016 年版，第 121 页。

下所以治难而乱易，忠义之士于是无所成功也”[①]。此可谓洞明世故人情的见识。“心忍”“虑周”“计决”“活在当下”即乘时乘势是道衍的行动风格。马一浮说：

> 圣人智周万物而自以为无知，所以为“至德”；道济天下而自以为无能，所以为“要道”。私智不可以为德，小慧不可以为道。私智、小慧与孟子言“德慧”“术智”觌体相反。术即道也，由德而生，故曰德慧，与道相应，故曰术智。必须绝去私小，方有德智，方名为道德。无私方是德，能大方是道。私者必小，小者必私。犹骄者必吝，吝者必骄。私是我执，吝是法执。故人自恃多知，自谓见解胜人者，必是私智，私智背德，必与正智相反；自恃多术，自谓才能过人者，必是小慧，小慧违道，决与大道相反，此亦君子与小人所由分途也。[②]

借助马先生辨析“圣智”与“私智”的论断，可洞晓道衍正是“我执”“法执”之人，因而他的智是“私智”“私慧”。佛教以大智慈悲为怀，以贪嗔痴为大戒，而道衍与其教相反，挟其术以饰其大欲。而有大欲者必有大暴。道衍《自赞》直言曰：“这个秃厮忒无仁，闻名垂千古，不值半文，惜自悟之晚也。”[③] 道衍这是在“卑贱”自己吗？这里所使用的“卑贱”一词，是茱莉亚·克里斯谛娃使用的术语。她说：“厌恶，拒绝；厌恶自己，拒绝自己，使卑贱。”[④] 道衍是乘时而用智的权变智士，贪图有功以祸当世，故至死不会“卑贱”自己。他之所以公然地如此自赞，体现的正是智士的在世风格，即随时顺应风向和形势

① （明）方孝孺著，徐光大点校：《方孝孺集》（上），浙江古籍出版社 2013 年版，第 150、168 页。

② 马一浮著，吴光主编：《马一浮全集》（第一册上），浙江古籍出版社 2012 年版，第 191 页。

③ （明）姚广孝著，乐贵明编：《姚广孝集》（第一册），商务印书馆 2016 年版，第 153 页。

④ ［美］于连·沃尔夫莱：《批评关键词：文学与文化理论》，陈永国译，北京大学出版社 2015 年版，第 2 页。

的改变恰当地表演“卑贱”游戏以自利。虽然道衍《自赞》之辞“卑贱”，但是语意之间，却充斥着自以为是的骄矜，可以说是变相的“自媚”，而且是“自媚”方式中最微妙最无耻的一种。王夫之曰：“人之能为大不韪者，非其能无所俱也，唯其能无所耻也。”① 此即诛心之论。

呜呼！流俗者所谓“凤凰”其实是罕见的“五色雀”而已。《国语·周语》曰：“周之兴也，鸑鷟鸣于岐山。”韦昭注曰：“鸑鷟，凤之别名也。”《说文解字》曰：“鸑：鸑鷟，凤属，神鸟也。”② 凤凰是随天风而下的祥瑞之神鸟。凤凰在高高的岐山上雍雍喈喈，乃是周朝将兴的瑞兆。而周朝是圣朝的典范，也是德治的典范。文王、武王是圣君的典范。周公是圣臣的楷模。所以周是德治、仁义、政教的典范。《诗经·大雅·卷阿》曰：

> 凤凰于飞，翙翙其羽，亦集爰止。蔼蔼王多吉士，维君子使，媚于天子。凤凰于飞，翙翙其羽，亦傅于天。蔼蔼王多吉人，维君子命，媚于庶人。凤凰鸣矣，于彼高冈。梧桐生矣，于彼朝阳。菶菶萋萋，雍雍喈喈。③

以百鸟朝凤象征君子拥护周王的盛况，其所流露的神性祥和的德辉之美，堪称绝调。凤凰是周朝的吉祥鸟即守护神，具有信仰的神圣价值，故凤凰是圣朝即正统的象征符号。《淮南子·览冥训》曰：“凤皇之翔，至德也。”④《论衡·讲瑞篇》曰：“夫凤皇，鸟之圣者也。”⑤ 此即说明凤凰也是圣德价值的象征符号。《礼记·乐记》曰：“故德辉动于内，而民莫不承听；理发诸外，而民莫不承顺。”⑥《汉书·贾谊传》

---

① （明）王夫之著，舒士彦点校：《读通鉴论》，中华书局2013年版，第104页。
② 臧克和、王平校订：《说文解字新订》，中华书局2002年版，第243页。
③ 高亨：《诗经今注》，清华大学出版社2004年版，第482页。
④ 刘文典撰，冯逸、乔华点校：《淮南鸿烈集解》（上），中华书局2017年版，第202页。
⑤ 张宗祥：《论衡校注》，中华书局2015年版，第337页。
⑥ （清）孙希旦：《礼记集解》（下），中华书局2022年版，第1030页。

曰："凤皇翔于千仞兮，览德辉而下之。"[①] "德辉"即圣德的辉光。圣德内充而英华发外，则照耀宇宙，所以"德辉"也称君子之光。圣鸟即凤凰不易出，或有或无，无法预料。《论衡·指瑞篇》曰："儒者说凤皇、麒麟为圣王来，以为凤皇、麒麟，仁圣禽也，思虑深，避害远，中国有道则来，无道则隐。称凤皇、麒麟之仁知者，欲以褒圣人也，非圣人之德，不能致凤皇、麒麟。"[②] 可见，凤凰也是仁圣的象征符号。

综上所述，凤凰是圣朝即正统的象征符号，也是圣德价值的象征符号，同时也是仁圣的象征符号。可见，凤凰是人内在信仰的价值符号，向更深的超越性存在而敞开，所以凤凰是人性中起飞的神鸟，表征着人之为人的圣德价值。难怪方孝孺断言："凤之为祥，自周至今三千余年无继者，至若前代所称，皆指野鸟之罕见者，非真凤也。"

方孝孺诗曰："凤随天风下，暮息梧桐枝。群鸱得腐，笑汝长若饥。举头望八荒，默与千秋期。一饱亮易得，所存终不移。"[③] 此即真凤的胸襟与风骨。魏晋名士阮籍（210—263）诗曰："林中有奇鸟，自言是凤凰。清朝饮醴泉，日夕栖山冈。高鸣彻九州，延颈望八荒。适逢商风起，羽翼自摧藏。一去昆仑西，何时复回翔。但恨处非位，怆恨使心伤。"[④] 此即真凤的精神与格调。阮籍所谓"高鸣彻九州，延颈望八荒"的"奇鸟"，与方孝孺所谓"举头望八荒，默与千秋期"的"真凤"同其大美。二位豪杰的诗皆寄托深远而气象崇高。唯有圣贤豪杰的大胸襟、大气魄，才能流露"举头望八荒，默与千秋期"的崇高圣境气象。叶燮（1627—1703）说："有胸襟，然后能载其性情智慧。"[⑤] 纷纭野鸟，性贪质陋，笔墨萎缩，岂能流露如此震荡心海的磅礴性情？

李商隐（约 813 年—约 858 年）诗曰："记取丹山凤，今为百鸟尊。"[⑥] 凤凰是百鸟中最为尊贵的鸟，所以凤凰寡俦匹。方孝孺判断说

① （汉）班固撰，王继如主编：《汉书今注》（三），凤凰出版社 2013 年版，第 1334 页。

② （汉）王充著，张宗祥校注：《论衡校注》，浙江古籍出版社 2017 年版，第 347 页。

③ （明）方孝孺著，徐光大点校：《方孝孺集》（下），浙江古籍出版社 2013 年版，第 874 页。

④ 陈伯君：《阮籍集校注》，中华书局 2013 年版，第 399 页。

⑤ 蒋寅：《原诗笺注》，上海古籍出版社 2014 年版，第 96 页。

⑥ 刘学锴、余恕诚：《李商隐诗歌集解》（三），中华书局 1998 年版，第 1023 页。

明圣治时代终结即仁义而王，道德而治的时代绝了。楚狂接舆歌而过孔子曰："凤兮凤兮！何德之衰？往者不可谏，来者犹可追。已而，已而！今之从政者殆而。"（《论语·微子》）方孝孺是经典的心承往圣的人。和他同时代的隐者，就曾用凤凰来隐喻方孝孺所思慕的圣统。蜀王朱椿就说方孝孺："雍容儒雅，莺凤之仪。"[①] 同时期的许继也说："方子间英气，孤凤翔九霄。"[②] 方孝孺云：

> 不翕翕以为同，不戛戛以为矫，遁身乎山林之中，抗志乎云霄之表。若先生者，崇爵厚禄不足以为大，布衣粝食不足为之小。以其所存者义，所富者道也。视彼曲学阿世，颠蹶乎得丧之徒而不止者，凤凰之于鸟鸢，灵芝之于众草也乎！[③]

如果以此作为衡量真凤的标准，那么方孝孺也完全配得上"圣学凤凰"的雅称。方孝孺曰："仆讷不善为辩，性颇质，不喜为媚。"[④]"不喜为媚"是方孝孺稳定的生活风骨。方孝孺不巧言令色，不趋走唯诺，具有天然的崇高性。他说"仆自视资甚陋，业甚浅，无趋走唯诺之才，有璞讷鲁钝之累"，"仆性恬淡，不喜时名，于道德功烈之名且不敢居"[⑤]。他是质素平淡的人，具有直接的简朴性，而这种人是有大勇的。又《答胡怀秀才》曰："仆鄙陋，自度不足班古人，而年长来，闭口不复及天下事，于政教举措得失，漫不复解。而笃信六经，有所为也。以之为权衡；有所疑也，以之为蓍龟。惟愚不足达世之机变，甘以钝拙自守，人见其如此，亦多窃笑之。又素伉直，不耐与富贵人仰俯，有势位

---

① （明）方孝孺著，徐光大点校：《方孝孺集》（下），浙江古籍出版社 2013 年版，第 973 页。

② （明）方孝孺著，徐光大点校：《方孝孺集》（下），浙江古籍出版社 2013 年版，第 985 页。

③ （明）方孝孺著，徐光大点校：《方孝孺集》（下），浙江古籍出版社 2013 年版，第 726 页。

④ （明）方孝孺著，徐光大点校：《方孝孺集》（中），浙江古籍出版社 2013 年版，第 400 页。

⑤ （明）方孝孺著，徐光大点校：《方孝孺集》（中），浙江古籍出版社 2013 年版，第 401、403 页。

者或欲招致，闻其不善谄屈，亦往往不合。”① 方孝孺有稳定的价值信仰，能体认生活的真理，因而过着内外统一的真实生活。又《答俞敬德书二首》曰：“某鄙璞戆讷，言行不能及古人，器识不足以达时务。然守其愚，孑然莫与徒。望望然高顾暇视，而不合于时。”② 质性平淡的读书人，往往具有特立独行的言行风格，不会曲学阿世。

总之，方孝孺是不妄语的圣者，言行的真诚是其绝对性的原则，即“以至诚不欺为本”，所以他的自我陈述就是他的自画像，没有任何文饰成分。他的自我描述活显了他刚毅木讷的性情和面影。《聊斋志异·婴宁》云：“狂而不损其媚，人皆乐之。”③ 方孝孺正是“狂而不损其媚”的典范。此是其他素刚者所没有的显著独特性，也就是古人激赏的所谓“刚温”之人。孔子曰：“刚毅木讷，近仁。”（《论语·子路》）方孝孺是罕见的天资近仁者。他不饰诈以钓名，不炫智以骇俗，不率意以妄言，不卑声诡笑以媚世，不曲身俯首以称颂人美，不曲学以阿世，不趋走唯诺以合群，不耐与富贵人仰俯，不机变以合时。一言以蔽之，他不喜为媚。因而他不会自损，也不伪饰，也不自安于卑陋。他是笃信、笃行圣学的读书人，因而灵魂高贵，精神伟大，言行优雅，所以绝不降心顺俗，是圣贤豪杰、仁人志士。故他曰：“抑习俗之移人也，俗之降衰，日趋而日下，特立而不变者，惟豪杰之士能之。”④ 方孝孺就是这样的读书人。他不是面异于心，心异于口的智谋之士，所以他不刻意掩饰自己的思想与言行。他有恒在的至诚品格，因而言行散发着摄人心魂的圣者光彩和魅力。方孝孺曰：“轻于持论，非知道者也。”⑤ 故他绝不会肆意妄言，即使遭遇重大世变，也不会改形换骨，成为自己背叛

① （明）方孝孺著，徐光大点校：《方孝孺集》（中），浙江古籍出版社 2013 年版，第 409 页。

② （明）方孝孺著，徐光大点校：《方孝孺集》（中），浙江古籍出版社 2013 年版，第 415 页。

③ （清）蒲松龄著，张友鹤辑校：《聊斋志异会校会注会评本》（上），上海古籍出版社 2011 年版，第 156 页。

④ （明）方孝孺著，徐光大点校：《方孝孺集》（中），浙江古籍出版社 2013 年版，第 400 页。

⑤ （明）方孝孺著，徐光大点校：《方孝孺集》（上），浙江古籍出版社 2013 年版，第 169 页。

自己的虚假存在者。他言必合正，动必合礼，取舍而无所不苟，精思力学，笃信不惑，勇于自治，以成身致用。所以他质美而涵养深厚，因而光华外溢，举止端正，心态祥和，勇敢恬淡，气象崇高，而又生意盎然。可以说，安重深沉是他的文化性格。

方孝孺说："余之志伊周之志。"他真是心承圣朝、圣人、圣学、圣道、圣统的世不易出的"真凤"。所以他流露的正是圣人文化人格庄重崇高的气象。可以说，他是圣统劲正的经典楷模。而道衍则是面异于心，心异于口的智谋之士，有大欲和大伪，又善媚。《明史》记载：道衍"尝游嵩山寺，相者袁珙见之曰：'是何异僧，目三角，形如病虎，性必嗜杀，刘秉忠流也。'道衍大喜。"[①] 道衍读书的精神志趣不在变化气质，所以没有德相，也没有书花。刘秉忠（1216—1274），初名刘侃，法名子聪，子仲晦，号藏春散人，邢州（今河北邢台市）人。道衍酷似刘秉忠，做梦也作刘秉忠。人以群分，物以类聚也。道衍可谓释家"习气种子"的经典，是色彩斑斓的"五色雀"的样品；而方孝孺则是"读书种子"的典范，是罕见的"真凤"的绝品。他遭遇如此惨烈的奇祸，令人黯然神伤，心惊骨折，忧从中来，不可断绝。朱棣杀死的不是纷纭的所谓"野鸟"，也不是色彩斑斓的所谓"五色雀"，而是世不易出的"真凤"。

王夫之（1619—1692）在《读资治通鉴·文帝》中痛心疾首地直言："高忠宪曰：'辱大臣，是辱国也。'大哉言乎！"[②] 高忠宪即高攀龙。高攀龙（1562—1626），初字云从，后改字存之，别号景逸，学者称景逸先生，南直隶无锡县（今江苏无锡市）人，也是东林学人的实质性领袖。天启六年（1626），阉宦诬陷东林学人，下令逮捕罢官居家的高攀龙，高攀龙获悉而投湖，终年六十五岁。崇祯元年（1628），朝廷为高攀龙平反，赠太子太保、兵部尚书，谥"忠宪"。高攀龙《示学者》曰："古人何故最重名节？只为自家本色原来冰清玉洁，着不得些子污秽。才些子污秽，自家便不安。此不安之心，正

① 《明史》卷一四五《姚广孝传》，中华书局1974年版，第4079页。

② （明）王夫之著，舒士彦点校：《读通鉴论》，中华书局2013年版，第34页。

是原来本色，所谓道也。”① 这就是高攀龙的活法，也是方孝孺的活法，真所谓梅花枝上春如海。他们表现的正是一个成熟儒宗的自由意志和理性抉择，真可谓玉质灿灿无纤埃。用方孝孺的话说，就是“玉质冰姿，不染纤尘”② 矣。道衍所谓“读书种子”，用他自己的话说，即“盖其天赋地产非偶然者矣”③。其《腊梅》诗曰：“南枝花放腊新镕，绝与罗浮种不同。澹影寒香殊可爱，品题何不遇逋翁。”④ 方孝孺正是“澹影寒香殊可爱”的一树梅花，真可谓是“绝与罗浮种不同”。

综上所述，笔者取“凤凰”作为道衍所谓“读书种子”的象征意象，而用“野鸟”隐喻道衍所谓“习气种子”，虽不中，也不远也。从来都是如此，将来也是如此。李白《登金陵凤凰台》诗曰：“凤凰台上凤凰游，凤去台空江自流。吴宫花草埋幽径，晋代衣冠成古丘。三山半落青天外，一水中分白鹭洲。总为浮云能蔽日，长安不见使人愁。”⑤ 没有“真凤”的时代是寂寞的时代。方孝孺诗曰：“周道昔沦丧，凤鸟收其声。纷纷徇世士，各以智术鸣。”⑥ 齐己《君子行》诗曰：“圣人不生，麟龙何瑞；梧桐不高，凤凰何止。吾闻古之有君子，行藏以时，进退求己。荣必为天下荣，耻必为天下耻。苟进不如此，退不如此，亦何必用虚伪之文章，取荣名而自美？”⑦ 王阳明曰：“如此人情，如此世道，何处著脚？”

① （清）高攀龙著，严楚兵辑校：《高攀龙全集》（上），凤凰出版社 2020 年版，第 240 页。

② （明）方孝孺著，徐光大点校：《方孝孺集》（下），浙江古籍出版社 2013 年版，第 737 页。

③ （明）姚广孝著，乐贵明编：《姚广孝集》（第一册），商务印书馆 2016 年版，第 237 页。

④ （明）姚广孝著，乐贵明编：《姚广孝集》（第一册），商务印书馆 2016 年版，第 124 页。

⑤ （唐）李白著，（清）王琦注：《李太白全集》（下），中华书局 2011 年版，第 840 页。

⑥ （明）方孝孺著，徐光大点校：《方孝孺集》（下），浙江古籍出版社 2013 年版，第 874 页。

⑦ （清）彭定求等编：《全唐诗》（第一册），中华书局 2003 年版，第 223 页。

第三节　从来“凤凰”寡俦匹

天道和人道真能合二为一吗？其可能性在哪儿呢？司马迁《史记·伯夷列传》曰：

或曰“天道无亲，常与善人。”若伯夷、叔齐，可谓善人者非邪？积仁洁行如此而饿死！且七十子之徒，仲尼独荐颜渊为好学。然回也屡空，糟糠不厌，而卒蚤夭。天之报施善人，其何如哉？盗跖日杀不辜，肝人之肉，暴戾恣睢，聚党数千人，横行天下，竟以寿终。是遵何德哉？此其尤大彰明较著者也。若至近世，操行不轨，专犯忌讳，而终身逸乐，富厚累世不绝。或择地而蹈之，时然后出言，行不由径，非公正不发愤，而遇祸灾者，不可胜数也。余甚惑焉，傥所谓天道，是邪非邪？①

大哉！时至今日，此问题仍然没有答案。韩愈《与崔群书》曰：

自古贤者少，不肖者多。自省事已来，又见贤者恒不遇，不贤者比肩青紫；贤者恒无以自存，不贤者志满气得；贤者虽得卑位则旋而死，不贤者或至眉寿。不知造物者意竟如何！无乃所好恶与人异心哉？又不知无乃都不省记，任其死生寿夭耶？未可知也。②

此问与司马迁之问没有什么不同，还是看看方孝孺是如何回答这样的问题的。方孝孺《郑生佑哀辞》曰：

世常疑天人之道，好违而难合。人之所爱者，天必艰其生，所

---

① 《史记》卷六一《伯夷列传》，中华书局 1982 年版，第 2585 页。

② （唐）韩愈著，刘真伦、岳珍校注：《韩愈文集汇校笺注》（第二册），中华书局 2017 年版，第 773—774 页。

甚爱者，生之艰也为尤甚焉。至于凤鸟麒麟，珍玮祯异之物，爱之者弥众，则或旷四海历千载而不一生。而凡为人所憎疾厌苦者，不植而自长，不育而自蕃，若恒有以相之。其于人也，嚚童恶子狠戾恣睢以病乎人，虽其父母亦以其速死为幸者，则壮盛而无疾，贵富而得志。稍有才质为世所爱慕者，辄遇祸患，不获与庸众人等。岂天之爱恶与众人异趣哉？是未可知也。或谓人之爱斯人也，必欲常见之，暂离而不见则思。天之于人也亦然，闻其美也，则爱之，爱之甚则不欲去乎左右。故嚚且恶者，多存乎固，而俊哲之生也恒难其全。是则天之爱人者，乃所以祸之，岂理也哉？①

方孝孺此解可与司马迁和韩愈之问相发明。司马迁之问可谓司马迁难题，恐永远得不到正解。方孝孺的说法，或可资其谈乐。顾宪成亦有一解，可助娱乐。其曰：

或问“夷、齐贱，桀、纣贵，曾、原贫，季氏富，颜渊夭，盗跖寿，造化亦有谬乎？”曰：“非谬也。正造化之提醒人处也。”曰：“何也？”曰：“夷、齐贱，适成其高，以示贱不足丑也。桀、纣贵，益彰其秽，以示贵不足荣也。曾、原贫，流芳至今，以示贫不足鄙也。季氏富，遗臭至今，以示富不足侈也。颜渊殀，凡语及者无不欣然愿为执鞭，以示夭不足憾也。盗跖寿，凡语及者无不唾而骂之，以示寿不足歆也。然则吾人之所以安身立命，昭昭在富贵贫贱寿夭之外矣。”故曰：“非谬也，正造化之提醒人处也。”②

顾宪成此解，今日域中恐怕已无人信也，世道毕竟不同了。古今“读书种子”的凄惨遭遇，令人夜不能寐，“余甚惑焉，傥所谓天道，是邪非邪”？苏联作家帕斯捷尔纳克（1890—1960）云：“他们的痛苦

① （明）方孝孺著，徐光大点校：《方孝孺集》（下），浙江古籍出版社 2013 年版，第 764—765 页。

② （明）顾宪成著，李可心点校：《小心斋札记》，中国社会科学出版社 2020 年版，第 99 页。

笔墨难以描述，他们的痛苦使忧愁变成一种心病。他们的才能值得钦佩，他们的为人值得纪念，除此之外，让我们怀着同情的心，再在他们蒙受的苦难面前低下头颅吧。"①

试问，"读书种子"在世的悲剧性根源究竟是什么？尤西林（1947— ）在《阐释并守护世界意义的人》中说道：

> 人文知识分子的个性人格承担着人类的劳动二重性矛盾，即：作为阐释并守护世界意义的人，他超越现实世界；作为现实的血肉之躯，他又不可能摆脱生存压力与特定的社会关系。这种生存的矛盾使人文知识分子个体人格处于根本性的张力之中。②
>
> 由于人文意义理念（理想）具有永远超出世俗涵义的一面，代表这超越一维的人文知识分子便永远与现实世界具有对立的一面：或与政力，或与金钱，或与庸俗幸福观念……又由于人文意义的先锋超前性，便使人文知识分子注定是不同于大众的个性化人格，并必然遭受世俗排斥（尽管习俗又总吸纳人文意义）而禀有悲剧性特征。悲剧性不是指世俗幸福涵义尺度下的不幸，而是指承担人文意义的人文知识分子个性的必然性厄运。③

尤西林说明的是人文知识分子的悲剧缘由。人文知识分子还不能等同于"读书种子"。不过，尤西林此论有助于参悟"读书种子"的悲剧性根源，因为"读书种子"毕竟是人文知识分子中出类拔萃的典范。马一浮曰："惟其智大，所以悲深。"④ 此即"读书种子"智性悲剧的根源。"读书种子"拥有的是圣智圣慧，而不是普通的知识。人拥有普通

---

① ［苏联］鲍·帕斯捷尔纳克《人与事——自传性随笔》，乌兰汗译，《世界文学》1985年第5期。

② 尤西林：《阐释并守护世界意义的人——人文知识分子的起源及其使命》，华东师范大学出版社2017年版，第208页。

③ 尤西林：《阐释并守护世界意义的人——人文知识分子的起源及其使命》，华东师范大学出版社2017年版，第209—210页。

④ 马一浮著，吴光主编：《马一浮全集》（第二册下），浙江古籍出版社2012年版，第856页。

的知识不会遭受世俗排斥，亦不会成为方孝孺那样的读书人。

方孝孺曰："君子之为学，必也本乎仁，由乎义，立乎其大者而用其智。智发乎仁义，天下之大智也。"① 圣智圣慧是智仁勇相蕴相融的统一体，而不是私智小慧。又曰："吾之所得者，大可以为圣，次可以为贤，上可以友千古，下可以传万世，能尽而充之，则岂不多哉。何暇与较锱铢分寸，以为轻重长短哉?"② 圣智圣慧亦是经典的三世智慧，用方孝孺的诗说，那就是"远法周与孔""取效非目前""远与千秋期"的大智慧。又曰："贤人君子之用也心远，而期望也大。"③ 圣智不仅要对现在负责，对千古负责，还要对万世负责，绝不以为深远而不为。用方孝孺诗形容，就是"无取一时好，当作千载人"④。此即"读书种子"精神。方孝孺诗曰："我非今世人，空怀今世忧。所忧谅无他，慨想禹九州。商君以为秦，周公以为周。哀哉万年后，谁为斯民谋。"⑤ 读此可知，方孝孺与我们根本不是一类人，气类之孤也久矣。所以，王阳明诗曰："千年绝学蒙尘土，何处澄江无明月?"⑥

方孝孺不是根据纯粹的现实利益来思考问题的，而是超越现实世界的界限来思考问题的。所以他的问题具有超越当前，亦超越历史与未来的永恒性。我们真的很难理解方孝孺这样的读书人，因为我们没有把时间和精力集中于成为这个人上面，所以我们心里没有体验过那样高的成为人的本质力量。不要说成为方孝孺那样的人，就是发自肺腑地敬仰方孝孺这样的人，对于我们而言也是非常不容易的事情。因为敬仰真正的

① （明）方孝孺著，徐光大点校：《方孝孺集》（上），浙江古籍出版社 2013 年版，第 188 页。

② （明）方孝孺著，徐光大点校：《方孝孺集》（上），浙江古籍出版社 2013 年版，第 367 页。

③ （明）方孝孺著，徐光大点校：《方孝孺集》（上），浙江古籍出版社 2013 年版，第 173 页。

④ （明）方孝孺著，徐光大点校：《方孝孺集》（下），浙江古籍出版社 2013 年版，第 877 页。

⑤ （明）方孝孺著，徐光大点校：《方孝孺集》（下），浙江古籍出版社 2013 年版，第 875 页。

⑥ （明）王守仁撰，吴光等编校：《王阳明全集》（中），上海古籍出版社 2011 年版，第 606 页。

人，不是谁都能胜任的事情，除非把自己也提高到同等的高度，体验了作为人的本己力量，才会认得真正的人，才会由衷地敬仰那些已然圆满实现了人的人。古豪杰之士是一等一的读书人，又集中心力于成人，这样的人确立价值信仰也是那么地不容易。何况，我们心力已散乱于各种外在的东西，心智暗弱，已丧失敬贤的能力，虽然偶然表面也敬贤，其实不以为然。

马一浮说："夫上智远察，或乖一时之策，高议违俗，易触人上之忌，由来远矣。"[①] 此即"读书种子"社会悲剧的根源。"读书种子"是生活在过去、现在和将来的统一性中的读书人，表征的正是人作为人的理想价值，即自由的意志、独立的思想、高贵的心灵、生活的意义、美好的生活等。卡西尔说：

> 一切伟大的伦理哲学家的显著特点是在于，他们并不是根据纯粹的现实性来思考。如果不扩大甚至超越现实世界的界限，他们的思想就不能前进哪怕一步。除了具有伟大的智慧和道德力量以外，人类的理论导师还极富于想象力。他们那富有想象力的见识渗透于他们的主张之中并使之生气勃勃。[②]

东圣西哲，在领略道的层面，似乎没有什么实质性的不同。"读书种子"思考着过去、现在和将来，他们以为过去即现在，现在即过去，现在即将来，将来即现在，所以他们绝不仅仅活在当下。他们思考的问题看起来似乎很近而实际上很远，即如何成为人，看起来很低而实际上很高，即如何生活；看起来似乎很浅而实际上很深，即如何建立一个宽和的美好社会。故他们为此提供想象力、智慧、忠诚和意志力。"乡原"正是活在当下而计较不休的媚世者。"乡原"上不思接千古，下亦不思虑万世，就集中心力活在当下，因而"乡原"

---

① 马一浮著，吴光主编：《马一浮全集》（第二册），浙江古籍出版社 2012 年版，第 294 页。

② ［德］卡西尔：《人论》，甘阳译，上海译文出版社 2004 年版，第 101 页。

绝没有三世的智慧。

方孝孺诗曰："道济群生心尚谦，知周万物礼逾勤。能为世上难行事，始是人中寡过人。"[①] 此即"读书种子"在世风格。不过，很多智士，多活在当下，急功近利地用知，而不顾及前世和后世，所以至死亦不具有三世视域。这样的人要理解"读书种子"，不是一般的难，而是太难了。骂方孝孺不难，而克服自己意志的孱弱，成为为道献身者就难多了。王阳明曰："吾子乃以是为儒者所宜学，殆亦未之思耶？"[②] 要成为真正的大儒，其实很难，没有看起来那么容易。如果依据"读书种子"的思想看世界，那么人类过的并不是合理的生活，还没有成为能够合理生活的人。马一浮说：

> 吾昔尝言，今人类只在习气中生活。今之所以为教、所以为政，全是增长习气，汩没自性。一旦习气廓落，自性发露，方知全体是错。地无分于欧、亚、非、澳，人无分于黄、白、棕、黑，国无分于大、小、强、弱，其有作是计较者，私吝心也。[③]

此即"读书种子"社会存在性悲剧正在于合理生活与非合理生活的冲突，或者说是人与非人的不相融。方孝孺诗曰："池鱼不知海，越鸟不思燕。蚯蚓霸一穴，神龙轻九天。小大万相殊，岂惟物性然。君子勿叹息，彼诚可哀怜。"[④] "读书种子"皆是有做人风骨的读书人，笃道不移。当为者义无反顾，不当为者，则截然不为，不会妥协。像方孝孺这类"读书种子"，其实并不真渴望世人的理解，即不求合于人。他说："君子之为学，事道而已"，"世有知己，举而授之大位，斯道得

① （明）方孝孺著，徐光大点校：《方孝孺集》（下），浙江古籍出版社 2013 年版，第 963 页。

② （明）王守仁撰，吴光等编校：《王阳明全集》（上），上海古籍出版社 2011 年版，第 46 页。

③ 马一浮著，吴光主编：《马一浮全集》（第二册下），浙江古籍出版社 2012 年版，第 846 页。

④ （明）方孝孺著，徐光大点校：《方孝孺集》（下），浙江古籍出版社 2013 年版，第 876 页。

行，天下之富也，而吾何加焉。世无知己，委之畎亩蓬藋之中，斯道不获大行，天下之无福也，而吾何损焉。"① "世无知己"！方孝孺诗曰："英风逸气掀宇宙，千载人间宁复有。"②

李颀《行路难》诗曰："世人逐势争奔走，沥胆隳肝惟恐后。"③ 实际上，古今读书种子都是孤独的存在者。马丁·布伯《我与你》说："此种孤独正是人之真性的表征。"④ 借此也可体会"读书种子"的气类之孤。方孝孺诗曰："鸾凤寡俦匹，玉树少枝柯。"⑤ 深究"读书种子"的精神世界太难了。

李商隐有诗曰："花房与蜜脾，蜂雄蛱蝶雌。同时不同类，那复更相思。"⑥ 人与人之间的距离，有时真的比人与蝴蝶间的距离大得多。气类不相似的读书人，各自为好，亦是读书做人的基本原则，而能守护此原则的读书人却并不多。明代学人孟瓶庵云："凡诟骂古人，讥切前辈太过者，非得奇祸，则往往无后。"⑦ 真是奇谈怪论。仔细思量，也是势激之论，不过也说明有明一代读书人好骂古人已成风尚。研究古人，不与古人交心，不与己相干，能看到什么呀？古今仁人志士，千言万语，仔细思量，说的也正是自家想说的。

---

① （明）方孝孺著，徐光大点校：《方孝孺集》（中），浙江古籍出版社 2013 年版，第 426 页。

② （明）方孝孺著，徐光大点校：《方孝孺集》（下），浙江古籍出版社 2013 年版，第 924 页。

③ （清）彭定求等编：《全唐诗》（第二册），中华书局 2003 年版，第 1348 页。

④ ［德］马丁·布伯：《我与你》，陈维纲译，商务印书馆 2013 年版，第 95 页。

⑤ （明）方孝孺著，徐光大点校：《方孝孺集》（下），浙江古籍出版社 2013 年版，第 908 页。

⑥ 刘学锴、余恕诚：《李商隐诗歌集解》（第一册），中华书局 1998 年版，第 100 页。注：钱锺书《谈艺录》云："《戏答王定国题门两绝句》之二云：'花里雄蜂雌蛱蝶，同时本自不作双。'天社引李义山《柳枝》词云：'花房与蜜脾，蜂雄蛱蝶雌。同时不同类，那复更相思。'按斯意义山凡两用，《闺情》亦云：'红露花房白蜜脾，黄蜂紫蝶两参差。'窃谓盖汉人旧说。《左传》僖公四年：'风马牛不相及'，服虔注：'牝牡相诱谓之风'；《列女传》册四齐孤逐女传：'夫牛鸣而马不应者，异类故也'；《易林》大有之姤云：'殊类异路，心不相慕；牝豨无猳，鳏无室家'；又革之蒙曰："殊类异路，心不相慕；牝牛牡猳，独无室家"；《论衡·奇怪篇》曰：'牝牡之会，皆见同类之物，精感欲动，乃能授施。若夫牡马见雌牛，雄雀见牝鸡，不相与合者，异类故也。'义山一点换而精彩十倍。"（第 17 页）

⑦ （清）梁章鉅：《退庵随笔》，文物出版社 2019 年版，第 15 页。

全祖望《鲒埼亭集·杨氏葬录序》曰："呜呼！古今贤愚，总随大化以俱尽。即镜川之抔土，今亦鞠为荒丘。惟是殉国之大节，闵忠之古道，天荒地老，终于不朽。读斯编者，其尚有感于斯文。"① 方孝孺《豫让》曰："士君子立身事主，既名知己，则当竭尽知谋，忠告善道，销患于未形，保治于未然，俾身全而主安。生为名臣，死为上鬼，垂光百世，照耀简策，斯为美。"② 又《条侯传论》曰："人臣者以义守职，以忠事君，厉害有所不恤。"③ 方孝孺是礼士，也是名臣，不是与其时代毫无关系的普通之士，为自己的时代献出理想和忠诚即竭尽知谋，坚守臣节，为知己死，与其初志正称，也是角色分内中的事情，皆本乎至诚，而无丝毫之伪。

马一浮说："圣人有忧患者，以天下之忧患为忧患也，所以曰'吉凶与民同患'。若就圣人自身言，则'乐天知命所以不忧'，'遁世无闷'，岂有拂郁之理？"④ 呜呼！身贱不敢论政教，立言岂敢开昏嚣。起而诵读方孝孺的诗："道丧学术敝，士心日污卑。跻扳得斗禄，宁使节行隳。古人安分义，卿相有不为。栖栖粪土中，困处固其宜。"⑤

呜呼！君不见，有明一代"读书种子"豪杰士，神灵秀异天所种。胸中六经粲星斗，鄙诮荣辱圣为徒。奇士襟怀真磊落，笔底万卷驰波澜。若非胸中湖海阔，定有九曲蛟龙蟠。忆昔金殿斥篡贼，浩然正气惊鬼神。当时人豪应一人，岂爱富贵留其身。泰山高兮高可夷，沧海深兮深可涸。惟有正气夺造华，世人孰得窥其真。我言正学真凤凰，从古到

---

① 陈垣著，陈智超主编：《陈垣全集·鲒埼亭集批注》，安徽大学出版社2009年版，第889页。

② （明）方孝孺著，徐光大点校：《方孝孺集》（上），浙江古籍出版社2013年版，第153页。

③ （明）方孝孺著，徐光大点校：《方孝孺集》（上），浙江古籍出版社2013年版，第159页。

④ 马一浮著，吴光主编：《马一浮全集》（第一册下），浙江古籍出版社2012年版，第541页。

⑤ （明）方孝孺著，徐光大点校：《方孝孺集》（下），浙江古籍出版社2013年版，第876页。

今亦无双。其人虽亡神不死，大名流落天地间，千载高风有谁似！我今诵诗篇，乱发飘萧寒。嗟哉！世上群儿昧重轻，每是蝼蚁非先生。道衍判断真幽灵，夜夜幽光照霄汉。回首人豪都不见，石崇豪富皆飞扬。试看何物是青天？应悲我辈混世尘，俯首颦眉语咿喔。

参考文献

一　古籍

（汉）司马迁：《史记》，中华书局 1963 年版。
（汉）王充著，张宗祥校注：《论衡校注》，浙江古籍出版社 2017 年版。
（汉）班固撰，王继如主编：《汉书今注》（全五册），凤凰出版社 2013 年版。
（唐）李延寿：《北史》（全十册），中华书局 1974 年版。
（宋）司马光编著，（元）胡三省音注：《资治通鉴》（全二十册），中华书局 1956 年版。
（南朝宋）刘义庆撰，（南朝梁）刘孝标注，余嘉锡笺疏：《世说新语笺疏》，中华书局 2016 年版。
（南朝梁）萧统编，（唐）李善注：《文选》（全六册），上海古籍出版社 1986 年版。
（宋）陈淳著，熊国祯、高流水点校：《北溪字义》，中华书局 1983 年版。
（宋）范浚著，范国梁点校：《范浚集》，浙江古籍出版社 2015 年版。
（宋）黄庭坚著，刘琳等点校：《黄庭坚全集》，中华书局 2021 年版。
（宋）洪迈著，孔凡礼点校：《容斋随笔》，中华书局 2015 年版。
（宋）黎靖德编，王星贤点校：《朱子语类》，中华书局 2015 年版。
（宋）罗大经撰，王瑞来点校：《鹤林玉露》，中华书局 1983 年版。
（宋）陆九渊著，钟哲点校：《陆九渊集》，中华书局 2020 年版。
（宋）陆游：《陆游集》（全五册），中华书局 1976 年版。
（宋）王应麟著，张骁飞点校：《四明文献集：外二种》，中华书局 2010

年版。
（宋）杨万里撰，辛更儒笺校：《杨万里集笺校》，中华书局 2007 年版。
（宋）王应麟著，（清）阎若璩等注，栾保群等校点：《困学纪闻》，上海古籍出版社 2015 年版。
（宋）朱熹：《四书章句集注》，中华书局 2011 年版。
（宋）程颢、程颐著，王孝鱼点校：《二程集》，中华书局 1981 年版。
（宋）周敦颐著，陈克明点校：《周敦颐集》，中华书局 1990 年版。
（宋）周密撰，张茂鹏点校：《齐东野语》，中华书局 1983 年版。
（宋）朱熹著，（宋）吕祖谦撰，严佐之导读：《朱子近思录》，上海古籍出版社 2000 年版。
（南宋）叶采集解，程水龙校注：《近思录集解》，中华书局 2017 年版。
（元）脱脱等：《宋史》（全四十册），中华书局 1977 年版。
（元）王冕著，寿勤泽点校：《王冕集》，浙江古籍出版社 2012 年版。
（明）曹端著，王秉伦点校：《曹端集》，中华书局 2003 年版。
（明）方以智著，邢益海校注：《冬灰录：外一种〈青原愚者智禅师语录〉》，华夏出版社 2014 年版。
（明）方以智著，张昭炜点校：《易余：外一种》，上海古籍出版社 2018 年版。
（明）方孝孺著，徐光大点校：《方孝孺集》，浙江古籍出版社 2013 年版。
（明）方孝孺：《方正学先生集》，《丛书集成初编》，中华书局 1985 年版。
（明）高攀龙著，尹楚兵辑校：《高攀龙全集》（全三册），凤凰出版社 2020 年版。
（明）黄道周撰，翟奎凤等整理：《黄道周集》（全六册），中华书局 2017 年版。
（明）顾宪成著，李可心点校：《小心斋札记》，中国社会科学出版社 2020 年版。
（明）顾宪成著，李可心点校：《泾皋藏稿》，中国社会科学出版社 2021 年版。

（明）胡居仁撰，冯会明点校：《胡居仁文集》，江西人民出版社 2013 年版。
（明）来知德撰，姚国华、柯誉整理：《周易集注》，九州出版社 2012 年版。
（明）方以智撰，黄德宽、诸伟奇主编：《方以智全书》，黄山书社 2019 年版。
（明）方以智著，庞朴注释：《东西均注释》，中华书局 2001 年版。
（明）方孝孺等著，张常明编注：《缑城正气集》，上海古籍出版社 2003 年版。
（明）吕坤撰，王国轩、王秀梅整理：《吕坤全集》，中华书局 2008 年版。
（明）宋濂著，黄灵庚编辑点校：《宋濂全集》（全五册），人民文学出版社 2014 年版。
（明）王守仁撰，吴光等编校：《王阳明全集》（全三册），上海古籍出版社 2011 年版。
（明）王夫之：《船山全书》（全十六册），岳麓书社 2011 年版。
（明）王夫之著，舒士彦点校：《读通鉴论》，中华书局 2013 年版。
（明）刘基著，林家骊点校：《刘伯温集》（全二册），浙江古籍出版社 2011 年版。
（明）李贽编著，学文点校：《续藏书》，商务印书馆 2020 年版。
（明）李贽著，张建业译注：《焚书·续焚书》，中华书局 2011 年版。
（明）李攀龙著，包敬第标校：《沧溟先生集》，上海古籍出版社 1992 年版。
（明）刘宗周著，吴光主编：《刘宗周全集》（全十册），浙江古籍出版社 2012 年版。
（明）姚广孝著，乐贵明编：《姚广孝集》（全五册），商务印书馆 2016 年版。
（明）张诩撰，黄娇凤、黎业明编校：《张诩集》，上海古籍出版社 2015 年版。
（明）张岱著，栾保群点校：《琅嬛文集：张岱著作集》，浙江古籍出版社 2013 年版。
（清）陈确：《陈确集》（全二册），中华书局 1979 年版。
（清）陈立撰，吴则虞点校：《白虎通疏证》（全二册），中华书局 1994 年版。
（清）戴震：《戴震集》，上海古籍出版社 2009 年版。
（清）归庄：《归庄集》，上海古籍出版社 2010 年版。
（清）谷应泰：《明史纪事本末》，中华书局 2018 年版。
（清）龚自珍著，王佩诤校：《龚自珍全集》，上海古籍出版社 1999 年版。
（清）龚鼎孳著，孙克强、裴哲编辑校点：《龚鼎孳全集》，人民文学出版社 2014 年版。
（清）顾炎武著，黄汝成集释，栾保群、吕宗力校点：《日知录集释（校注本）》（全六册），上海古籍出版社 2013 年版。
（清）黄宗羲著，吴光主编：《黄宗羲全集》，浙江古籍出版社 2012 年版。
（清）黄宗羲著，沈芝盈点校：《明儒学案》，中华书局 1985 年版。
（清）计六奇撰，魏得良等点校：《明季北略》（全二册），中华书局 1984 年版。
（清）李颙撰，陈俊民点校：《二曲集》，中华书局 1996 年版。
（清）李光地撰，陈祖武点校：《榕村全集》（全十册），福建人民出版社 2013 年版。
（清）梁章钜等编著，白化文、李鼎霞点校：《楹联丛话全编》，北京出版社 1996 年版。
（清）刘凤苞撰，方勇点校：《南华雪心编》（全二册），中华书局 2013 年版。
（清）刘献廷著，汪北平、夏志和标点：《广阳杂记》，中华书局 1957 年版。
（清）潘平格撰，钟哲点校：《潘子求仁录辑要》，中华书局 2009 年版。
（清）彭定求等编：《全唐诗》（全二十五册），中华书局 2003 年版。
（清）袁栋：《书隐丛说》，齐鲁书社 1995 版。

（清）钱曾著，管庭芬、章钰校证：《读书敏求记校证》，上海古籍出版社 2019 年版。
（清）全祖望撰，朱铸禹汇校集注：《全祖望集汇校集注》（全三册），上海古籍出版社 2018 年版。
（清）阮元撰，邓经元点校：《研经室集》，中华书局 1993 年版。
（清）邵廷采著，祝鸿杰点校：《思复堂文集》，浙江古籍出版社 2010 年版。
（清）孙希旦撰，沈啸寰、王星贤点校：《礼记集解》，中华书局 2022 年版。
（清）唐甄著，吴泽民编校：《潜书：附诗文录》，中华书局 1955 年版。
（清）王聘珍撰，王文锦点校：《大戴礼记解诂》，中华书局 1983 年版。
（清）王先谦撰，沈啸寰、王星贤点校：《荀子集解》，中华书局 1988 年版。
（清）吴敬梓：《儒林外史》，上海古籍出版社 1991 年版。
（清）吴伟业著，李学颖集评标校：《吴梅村全集》（全三册），上海古籍出版社 1990 年版。
（清）吴肃公撰，陆林点校：《明语林》，黄山书社 1999 年版。
（清）张廷玉等：《明史》（全二十八册），中华书局 1974 年版。
（清）张金吾著，冯惠民整理：《爱日精庐藏书志》，中华书局 2012 年版。
（清）张履祥著，陈祖武点校：《杨园先生全集》（全三册），中华书局 2002 年版。
（清）章学诚撰，叶瑛校注：《文史通义校注》，中华书局 2014 年版。
（清）赵翼撰，曹光甫校点：《廿二史札记》（全二册），上海古籍出版社 2011 年版。
（清）赵翼著，李学颖、曹光甫校点：《瓯北集》（全二册），上海古籍出版社 1997 年版。
（清）朱彝尊撰，林庆彰等主编：《经义考新校》，上海古籍出版社 2023 年版。
（清）曾国藩：《曾国藩全集》（全十二册），中华书局 2018 年版。

陈文和主编：《嘉定钱大昕全集》（增订本），凤凰出版社 2016 年版。
梁满仓译注：《人物志》，中华书局 2014 年版。
刘文典撰，冯逸、乔华点校：《淮南鸿烈集解》（全二册），中华书局 2017 年版。
《东林书院志》整理委员会整理：《东林书院志》，中华书局 2004 年版。
四川大学古籍所编：《宋集珍本丛刊》，线装书局 2004 年版。
张常明编注：《逊志斋外集》，上海古籍出版社 2009 年版。
张显清主编：《孙奇逢集》（上中下），中州古籍出版社 2003 年版。
章锡琛点校：《张载集》，中华书局 1978 年版。

二 专著

曹聚仁：《中国学术思想史随笔》，生活 · 读书 · 新知三联书店 2012 年版。
陈三立著，李开军校点：《散原精舍诗文集》（全二册），上海古籍出版社 2003 年版。
陈垣著，陈智超主编：《陈垣全集》（全二十三册），安徽大学出版社 2009 年版。
陈寅恪：《金明馆丛稿初编》，生活 · 读书 · 新知三联书店 2001 年版。
陈寅恪：《陈寅恪集：隋唐制度渊源略论稿 · 唐代政治史述论稿》，生活 · 读书 · 新知三联书店 2011 年版。
陈寅恪：《柳如是别传》，生活 · 读书 · 新知三联书店 2001 年版。
柴德赓：《清代学术史讲义》，商务印书馆 2013 年版。
高亨：《周易大传今注》，清华大学出版社 2010 年版。
顾颉刚、刘起釪：《尚书校释译论》（全四册），中华书局 2018 年版。
胡梦琪：《方孝孺年谱》，陕西人民出版社 1998 年版。
金岳霖学术基金会编：《金岳霖全集》（全六卷），人民出版社 2013 年版。
蒋天枢：《陈寅恪先生编年事辑》，上海古籍出版社 1981 年版。
刘梦溪：《七十述学》，生活 · 读书 · 新知三联书店 2018 年版。
刘梦溪：《大师与传统》（增订版），广西师范大学出版社 2013 年版。

刘梦溪：《中国文化的狂者精神》，生活·读书·新知三联书店 2012 年版。
刘梦溪：《学术与传统》，北京时代华文书局 2017 年版。
连晓鸣、徐立新：《读书种子：方孝孺传》，浙江人民出版社 2008 年版。
梁启超著，夏晓虹、陆胤校：《中国近三百年学术史》（新校本），商务印书馆 2011 年版。
钱锺书：《管锥编》（全五册），中华书局 1996 年版。
钱锺书：《谈艺录》，商务印书馆 2011 年版。
王水照编：《历代文话》，复旦大学出版社 2007 年版。
马一浮著，吴光主编：《马一浮全集》，浙江古籍出版社 2012 年版。
杨伯峻译注：《论语译注》，中华书局 2009 年版。
汪叔子、张求会编：《陈宝箴集》，中华书局 2003 年版。
贺麟：《近代唯心论简释》，商务印书馆 2011 年版。
熊十力：《原儒》，上海书店出版社 2009 年版。
黄寿祺、张善文：《周易译注》上海古籍出版社 2004 年版。
刘梦溪：《将无同》，北京时代华文书局 2015 年版。
刘梦溪：《马一浮与国学》（增订版），生活·读书·新知三联书店 2018 年版。
刘梦溪：《刘梦溪学术访谈录》，三联书店（香港）有限公司 2016 年版。
刘梦溪：《陈寅恪论稿》，生活·读书·新知三联书店 2018 年版。
刘梦溪：《中国文化的张力》，中信出版社 2019 年版。
吕诗尧：《方孝孺事件及其对明代士风的影响》，文化艺术出版社 2021 年版。
贺麟：《文化与人生》，商务印书馆 2015 年版。
吕澂：《中国佛学源流略讲》，中华书局 1979 年版。
李叔同：《弘一法师全集》（全四册），新世界出版社 2013 年版。
孟森：《明清史讲义》，商务印书馆 2011 年版。
欧阳竟无：《欧阳竟无内外学》，商务印书馆 2017 年版。
范文澜：《文心雕龙注》，人民文学出版社 1998 版。

王利器：《新语校注》，中华书局 1986 年版。
王春南、赵映林：《宋濂、方孝孺评传》，南京大学出版社 1998 年版。
尤西林：《阐释并守护世界意义的人——人文知识分子的起源及其使命》，华东师范大学出版社 2017 年版。
周予同原著，朱维铮编校：《经学和经学史》，上海人民出版社 2012 年版。

三 译著

[英] 阿尔弗雷德·诺斯·怀特海：《观念的冒险》（修订版），周邦宪译，译林出版社 2012 年版。
[美] 安乐哲：《儒家角色伦理学：一套特色伦理学词汇》，[美] 孟巍隆译，山东人民出版社 2017 年版。
[美] 爱德华·希尔斯：《论传统》，傅铿、吕乐译，上海人民出版社 2014 年版。
[美] 爱因斯坦：《爱因斯坦文集》（第三卷），许良英等编译，商务印书馆 2010 年版。
[英] A.N. 怀特海：《科学与近代世界》，何钦译，商务印书馆 1959 年版。
[法] 巴斯卡尔·博尼法斯：《造假的知识分子——谎言专家们的媒体胜利》，河清译，商务印书馆 2013 年版。
[美] 本杰明·史华兹：《古代中国的思想世界》，程钢译，江苏人民出版社 2008 年版。
[美] 狄百瑞：《中国的自由传统》，李弘祺译，中华书局 2016 年版。
[德] 汉斯-格奥尔格·加达默尔：《真理与方法：哲学诠释学的基本特征》，洪汉鼎译，上海译文出版社 2004 年版。
[德] 黑格尔：《法哲学原理》，范扬、张企泰译，商务印书馆 1961 年版。
[德] 黑格尔：《小逻辑》，贺麟译，商务印书馆 2009 年版。
[美] 赫伯特·芬格莱特：《孔子：即凡而圣》，彭国翔、张华译，江苏人民出版社 2002 年版。

[英] 凯伦·阿姆斯特朗：《轴心时代》，孙艳燕、白彦兵译，海南出版社 2010 年版。

[德] 康德著，李秋零主编：《康德著作全集（典藏本）》，中国人民大学出版社 2008 年版。

[英] 怀特海：《教育的目的》，庄莲平、王立中译，文汇出版社 2012 年版。

[英] 卡莱尔：《英雄和英雄崇拜》，张峰、吕霞译，上海三联书店 1988 年版。

[德] 卡西尔：《人论》，甘阳译，上海译文出版社 2004 年版。

[德] 卡尔·雅斯贝斯：《生存哲学》，王玖兴译，上海译文出版社 2005 年版。

[德] 卡尔·雅斯贝尔斯：《论历史的起源与目标》，李雪涛译，华东师范大学出版社 2018 年版。

[奥] 路德维希·维特根斯坦著，涂纪亮主编：《维特根斯坦全集》（全十二卷），河北教育出版社 2002 年版。

[美] 罗洛·梅：《人的自我寻求》，郭本禹、方红译，中国人民大学出版社 2013 年版。

[德] 马丁·布伯：《我与你》，陈维纲译，商务印书馆 2015 年版。

[德] 马克斯·韦伯：《马克斯·韦伯社会学文集》，阎克文译，人民出版社 2010 年版。

[德] 马克斯·韦伯：《新教伦理与资本主义精神》，马奇炎、陈婧译，北京大学出版社 2012 年版。

[德] 马克思·舍勒：《同情感与他者》，朱雁冰等译，北京师范大学出版社 2017 年版。

[德] 马克思·舍勒：《哲学人类学》，魏育青等译，北京师范大学出版社 2014 年版。

[德] 马克思·舍勒：《伦理学中的形式主义与质料的价值伦理学》，倪梁康译，商务印书馆 2011 年版。

[德] 马克思·舍勒：《世界观与政治领袖》，曹卫东等译，北京师范大学出版社 2017 年版。

[德] 马克思·舍勒:《哲学与现象学》,倪梁康等译,北京师范大学出版社 2014 年版。

[德] 马克思·舍勒:《道德意识中的怨恨与羞感》,罗悌伦、林克译,北京师范大学出版社 2017 年版。

[德] 马克思·舍勒:《爱的秩序》,孙周兴、林克译,北京师范大学出版社 2017 年版。

[法] 米歇尔·福柯著,汪民安编:《自我技术:福柯文选Ⅲ》,北京大学出版社 2016 年版。

[法] 米歇尔·福柯:《主体解释学》,余碧平译,上海人民出版社 2018 年版。

[德] 莫里茨·盖格尔:《艺术的意味》,艾彦译,译林出版社 2014 年版。

[俄] 尼古拉·别尔嘉耶夫:《俄罗斯的命运》,汪剑钊译,译林出版社 2011 年版。

[美] 亚伯拉罕·马斯洛:《动机与人格》(第三版),许金声等译,中国人民大学出版社 2013 年版。

[德] O.F.博尔诺夫:《教育人类学》,李其龙等译,华东师范大学出版社 1999 年版。

[德] 舍勒著,刘小枫选编:《舍勒选集》,上海三联书店 1999 年版。

[荷] 斯宾诺莎:《伦理学》,贺麟译,商务印书馆 1983 年版。

[德] 叔本华:《作为意志和表象的世界》,石冲白译,商务印书馆 1982 年版。

[英] 托尼·比彻、保罗·特罗勒尔:《学术部落及其领地——知识探索与学科文化》,唐跃勤等译,北京大学出版社 2015 年版。

[英] 以赛亚·伯林:《观念的力量》,胡自信、魏钊凌译,译林出版社 2019 年版。

四　论文

艾军:《〈蒙川先生遗稿〉校注及研究》,硕士学位论文,广西大学,2007 年。

吕诗尧：《明初儒者方孝孺的辟异端思想》，《世界宗教研究》2016 年第 4 期。
孙文明：《〈碧梧玩芳集〉校注》，硕士学位论文，广西大学，2014 年。
熊月之：《论方孝孺的思想特色》，《中华文史论丛》2023 年第 4 辑。
王魁星：《论方孝孺对宋濂文章观念的继承与新变》，《河南社会科学》2019 年第 8 期。
张健旺：《钱大昕真赏“读书种子”方孝孺》，《中国文化》2022 年第 1 期。
赵子贤：《百年方孝孺研究述评》，《太原理工大学学报》2019 年第 3 期。

后　　记

我是清素的农家子弟，生活在僻远的西部山区，家里没有任何书籍，所以小时候没有看过课本以外的书，自然也就没有什么积学。不过，这种无拘无束的成长，却也没有损伤我爱读书的天性。后来有机缘上了大学，虽不知道读什么书，但是随性胡乱翻书，却乐此不疲。大学四年，翻阅了大量哲学、美学、文学的书，其中很多是译本。尽管所获肤浅，但是着实也成就了我与书的因缘。

就在上大学的最后一年，即 2001 年，偶然在书店里看到陈寅恪的著作集，那时我对陈先生一无所知。由于书特别新，就顺便翻看了一下《元白诗笺证稿》，立刻被陈先生的文字吸引，于是就买来阅读，得大欢喜。又用省吃俭用得来的钱，买了《柳如是别传》，阅读而起爱敬之深情，以至于不能释手。我特别迷醉于陈先生文字中那种清雅而苍凉的味道，也惊叹陈先生的妙手回春，那些僵死的材料，经过陈先生的点化，竟然花枝招展，活色生香，令人销魂。这样我就开始“跟随”陈先生读书。陈先生读什么书，我就读什么书。

大学毕业后，我一边集中阅读陈先生的《元白诗笺证稿》和《柳如是别传》，以及书里提到诗文集，一边开始自学古代汉语，为阅读古书建基，如是多年。我为了更好地读书，又读了硕士，专业是古代文论，于是集中时间和精力阅读了大量古代文论文献。硕士毕业后，主要集中阅读经学和诸子文献。不过，每年至少阅读一遍陈先生的《柳如是别传》，从中获得莫大的身心慰藉，体验到了学问神秘莫测的快乐。每次阅读《柳如是别传》，都抑制不住地泪流满面。陈先生的文字里，似乎有一股汹涌澎湃的魔力，读得越久，就越能摄取人的魂魄。人世间美好的事物，也许莫不如此。

也是偶然的一次机会，我从知网上看到刘梦溪先生研究陈先生的文章，下载阅读后，欣慨交心，不能自已。我就购买了刘先生研究陈先生的书，阅读后，大好之，于是就开始阅读刘先生所有已出版的书。如是又是几年，渐渐萌生出跟随刘先生读书的念头，主要是想把书读好一些。我就尝试报考了刘先生的博士，最后有幸成了刘先生的学生，因而得以亲承音旨，真是莫大的福分。

我跟随刘先生读书时，因为刘先生已行动不便，所以多在家里授课，以家庭为课堂，重点讲的是治学与修身。我以前虽然读书，但是从来没有想到要把读书和修身联系起来。不过，在刘先生的指导下，我逐渐开始尝试走把读书和穷理尽性、把读书和蓄德进德、把读书和体验证悟、把读书和涵养功夫、把读书和变化气质联系起来的读书做人的路，慢慢体会到了读书的深味，这才发现我以前算不上读书，而是翻书而已。

我跟随刘先生读书的日子，先生舍不得占用我的一点时间，从不安排我参加任何不必要的活动，也没有让我为他做过任何事情，而是让我安静地啃书。我一本一本地啃刘先生指定阅读的书。那时候，古都的春天，花开满枝。也许刘先生知道，我是跟他来读书的，所以就让我安静地读书。令我所没有想到的是，师生关系竟然能如此的温情清雅。现在回想起来，令人悠然神往，眼中含泪。古都的迎春花，清标雅韵，绕树而竞笑。那样美好的时光，恐怕再也不会有了。

我关注方孝孺，并对其有了兴趣，源于刘先生。有一次，在刘先生家里上课，话题不知怎么就转移到了方孝孺，刘先生便讲方孝孺拒写诏书的典故，那天房间特别安静，刘先生的话，徐徐而来，就像幽谷中的钟声，荡漾在书房里。方孝孺是了得的人物，气秉、肺肝、节持、学品，固少有其匹也。那时刘先生似乎沐浴在光华里，熠熠生辉。我看到刘先生为方孝孺竖起的大拇指，像霞光里的柳枝，在迎风摇曳。瞬间，我心里如万籁俱寂，祥和灿烂。说真的，我从来没有体验过如此幸福的时刻。那天，我回到住处，就立刻购买了方孝孺的书，真有些迫不及待，得之喜欲舞。方孝孺的书，我一口气读了两遍。又一次，在刘先生家上课，刘先生说我读了方氏后就不再是以前的我了。呵呵！

我后来反复阅读方孝孺的书，又不断写，不断修改，历经五年，于是就有了本书。写本书，完全出自我内在的志愿，没有外在的目标缠绕。《周易·文言》云："修辞立其诚，所以居业也。"谢无量先生的《国民立身训·诚实论》云："刘元城见司马温公，问尽心行己之要，可以终身行之者。公曰：'其诚乎'？刘问行必何先，公曰：'自不妄语始'。"然后谢先生说："吾国以诚之一字，为作圣之功，其义高远。"周敦颐的《通书》说："诚者，圣人之本。"马克斯·韦伯在《学术与政治》中也这样说："唯有理智的真正诚实，才是最有价值的美德。"巴斯卡尔·博尼法斯在《造假的知识分子》中斩钉截铁地说："理智的真诚应该是绝对的原则。"这也是我写本书的立场，所以撰写本书是我的真性活动，因而书里有我的诚心。

至于我表达学问的方式，就是借人传达，也就是诚恳地邀请古今中外的仁人志士屈尊替我说话，这适合我的心性。我国固有学术的著述传统，尤其不轻易旧籍之规模，多借其表见新知之创获。此彰显的正是圣学敬贤的优美传统。有鉴于此，我亦敬重古今中外仁人志士之言论，绝不轻易转述，而直接引述。这样不仅能引众美为我的理论增美，也略微能博增其趣和起其兴，同时也聊以宽广读者的才学识德。当然万不得已，则依据著述旨意和本书结构，对其材料或略有删减，以不至于引起误解为其增省分合的原则；或重新排列和组合，形成"一家眷属"，或"一树花"的审美奇观，使之借观览而起情志。此即我著述选材的一个特别重要的价值视野和价值理念。

华夏学林，辞章之富美，灿若星辰。学人著述，亦义理和辞章兼美，即使考证文字，也文采奕奕。再者说，我国之固有学术本就有选学一门，尤为风行赤县神州，流风所被，学人著述，亦重选材之美，重视随人自会，借此得其美的享受。另外，这种传达学问的方式，能明白说的，皆明白说；不便于说的话，不想说破的话，也都能很好地寄托在精心排列和挑选的材料里，令读者自取，其乐无穷，远远胜于作者亲自解说。还有，我的情志和忧伤多在材料里，而不在我说的话里，因为我自己说话，不那么自信。不过，这样引文自然就多了些，其实也没有关系。如果从读书求益的角度看，或许这样传达学问的方式，比我自己说真有意想不到的好处。有些话，我说了，也许没有味道和力量，而让东圣西哲说，就有别样的韵味和劲道；有些话，古人说了，我再说，未必有效应，而外人说了，反而有效果，人心就这样难以测试。何况，一个人说话，时间久了，就显得空乏，而好几个人一起说，就容易形成令人兴奋的交流氛围，在这样的氛围中不知不觉地每个人都成为出色的交谈者，令读者也身临其境。所以有些地方，经连环引证后，我则沉默不语，正是给高明的读者提供说话的机会。正如好客的主人，花费巨大的心力准备了丰盛的晚餐，就是为了让尊贵的客人自主品味，尽情享用。

我没有引用任何没有理解的材料，所有的材料都在心海里浸泡很久，所以提起任何一个，都能看到晶莹剔透的心海之露珠，闪烁着五彩斑斓的光芒。所以相信尊贵的客人所获得的体验和收获，与我大同小异。方孝孺不就说："足下苟求其辞以为异，则孰非可异者？何为扰扰焉，发众异于胸中，而不究其所同哉"；"夫苟知其所同，则尚何异之足较哉？"

我不太欣赏机械和模式化的分析方法，因而走的是古典学问的旧路，主要是切己证悟义理，以心观心，因而不发表那些和自己心身没有任何关系的空论，也不用那些连自己也不动心的材料。我相信，只要心志真诚地体贴古人，其实就会发现，我们与古人的距离没有想象中的那么大，甚至很多地方都没有什么实质性的差异。因为都是人，都要真实地生活，都要面对自己、社会和宇宙。通过自己的读书历程，我惊奇地发现一个真正的读书人究竟想要成为什么样的人，竟然与其时代的政治、经济等外在的因素没有人认为的那么紧密，而与他的心志及其自觉接受的文化传统息息相关。有鉴于此，我不用时下流行的分析研究去套，而特别关注和体会文化传统在一个人成人过程中的神秘莫测的力量和作用。也正因为如此，我就特别用心体会究竟哪些实质性的文化传统参与了方孝孺内心深层的自我建构，从而影响了他的在世命运。用这种心态阅读典籍时，我真切地感受到了它们竟然如此神奇地重构了我的文化性格，从而把我变成了另外一个人，即与古人气类相似者。难怪刘先生说我不再是以前的我了。

本书行文中多用"圣籍""圣人""圣学""圣种"这类迥异时流的语汇，其实没有什么别的用意，只不过借此表达我对文化传统的些许敬意和温情而已，并没有提倡这些的意思。我过去胡骂古人古籍太厉害，借此也表达一份真诚的歉意。悔过自新，这也是古今仁圣所喜闻乐见的。美国学人陶恕在《智慧的开端》提醒说："也许不用词语就不能思考，但是如果我们允许自己用错误的词语来思考，我们不久就会发现自己形成了错误的思想观念"。

读此，或可能有些许同理理解，我不太愿意把传统文化系统中的"圣人""贤人""君子""狂者""狷者"等美称换为"知识分子"或"知识人"的原因，也不太愿意把方孝孺叫作"文学家"。传统社会所谓"圣人""贤人""君子""狂者""狷者"不仅是雅称，而且是人成为人即主体化了的存在样式，也就是说人一旦选择负荷了这样的主体角色，就会表明他是谁，以及他有什么样的价值和意义，所以这些圣学角色对选择它的人有一种内在的规定性，就会成为他看世界和看自己的价值视域，也就会成为其职责的来源与决定其在世命运及业绩的实质性积极力量，因而意义非同小可。何况，这些角色也表征着我们文化的实质性传统，而"知识分子"或"知识人"符号，在我们文化传统中则不具有这样的属性、作用和功能。所以，在我们文化系统中，说一个人是知识人和说一个人是君子，是有实质性的不同。也许不用词语就不能思考，但是如果允许自己用错误的词语来思考，不久就会发现自己形成了错误的思想观念。

曾有学人建议我，没有必要用那些译本内容，用自己的话说就好。我自然能暗袭那些译本中的理论，而不被发现。不过，我不想那么做。我个人觉得我需要好好读我们的典籍，同时也要好好读国外的书籍，这是不愿删去那些译文的一个原因。何况，用译文，主要是读书明理，而不是纯粹研究，这也是圣贤之学的立场。另外一个原因是我不想过多地独特化，也没有独得之秘，还是借用古人的话说理。孟子曰："善与人同，舍己从人，乐取于人以为善。"方孝孺诗曰："俗士不知道，喜以异自雄。安知名世者，固与常人同。"刘先生也告诉我："强调人类的'不同'，是因为'有执'，包括'我执'和'法执'。还由于'理解'。

各种预设的‘理论体系’，有时会成为隔断人类正常交往与交流的围墙。过多地强调人类的‘不同’，是文化的陷阱。”有鉴于此，我不太喜欢强调文化差异的研究视野。李梦阳曰：“人莫祥于同，莫不祥于异。故同声者应，同气者求，同好者留，同情者成，同欲者趋，何则？感于人也。”这种价值视域和理念，深得我心。

我研究我们的文化思想，是我的心志行为，与外界没有任何关系。最后，还是用古贤的话来结束吧。欧阳修曰：“夫六经非一世之书，其将与天地无终极而存也，以无终极视数千岁，于其间顷刻尔。是则余之有待于后者远矣，非汲汲有求于今世也。”方孝孺曰：“斯道也，亘万古而不亡，心会而得之，岂不在乎人哉？”又曰：“虽若是，庸敢谓之能自省乎哉，庸敢自谓弗判于君子之道乎哉？”“呜呼九州，敢谓无士！”

2023 年 3 月 8 日写于家中

